AWS 비용 최적화 바이블

AWS 비용 최적화 바이블

핀옵스를 위한 최적의 기술 활용부터 운영 노하우까지

초판 1쇄 발행 2022년 8월 17일

지은이 엘리 만수르, 야이르 그린 / **옮긴이** 강전희, 정태환 / **펴낸이** 김태헌
펴낸곳 한빛미디어(주) / **주소** 서울시 서대문구 연희로2길 62 한빛미디어(주) IT출판부
전화 02-325-5544 / **팩스** 02-336-7124
등록 1999년 6월 24일 제25100-2017-000058호 / **ISBN** 979-11-6921-005-8 93000

총괄 전정아 / **책임편집** 박민아 / **기획** 윤나리, 김지은 / **교정·전산편집** 김철수
디자인 표지 박정우 내지 박정화
영업 김형진, 김진불, 조유미, 김선아 / **마케팅** 박상용, 송경석, 한종진, 이행은, 고광일, 성화정 / **제작** 박성우, 김정우

이 책에 대한 의견이나 오탈자 및 잘못된 내용에 대한 수정 정보는 한빛미디어(주)의 홈페이지나 아래 이메일로
알려주십시오. 잘못된 책은 구입하신 서점에서 교환해드립니다. 책값은 뒤표지에 표시되어 있습니다.

한빛미디어 홈페이지 www.hanbit.co.kr / 이메일 ask@hanbit.co.kr

지금 하지 않으면 할 수 없는 일이 있습니다.
책으로 펴내고 싶은 아이디어나 원고를 메일(writer@hanbit.co.kr)로 보내주세요.
한빛미디어(주)는 여러분의 소중한 경험과 지식을 기다리고 있습니다.

AWS 비용 최적화 바이블

핀옵스를 위한 최적의 기술 활용부터 운영 노하우까지

엘리 만수르, 야이르 그린 지음
강전희, 정태환 옮김

Mastering AWS
Cost Optimization

HB 한빛미디어
Hanbit Media, Inc.

AWS 클라우드는 폭넓고도 깊이 있는 다양한 서비스를 제공하고 있어 누구나 계정만 있으면 자유롭게 애플리케이션을 만들어 배포할 수 있습니다. 그러다보니 높은 자유도와 비례해서 과금에 대한 리스크가 항상 존재합니다. 사용한 만큼 지불하는 요금 체계가 합리적이긴 하지만 경제적 관점에서 전략적으로 접근해야 합니다. 이 책은 클라우드 비용을 절감할 수 있는 팁을 제시할 뿐만 아니라 요금 체계에 대한 지식과 배포 방식에 대한 이해 그리고 지속적인 비용 최적화 과정을 체계적으로 설명합니다. 또한 AWS 핵심 서비스에 익숙하지 않은 분들을 위해 자세히 소개하고 있고, 깔끔한 번역 덕분에 어려움 없이 술술 읽힙니다. AWS 클라우드를 좀 더 경제적으로 이용하려는 분들에게 추천합니다.

윤석찬, AWS 테크니컬 에반젤리스트

AWS 중수 이상을 노리거나 AWS 사용 기업으로 이직을 준비하시는 분, AWS 마이그레이션을 계획하고 있는 모든 분이 반드시 읽어야 하는 필독서!

현대 미술의 거장 피카소는 다음과 같은 말을 남겼습니다.

> "미술 평론가들이 모이면 그림의 형식, 구조, 의미에 대해 이야기합니다. 하지만 예술가들이 모이면 솔벤트를 싸게 살 수 있는 곳을 이야기합니다."

클라우드가 뉴 노멀이 된 현시점에서 진정한 고수라면 AWS 비용에 대해 이야기하지 않을 수 없습니다. 반대로 말하면 이 사람이 진짜 AWS 고수인지 아닌지 판단하는 데엔 비용에 대한 이야기를 하지 않을 수 없습니다. 하지만 비용에 대한 관점도 시대가 흐름에 따라 점차 서버리스로 무게중심을 옮겨가고 있습니다. 예를 들어 AWS의 고수들이 모이는 AWS 사용자 모임 (http://awskr.org)에서 예전에는 주로 EC2 인스턴스의 CPU를 얼마나 알차게 사용했는지 자랑했다면 지금은 서버리스 아키텍처를 통해 얼마나 저렴하고 빠르게 동일한 처리를 해내고 있는지 이야기합니다. 물론 여전히 쿠버네티스 클러스터의 CPU 사용률은 훌륭한 자랑거리입니다.

이 책은 AWS 비용 관리를 컴퓨팅, 스토리지, 네트워크, 애플리케이션, 운영 관점에서 다루고 있습니다. 개발자 관점에서 보면 컴퓨팅이나 스토리지에 대해서는 개발 단계부터 많이 다루기 때문에 익숙하겠지만, 네트워크 비용 관리는 생소한 분들이 많을 겁니다. 개인적으로 이 책의 5장과 6장이 제일 마음에 듭니다. 이 두 장을 통해 저자들은 단순히 클라우드에서의 비용을 인프라 비용뿐만 아니라 개발자의 인건비나 비즈니스 기회 비용이라는 측면까지 확대시켜 생각해볼 수 있게 해줍니다.

책 자체는 부담스럽지 않은 분량이므로 AWS에 대해 기초 지식이 있는 분이라면 쉽게 읽어나갈 수 있을 겁니다. AWS 초보자라고 하더라도 이 책은 고수들의 어깨너머로 배우는 것 이상의 체계적인 발판을 마련하는 데 도움을 줍니다. 실제 프로덕션 환경 개발이나 운영을 하거나 준비하는 분들에게는 두말할 나위 없이 유용하며 클라우드 마이그레이션을 담당하고 있는 컨설턴트라면 이 책의 저자들이 제안하는 KAO™ 방법론을 즉시 업무에서 유용하게 사용할 수 있을 겁니다.

정도현, AWS T&C 개발자

클라우드가 세상에 알려지기 시작할 때 모두가 앞다투어 저렴한 비용을 가장 큰 장점으로 내세웠지만 막상 나는 사용하면서 과도한 비용으로 괴로워한 적이 있었다. 온디맨드, 사용한 만큼 지불한다는 개념은 달콤하면서도 위험했다.

이 책은 비용 최적화라는 제목으로 출간되었지만 그 안에는 AWS의 정수가 담겨 있다. 컴퓨팅, 스토리지, 네트워킹과 관련된 코어 서비스, 즉 AWS의 뿌리가 되는 서비스를 설명하면서 그에 알맞은 비용 최적화를 제안하고 있다.

단순 비용 계산을 넘어 각 서비스에 대한 개념 설명과 세세한 옵션까지 알려주고 있다. 또한 굉장히 친절하다. 그뿐만 아니라 운영 방법과 관리법까지 알려주니 실로 놀랍다.

서비스에 대한 탄탄한 지식이 있어야 비용 최적화가 가능하다는 걸 알려주는 책이다. 이 부분에 나는 강하게 동의한다.

디테일에서 완성도가 높아지는 법이다. 이 책은 우리가 AWS를 이용하면서 겪는 비용 최적화에 대한 훌륭한 디테일을 더해줄 것이다.

김익수, AWS 클라우드 서포트 엔지니어

현대 IT 인프라에 클라우드는 더 이상 빠질 수 없는 기술이 되었으며 관련 기술 서적이 많이 쏟아져 나오고 있습니다. 클라우드를 운영하다보면 어디서나 마주하는 문제는 다름 아닌 비용입니다. 이 책은 핀옵스^{FinOps}가 무엇인지, 어떤 서비스를 어떻게 운영해야 하며 어떤 부분에서 비용을 좀 더 절감할 수 있는지 등 각 서비스를 비교하고, 그 비결을 간접적으로 독자에게 전달합니다. 또한 이 책은 클라우드를 사용하거나 운영하는 모든 이에게 비용을 절감하고 효율적으로 관리할 수 있도록 도움을 주는 매우 유용한 바이블이 되어줄 것입니다.

특히 이 책의 가장 뛰어난 점으로 생각되는 부분은 대상 독자가 다양하다는 것입니다. 단순히 비용을 줄이는 방법만 제공하는 것이 아니라 조직의 구성부터 거버넌스 전략과 클라우드를 운영하는 구성원의 KPI까지 고려하며 비용 최적화$^{cost\ optimization}$ 동기를 유발합니다. 또한 계층별 서비스를 상세하게 설명해주기 때문에 AWS를 처음 접하는 독자뿐만 아니라 어느 정도 경험이 있는 실무자, 그리고 세일즈 담당자에게도 높은 학습 효과를 줄 것입니다. 보다 적은 비용으로 보다 완성도 높은 기업 경영 성과$^{Business\ Outcome}$를 이룰 수 있기 바랍니다.

김세웅, AWS 클라우드 아키텍트

엘리 만수르 ^{Eli Mansoor}

세 자녀와 함께 이스라엘 텔아비브에서 행복하게 살고 있습니다. 기업과 스타트업의 클라우드 전환 성공을 위해 **도움을 주는 경험이 풍부한** 클라우드 전환의 선구자입니다. 2012년부터 클라우드 시장을 선도해왔으며 이스라엘에서 사업을 개발하고 이끌기 위해 랙스페이스(아폴로 글로벌 매니지먼트 사모펀드가 인수)에 입사했습니다. 랙스페이스에 이어 클라우드헬스 테크놀로지스(VMware가 인수)에 합류하여 이스라엘 비즈니스 Israeli business 를 구축하고 선도함으로써 클라우드 전환 기업의 비용 최적화를 지원했습니다. 클라우드헬스 테크놀로지스를 떠나 AWS 이스라엘에서 엔터프라이즈 어카운트 매니저로 4년 동안 근무하며 AWS로 전환하는 기업을 지원했습니다. 최근 AWS에서 근무하면서 AWS 내부에서 설계된 ARM 기반 프로세스인 그래비톤2의 선임 비즈니스 개발 매니저를 맡았으며, AWS 클라우드 재무 관리 실무, 인증, 교육을 위한 콘텐츠를 정의하는 팀에서 근무했습니다. 또한 환경 관리를 효율적으로 개선하고 관리와 비용 절감 모범 사례를 구현하는 데 있어 많은 클라우드 혁신 센터 Cloud Center of Excellence (CCoE) 부서를 지원하기도 했습니다. 최근 AWS를 떠나 클라우드 서비스 제공자 Cloud Service Provider (CSP)와의 계약 조건을 최적화하고 클라우드 지출을 최적화하여 클라우드 사용자의 비용을 개선하는 비즈니스를 시작했습니다. 더 자세한 내용은 웹사이트(https://masterawscosts.com)를 참고해주시길 바랍니다.

감사 인사

먼저 제가 속해 있는 이스라엘 기술 커뮤니티에 감사를 표하고 싶습니다. 우리 커뮤니티는 항상 가능성의 한계를 넓히기 위해 노력하고, 깊이 파고들 수 있도록 격려하며, 어느 분야에서든지 선도하는 전문가가 되기 위해 노력하고 있습니다.

클라우드 환경 전반에 걸쳐 저를 신뢰해준 전 세계 고객에게 감사합니다. 각각의 교류는 성공적이었고 클라우드 전환에 있어 최적화된 접근 방식을 도출하는 데 도움이 되었으며 이 책에 또 다른 차원의 경험을 제공해주었습니다.

항상 든든한 후원자인 랙스페이스의 동료들 또한 감사합니다.

가라테 수석 강사이자 텔아비브의 덴토 오키나와 고주 류 가라테의 창시자인 일란 오펜하이머 선생님은 저에게 헌신과 끈기의 방법을 가르쳐 주었습니다.

책을 편집하고, 내용을 충실하게 깊이 파고들 수 있게 조언해주고, 탈고까지 지원해준 조시 골든버그[Josh Goldberg]에게 진심으로 감사합니다. 조시가 없었으면 이 책이 이렇게 완벽하지 못했을 겁니다.

책을 함께 쓴 야이르 그린에게 매우 특별한 감사를 드립니다. 그는 랙스페이스 초창기 시절인 2013년에 고객으로 처음 만나 클라우드 여정을 함께 진행한 진정한 파트너입니다. 야이르는 기술의 효율성, 최적화, 비즈니스 가치로 전환하는 기술까지 마스터한 진정한 기술 리더입니다.

마지막으로 우리가 함께 사는 동안 사랑과 지지를 해준 아내 오스낫 로트만 만수르[Osnat Lautman Mansoor]에게 감사합니다. 오스낫은 내 영혼의 단짝이며, 항상 자신이 하는 모든 일에서 최고가 되기 위해 노력하는 영감을 주는 사람입니다. 오스낫은 『이스라엘 비즈니스 문화』라는 책의 저자이기도 한데, 그녀의 저자로서의 성공은 이 책을 현실로 만들 수 있는 길을 열어주었습니다. 오스낫은 세 아이 로니[Roni], 오리[Ori], 로에이[Roei]의 어머니이며, 우리가 직업적인 성공과 삶의 아름다움 사이에서 건강한 균형을 유지할 수 있도록 도와준 사람입니다.

야이르 그린 Yair Green

아름다운 다섯 아이의 아버지로 이스라엘 중부에 살고 있습니다. 텔맵(인텔이 인수), 파이버, 마토미 미디어 그룹 같은 이스라엘 최고의 스타트업과 하이테크 기업에서 기술을 관리해온 비즈니스 지향적인 노련한 기술 리더입니다. AWS, GCP, 애저, 전용 인프라, 오픈 스택, 엣지 로케이션 등을 활용한 클라우드 전환 팀, 엔지니어링 그룹, 운영 팀 등에서 다양한 역할로 팀을 이끌어왔습니다. 수백만 달러 규모의 인프라를 관리하면서 특히 자동화, 스팟 인스턴스, 컨테이너, 서버리스, 마이크로서비스 등을 포함하여 비용과 성능 최적화에 주력해왔습니다. 기술과 클라우드에 대한 독특한 접근 방식은 IT와 사업 부서와의 격차를 해소해주는 다리 역할을 하며 데이터 중심의 의사 결정을 가능하게 했습니다. 최근 이 책에 설명된 대부분의 모범 사례를 구현하여 클라우드 인프라에 대한 월별 지출을 크게 줄였습니다. 현재 e커머스를 위한 선도적인 제품 검색 플랫폼인 스타트업 Syte.ai의 R&D 부사장으로 재직하고 있습니다. 사내 기술팀을 이끌 뿐만 아니라 클라우드 전환 프로세스, 웹 성능, 클라우드 보안과 비용 최적화 등을 통해 조직을 지원하는 '서비스로서의 CTO'와 같은 사업적 요소의 혁신도 주도하고 있습니다.

감사 인사

먼저 아내에게 감사의 말을 전하고 싶습니다. 저에게 큰 영감을 주었습니다. 그리고 다섯 아이 드비르, 호다야, 노암, 아비샤이, 쉴로의 어머니이며, 제가 사생활을 영위하고 직장 생활을 편히 할 수 있도록 제 곁을 지켜주었습니다. 이 책을 집필할 수 있도록 도와준 것에 감사합니다.

수년에 걸친 예전과 지금의 동료들에게 경의를 표하고 싶습니다. 수년간 지원해주고 조언해준 매니저들에게, 많이 배울 수 있도록 도와준 수많은 직원에게 감사를 표합니다.

이 책의 공저자이자 훌륭한 기술 파트너이자 진실한 친구이며 진정한 혁신 전문가인 엘리 만수르에게 가장 큰 감사를 보냅니다. 이 책은 그의 정신과 헌신이 없었다면 나올 수 없었을 것입니다.

옮긴이 소개

강전희 newstars77@gmail.com

컴퓨터공학과 인공지능을 공부했으며, 게임 회사를 거쳐 현재 TVING에 재직 중입니다. AI, 빅데이터, 정보 보안, 온갖 Gadget과 업무 자동화 등에 관심이 많습니다. 국내 최초로 MCN 사업인 DIA TV를 론칭한 경험을 바탕으로 사업 개발, 광고 영업, 광고 데이터 분석을 해왔으며 현재 클라우드 엔지니어로 일하고 있습니다. 네이버 클라우드 플랫폼 마스터와 국내 최대 클라우드 자격증 커뮤니티인 'IT 다 봐요'에서 부운영자로 활동하고 있으며, 클라우드 기술과 정보 공유를 위해 노력하고 있습니다.

정태환 linuxer.name@gmali.com

작가가 되고 싶었던 소년은 커서 시스템 엔지니어가 되고, 솔루션 아키텍트가 되고 인프라 엔지니어가 되었습니다. 키보드로 즐거움을 주는 소설가가 되지는 못했지만, 키보드로 사회를 이롭게 만드는 일을 하고 있습니다. 사람을 만나고 이야기를 하는 것을 좋아하고, 지식을 전달하는 것을 즐깁니다. 그리고 리눅스를 하는 유저 '리눅서'라는 닉네임으로 주로 활동하며, 현재는 밀리의 서재에서 인프라스트럭처 엔지니어로 근무 중입니다. 자격증 커뮤니티 'IT 다 봐요'의 운영자이자 열렬한 자격증 콜렉터로 클라우드 관련 자격증을 20개 정도 취득했습니다. 딱딱한 IT의 영역에 예술과 같은 영감을 불어 넣고 있습니다.

이 책의 저자 엘리 만수르와 야이르 그린은 스타트업과 다양한 기업에서의 클라우드 전환을 선도해왔으며, 서비스 최적화를 통해 비용을 절감하는 방법을 이 책에서 보여주고 있습니다.

최근 수년간 클라우드에 대한 관심이 많아지면서 엔지니어뿐 아니라 개발자, DBA 등 다양한 사람이 클라우드를 공부하고 업무에 활용하고 있습니다. 하지만 서비스를 제대로 이해하고 워크로드를 분석 설계하여 적용하기까지는 아직 어려움이 많이 있습니다.

'이렇게 진행하는 것이 과연 올바른가? 제대로 구축하고 있는 것이 맞는가?'와 같은 질문들도 함께 하게 될 것입니다.

이 책은 저자가 만든 KAO™이라는 방법론을 바탕으로 지식, 구조, 운영 세 가지를 중점적으로 알아보며, AWS 구성 요소와 요금제를 이해합니다. 이를 바탕으로 클라우드 환경을 구성 배포하고, 워크로드에 적용되어 어떻게 운영해야 하는지 알려주며, 비용 절감에 대해 직접적인 도움을 얻고자 하는 사람들뿐만 아니라 AWS에 대해 처음 접하는 사람들도 도움이 됩니다.

AWS도 새로운 서비스들이 출시되고, 그 서비스를 워크로드에 적용하기 위해서는 KAO™ 방법론이 도움이 될 수 있습니다.

이 책은 KAO™ 방법론과 더불어 서비스별로 4개 장과 운영, 요약 등 총 7장으로 구성되어 있습니다. 각 서비스에 대해서는 '개요, 요금제, 비용 최적화를 위한 모범 사례, 이를 구현한 실제 사용 사례'로 구성되어 혼자 공부하더라도 어렵지 않게 접근할 수 있고 명확한 목표와 방향성으로 큰 도움을 얻을 수 있습니다.

이 책을 읽는 많은 분이 AWS를 더욱 쉽게 접하고, 비용 최적화를 통해 안정적인 서비스 운영을 할 수 있길 바랍니다.

강전희

이 책의 원서 『Mastering AWS Cost Optimization』을 아마존에서 처음 봤을 때 어느 정도의 핀옵스 개념을 가지고 있던 저에게 단비와 같은 책이었습니다. 조각조각 찢겨져 있던 핀옵스 개념들을 새로이 정돈할 수 있었습니다. 또한 올바른 방식으로 AWS의 인프라를 비용적으로 다시 바라볼 수 있게 해주었습니다.

실질적으로 저에게 많은 도움을 준 책이었기에 이런 분들에게 이 책을 꼭 추천하고 싶습니다. 처음 시작하는 AWS 유저로 비용 폭탄이 발생할까 걱정이 되는 분, AWS에 능숙하지만 비용 관리에 익숙하지 않은 분, 어느 정도의 비용 관리를 하지만 정확히 어디서 비용이 새는지 모르는 분, AWS를 매우 잘 이해하고 비용도 잘 이해하고 있지만 어디서부터 비용 최적화를 시작해야 하는지 기준이 서지 않는 분. 이 책을 읽고 나면 상황을 정확하게 파악하고 이에 맞는 적절한 방법을 찾을 수 있을 것입니다.

제가 처음 번역한 책이 세상에 선보이게 되었습니다. 이 책을 읽은 모든 이가 비용 최적화를 하는 데 도움이 되길 바랍니다. 마지막으로 나의 두 번째 어머니이자 누나인 정워낭, 영원한 나의 형 박승규, 항상 존경하고 올바른 길로 인도해주시는 어머니 김순복 여사님께 항상 사랑하고 감사한다는 말을 전하고 싶습니다.

정태환

2006년 아마존 웹 서비스(AWS)가 등장하며 도입된 퍼블릭 클라우드 서비스는 지속적으로 성장했으며, AWS 플랫폼을 채택하는 사람들이 늘고 있습니다. 신기술을 활용하는 젊은 스타트업에 이어 엔터프라이즈 부문에서도 퍼블릭 클라우드 인프라로의 전환이 이루어지고 있습니다. 또한 퍼블릭 클라우드 프로젝트를 우선시하고 '클라우드 우선' 접근법을 채택하는 기업이 늘고 있습니다. 클라우드를 우선시할 경우 관련 법률 준수, 규정, 기술적 제한 등에서 실현 불가능한 경우가 아니라면 모든 신규 프로젝트가 퍼블릭 클라우드 인프라에 배치됩니다.

퍼블릭 클라우드로의 전환에 어려움이 없는 것은 아닙니다. 지난 몇 년간 클라우드 컴퓨팅을 도입할 때 가장 큰 어려움으로 꼽힌 것은 '지식' 부분이었습니다. 클라우드 인프라를 구축, 자동화, 관리할 수 있는 IT 전문가가 부족했고, 퍼블릭 클라우드로 전환하는 일을 '어떻게' 시작해야 하는지에 대한 경영진의 이해도 부족했습니다.

이후에 더 많은 IT 전문가가 새로운 기술을 경험하고 조직에서 이러한 전문 지식을 가진 사람을 채용하고 육성할 수 있게 되었을 때 다음으로 조직이 해결해야 할 최우선 과제는 퍼블릭 클라우드 환경의 '보안'이었습니다. 비즈니스가 클라우드로 전환되면서 보안 위험에 노출되지 않도록 해야 했고 데이터 보호, 컴플라이언스(법, 명령 등의 준수), 규정 등과 관련된 과제를 해결해야 했습니다. 점차 많은 조직이 사내 데이터 센터보다 AWS에서 인프라를 훨씬 더 안전하게 운영할 수 있다는 사실을 인정하면서 이런 문제 역시 대부분 해결되었습니다.[1]

분석가[2] 및 필자의 경험에 따르면 퍼블릭 클라우드 채택이 증가하고 더 많은 워크로드[3]가 클라우드로 전환됨에 따라 조직은 클라우드 관련 비용 지출을 관리하는 주요 문제에 직면해 있습니다. 가트너는 '클라우드 비용 최적화를 거의 수행하지 않았거나 전혀 수행하지 않은 조직이 70% 이상 초과 지출하고 있다'고 추정합니다.[4] 이러한 문제를 해결하기 위해 조직은 비용 최적

---

1 http://aws.amazon.com/solutions/case-studies/capital-one
2 플렉세라, 「2022 클라우드 상태 보고서」, https://info.flexera.com/CM-REPORT-State-of-the-Cloud
3 http://docs.aws.amazon.com/wellarchitected/latest/userguide/workloads.html
4 가트너, 「클라우드로 비즈니스 비용 절감을 위한 CIO의 3가지 활동」, 2018년 10월 15일 개정, 2017년 3월 24일 발표,
  https://www.gartner.com/doc/3645351/moves-cios-lower-business-costs

화로 초점을 전환하고, 클라우드 지출에 대한 비용을 면밀하게 분석해 클라우드 비용을 제어하기 위한 정책을 구축하고 있습니다.

대규모 클라우드 프로젝트를 관리했던 경험을 통해 우리는 비용 최적화 프로세스가 모든 클라우드 전환에서 필수적인 부분이며 클라우드 환경을 운영하는 모든 팀의 일상적인 활동의 핵심 부분이라는 것을 알게 되었습니다.

클라우드 비용 최적화는 하나의 과정입니다. 이는 클라우드 서비스 요금제와 구매 옵션에 얼마나 익숙한지, 인프라 구조와 애플리케이션을 얼마나 잘 설계하고 이를 모니터링하고 리포팅하는지, 클라우드 환경의 비용을 최적화하기 위해 조직 내 여러분과 다른 직원이 얼마나 신경쓰고 노력하고 있는지와 관련 있습니다. **클라우드 비용 최적화 프로세스는 한 번에 끝나는 마법이 아닙니다.** 비용 절감을 목표로 하는 모든 행동은 조직 전체가 지속적으로 관심을 갖고 노력을 기울여야 합니다.

이 책은 현재 퍼블릭 클라우드로의 전환 과정에서 직면하는 주요 과제 중 하나인 **비용 제어와 최적화 과제를 극복**하는 데 도움을 주기 위해 집필했습니다. 여러분이 기술적인 이해도가 높은 '클라우드 기반born-to-the-cloud' 팀의 일원이든 퍼블릭 클라우드 도입을 막 시작한 엔터프라이즈 조직의 일원이든 상관없습니다. 이 책을 읽고 나면 최적화 프로세스의 기술 측면과 운영 측면 모두에 대해 더 잘 이해하게 될 것입니다. 이를 통해 여러분 조직에 최적화된 비용 효율적인 방식으로 혁신적인 차세대 제품을 구축하기 위한 첨단 기술을 성공적으로 사용할 수 있게 될 것입니다.

누가 읽어야 할까

클라우드 프로젝트에 관련된 모든 사람은 이 책을 읽기 바랍니다. 여기에는 클라우드 기반 기업의 얼리 어댑터를 통해 처음으로 워크로드를 클라우드로 전환하는 프로젝트를 수행 중인 사람들도 포함됩니다.

클라우드 컴퓨팅은 새로운 기술과 도구 그 이상을 의미합니다. 클라우드 컴퓨팅의 비용은 새로운 사용량 기반의 요금제, 새로운 소비 모델, 새로운 운영 방법론, 새로운 추적 및 리포팅 시스템 등과 관련 있습니다. 비용 분석과 최적화에 대한 기존의 접근 방식은 퍼블릭 클라우드 컴퓨팅에 적용되지 않습니다.

이 책은 대규모 클라우드 환경 관리의 실무 기술 경험과 글로벌 기업의 여러 클라우드 혁신 센터 Cloud Center of Excellence (CCoE)와 협업하여 얻은 운영 경험의 산물입니다. 우리는 자체 클라우드 계정에 제안된 모범 사례를 구현했으며, 거버넌스와 비용 절감을 위한 모범 사례를 구축하는 과정을 고객과 함께 했습니다. 우리 접근 방식은 데브옵스 DevOps 엔지니어, IT 운영, 클라우드 및 소프트웨어 설계자, 개발자, QA 엔지니어, 제품 관리자, 클라우드 혁신 센터 팀원, 조달, 재무, 비즈니스 분석가 등 다양한 팀에 근무하는 독자들에게 가치 있는 기술적 경험과 운영 경험으로 입증된 새롭고 독특한 조합을 제공할 것입니다.

이 책의 구성

이 책은 다음과 같이 총 7장으로 구성되었습니다.

- 1장 KAO™ 방법론
- 2장 컴퓨팅 서비스
- 3장 스토리지 서비스
- 4장 네트워킹 서비스
- 5장 애플리케이션 계층
- 6장 운영
- 7장 요약: AWS 비용 최적화

각 장에서 설명하는 내용을 간단히 알아보겠습니다.

1장에서는 우리가 개발한 **KAO™ 방법론**에 대해 설명합니다. 이 방법론은 사용자가 소비할 이 책에서 다루지 않는 서비스를 포함한 모든 클라우드 서비스의 비용을 최적화하는 구조화된 접근 방식을 제공하는 것을 목표로 합니다.

2~4장에서는 각각 **컴퓨팅 서비스, 스토리지 서비스, 네트워킹 서비스**에 대해 자세히 알아보겠습니다. 이러한 서비스는 AWS 사용자 대다수가 사용하고 있으며, 클라우드 인프라 지출의 상당 부분을 차지합니다. 2~4장에서는 다음 내용을 다룹니다.

- **개요**: 서비스 및 관련 구성 요소를 자세히 설명합니다. 이를 통해 서비스와 서비스 구성 요소 등에 가장 적합한 사용 사례를 이해하는 데 필요한 지식을 습득할 수 있습니다.

- **요금제**: 각 서비스에 대한 요금제를 보여주며, 사용자가 갖추어야 할 중요한 통찰력도 추가로 보여줍니다.

- **비용 최적화를 위한 모범 사례**: 서비스의 특징과 요금제에 대한 이해를 바탕으로 월 청구액을 줄이기 위한 모범 사례를 설명하기 위해 **KAO™** 방법론을 적용합니다. 이는 어렵지 않으며 실질적인 권고 사항입니다.

- **사용 사례**: 각 주제에서 다루는 모범 사례를 성공적으로 구현한 결과를 보여주는 실제 사용 사례를 보여줍니다.

5장에서는 **애플리케이션 계층**을 살펴볼 것입니다. 이 계층은 기본 인프라와 각 워크로드를 실행하는 데 필요한 리소스양에 영향을 미칩니다. 제품 및 애플리케이션 개발 팀이 알아야 할 비용 절감을 위한 애플리케이션 모범 사례를 제공합니다.

6장에서는 **운영**에 대해 다룹니다. 클라우드 비용 최적화 과정은 매일 수행해야 하는 지속적인 작업입니다. 지속적인 비용 효과를 보장하기 위해 수행해야 하는 **운영 모범 사례**를 살펴봅니다.

7장에서는 AWS 비용 최적화의 실제 프로세스에 대한 논의를 합니다. 이 과정에서 책 전반에 걸쳐 논의된 기술에 대한 간결한 요약도 함께 제공합니다.

모범 사례를 테스트해보았나요?

물론입니다. 이 책에는 입증된 기술적인 운영 및 애플리케이션 관련 모범 사례가 많이 수록되어 있습니다. 모두 고객의 비용뿐만 아니라 자체 클라우드 인프라의 비용을 제어하고 절감하기 위한 노력에서 구현된 실제 모범 사례들입니다.

우리는 각 환경이 다르고 그 나름의 고유한 목적과 제약이 따른다는 것을 알고 있습니다. 물론 제공된 모범 사례가 우리 활용 사례에는 효과가 있지만 각 권장 사항을 이해하고 자신의 환경과 관련이 있는지 평가할 것을 추천합니다.

요금제에 대한 안내

이 책 전반에 걸쳐 다양한 메시지를 명확하게 표현하는 데 도움이 되는 AWS 요금제 정보를 제공합니다. 다음 사항에 유의하세요.

이 책은 요금 참조 자료가 아닙니다. 이 책 전반에 걸쳐 언급한 각 AWS 서비스의 요금, 용어 및 세부 사양에 대한 공식 출처는 AWS 웹사이트(https://aws.amazon.com)입니다. 이 책에 표기된 요금은 집필 당시 기준이며 출간 후 요금이 바뀔 수도 있습니다. 시간이 지남에 따라 요금이 변경되더라도 이 책에 제시된 모범 사례는 적절할 것이라고 확신합니다.

기준 리전: AWS는 전 세계 여러 리전에서 서비스를 제공하며 서비스 비용은 일반적으로 리전마다 다릅니다. 달리 명시하지 않은 한 미국 동부(버지니아 북부) 리전의 가격을 미국 달러로 보여줍니다.

EC2 인스턴스 운영 체제: 달리 명시하지 않은 한 리눅스 운영 체제를 실행하는 아마존 EC2 인스턴스의 가격을 명시합니다. 다른 리눅스 배포판이나 마이크로소프트 윈도우 서버에서는 가격이 다릅니다.

계층화된 요금제: 대부분 AWS 서비스는 계층화된 요금제를 제공합니다. 사용량이 증가할수록 서비스 단가가 낮아집니다. 예를 들어 AWS 리전 외부로 데이터를 전송하는 비용은 처음

10TB 전송 시 GB당 0.09달러에서 시작하며 월 150TB 이상 전송하는 경우 0.05달러로 감소합니다.

프리 티어: AWS는 많은 서비스에서 프리 티어를 제공합니다. 예를 들어 월 1GB의 아웃바운드 트래픽을 무료로 제공합니다. 또한 람다 서비스에는 월 100만 개의 요청과 초당 400,000GB의 컴퓨팅 시간을 무료로 제공하는 프리 티어가 포함되어 있습니다.

비용 최적화를 위한 모범 사례에 대해 논의할 때 우리는 가정과 비교를 각 서비스에 대해 무료가 아닌 첫 번째 유료 계층, 즉 가장 비싼 계층을 기준으로 합니다.

책 리뷰와 피드백

책을 다 읽은 뒤 리뷰와 피드백을 남겨주길 바랍니다. 책이 얼마나 도움 되었는지 별 5개로 평가할 수 있습니다.

우리는 독자가 근무하는 회사의 클라우드 최적화 경험에 대해서도 듣고 싶습니다. 또한 이 책에서 궁금한 사항이나 더 배우고 싶은 점이 있다면 의견을 남겨주기 바랍니다. 수정 사항 등 모든 피드백을 환영합니다. masterawscost@gmail.com으로 이메일을 보내기 바랍니다.

소셜미디어

우리는 소셜미디어를 운영하고 있습니다. 링크드인이나 페이스북의 '**Mastering AWS Costs**' 그룹에 가입하거나 이러한 플랫폼에서 직접 연락할 수 있습니다. 독자가 클라우드 비용 최적화의 새로운 측면에 대해 최신 정보를 유지할 수 있도록 우리의 생각, 모범 사례, 가치 있는 콘텐츠를 공유합니다.

기타 설명

이 책은 아마존과 관계없이 독자적으로 출판되었습니다. 이 책에서 제시한 인사이트와 권장 사

항은 공개적으로 이용 가능한 정보를 기반으로 하였고, 우리 회사의 의견과는 별개로 개인적인
의견으로 구성했습니다.

CONTENTS

CONTENTS

CHAPTER 1

KAO™ 방법론

우리는 이 책 전반에 걸쳐 다룬 서비스와 그외의 모든 AWS 서비스에 대한 비용 최적화를 지원하기 위해 **KAO™** 방법론을 개발했습니다. 이 방법론은 비용 최적화 작업에 필요한 토대를 제공하고 각각의 최적화 작업에 대한 구조화된 접근 방식을 제공합니다.

KAO™는 다음 세 가지를 의미합니다.

- 지식^{Knowledge}
- 구조^{Architecture}
- 운영^{Operation}

지식: AWS 서비스 비용 최적화의 시작은 서비스의 구성 요소와 요금제를 이해하는 것입니다. 그리고 활용 사례에 적용할 수 있는 대체 서비스를 이해하는 것도 중요합니다.

AWS 서비스 사용 방법은 잘 알고 있지만 요금제에 대해서는 잘 모르는 클라우드 사용자를 종종 만나는 경우가 있습니다. 또는 반대로 재무 분석가는 AWS 요금제에는 익숙하지만 각 서비스의 기술적 지식이나 그 대안에 대해서는 익숙하지 않습니다. 역할에 관계없이 서비스를 이용하거나 비용 최적화를 하기 전에 각 서비스와 서비스 비용 전반에 대해 이해하고 있어야 합니다.

구조: 결국에는 클라우드 아키텍트가 클라우드 환경을 구성하고 배포하는 방법을 안내합니다. 이는 AWS에서 어떤 서비스를 어느 리전에서 사용할 것인지, 보안 네트워크를 어떻게 구성하는지, 각 구성 요소가 다른 구성 요소와 상호 작용하는지 등을 의미합니다. 따라서 비용 최적화를 고려해서 인프라를 설계하고 구성하는 것이 중요합니다. 이는 앞서 다룬 **지식**을 활용하여 클라우드 환경 **구조** 내에서 적용하는 과정입니다.

운영: 이 책에서 계속 반복하겠지만 AWS 비용 최적화는 일회성으로 끝나지 않습니다. 지속적인 모니터링과 추적, 최적화가 필요합니다. 클라우드 인프라 운영에 대한 책임은 클라우드 사용자, 데브옵스 엔지니어, IT, 개발자, 비즈니스 분석가 등 조직 전체에 있습니다. 클라우드 사용량과 비용에 대한 모니터링, 추적, 사용 패턴의 이해, 추가적인 최적화 방안 등이 필요합니다. **관련 지식**과 **구조적 이해**가 뒷받침되는 **지속적인 운영 작업** 없이는 비용 최적화를 이룰 수 없습니다.

KAO™는 상당히 유연하고 일반적인 접근법입니다. 최적화를 위한 **지식, 구조, 운영**의 방법론을 갖춘다면 이 책에서 특별히 다루지 않은 AWS 서비스에 대해서도 최적화를 할 수 있습니다. 물론 비용 최적화된 클라우드 환경으로의 여정을 위한 필요한 모든 것을 배우고, 묻고, 협업할 수 있는 자신감과 도구가 있어야 합니다.

CHAPTER 2

컴퓨팅 서비스

온디맨드 방식의 컴퓨팅 리소스는 퍼블릭 클라우드 인프라의 기반입니다. 원격 및 확장 가능한 리소스를 종량제 방식으로 사용할 수 있는 점은 전 세계 많은 조직에 퍼블릭 클라우드 인프라를 매력적으로 느끼게 하고, 앞으로 수년 동안 클라우드 인프라의 사용을 증가시킬 것입니다.

아마존은 2006년 아마존 웹 서비스^{Amazon Web Services}(AWS)와 아마존 EC2 서비스를 출시하면서 최초로 컴퓨팅 리소스를 종량제 방식으로 제공했습니다. 그 후 거의 매일 컴퓨팅 제품을 향상시켰습니다. 현재 AWS는 인스턴스 크기가 다양한 19개의 인스턴스 유형을 제공합니다. 사전 구축된 소프트웨어 스택을 선택하거나 필요에 따라 스택을 구성할 수 있습니다. 워크로드 수요의 변화에 따라 인프라(인스턴스 수와 유형)를 확장 및 축소하거나 스케줄에 따라 인스턴스를 시작하거나 중지할 수 있습니다.

AWS는 2014년에 AWS 람다 서비스를 도입하여 온디맨드 '서버리스' 컴퓨팅을 제공한 최초의 기업입니다. 람다는 프로비저닝, 운영 및 확장에 대한 책임이 없는 컴퓨팅 인프라에서 FaaS^{Function as a Service} 모드로 코드를 실행할 수 있는 기능을 제공하며, 이를 통해 인프라 운영 작업을 AWS에 맡기는 동시에 향상된 비즈니스 로직을 개발하는 데 집중할 수 있습니다.

AWS 도커 컨테이너에 대한 관리형 서비스나 쿠버네티스를 통해 컨테이너 기반 애플리케이션 실행을 지원합니다. AWS는 두 가지 기능을 사용하여 컨테이너 작업 및 클러스터를 프로비저닝, 운영 및 확장할 수 있습니다. 모든 것을 고려할 때 AWS는 애플리케이션 실행을 위한 다양한 컴퓨팅 서비스를 가장 완벽하게 제공합니다. 이러한 다양성으로 인해 요구 사항에 가장 적합한 컴퓨팅 인프라에서 각 워크로드를 실행할 수 있습니다.

이 장에서 다룰 내용을 자세히 살펴보기 전에 먼저 AWS 컴퓨팅 서비스를 간략하게 살펴보겠습니다.

- **아마존 일래스틱 컴퓨트 클라우드**^{Amazon Elastic Compute Cloud} (**EC2**): 종량제 방식으로 제공되는 아마존의 크기 조정과 확장 및 축소가 가능한 컴퓨팅 서비스입니다.

- **아마존 EC2 오토 스케일링**^{Amazon EC2 Auto Scaling}: 사전 정의된 조건에 따라 EC2 용량을 동적으로 확장 및 축소하는 아마존의 서비스입니다.

- **일래스틱 로드 밸런서**^{Elastic Load Balancing} (**ELB**): 수신 트래픽을 EC2 인스턴스 및 컨테이너와 같은 여러 대상에 분산할 수 있습니다.

- **아마존 라이트세일**^{Amazon Lightsail}: 프로젝트를 시작하는 데 필요한 모든 것이 포함된 시작 패키지를 저렴하고 예측 가능한 비용으로 제공합니다. 라이트세일에는 가상 머신, SSD 기반 스토리지, 데이터 전송, DNS 관리, 고정 IP 주소가 포함됩니다.

- **AWS 일래스틱 빈스톡**^{AWS Elastic Beanstalk}: 애플리케이션을 빠르고 쉽게 실행할 수 있는 방법을 제공합니다. 애플리케이션을 업로드하면 AWS가 기본 인프라의 프로비저닝, 운영, 로드 밸런싱, 오토 스케일링, 모니터링, 애플리케이션 스택 운영을 처리합니다.

- **AWS 람다**^{AWS Lambda}: AWS를 사용하면 기본 인프라를 프로비저닝하거나 운영할 필요 없이 서버리스 모드에서 코드를 실행할 수 있습니다. 애플리케이션을 업로드하거나 미리 정의된 서버리스 애플리케이션 리포지토리에서 함수를 선택하고 실행을 트리거할 이벤트를 정의하면 됩니다. 트리거 이벤트가 발생하면 AWS가 함수 실행을 관리합니다.

- **AWS 서버리스 애플리케이션 리포지토리**^{AWS Serverless Application Repository}: 람다로 실행할 수 있는 사전 정의된 애플리케이션 함수 라이브러리를 제공합니다. 이러한 애플리케이션은 AWS나 AWS 파트너가 제공하며 바로 사용할 수 있습니다.

- **AWS 배치**^{AWS Batch}: 배치 작업을 실행하기 위한 관리형 서비스입니다. 작업을 업로드하고 리소스 요구 사항을 정의하면 됩니다. AWS가 작업 예약과 실행은 물론 기본 인프라의 프로비저닝 및 운영을 처리합니다.

- **아마존 일래스틱 컨테이너 서비스**^{Amazon Elastic Container Service} (**ECS**): 도커 컨테이너를 실행하고 컨테이너의 프로비저닝 및 확장을 관리하는 관리형 컨테이너 오케스트레이션 서비스입니다.

- **아마존 일래스틱 컨테이너 레지스트리**^{Amazon Elastic Container Registry} (ECR): ECS와 통합되어 관리되는 컨테이너 레지스트리 서비스입니다. 도커 컨테이너의 보관, 관리, 배치 등을 담당합니다.

- **아마존 일래스틱 쿠버네티스 서비스**^{Amazon Elastic Container Service for Kubernetes} (EKS): 쿠버네티스를 이용하여 컨테이너화된 애플리케이션을 배포, 관리, 확장하기 위한 관리형 서비스입니다.

- **AWS 파게이트**^{AWS Fargate}: 서버리스 방식으로 ECS와 EKS를 통해 도커 및 쿠버네티스 컨테이너를 실행하기 위한 서비스입니다.

- **VMware 클라우드 온 AWS**^{VMware Cloud on AWS}: 이 서비스를 사용하면 온프레미스 VMware vSphere 기반 환경을 AWS 클라우드로 확장하여 AWS의 확장 가능한 인프라를 활용할 수 있습니다.

- **AWS 아웃포스트**^{AWS Outposts}: 아웃포스트는 AWS 인프라, 서비스 및 운영 모델을 데이터 센터(엣지 로케이션이나 온프레미스)에 설치합니다. 아웃포스트는 2가지 유형으로 제공되는데, VMware 클라우드 온 AWS 아웃포스트는 자체 인프라를 실행하는 것과 동일한 VMware 컨트롤 플레인과 API를 사용하고, AWS 네이티브는 AWS 퍼블릭 서비스를 사용할 때 사용하는 것과 동일한 컨트롤 플레인과 API를 사용합니다.

이 장에서는 AWS 컴퓨팅 서비스의 대부분을 다루며, 비용 최적화에 대한 모범 사례를 제시합니다. 다양한 컴퓨팅 서비스와 각 서비스의 풍부함 때문에 이 장은 **EC2**, **람다** 서버리스 컴퓨팅, **컨테이너**(ECS, EKS, 파게이트)를 중심으로 세 부분으로 나눌 것입니다.

먼저 이러한 각 서비스에 대해 서비스 개요와 용어를 소개합니다. 개요에 따라 각 서비스의 요금제를 알아보고, 알아야 할 몇 가지 통찰력을 제공합니다. 이러한 통찰력에는 AWS 리전과 EC2 인스턴스 유형 간의 비용 차이, EC2와 람다를 통한 워크로드 실행 비용, EC2와 파게이트를 통한 실행 컨테이너의 가격 비교 등이 포함됩니다. 마지막으로 컴퓨팅 서비스 비용의 모니터링, 분석, 최적화를 위한 모범 사례를 논의하겠습니다.

이 책에서 모든 AWS 컴퓨팅 서비스를 다루는 것은 아닙니다. 아마존 라이트세일, AWS 일래스틱 빈스톡, AWS 배치, VMware 클라우드 온 AWS, AWS 아웃포스트, 일래스틱 로드 밸런서 등은 다루지 않습니다. 그럼에도 불구하고 이 장을 읽으면 모든 AWS 컴퓨팅 서비스의 비용을 이해하고 최적화하는 데 필요한 방법론을 갖추게 될 것입니다.

이제 본격적으로 시작해봅시다.

2.1 아마존 EC2(일래스틱 컴퓨팅 클라우드)

2006년에 출시된 아마존 EC2 서비스는 AWS에서 가장 널리 사용되는 서비스 중에 하나이며, 대부분의 클라우드 아키텍처의 핵심 요소입니다. EC2는 모든 AWS 영역에서 사용할 수 있는 공유 컴퓨팅 용량에 대한 웹 서비스를 통한 원격 액세스를 제공합니다. 기본적으로 무한대의 컴퓨팅 용량에 액세스할 수 있으며, 단 몇 초 만에 동적으로 용량을 늘리거나 줄일 수 있습니다. 2006년 **m1.small** 인스턴스가 도입된 이후 EC2 서비스는 빠르게 성장하여 현재 19가지 인스턴스 유형이 제공되고 있습니다. 이러한 다양성은 각 애플리케이션에 가장 적합한 인스턴스 유형을 선택할 수 있는 유연성을 제공합니다.

EC2 컴퓨팅 모델은 원격 공유 호스트 머신(물리 서버)에서 실행되는 인스턴스를 기반으로 합니다. 호스트 머신은 사용자 또는 다른 AWS 고객이 사용할 수 있는 몇 가지 작은 컴퓨팅 인스턴스로 가상화됩니다. 이 공유 인프라 소비 모델에서는 사용할 인스턴스 유형과 구동할 리전은 지정할 수 있지만 실행할 특정 물리 호스트 머신은 제어하지 않습니다.

EC2를 사용하면 모든 AWS 리전과 가용 영역[1]에서 다양한 운영 체제와 데이터베이스를 다양한 유형과 크기의 인스턴스를 시작할 수 있습니다. 몇 초 안에 필요한 만큼의 인스턴스를 시작, 중지, 종료시킬 수 있습니다. 워크로드가 자동으로 시작 및 중지되도록 예약하거나 다양한 사용량이나 비즈니스 실행에 따라 자동으로 확장되거나 축소되도록 설정할 수 있습니다. 이 모든 것은 정해진 시간에 사용한 용량에 대해서만 지불하는 요금제에 따라 제공됩니다. 인스턴스를 중지하거나 종료하면 더 이상 비용을 지불할 필요가 없으며, 다른 AWS 고객이 해당 인스턴스를 사용할 수 있게 됩니다.

EC2 인스턴스 유형과 각 유형 내 인스턴스 크기는 다양하며, 인스턴스 가격 또한 **t4g.nano** 인스턴스의 경우 시간당 0.0042달러(월 3.024달러)부터 **u-12tb1.112xlarge** 인스턴스의 경우 시간당 109.20달러(월 93,024달러)까지 광범위합니다. 광범위한 가격 범위 외에도 AWS는 EC2 인스턴스 비용을 절감할 수 있는 방법을 제공합니다. 대체 소비 모델(세이빙 플랜, 예약 인스턴스, 스팟 인스턴스)은 EC2 온디맨드 가격에서 최대 72% 할인 혜택을 제공합니다. 이러한 다양성, 가격 범위, EC2 소비 모델의 수를 고려할 때 비용에 영향을 미치는 EC2 서비스 특성을 숙지하는 것은 매우 중요합니다.

그럼 EC2와 관련된 용어를 자세히 알아보겠습니다.

---

1 리전과 가용 영역은 4장 '네트워킹 서비스'에서 자세히 다룹니다.

2.1.1 EC2 특성

인스턴스 제품군과 유형

2006년에 첫 EC2 인스턴스가 출시된 이후 아마존은 다양한 유형의 워크로드를 지원하기 위해 지속적으로 추가 인스턴스 제품군 및 유형을 도입했습니다.

현재 5가지 인스턴스 제품군이 있으며 각 제품군은 해당 인스턴스가 지원하려는 일반적인 워크로드에 의해 정의됩니다. 이 제품군은 범용, 컴퓨팅 최적화, 메모리 최적화, 스토리지 최적화 및 가속 컴퓨팅입니다.

현재는 19가지 인스턴스 유형이 있으며, 각 유형은 제품군 중 하나에 속합니다. 각 인스턴스 유형은 컴퓨팅, 메모리, 스토리지 용량이 서로 다르게 구성된 세트를 제공합니다. 예를 들어 일반적인 용도로 설계된 **M**형(범용 인스턴스 제품군), 컴퓨팅 집약적인 워크로드 용도로 설계된 **C**형(컴퓨팅 최적화 인스턴스 제품군), 고성능의 그래픽 처리를 위해 GPU 카드로 구동되는 **G**형(가속 컴퓨팅 인스턴스 제품군) 등이 있습니다. 어떤 워크로드라도 애플리케이션의 요구 사항을 완벽하게 충족하는 적절한 리소스를 선택할 수 있도록 광범위한 인스턴스 유형을 제공합니다.

[그림 2-1]은 아마존 EC2 인스턴스 제품군과 각 제품군에 포함된 각 인스턴스 유형의 최신 세대를 보여줍니다. [표 2-1]은 각각에 대한 간단한 설명입니다.

그림 2-1 아마존의 현재 세대 EC2 인스턴스 제품군과 유형[2]

---

2 https://aws.amazon.com/ec2/instance-types

표 2-1 EC2 인스턴스 제품군과 유형[3]

인스턴스 제품군	인스턴스 유형	설명
범용	Mac	**Mac** 인스턴스는 애플 맥 미니에서 구동되며 AWS 니트로(Nitro) 시스템을 기반으로 합니다. 개발자가 Xcode IDE가 필요한 애플리케이션을 개발, 빌드, 테스트 및 서명할 수 있도록 MacOS에 대한 액세스 권한을 제공합니다.
	A	**A** 인스턴스는 Arm 에코시스템에서 지원하는 동적 및 Arm 기반 워크로드를 실행하는 데 이상적입니다. 64비트 ARM 코어와 AWS가 설계한 맞춤형 실리콘인 AWS 그래비톤 프로세서를 탑재한 첫 번째 EC2 인스턴스입니다. 웹 서버, 컨테이너화된 마이크로서비스, 캐싱 플릿, 분산 데이터 스토어 및 개발 환경과 같은 다양한 확장 워크로드에 적합합니다.
	T	**T** 인스턴스는 CPU의 기본 수준을 제공하는 버스트 가능 성능 인스턴스이며, 더 높은 성능이 필요할 때 기본 성능보다 높은 버스트 기능을 제공합니다. 웹사이트, 마이크로서비스, 중소형 데이터베이스, 가상 데스크톱, 개발, 빌드 및 스테이징 환경, 코드 리포지토리 등 다양한 범용 워크로드에 적합합니다.
	M	**M** 인스턴스는 컴퓨팅, 메모리 및 네트워크 리소스의 균형을 제공합니다. 웹사이트, 중소형 데이터베이스, 데이터 처리 작업, 캐싱 플릿, 엔터프라이즈 애플리케이션(예: SAP 및 셰어포인트) 및 클러스터 컴퓨팅과 같은 다양한 범용 워크로드에 적합합니다.
컴퓨팅 최적화	C	**C** 인스턴스는 컴퓨팅 집약적인 워크로드에 최적화되어 있습니다. 고성능 프로세서를 탑재하고 있으며, 낮은 가격으로 컴퓨팅 성능을 제공합니다. 고성능 웹 서버, 과학적 모델링, 배치 처리, 분산 분석, 고성능 컴퓨팅(HPC), 머신러닝/딥러닝, 광고, 게임, 비디오 인코딩 등에 적합합니다.
메모리 최적화	R	**R** 인스턴스는 메모리 집약적인 애플리케이션에 최적화되어 있으며 다른 인스턴스 유형에 비해 메모리 용량당 가격이 저렴합니다. 고성능 데이터베이스, 데이터 마이닝 및 분석, 인메모리 데이터베이스, 분산 웹스케일 인메모리 캐시, 비정형 데이터의 실시간 처리, 하둡/스파크 클러스터 및 기타 엔터프라이즈 애플리케이션에 적합합니다.
	X	**X** 인스턴스는 대규모 엔터프라이즈급 메모리 집약적인 애플리케이션에 최적화되어 있습니다. 이 유형의 인스턴스는 어렵고 힘든 작업을 위해 사용되며 대용량 메모리로 구성되어 있습니다. **x2gd**는 16GiB에서 1,024GiB 사이, **x2iedn**는 128GiB에서 4,096GiB 사이입니다. X 인스턴스는 메모리 용량당 최저 가격을 제공합니다. 고성능 데이터베이스, 인메모리 및 메모리 집약적인 워크로드, 빅데이터 처리 및 고성능 컴퓨팅(HPC)에 적합합니다. SAP의 차세대 비즈니스 제품군(SAP Business Suite S/4HANA, 비즈니스 웨어하우스, 데이터 마트)과 기타 엔터프라이즈 애플리케이션을 실행하도록 SAP에서 인증한 인스턴스입니다.

---

3 https://aws.amazon.com/ec2/instance-types

인스턴스 제품군	인스턴스 유형	설명
메모리 최적화	U	U 인스턴스는 인텔 제온 플래티넘 8176M(스카이레이크) 프로세서와 모든 EC2 인스턴스에서 가장 큰 메모리 옵션(2TiB ~ 24TiB)으로 구동됩니다. SAP HANA의 프로덕션 배포를 비롯하여 대규모 인메모리 데이터베이스를 실행하는 데 이상적입니다. U 인스턴스를 **대용량 메모리** 인스턴스라고도 합니다.
	Z	Z 인스턴스는 컴퓨팅 및 메모리 집약적인 인스턴스입니다. 최대 4.0GHz의 지속적인 올코어 터보 부스트를 통해 구동되며, 이는 EC2 인스턴스 중 가장 빠른 속도입니다. 높은 컴퓨팅 용량과 높은 메모리 공간을 제공합니다. EDA(Electronic Design Automation, 전자 설계 자동화), 관계형 데이터베이스 워크로드 및 HPC 워크로드와 같이 코어당 성능이 매우 높은 애플리케이션에 적합합니다.
스토리지 최적화	I	I 인스턴스는 로컬 니트로 SSD 또는 SSD 기반 NVMe 인스턴스 스토리지로 구동되는 468GB에서 8×7,500GB 사이의 대용량 스토리지 인스턴스입니다. 이 스토리지는 짧은 대기 시간, 매우 높은 랜덤 I/O 성능 및 높은 순차적 읽기 처리량에 최적화되어 있습니다. NoSQL 데이터베이스, 인메모리 데이터베이스, 스케일아웃 트랜잭션 데이터베이스, 데이터 웨어하우징, 엘라스틱서치(Elasticsearch), 분석 워크로드 등에 적합합니다.
	H	H 인스턴스는 최대 16TB의 HDD 기반 로컬 스토리지로 구동되며, 컴퓨팅 성능과 메모리의 균형을 통해 높은 디스크 처리량을 제공합니다. 맵리듀스 워크로드, 분산 파일 시스템, 로그 및 데이터 처리 애플리케이션, 빅데이터 클러스터 등에 적합합니다.
	D	D 인스턴스는 최대 48TB의 HDD 기반 로컬 스토리지로 구동되어 높은 디스크 처리량을 제공하며 디스크당 최저가 처리 성능을 제공합니다. MPP(Massive Parallel Processing, 대량 병렬 처리), 데이터 웨어하우징, 맵리듀스와 하둡 분산 컴퓨팅, 분산 파일 시스템, 로그 및 데이터 처리 애플리케이션 등에 적합합니다.
가속 컴퓨팅	P	P 인스턴스는 엔비디아 테슬라 V100 GPU로 구동되며 범용 GPU 컴퓨팅 애플리케이션을 위한 것입니다. 머신러닝/딥러닝, 고성능 컴퓨팅(HPC), 지진 분석, 계산 요구, 음성 인식, 자율주행차와 같은 워크로드에 적합합니다.
	DL	DL 인스턴스는 하바나 랩스(Habana Labs, 인텔 회사)의 가우디(Gaudi) 가속기로 구동됩니다. 딥러닝 모델, 객체 감지, 이미지 인식, 자연어 처리 및 추천 엔진을 훈련하는 데 유용합니다.
	Trn	Trn 인스턴스는 고성능 딥러닝 훈련에 최적화된 AWS 기반 칩에 의해 구동됩니다. 자연어 처리, 객체 감지, 이미지 인식, 추천 엔진 및 지능형 검색과 같은 사용 사례에 대한 딥러닝 모델을 훈련하기 위한 최상의 가격 성능을 제공하도록 구축되었습니다. 최대 16개의 트레이니엄(Trainium) 가속기, 최대 800Gbps의 EFA 네트워킹 처리량 및 초고속 인스턴스 내 연결을 지원하여 아마존 EC2에서 가장 빠른 ML 훈련을 제공합니다.

인스턴스 제품군	인스턴스 유형	설명
가속 컴퓨팅	Inf	Inf 인스턴스는 AWS 인퍼런티아(Inferentia) 칩, 맞춤형 2세대 인텔 제온 확장형 프로세서 및 최대 100Gbps 네트워킹과 결합된 고성능 ML 추론 칩으로 구동됩니다. 높은 처리량 ML 추론 처리를 지원하도록 구축되었으며 추천 엔진, 예측, 이미지 및 비디오 분석, 고급 텍스트 분석, 문서 분석, 음성, 대화 에이전트, 번역, 트랜스크립션 및 사기 탐지에 적합합니다.
	G	G 인스턴스는 엔비디아 T4, T4G 또는 A10G 텐서 코어 GPU로 구동되며, 원격 그래픽 워크스테이션, 비디오 트랜스코딩, 실사 디자인 및 게임 스트리밍과 같은 그래픽 집약적인 애플리케이션에 최적화되어 있습니다. 또한 이미지에 메타데이터를 추가하기 위한 머신러닝 추론, 객체 감지, 추천 시스템, 자동화된 음성 인식 및 언어 번역에도 좋습니다.
	F	F 인스턴스는 필드 프로그래밍 지원 게이트 어레이(Field Programmable Gate Array, FPGA)를 통해 사용자 정의 가능한 하드웨어 가속을 제공합니다. 게놈 연구, 재무 분석, 실시간 비디오 처리, 빅데이터 검색 및 분석 등에 유용합니다.
	VT	VT 인스턴스는 최대 8개의 자일링스 알베오(Xilinx Alveo) U30 미디어 가속기 카드로 구동되며, 최대 4K UHD 해상도를 지원하는 비디오 트랜스코딩에 사용됩니다. 실시간 비디오 트랜스코딩을 가속화하고 라이브 비디오 스트림을 위한 저렴한 트랜스코딩을 제공하도록 설계되었습니다. 라이브 브로드캐스트, 화상 회의 및 저스트 인 타임(just-in-time) 트랜스코딩과 같은 워크로드에 최적화되어 있습니다.

인스턴스 세대

아마존의 혁신은 계속 되었습니다. 정기적으로 각 인스턴스 유형이 향상되었고, 각 유형의 새로운 세대가 출시되었습니다. 새로운 세대의 인스턴스는 최신 기술을 갖추고 있으며 이전 인스턴스 세대보다 **더 낮은 비용으로 더 높은 성능을 제공**하도록 설계되었습니다. 예를 들어 **T3** 인스턴스 세대는 인텔 제온 확장형 프로세서로 구동됩니다. 경량 하드웨어 가속 하이퍼바이저가 포함된 AWS 니트로 시스템과 결합할 경우 **T3** 인스턴스는 **T2** 인스턴스에 비해 30%의 가격 대비 성능 향상을 제공합니다.

또 다른 예는 AWS 그래비톤2 프로세서가 탑재된 **M6g** 인스턴스 세대(2019년)입니다. AWS 내부 테스트를 기준으로 인텔 제온 스카이레이크 확장형 프로세서를 탑재한 **M5** 인스턴스 세대(2017년)에 비해 가격 대비 성능이 40% 향상되었습니다. 새로운 세대의 그래비톤2 기반 인스턴스가 이전 세대의 인텔 기반 인스턴스에 비해 더 나은 가격 대비 성능을 제공하는 다른 예로는 인텔 기반 프로세서인 **C5**(2017년), **R5**(2018년) 및 **T3**(2018년)에 비해 가격 대비 성능이 40% 향상된 **C6g**(2020년), **R6g**(2020년) 및 **T4g**(2020년)가 있습니다. **X2gd** 인스턴스 세대(2021년)는 인텔 기반 프로세서인 **X1** 인스턴스 세대(2016년)에 비해 가격 대비 성능이 55% 향상되었습니다.

새로운 세대의 인스턴스가 출시되더라도 이전 세대의 인스턴스를 계속 사용할 수 있으며, 이전 세대의 인스턴스가 여러분 요구 사항에 더 잘 동작한다면 계속 사용해도 됩니다.

인스턴스 크기

각 인스턴스 유형은 선택할 수 있는 다양한 인스턴스 크기를 제공합니다. 인스턴스 크기는 우리가 잘 알고 있는 의류에서 스몰, 미디엄, 라지, 엑스라지를 선택하는 것과 같은 크기를 연상시킵니다. EC2 인스턴스는 **nano** 크기(**t3.nano**)부터 **112xlarge** 크기(**u-6tb1.112xlarge**)까지 있습니다. 각 인스턴스 크기는 vCPU, 메모리, 디스크, 네트워크 처리량 및 기타 기능의 미리 정해진 구성이 제공됩니다. 일반적으로 인스턴스 크기가 한 단계 커질수록 이러한 리소스 사양(vCPU, 메모리 등)이 두 배가 됩니다.

인스턴스 프로세서

AWS는 선택할 수 있는 다양한 프로세서를 제공합니다. 여기에는 다양한 인텔 제온 프로세서, AMD의 EPYC 프로세서 및 AWS 맞춤형 그래비톤 프로세서가 포함됩니다. 인텔 및 AMD 프로세서는 인텔이 처음 도입한 x86 아키텍처를 기반으로 합니다. 인텔 기반 또는 AMD 기반 인스턴스에서 하이퍼스레딩을 사용할 수 있으므로 코어당 처리 스레드(vCPU)가 2개씩 생성됩니다. 그래비톤 프로세서는 64비트 Arm 네오버스[Neoverse] 코어를 사용하여 AWS에서 맞춤 제작합니다. 그래비톤2 기반 인스턴스에는 하이퍼스레딩이 없으며 각 vCPU는 물리 코어를 나타냅니다.

인스턴스 소프트웨어 스택

각 EC2 인스턴스를 시작할 때 해당 인스턴스에 배포할 소프트웨어 스택을 정의해야 합니다. 다양한 운영 체제(예를 들면 MacOS, 리눅스, 레드햇 엔터프라이즈 리눅스, 수세 리눅스 엔터프라이즈, 윈도우 서버)와 다양한 데이터베이스(예를 들면 마이크로소프트 SQL 웹, 스탠더드, 엔터프라이즈)에서 선택할 수 있습니다. 인스턴스 유형과 스택을 선택하면 선택한 스택 구성으로 인스턴스가 시작됩니다.

니트로 시스템

니트로 시스템^{Nitro System}은 AWS가 새로운 EC2 인스턴스 유형을 빌드하고 시작할 때 사용하는 AWS 기반 하드웨어 및 소프트웨어 구성 요소의 방대한 모음입니다. 니트로 시스템은 애플리케이션 코드 실행을 담당하는 인스턴스 프로세서에서 보안, 가상화, 스토리지 및 네트워킹 옵션을 제외합니다.

니트로 빌딩 블록의 예는 다음과 같습니다.

- 니트로 로컬 NVMe 스토리지는 PCI 인터페이스를 통해 고속 로컬 스토리지에 직접 액세스하고 전용 하드웨어를 사용하여 모든 데이터를 투명하게 암호화합니다.

- 니트로 보안 칩은 하드웨어 리소스를 지속적으로 모니터링하고 보호하며 시스템이 부팅될 때마다 펌웨어를 독립적으로 확인합니다.

- 니트로 하이퍼바이저는 메모리 및 CPU 할당을 관리하고 대부분의 워크로드에서 베어 메탈과 구분할 수 없는 성능을 제공하는 대기 상태의 경량 하이퍼바이저입니다.

니트로 시스템에 구축된 EC2 인스턴스 유형의 예로는 **M6g**, **M6i**, **M5**, **M5a**, **C6g**, **C6i**, **C5**, **C5a**, **R6g**, **R5**, **R5a**, **D3**, **A1** 및 기타 차세대 EC2 인스턴스가 있습니다. 이러한 인스턴스 유형은 각 인스턴스 내에 니트로 시스템 빌딩 블록을 포함하고 인스턴스 프로세서에서 시스템 기능을 오프로드하여 향상된 성능과 기능을 제공합니다.

인스턴스 네트워크 처리량

EC2 인스턴스 유형에 따라 최대 10Gbps, 25Gbps, 50Gbps, 100Gbps의 네트워크 처리량이 제공됩니다. 그러므로 인스턴스 유형을 선택할 때는 해당 처리량이 사용자의 요구 사항에 맞는지 확인해야 합니다.

명명 규칙

EC2 인스턴스는 인스턴스 유형(문자), 세대(숫자), 크기(예: large)로 식별됩니다. 인스턴스 세대에 추가 기능 식별자로 다른 문자가 추가되기도 합니다. 다음은 인스턴스 명명 규칙의 예입니다.

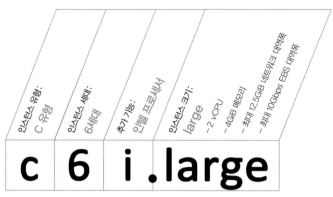

그림 2-2 EC2 인스턴스 명명 규칙

c6i.large 인스턴스는 6세대 **C** 유형 인스턴스입니다. **large** 인스턴스는 리소스 사양(이 경우 2개의 vCPU와 4GiB의 메모리)을 결정하는 인스턴스 크기를 나타냅니다. **i**는 인텔 프로세서 기반 인스턴스를 나타냅니다.

추가 기능의 예는 다음과 같습니다.

- **e**: 확장 메모리를 나타냅니다.

- **n**: 최대 100Gbps의 향상된 네트워킹을 나타냅니다.

- **i**: 인텔 프로세서에 의해 구동되는 인스턴스를 나타냅니다.

- **g**: AWS 그래비톤 프로세서에 의해 구동되는 인스턴스를 나타냅니다.

- **a**: AMD EPYC 프로세서에 의해 구동되는 인스턴스를 나타냅니다.

- **m**: **M** 인스턴스 제품군같이 vCPU당 4GiB RAM의 비율을 나타냅니다.

- **s**: 작은 vCPU 및 메모리 또는 vCPU당 6GiB RAM의 비율을 나타냅니다.

- **d**: 로컬 NVMe 기반 SSD 스토리지를 나타냅니다.

- **z**: 최대 4.5GHz의 프로세서 주파수를 나타냅니다.

- **b**: EBS 성능의 대역폭 증가를 나타냅니다.

베어 메탈 인스턴스의 이름은 이러한 규칙을 따르지 않습니다. 베어 메탈 인스턴스에는 인스턴스 제품군과 metal 표시(예를 들면 **m6g.metal**, **c6g.metal**)가 있습니다. **U** 인스턴스의 이름은 **u-6tb1.metal**, **u-9tb1.metal**, **u-12tb1.metal**, **u-18tb1.metal**, **u-24tb1.metal**로 각각 6, 9, 12, 18, 24TiB의 메모리가 제공됨을 의미합니다.

일래스틱 컴퓨팅 유닛(ECUs)

인스턴스는 상용 하드웨어를 기반으로 구축되기 때문에 시간이 지남에 따라 인스턴스를 구동하는 여러 가지 유형의 물리 하드웨어가 있을 수 있습니다. 예를 들어 **C5** 유형의 인스턴스는 인텔 스카이레이크^{Skylake} 프로세서로 구동되는 반면 **M4** 인스턴스는 인텔 하스웰^{Haswell} 프로세서로 구동됩니다.

여러 인스턴스 유형의 CPU 용량을 쉽게 비교할 수 있도록 아마존에서는 EC2 컴퓨팅 유닛^{EC2} $^{Compute Unit}$(ECU)을 정의했습니다. ECU는 기본 프로세서에 관계없이 인스턴스의 정수 처리 능력에 대한 상대적인 측정값을 제공합니다.

예를 들어 **c5.xlarge** 및 **m4.xlarge** 인스턴스는 둘 다 4개의 vCPU가 제공됩니다. 하지만 **c5.xlarge**는 17개의 ECU를 제공하며, **m4.xlarge**는 13개의 ECU만 제공합니다. 6번째 인스턴스 세대와 AMD 및 그래비톤2를 사용하는 인스턴스가 도입되면서 AWS는 처리 능력을 측정하기 위한 메커니즘으로 ECU를 사용하는 것을 중단했습니다.

버스트 가능 성능 인스턴스

버스트(순간 확장) 가능 성능 인스턴스는 CPU 크레딧을 사용하여 기준 이상으로 버스트할 수 있는 기능과 함께 기준 수준의 CPU 성능을 제공합니다. 버스트 가능 성능 인스턴스는 워크로드가 인스턴스의 기준 용량에서 작동할 때 CPU 크레딧을 누적합니다. 각 CPU 크레딧은 1분 동안 전체 CPU 코어의 성능을 버스트할 수 있는 기회를 제공합니다.

예를 들어 주어진 순간 동안 CPU의 평균 50%를 사용할 수 있다고 가정하면 CPU 활용률이 50%인 실행 인스턴스의 2분마다 CPU 1개의 크레딧이 부여될 것입니다. 이는 100% 활용률로 1분 동안 실행되는 vCPU 1개와 같습니다.

일단 CPU 크레딧이 누적되면 버스트 가능 용량의 형태로 추가 비용 없이 그들을 소비할 수 있습니다. 이는 인스턴스 기준 용량보다 CPU 용량을 더 많이 소비하는 경우에도 가능합니다. 이는 더 큰 크기의 인스턴스로 업그레이드할 필요 없이 단기적으로 최대 컴퓨팅 성능을 사용해야 하는 시나리오에 이상적입니다.

버스트 가능 성능 인스턴스에는 **표준**^{standard}과 **무제한**^{unlimited} 두 가지 작동 모드가 있습니다.

표준 모드에서는 누적 CPU 크레딧이 있는 한 인스턴스 기준 용량을 초과하여 확장할 수 있습니다. CPU 크레딧을 사용한 후에는 성능이 기준 성능 수준으로 재설정됩니다.

무제한 모드에서는 버스트 용량이 누적된 CPU 크레딧에 따라 달라지지 않습니다. 대신 추가 비용을 지불하여 필요한 기간 동안 기준 용량을 초과할 수 있습니다.

버스트 가능 성능 인스턴스는 **T4g**, **T3**, **T3a**, **T2** 인스턴스 유형을 포함합니다.

EC2 인스턴스 스토어

EC2 인스턴스 스토어(임시 스토리지^{ephemeral storage}라고도 함)는 EC2 인스턴스 호스트에 물리적으로 연결된 디스크에 위치한 로컬 스토리지로, 짧은 지연 시간과 높은 I/O 성능을 제공합니다.

EC2 인스턴스를 시작할 때 인스턴스 스토어가 있는 인스턴스 유형을 선택하거나 EBS 볼륨만 지원하는 인스턴스 유형을 선택할 수 있습니다. EC2 인스턴스 스토어에 대해서는 3.2절에서 더 자세히 다룹니다.

CPU 최적화 인스턴스

각 EC2 인스턴스에는 vCPU, 메모리, 디스크, 네트워크 용량과 같은 미리 정해진 리소스 구성이 제공됩니다. 인텔 및 AMD 기반 인스턴스를 사용하면 실행할 vCPU 수를 사용자 지정할 수 있을 뿐만 아니라 CPU 코어당 단일 스레드를 지정하여 멀티스레딩을 사용하지 않도록 설정할 수 있습니다.

예를 들어 **c6i.2xlarge** 인스턴스는 기본 4개의 CPU 코어와 코어당 2개의 스레드가 제공되며(멀티스레딩 사용), 총 8개의 vCPU(4개의 CPU × 2개의 스레드)가 제공됩니다. CPU 최적화 인스턴스를 사용하면 멀티스레딩을 사용하지 않도록 설정하고(코어당 단일 스레드로 구성), 인스턴스와 함께 제공할 사용자 지정 vCPU 수를 지정(예를 들면 vCPU 8개 대신 4개)할 수 있습니다.

아마존 일래스틱 그래픽

G 인스턴스 유형은 그래픽 처리 가속을 위한 강력하고 광범위한 GPU 기반 인스턴스를 제공합니다. **G4** 인스턴스에는 각각 16GiB의 GPU 메모리가 있는 1, 4 또는 8개의 엔비디아 T4 텐서 코어 GPU 카드가 함께 제공됩니다.

G 인스턴스가 제공하는 만큼의 CPU, 메모리, 그래픽 가속 성능이 필요하지 않고 다른 EC2 인스턴스 유형에 그래픽 가속 성능을 추가하려면 어떻게 해야 할까요? 이를 위해 아마존은 1, 2, 4, 또는 8GiB의 그래픽 메모리(**G** 인스턴스처럼 전체 카드가 아님)를 포함한 OpenGL 가속 기능을 **M, T, C, R, X, Z, H, I, D** 인스턴스를 포함한 광범위한 EC2 인스턴스에 연결할 수 있습니다.

일래스틱 그래픽 가속기는 인스턴스 생성 시 네트워크를 통해 MS 윈도우 인스턴스에 연결할 수 있으며 인스턴스 종료 시 종료됩니다. 실행 중인 인스턴스에 일래스틱 그래픽 가속기를 연결 또는 분리하거나 인스턴스에 둘 이상의 가속기를 연결하는 옵션은 없습니다. 가속기가 더 이상 필요하지 않으면 가속기가 연결된 인스턴스를 종료해야 합니다.

다양한 EC2 인스턴스에 1~8GiB의 그래픽 메모리를 연결할 수 있는 기능은 더 이상 비싼 **G** 인스턴스의 성능이 필요하지 않을 때 인스턴스 리소스에 제약되지 않고 여러분 요구 사항에 맞출 수 있는 좋은 방법을 제공합니다.

아마존 일래스틱 추론

P 인스턴스 유형은 머신러닝 훈련 및 추론(예측을 위해 머신러닝 훈련 모델을 실행하는 프로세스)을 위한 강력하고 광범위한 GPU 기반 인스턴스를 제공합니다. 대부분의 경우 모델 훈련 단계는 리소스 집약적이며 **P** 인스턴스 GPU 카드의 전체 용량이 필요합니다. 반면 추론 프로세스를 실행하면 일반적으로 더 적은 입력으로 수행되며 GPU 파워도 더 적게 필요합니다.

일래스틱 추론을 사용하면 네트워크를 통해 텐서플로, 아파치 MXNet, ONNX[Open Neural Network Exchange] 모델을 실행하기 위해 GPU 기능을 EC2 인스턴스 또는 ECS 작업에 연결할 수 있습니다. 여러분은 머신러닝 프로세스의 각 단계를 실행하는 가장 좋은 방법을 선택할 수 있습니다. **P** 인스턴스는 훈련 프로세스와 잘 일치하지만 추론 실행에는 전체 GPU 성능이 필요한 것은 아닙니다. 따라서 일래스틱 추론 기능이 있는 EC2 인스턴스에서 추론을 실행할 수 있습니다.

일래스틱 추론 가속화는 인스턴스 생성 시에만 EC2 인스턴스에 연결할 수 있으며 인스턴스 종료 시 종료됩니다. 실행 중인 인스턴스에 일래스틱 추론 가속기를 연결하거나 분리하거나 인스턴스에 둘 이상의 일래스틱 추론 가속기를 부착하는 옵션은 없습니다. 가속기가 더 이상 필요하지 않으면 가속기가 연결된 인스턴스를 종료해야 합니다.

일래스틱 추론은 125테라플롭스[4]에서 시작하는 **P3** 인스턴스와 비교하여 가속기별 1~32테라플롭스 범위의 다양한 처리량 크기로 사용할 수 있습니다. 이를 통해 더 작은 단위로 추론 가속화를 확장할 수 있으며, 비싼 **P** 인스턴스의 성능이 필요하지 않을 때 **P** 인스턴스에 제약되지 않고 적절한 양의 GPU 기반 추론 가속을 EC2 인스턴스에 연결할 수 있습니다.

호스트 타입

앞에서 언급한 바와 같이 EC2 컴퓨팅 서비스의 개념은 각 호스트 머신을 가상화하여 여러 EC2 인스턴스로 분할하는 '공유' 모델을 기반으로 합니다. 각 인스턴스는 완전히 격리된 상태에서 서로 다른 네트워크에서 실행되는 동안 서로 다른 AWS 계정에 속할 수 있습니다. 호스트 시스템이 단일 계정만 서비스하도록 하려는 시나리오에 대해 아마존은 다음과 같은 EC2 인스턴스를 제공합니다.

- **EC2 전용 호스트:** 단일 AWS 계정에 전체 용량을 제공하는 완전 전용 물리 서버(호스트)입니다. 가상화 소프트웨어는 이 머신을 여러 개의 **EC2 전용 인스턴스**로 분할하며, 전용 호스트를 소유한 계정의 사용자가 이 인스턴스를 사용할 수 있습니다. 전용 호스트는 기존 소프트웨어 라이선스(예를 들면 MS 윈도우 서버나 MS SQL 서버)가 있고, 클라우드 인프라에서도 사용하려는 BYOL^bring your own license (사용자 라이선스 사용) 시나리오에서 유용합니다. 전용 호스트를 사용하기 위한 다른 시나리오는 컴플라이언스 또는 규정과 관련 있으며, 이 경우 물리 서버가 다른 AWS 계정과 공유되지 않도록 해야 합니다.

- **EC2 베어 메탈:** EC2 전용 호스트와 마찬가지로 EC2 베어 메탈 호스트도 특정 AWS 계정에 전부 할당됩니다. 차이점은 EC2 베어 메탈 호스트는 호스트를 여러 EC2 인스턴스로 나누는 가상화 소프트웨어로 프로비저닝되지 않는다는 점입니다. 즉, 가상화되지 않은 베어 메탈 클라우드 인프라에 액세스할 수 있습니다. EC2 베어 메탈 인스턴스는 가상화되지 않은 환경에 대해 라이선스가 부여된 특정 애플리케이션이나 각 서버에서 가장 높은 성능을 요구하는 애플리케이션에 적합합니다. 베어 메탈 인스턴스가 있는 제품군으로는 **A1**, **M6g**, **M6gd**, **M5**, **C6g**, **C5**, **G4dn**, **X2dg**, **R6g**, **R5**, **Z1**, **I3** 등이 있습니다.

---

4 옮긴이_ 플롭스(FLOPS, Floating point Operations Per Second)는 컴퓨터의 성능을 수치로 나타낼 때 주로 사용되는 단위입니다. 초당 부동소수점 연산이라는 의미로 컴퓨터가 1초 동안 수행할 수 있는 부동소수점 연산의 횟수를 기준으로 삼습니다. 상위단위와 하위단위로 국제단위계의 표준 접두어를 사용하며, 슈퍼컴퓨터의 성능을 나타낼 경우에는 테라플롭스(1×10^{12}(조) 플롭스)가 주로 쓰입니다 (위키백과).

필요에 따라 인스턴스를 수동으로 늘리고 줄이거나, 스케줄러를 설정하거나, 오토 스케일링 그룹을 만들어 자동으로 이 작업을 수행하든 상관없이 EC2 인스턴스 수명 주기의 상태를 이해하는 것은 중요합니다.

- **대기**^{pending} : 인스턴스는 처음 시작될 때 또는 **중지** 상태에서 재시작될 때 **대기** 상태에 들어갑니다. 대기 중인 경우 인스턴스가 **실행** 상태로 진입하는 중입니다.
- **실행**^{running} : 인스턴스가 실행 중이고 사용할 준비가 됐음
- **중지**^{stopping} : 인스턴스가 중지될 준비를 하고 있음
- **중지됨**^{stopped} : 인스턴스가 정지되어 사용할 수 없음. 언제든 다시 시작할 수 있음
- **종료 진행**^{shutting-down} : 인스턴스 종료를 준비하는 중
- **종료**^{terminated} : 인스턴스가 영구적으로 삭제되어 다시 시작할 수 없음
- **재부팅**^{rebooting} : 인스턴스 운영 체제를 재부팅하는 중
- **최대 절전 모드**^{hibernate} : EBS 지원 인스턴스에서만 사용 가능. 이 상태에서 인스턴스 메모리의 내용은 EBS 루트 볼륨에 저장되고 다른 모든 EBS 볼륨은 유지됩니다. 인스턴스가 재시작되면 EBS 루트 볼륨이 이전 상태로 복원되고 메모리 콘텐츠가 다시 로드됩니다. 이전에 연결했던 EBS 볼륨이 다시 연결되고 해당 인스턴스 ID를 유지합니다.

2.1.2 아마존 EC2 요금제

지금까지 아마존 EC2 서비스의 기본 사항 중 일부를 다루었습니다. 이제 인스턴스 유형, 세대 및 크기에 대한 개념을 숙지했으므로 EC2 요금제를 살펴보겠습니다.

먼저 EC2 인스턴스 비용에 영향을 미치는 요인을 검토하겠습니다.

사용 기간

EC2 인스턴스의 가격은 종량제 기준으로 공개적으로 제공된 가격으로 책정됩니다. 이를 **EC2 온디맨드** 인스턴스 요금이라 하며 계정 내에서 실행 중인 인스턴스에 대해서만 요금이 청구됩니다.

가격은 인스턴스가 시작된 후 종료 또는 중지될 때까지 각 인스턴스에 대해 소비된 인스턴스 시간에 따라 부과됩니다. 소비된 각 부분 인스턴스 시간은 리눅스, SQL 엔터프라이즈 포함 윈도우, SQL 스탠더드 포함 윈도우, SQL 웹 인스턴스 포함 윈도우의 경우 초당 청구되며, 레드햇 엔터프라이즈 리눅스^Red Hat Enterprise Linux(RHEL) 또는 수세 엔터프라이즈 리눅스 서버^SUSE Enterprise Linux Server(SLES)와 같은 모든 다른 인스턴스 유형의 경우 전체 시간으로 청구됩니다. AWS는 사용 기간을 청구 세분화라고 불리는 것의 가장 가까운 정수배로 올립니다. 따라서 RHEL 인스턴스가 1시간 5초 동안 실행되는 경우 2시간에 대한 요금이 청구됩니다. 리눅스 인스턴스의 경우에는 1시간 5초에 대한 요금이 부과됩니다.

가격(리눅스 및 윈도우 인스턴스의 경우 초당, 기타 모든 경우 시간당)은 사용할 인스턴스 유형에 따라 결정됩니다. 다음 절에서는 EC2 가격의 예를 보여줍니다.

동일한 유형 내 인스턴스 크기별 가격

각 인스턴스 유형 내에서 여러 인스턴스 크기 중에서 선택할 수 있습니다. 각 인스턴스 크기는 CPU, 메모리, 디스크, 네트워킹 처리량, 기타 특성의 미리 결정된 구성을 포함합니다.

일반적으로 인스턴스 크기가 커질 때마다(예를 들면 **large**에서 **xlarge**로) 프로비저닝된 리소스양(예를 들면 vCPU 수, 메모리양, 스토리지양)이 두 배로 증가합니다. 상대 성능(ECU)이 두 배로 증가하고 그에 따라 온디맨드 비용도 두 배로 증가합니다. 다음 표에서 쉽게 확인할 수 있습니다.

표 2-2 동일한 유형 내 인스턴스 크기별 EC2 가격[5]

인스턴스	vCPU	메모리(GiB)	스토리지(GB)	시간당 온디맨드 가격
c6i.large	2	4	EBS 전용	$0.085
c6i.xlarge	4	8	EBS 전용	$0.170
c6i.2xlarge	8	16	EBS 전용	$0.340
c6i.4xlarge	16	32	EBS 전용	$0.680
c6i.8xlarge	32	64	EBS 전용	$1.360
c6i.16xlarge	64	128	EBS 전용	$2.720

---

5 https://aws.amazon.com/ec2/pricing/on-demand

동일 유형 내 인스턴스 세대별 가격

일반적으로 새로운 인스턴스 세대가 출시되면 낮은 비용으로 향상된 성능을 제공합니다. 동일한 인스턴스 유형 내 세대별 인스턴스 가격이 어떻게 다른지 살펴보겠습니다.

표 2-3 동일 유형 내 인스턴스 세대별 EC2 가격[6]

인스턴스	vCPU	ECU	메모리(GiB)	스토리지(GB)	시간당 온디맨드 가격
c6g.large	2	N/A	4	EBS 전용	$0.068
c6i.large	2	N/A	4	EBS 전용	$0.085
c5.large	2	9	4	EBS 전용	$0.085
c4.large	2	8	3.75	EBS 전용	$0.100
c3.large	2	7	3.75	2 x 16 SSD	$0.105

인스턴스 가격은 대부분의 경우 새로운 세대가 출시됨에 따라 하락합니다. 예를 들어 **C3**에서 **C4**로 업그레이드한 경우에는 가격이 5% 하락(0.105달러에서 0.100달러로), **C5**로 업그레이드한 경우에는 15% 추가 하락(0.100달러에서 0.085달러로), **C6g**로 업그레이드한 경우에는 20% 추가 하락(0.085달러에서 0.068달러로)합니다. 모든 세대에 걸쳐 하락률이 누적되어 35% 하락(0.105달러에서 0.068달러로 감소)이 발생합니다.

또한 최신 세대의 사용으로 성능이 향상되어 이러한 업그레이드를 통해 달성된 절감 효과는 더욱 높아집니다. **C6i**는 C5 인스턴스 대비 성능이 15% 향상됩니다. **C6g**는 C5 인스턴스 대비 성능이 20% 향상되며, 총 40%의 가격 대비 성능이 개선됩니다.

일부 구세대 인스턴스(예: **c3.large**)는 내부 스토리지를 제공하는 반면 차세대 인스턴스에는 내부 스토리지의 포함 여부를 선택할 수 있는 옵션이 있습니다(예: **C5** 대 **C5d** 인스턴스). 이러한 경우 **C5** 또는 **C6i** 같은 차세대 인스턴스로 업그레이드하려면 차세대 인스턴스를 EBS 볼륨과 연결하기 위해 일부 아키텍처나 데브옵스[DevOps] 작업이 필요할 수 있으며, 이때 추가 비용이 발생합니다..

---

6 https://aws.amazon.com/ec2/pricing/on-demand, https://aws.amazon.com/ec2/previous-generation

인스턴스 유형별 가격

EC2 온디맨드 가격은 인스턴스의 유형, 크기 및 세대에 따라 달라집니다. 아마존은 현세대와 구세대 인스턴스[7]를 다양하게 제공하기 때문에 EC2 인스턴스 가격에 대해 광범위하게 알고 있어야 합니다.

유형에 따른 시간당 온디맨드 가격의 몇 가지 예를 살펴보겠습니다. 이 책의 시작 부분에서 언급했듯이 이러한 가격은 미국 동부(버지니아 북부) 리전에서 리눅스 운영 체제를 실행하는 EC2 인스턴스에 적용됩니다.

표 2-4 인스턴스 유형별 EC2 가격[8]

인스턴스 유형	인스턴스	vCPU	메모리(GiB)	스토리지(GB)	시간당 온디맨드 가격
T	t4g.nano	2	0.5	EBS 전용	$0.0042
M	m6g.large	2	8	EBS 전용	$0.0770
C	c6g.large	2	4	EBS 전용	$0.0680
R	r6g.large	2	16	EBS 전용	$0.1008
X	x2gd.16xlarge	64	1024	2 × 1900 SSD	$5.3440
Z	z1d.large	2	16	1 × 75 SSD	$0.1860
G	g5.48xlarge	192	768	1 × 3800 SSD	$16.2880
P	p4d.24xlarge	96	1152	8 × 1000 SSD	$32.7726

이 표에서 **t4g.nano** 인스턴스와 **p4d.24xlarge** 인스턴스(시간당 0.0042달러 대 32.7726달러) 사이의 가격 차이가 7803배인 광범위한 인스턴스 유형별 인스턴스 가격 범위를 확인할 수 있습니다. 각 유형은 특정 종류의 워크로드를 지원하도록 지정되어 있고 리소스 유형이 달라서 (예: G 및 P 유형 인스턴스에는 GPU가 있음) 유형 간에 인스턴스 비용을 비교하는 것이 항상 적절하지는 않습니다. 그럼에도 불구하고 이러한 비교가 적절한 시나리오가 있으며, 그러한 시나리오의 경우 광범위한 인스턴스 가격을 인식하는 것이 중요합니다.

유형별 인스턴스 비용을 비교할 때는 컴퓨팅 유닛(vCPU, ECU, 메모리)당 비용을 비교하는 것도 중요합니다. 다음 표에서 이러한 비교를 볼 수 있습니다.

---

7 https://docs.aws.amazon.com/AWSEC2/latest/UserGuide/instance-types.html

8 https://aws.amazon.com/ec2/pricing/on-demand

표 2-5 컴퓨팅 유닛당 인스턴스 유형별 EC2 가격[9]

인스턴스	vCPU	ECU	메모리(GiB)	시간당 온디맨드 가격	vCPU당 가격	ECU당 가격	메모리(GiB)당 가격
t3.large	2	가변	8	$0.0832	$0.0416	N/A	$0.0104
m5.large	2	8	8	$0.0960	$0.0480	$0.0120	$0.0120
m4.large	2	6.5	8	$0.1000	$0.0500	$0.0154	$0.0125
c5.large	2	9	4	$0.0850	$0.0425	$0.0094	$0.0213
c5.xlarge	4	17	8	$0.1700	$0.0425	$0.0100	$0.0213
c4.large	2	8	3.75	$0.1000	$0.0500	$0.0125	$0.0267
r5.large	2	10	16	$0.1260	$0.0630	$0.0126	$0.0079
z1d.large	2	15	16	$0.1860	$0.0930	$0.0124	$0.0116

몇 가지를 살펴보면 다음과 같습니다.

- **t3.large** 인스턴스(0.0832달러)는 **m5.large** 인스턴스(0.0960달러)보다 13.3% 저렴합니다. 둘 다 범용 인스턴스이며 사양이 유사합니다(2개의 vCPU와 8Gb 메모리). 이러한 가격 책정 이점 외에도 **T** 인스턴스는 **M** 인스턴스에는 없는 버스트 기능(성능 순간 확장 기능)도 제공합니다.

- **m5.large** 인스턴스(0.0960달러)는 **c5.large** 인스턴스(0.0850달러)보다 13% 더 높습니다. 메모리 크기 차이(8GiB와 4GiB)로 인해 가격 차이가 발생한 것 같습니다. 그러므로 추가 4GiB의 메모리가 필요하지 않은 시나리오에서는 **c5.large** 인스턴스를 사용하고 그렇지 않은 경우에는 **m5.large** 인스턴스를 사용하는 것이 좋습니다.

- 8GiB의 메모리가 필요하기 때문에 **c5.large** 인스턴스 대신 **c5.xlarge** 인스턴스 사용을 고려할 때 대안으로 **m5.large** 인스턴스를 사용하는 것도 고려할 가치가 있습니다. 훨씬 저렴한 비용으로 8Gb의 메모리를 이용할 수 있습니다(**c5.xlarge** 인스턴스와 함께 제공되는 추가 9개의 ECU가 필요하지 않다고 가정).

- 이전 세대 **m4.large** 인스턴스의 가격은 이전 세대 **c4.large** 인스턴스의 가격과 동일합니다(둘 다 0.1000달러). 각각 vCPU가 2개씩 있지만 **m4.large** 인스턴스는 메모리양이 8GiB로 3.75GiB의 두 배 이상 크기로 프로비저닝됩니다. **m4.large**는 메모리가 가장 중요한 요소일 경우 0.0125달러로 0.0267달러 대비 비용 효율적인 옵션을 제공합니다. 반면

---

9 https://aws.amazon.com/ec2/pricing/on-demand

c4.large 인스턴스는 ECU가 자장 중요한 요소일 경우 0.0125달러로 0.0154달러 대비 비용 효율적인 옵션을 제공합니다.

- **T2** 및 **T3**[10] 버스트 가능 성능 인스턴스를 무제한 모드로 사용하면 지속적으로 기준 용량을 초과하는 CPU 리소스를 사용할 수 있습니다. 이렇게 하면 vCPU 시간당 0.05달러의 추가 요금이 부과됩니다(시간당 인스턴스 가격 초과). 이는 **m5.large** 인스턴스의 경우 vCPU 시간당 0.048달러, **c5.large** 인스턴스의 경우 0.0425달러와 비교됩니다. 따라서 짧은 순간에 버스트 가능 용량이 필요한 경우 **T** 인스턴스를 우선 선정해야 합니다. 버스트 가능 용량이 지속적으로 필요한 경우에는 **M** 또는 **C** 인스턴스를 사용하는 것을 고려해야 합니다.

프로세서 공급업체별 가격

EC2 인스턴스는 다양한 프로세서(인텔, AMD EPYC, AWS 그래비톤2)를 포함합니다. EC2 인스턴스를 선택할 때는 사용 가능한 각 옵션의 가격 대비 성능을 비교하는 것이 중요합니다. 인텔, AMD, AWS 그래비톤 기반 인스턴스를 비교할 때 인스턴스 가격이 어떻게 다른지 살펴보겠습니다.

표 2-6 다양한 프로세서의 EC2 가격[11]

인스턴스	프로세서	vCPU	ECU	CPU 클록당 속도	메모리(GiB)	시간당 온디맨드 가격
c6g.large	Arm 기반 AWS 그래비톤2	2	N/A	N/A	4	$0.0680
c6i.large	인텔 제온 아이스 레이크	2	N/A	3.5GHz	4	$0.0850
c5.large	인텔 제온 스카이레이크-SP 또는 캐스케이드 레이크	2	10	최대 3.6GHz	4	$0.0850
c5a.large	AMD EPYC 7002 시리즈	2	N/A	3.3GHz	4	$0.0770
m6g.large	Arm 기반 AWS 그래비톤2	2	N/A	N/A	8	$0.0770
m6i.large	인텔 제온 아이스 레이크	2	N/A	3.5GHz	8	$0.0960

10 옮긴이_ 현재는 T4까지 지원합니다.

11 https://aws.amazon.com/ec2/pricing/on-demand

인스턴스	프로세서	vCPU	ECU	CPU 클록당 속도	메모리(GiB)	시간당 온디맨드 가격
m5.large	인텔 제온 플래티넘 8175	2	10	최대 3.1GHz	8	$0.0960
m5a.large	AMD EPYC 7000 시리즈	2	N/A	2.5GHz	8	$0.0860
r6g.large	Arm 기반 AWS 그래비톤2	2	N/A	N/A	16	$0.1008
r5.large	인텔 제온 플래티넘 8000 시리즈	2	10	최대 3.1GHz	16	$0.1260
r5a.large	AMD EPYC 7000 시리즈	2	N/A	2.5GHz	16	$0.1130

그래비톤2 기반 인스턴스(**C6g**, **M6g**, **R6g**)의 비용은 인텔 기반 인스턴스(각각 **C5**, **C6i**, **M5**, **M6i**, **R5**)의 비용보다 20% 낮으며, 더 높은 성능을 제공하기 때문에 작업 실행에 필요한 인스턴스 수량이 적습니다. 최신 세대의 인텔 기반 인스턴스(**C6i**, **M6i**)는 구세대의 인텔 기반 인스턴스(**C5**, **M5**)와 비용이 동일하지만 15% 더 높은 성능을 제공합니다. AMD 기반 인스턴스(**C5a**, **M5a**, **R5a**)의 비용은 인텔 기반 인스턴스(각각 **C5**, **M5**, **R5**)의 비용보다 10% 낮으며 그래비톤2 기반 인스턴스(**C6g**, **M6g**, **R6g**)의 비용보다 10% 높습니다.

ECU는 이전 세대의 인텔 기반 인스턴스에만 사용할 수 있으며 프로세서의 클록 속도도 다를 수 있으므로 이러한 지표를 기반으로 가격 대비 성능을 비교할 수는 없습니다. 따라서 인스턴스 및 프로세서 유형 간의 비용을 비교할 때 어떤 인스턴스가 가장 비용 효율적인지 결정하기 전에 다양한 인스턴스 유형 간의 가격 대비 성능을 비교하는 것이 중요합니다.

AWS 리전과 로컬 영역

시간당 EC2 비용은 인스턴스를 실행하는 리전과 로컬 영역에 따라 다릅니다. 미국 동부 지역이 가장 저렴합니다. 가격은 유럽과 아시아 태평양, 또는 남아메리카 쪽으로 이동할수록 상승합니다. 다음 표는 EC2 인스턴스 가격이 리전에 따라 어떻게 다른지 보여주는 몇 가지 예입니다.

표 2-7 리전별 선택한 EC2 인스턴스 크기의 시간당 비용[12]

인스턴스	미국 동부 (버지니아 북부)	미국 서부 (오리건)	미국 서부 (캘리포니아 북부)	유럽 (아일랜드)	아시아 태평양 (서울)	남아메리카 (상파울루)	GovCloud (미국 동부)
t4g.large	$0.0672	$0.0672	$0.0800	$0.0736	$0.0832	$0.1072	N/A
m6g.large	$0.0770	$0.0770	$0.0896	$0.0860	$0.0940	$0.1224	$0.0968
c6g.large	$0.0680	$0.0680	$0.0848	$0.0730	$0.0770	$0.1048	$0.0816
r6g.large	$0.1008	$0.1008	$0.1120	$0.1128	$0.1220	$0.1608	$0.1208
i3.large	$0.1560	$0.1560	$0.1720	$0.1720	$0.1830	$0.2490	$0.1880
g4dn.xlarge	$0.5260	$0.5260	$0.6310	$0.5870	$0.6470	$0.8940	$0.6630

EC2 가격은 리전마다 크게 다릅니다. 예를 들어 남아메리카(상파울루)와 미국 동부(버지니아 북부)를 비교해보겠습니다. EC2 인스턴스의 비용은 **c6g.large** 인스턴스의 경우 54% 더 높습니다(0.1048달러 대 0.0680달러). **i3.large** 인스턴스의 경우 59% 더 높습니다(0.2490달러 대 0.1560달러).

지리적으로 서로 가까운 리전 간에도 가격 차이가 발생할 수 있습니다. 예를 들어 미국 서부(캘리포니아 북부)에서 EC2 인스턴스를 실행하는 비용은 인근 미국 서부(오리건)보다 10%(**i3.large**)에서 20%(**g4dn.xlarge**) 더 비쌉니다.

GovCloud 리전에서 실행하는 경우 미국 동부(버지니아 북부) 리전의 인스턴스(예를 들면 **m6g.large** 인스턴스)보다 26% 더 많은 비용이 발생할 수 있습니다.

EMEA 리전 내 인스턴스 비용을 비교해보겠습니다.

표 2-8 EMEA 리전에서 선택한 EC2 인스턴스 크기에 대한 시간당 비용[13]

인스턴스	유럽 (아일랜드)	유럽 (런던)	유럽 (파리)	유럽 (프랑크푸르트)	유럽 (스톡홀름)	중동 (바레인)
t4g.large	$0.0736	$0.0752	$0.0754	$0.0768	$0.0688	N/A
m6g.large	$0.0860	$0.0888	$0.0900	$0.0920	$0.0820	$0.0940
c6g.large	$0.0730	$0.0808	$0.0810	$0.0776	$0.0730	N/A
r6g.large	$0.1128	$0.1184	$0.1180	$0.1216	$0.1070	N/A
i3.large	$0.1720	$0.1810	$0.1810	$0.1860	$0.1630	$0.1890
g4dn.xlarge	$0.5870	$0.6150	$0.6150	$0.6580	$0.5580	$0.6450

---

12 https://aws.amazon.com/ec2/pricing/on-demand

13 상동

유럽(아일랜드), 유럽(런던), 유럽(파리) 등 유럽 리전의 가격은 다소 비슷하지만 유럽(스톡홀름)의 가격은 다른 유럽 리전보다 상당히 저렴하다는 점이 흥미롭습니다.

중동(바레인) 리전은 유럽 리전보다 더 비쌉니다. 비용을 유럽(스톡홀름) 리전과 비교해보면 모든 인스턴스가 14~16% 정도 더 높습니다.

이제 아시아 태평양 리전 전체의 인스턴스 가격을 비교해보겠습니다.

표 2-9 아시아 태평양 리전에서 선택한 EC2 인스턴스 크기에 대한 시간당 비용[14]

인스턴스	아시아 태평양 (서울)	아시아 태평양 (싱가포르)	아시아 태평양 (도쿄)	아시아 태평양 (시드니)	아시아 태평양 (홍콩)	중국 (베이징)	중국 (닝샤)
t4g.large	$0.0832	$0.0848	$0.0864	$0.0848	$0.0928	¥0.4053	¥0.2957
m6g.large	$0.0940	$0.0960	$0.0990	$0.0960	$0.1060	¥0.8037	¥0.5381
c6g.large	$0.0770	$0.0784	$0.0856	$0.0888	$0.0860	¥0.5860	¥0.3916
r6g.large	$0.1220	$0.1216	$0.1216	$0.1208	$0.1340	¥0.9667	¥0.0710
i3.large	$0.1830	$0.1870	$0.1830	$0.1870	$0.2060	¥1.5610	¥1.1710
g4dn.xlarge	$0.6470	$0.7360	$0.7100	$0.6840	$0.8100	¥5.2230	¥3.7110

아시아 태평양과 중국 리전의 가격도 크게 다릅니다. 아시아 태평양(서울)과 아시아 태평양(홍콩)을 비교하면 홍콩이 **r6g.large** 인스턴스의 경우 9%(0.1220달러와 0.1340달러), **i3.large**의 경우 12.5%(0.1830달러와 0.2060달러) 더 비쌉니다. 중국 리전 간의 비용을 비교하면 더 큰 차이가 발생합니다. 중국(베이징) 가격은 중국(닝샤) 가격에 비해 33%(**i3.large**)에서 49.6%(**c6g.large**)까지 더 비쌉니다.

마지막으로 로스앤젤레스 로컬 영역의 비용을 지리적으로 가까운 오리건 및 캘리포니아 북부 리전의 비용과 비교해보겠습니다.

표 2-10 미국 리전과 로컬 영역에서 선택한 EC2 인스턴스 크기에 대한 시간당 비용[15]

인스턴스	미국 서부(오리건)	미국 서부(캘리포니아 북부)	로컬 영역(로스앤젤레스)
t3.large	$0.0832	$0.0992	$0.0998
m5.large	$0.0960	$0.1120	$0.1150
c5.large	$0.0850	$0.1060	$0.1020
r5.large	$0.1260	$0.1400	$0.1510

---

14 https://aws.amazon.com/ec2/pricing/on-demand

15 상동

인스턴스	미국 서부(오리건)	미국 서부(캘리포니아 북부)	로컬 영역(로스앤젤레스)
i3en.large	$0.2260	$0.2500	$0.2710
g4dn.xlarge	$0.5260	$0.6310	$0.6310

일반적으로 로컬 영역(로스앤젤레스)의 가격은 미국 서부(오리건) 가격보다 20% 비싸고, 미국 서부(캘리포니아 북부) 가격과 비슷합니다.

인스턴스 소프트웨어 스택

EC2 인스턴스의 가격은 제공되는 운영 체제와 데이터베이스의 소프트웨어 스택에 따라 달라집니다. MacOS, 리눅스, 레드햇 엔터프라이즈 리눅스, 수세 리눅스 엔터프라이즈, 마이크로소프트 윈도우와 같은 운영 체제를 선택할 수 있습니다. 인스턴스에 데이터베이스를 설치할 수도 있습니다. 각 운영 체제와 데이터베이스마다 자체 가격이 있으며 인스턴스 가격에 영향을 미칩니다. 다음 표는 동일한 인스턴스 유형 및 크기(**c6i.xlarge**)에서 여러 소프트웨어 스택에 대한 몇 가지 가격 예를 제공합니다.

표 2-11 다양한 소프트웨어 스택에 대한 EC2 c6i.xlarge 인스턴스 가격[16]

인스턴스	운영 체제	데이터베이스	시간당 온디맨드 가격
c6i.xlarge	리눅스		$0.1700
c6i.xlarge	SLES		$0.2950
c6i.xlarge	RHEL		$0.2300
c6i.xlarge	윈도우		$0.3540
c6i.xlarge	리눅스	MS SQL 웹	$0.2376
c6i.xlarge	리눅스	MS SQL 스탠더드	$0.6500
c6i.xlarge	리눅스	MS SQL 엔터프라이즈	$1.6700
c6i.xlarge	윈도우	MS SQL 웹	$0.4216
c6i.xlarge	윈도우	MS SQL 스탠더드	$0.8340
c6i.xlarge	윈도우	MS SQL 엔터프라이즈	$1.8540

이 예제는 소프트웨어 스택 선택에 따라 **c6i.xlarge** 인스턴스 가격이 어떻게 달라지는지 보여줍니다. 가장 비싼 옵션과 가장 싼 옵션은 거의 11배의 차이가 있습니다(1.854달러와 0.170달러).

---

16 https://aws.amazon.com/ec2/pricing/on-demand

예를 들어 RHEL 인스턴스(0.230달러)는 리눅스 인스턴스(0.170달러)보다 35% 더 비싸고 윈도우 인스턴스(0.354달러)는 리눅스 인스턴스보다 108% 더 비쌉니다.

이 데이터를 보는 또 다른 방법은 운영 체제나 데이터베이스의 추가에 따른 가격 인상을 계산하는 것입니다. 이 예에서는 RHEL과 윈도우의 추가에 따른 가격 상승을 보겠습니다.

표 2-12 소프트웨어 스택별 EC2 인스턴스 가격[17]

인스턴스	vCPU	운영 체제			시간당 추가 가격	
		리눅스	RHEL	윈도우	RHEL과 리눅스 비교	윈도우와 리눅스 비교
m6i.large	2	$0.0960	$0.1560	$0.1880	$0.0600	$0.0920
c6i.large	2	$0.0850	$0.1450	$0.1770	$0.0600	$0.0920
r5.large	2	$0.1260	$0.1860	$0.2180	$0.0600	$0.0920
z1d.large	2	$0.1860	$0.2460	$0.2780	$0.0600	$0.0920
i3.large	2	$0.1560	$0.2160	$0.2480	$0.0600	$0.0920

제공된 예에서 모든 인스턴스 유형은 2개의 vCPU로 구동됩니다. RHEL 운영 체제를 추가하는 데 드는 비용은 0.06달러인 반면 윈도우 운영 체제를 추가하는 데 드는 비용은 0.092달러입니다. 즉, vCPU당 RHEL 운영 체제의 비용은 0.03달러이고 윈도우 운영 체제의 비용은 0.046달러입니다.

이러한 분석을 계속하면 [표 2-11]에 표시된 윈도우 인스턴스에 대한 MS SQL 스탠더드 라이선스를 추가하면 인스턴스 비용이 0.48달러(vCPU당 0.12달러) 증가한다는 것을 알 수 있습니다. MS SQL 엔터프라이즈 라이선스를 추가하면 비용이 1.50달러(vCPU당 0.375달러) 증가합니다.

테넌시: 공유 호스트와 전용 호스트 그리고 베어 메탈

EC2 인스턴스를 구동할 때 공유(기본) 인스턴스, 전용 호스트 또는 베어 메탈 인스턴스 중에서 테넌시[tenancy] 옵션을 선택할 수 있습니다. 공유 테넌시에서는 여러 사용자가 동일한 물리 호스트에서 제공하는 컴퓨팅 리소스를 사용할 수 있습니다. 전용 호스트 및 베어 메탈 인스턴스는 호스트의 모든 리소스가 프로비저닝되며 한 번에 하나의 클라우드 계정에서만 사용됩니다. 호스트가 특정 사용자에게 할당되면 다른 AWS 계정은 이 리소스를 사용할 수 없습니다.

---

17 https://aws.amazon.com/ec2/pricing/on-demand

따라서 전용 호스트 및 베어 메탈 인스턴스의 엔트리 크기는 현세대 공유 인스턴스의 엔트리 크기인 **t4g.nano** 인스턴스보다 훨씬 큽니다. 베어 메탈 인스턴스의 예로는 72개의 vCPU가 있는 **i3.metal**과 각각 64개의 vCPU가 있는 **c6g.metal**, **m6g.metal**, **r6g.metal**이 있습니다. 전용 호스트의 경우 진입점은 **C3**, **C4**, **M3**, **R3**이며 각 진입점은 인스턴스당 20개의 물리 코어가 있습니다.

리눅스와 윈도우의 공유 인스턴스와 마찬가지로 베어 메탈 및 전용 호스트도 초당 가격이 책정됩니다. **Mac1** 전용 호스트는 최소 청구 기간이 24시간이기 때문에 여기에서는 예외합니다.

온디맨드와 전용 호스트

전용 호스트가 할당된 후에는 여러 가지 전용 인스턴스를 유동적으로 구동할 수 있습니다. 전용 호스트 전체에 대해 요금이 부과되므로 전용 인스턴스 사용에 대한 추가 비용은 없습니다. 전용 호스트의 비용과 유사한 사양의 공유 인스턴스의 비용을 비교하는 것은 흥미로운 일입니다.

예를 들어 64개 **c6i.large** 인스턴스를 지원할 수 있는 **C6i** 전용 호스트의 비용을 (a) 공유 **c6i.large** 인스턴스 64개를 실행하는 비용과 (b) **C6i** 전용 호스트와 유사한 사양으로 제공되는 **c6i.32xlarge**의 비용과 비교해보겠습니다.

표 2-13 EC2 요금: 전용 호스트와 공유 인스턴스[18]

인스턴스 유형	인스턴스	지원 가능	시간당 온디맨드 가격	비슷한 조건으로 비교
전용 호스트	c6i	64 × c6i.large 전용 인스턴스	$5.984	$5.984
공유 인스턴스	c6i.large	N/A	$0.085	$5.440 (64 × $0.085)
공유 인스턴스	c6i.32xlarge	N/A	$5.440	$5.440
공유 인스턴스	c6i.large (윈도우)	N/A	$0.177	$11.328 (64 × $0.177)

C6i 전용 호스트의 비용(5.984달러)은 64 **c6i.large** 공유 인스턴스 또는 동등한 리소스를 가진 단일 **c6i.32xlarge** 공유 인스턴스의 누적 비용(5.440달러)보다 10% 높습니다.

전용 호스트의 비용과 윈도우 공유 인스턴스의 비용을 비교하면 받을 수 있는 혜택에서 큰 차이가 난다는 것을 알 수 있습니다. 이러한 차이는 공유 인스턴스에는 윈도우 라이선스 비용이 추가

---

18 https://aws.amazon.com/ec2/dedicated-hosts/pricing, https://aws.amazon.com/ec2/pricing/on-demand

되지만 전용 호스트에는 운영 체제 라이선스가 추가되지 않기 때문입니다. 그러나 데이터 센터 용으로 윈도우 라이선스를 이미 구매했을 경우에는 라이선스를 옮겨 AWS 전용 호스트에서 이 라이선스를 사용할 수 있습니다. 이 시나리오에서 이미 투자한 것을 활용하는 동일 용량의 전용 호스트 비용은 5,984달러로, 시간당 11.328달러인 윈도우 공유 인스턴스보다 훨씬 저렴한 비 용으로 사용할 수 있습니다.

온디맨드와 베어 메탈

베어 메탈 인스턴스를 사용하면 가상화되지 않은 EC2 인스턴스의 전체 리소스에 액세스할 수 있습니다. **i3.metal** 베어 메탈 인스턴스의 사양이 다른 공유 인스턴스의 사양과 일치하지 않으 므로 현재 제공되는 구성과 가장 유사한 구성인 **i3.16xlarge** 공유 인스턴스와 비교할 것입니다.

표 2-14 EC2 요금 – 베어 메탈과 공유 인스턴스[19]

인스턴스 유형	인스턴스	vCPU	ECU	메모리(GiB)	인스턴스 스토어(GB)	시간당 온디맨드 가격
베어 메탈	i3.metal	64	208	512	8 × 1900 NVMe SSD	$4.992
공유 인스턴스	i3.16xlarge	64	201	488	8 × 1900 NVMe SSD	$4.992

i3.metal 베어 메탈 인스턴스와 **i3.16xlarge** 공유 인스턴스의 비용은 동일합니다. **i3.metal** 인스턴스는 더 높은 사양(ECU 및 메모리)을 제공하며 가상화 계층이 없기 때문에 더 높은 성 능도 제공합니다. 특정 이유로 가상화 계층이 필요하지 않는 한 **i3.16xlarge** 공유 인스턴스 대 신 **i3.metal** 베어 메탈 인스턴스를 사용하는 것이 좋습니다.

다른 경우에는 **c6g.metal** 베어 메탈 인스턴스와 **c6g.16xlarge** 공유 인스턴스를 비교했을 때 사양(vCPU와 메모리)과 비용이 동일합니다. 이는 **m6g.metal**(m6g.16xlarge와 비교) 및 **r6g.metal**(r6g.16xlarge와 비교) 인스턴스의 경우에도 마찬가지입니다.

CPU 인스턴스 최적화

CPU EC2 인스턴스 최적화를 사용하면 인텔 또는 AMD 하이퍼스레딩을 사용하지 않도록 설정 하고(코어당 단일 스레드로 설정), 인스턴스와 함께 제공할 사용자 설정 vCPU 수(예를 들면 vCPU 8개 대신 4개)를 지정할 수 있습니다.

....
19 https://aws.amazon.com/ec2/pricing/on-demand

vCPU 수를 지정하고 하이퍼스레딩을 사용하지 않도록 설정해도 인스턴스 가격은 변경되지 않지만 CPU당 가격이 책정된 오라클 및 마이크로소프트 SQL 서버 데이터베이스와 같은 BYOL bring your own license (사용자 라이선스 사용) 시나리오에서 서드파티 라이선스에 대한 비용을 최적화하는 데 도움이 될 수 있습니다.

일래스틱 그래픽

일래스틱 그래픽 Elastic Graphics 을 사용하면 1, 2, 4, 8GiB의 그래픽 메모리가 있는 그래픽 가속기를 광범위한 윈도우 EC2 인스턴스에 연결할 수 있습니다. 이렇게 하면 그래픽 메모리의 각 GiB에 대해 시간당 0.05달러가 청구됩니다.

다양한 유형의 일래스틱 그래픽 가속기 크기별 가격을 살펴보겠습니다.

표 2-15 EC2 일래스틱 그래픽 가속기 가격 [20]

일래스틱 그래픽 가속기 크기	그래픽 메모리(GiB)	시간당 비용
eg1.medium	1	$0.05
eg1.large	2	$0.10
eg1.xlarge	4	$0.20
eg1.2xlarge	8	$0.40

이 가격은 일래스틱 그래픽 가속기가 연결된 EC2 인스턴스 비용에 추가되어 청구됩니다.

일래스틱 그래픽 가속기가 OK인 상태에서 실행 상태의 인스턴스에 연결되면 초당 요금이 청구됩니다. 대기, 중지 중, 중지, 종료 진행 중, 종료 상태인 인스턴스에 연결된 가속기에 대해서는 요금이 부과되지 않습니다. 또한 일래스틱 그래픽 가속기가 Unknown(알 수 없음) 또는 Impaired(손상됨) 상태인 경우에도 요금이 부과되지 않습니다.

일래스틱 추론

추론(인퍼런스)은 훈련된 모델을 사용하여 딥러닝 예측을 하는 과정입니다. 딥러닝 애플리케이션에서 추론은 총 운영 비용의 최대 90%를 차지합니다. 일래스틱 추론을 사용하면 모든 EC2 및 세이지메이커 SageMaker 인스턴스 또는 아마존 ECS 작업에 GPU 기반 가속을 연결하여 딥러닝 추론을 실행할 수 있습니다. 일래스틱 추론은 텐서플로, 아파치 MXNet, 파이토치 PyTorch, ONNX 모델을 지원합니다.

---

20 https://aws.amazon.com/ec2/elastic-gpus/pricing

일래스틱 추론은 연결된 16비트 또는 32비트 TFLOPS(초당 1조 개의 부동소수점 연산)의 수에 따라 가격이 결정됩니다. 1, 2 또는 4개의 32비트 TFLOPS가 포함된 가속기 또는 8, 16 또는 32개의 16비트 TFLOPS가 포함된 가속기를 EC2 인스턴스 유형에 관계없이 연결할 수 있습니다.

다양한 유형의 일래스틱 추론 가격을 살펴보겠습니다.

표 2-16 EC2 일래스틱 추론 가격[21]

가속기 유형	32비트 TFLOPS 처리량	16비트 TFLOPS 처리량	메모리(GiB)	시간당 가격
eia2.medium	1	8	2	$0.120
eia2.large	2	16	4	$0.240
eia2.xlarge	4	32	8	$0.340

이러한 가격은 일래스틱 추론이 첨부된 EC2 및 세이지메이커 인스턴스 비용에 추가되어 청구됩니다.

일래스틱 추론 가속기가 OK인 상태에서 실행 상태의 인스턴스에 연결되면 초당 요금이 청구됩니다. 대기, 중지 중, 중지, 종료 진행 중, 종료 상태인 인스턴스에 연결된 가속기에 대해서는 요금이 부과되지 않습니다. 또한 일래스틱 추론 가속기가 Unknown(알 수 없음) 또는 Impaired(손상됨) 상태인 경우에도 요금이 부과되지 않습니다.

EC2 구매 옵션

아마존에서는 5가지 EC2 리소스 구매 방법을 제공합니다.

- **온디맨드 인스턴스**[on-demand instance]: 온디맨드는 EC2 인스턴스를 구매하는 기본 방법입니다. 장기 약정 없이 초 단위로(또는 RHEL 또는 SLES 인스턴스의 경우에는 시간 단위로) 컴퓨팅 용량에 대한 비용을 지불할 수 있습니다. 온디맨드는 필요한 기간 동안 렌터카를 빌리고 원하는 시간에 반납하는 자동차 렌트와 유사합니다.

- **예약 인스턴스**[reserved instance] **(RI)**: 12개월 또는 36개월 동안 예약된 용량에 대한 비용을 지불하는 대신 EC2 온디맨드 가격에서 최대 72% 할인된 가격으로 제공되는 EC2 인스턴스입

---

21 https://aws.amazon.com/machine-learning/elastic-inference/pricing

니다. 예약 인스턴스 구매는 장기 약정의 대가로 할인된 요금을 받습니다. 이 문제는 2.1.3 절에서 자세히 설명하겠습니다.

- **세이빙 플랜**^{savings plan} : 예약 인스턴스와 유사하게, 세이빙 플랜(2019년 11월에 도입됨)은 12개월 또는 36개월 동안 약정된 지출(시간당 달러)을 대가로 EC2 온디맨드 가격에서 최대 72% 할인을 제공합니다. 세이빙 플랜은 예약 인스턴스와 동일한 할인율을 제공하지만 유연성과 적용 범위가 더 높습니다. 2.1.3절에서 자세히 설명하겠습니다.

- **온디맨드 용량 예약**^{on-demand capacity reservation} : EC2 인스턴스의 용량을 일정 기간 동안 특정 가용 영역에서 예약할 수 있습니다. 세이빙 플랜이나 예약 용량과 무관하며 할인 혜택을 받을 수 없습니다. 세이빙 플랜이나 예약 인스턴스처럼 12개월 혹은 36개월의 약정 없이 언제든지 용량 예약을 할 수 있습니다. 온디맨드 용량 예약에 따라 구동된 인스턴스는 사용 여부에 관계없이 스탠더드 온디맨드 가격으로 청구됩니다. 더 이상 필요하지 않을 때는 예약을 취소할 수 있습니다.

- **스팟 인스턴스**^{spot instance} : 아마존 EC2 스팟 인스턴스를 사용하면 EC2 온디맨드 가격에 비해 최대 90% 할인된 가격으로 아마존의 여유 EC2 용량을 활용할 수 있습니다. 높은 할인율을 받는 대신 아마존이 용량을 다시 필요로 할 때 2분 알림으로 스팟 인스턴스를 회수할 수 있습니다. 2.1.3절에서 자세히 설명하겠습니다.

요약 : EC2 요금제

EC2 컴퓨팅 비용에 영향을 미치는 요인은 여러 가지가 있으며, 아마존 EC2 서비스를 사용할 때는 이러한 요인을 알고 고려해야 합니다. 여기에는 인스턴스 실행 상태 유지 시간, 인스턴스 유형(세대 및 크기 포함), 일래스틱 추론 또는 일래스틱 그래픽 사용, 인스턴스를 구동할 AWS 리전, 인스턴스 소프트웨어 스택 및 인스턴스 테넌시가 포함됩니다. 이러한 요인 외에도 세이빙 플랜, 예약 인스턴스, 스팟 인스턴스와 같은 할인된 구매 옵션을 통해 상당한 비용 절감 기회를 얻을 수 있습니다.

2.1.3 아마존 EC2 구매 옵션

예약 인스턴스

예약 인스턴스는 12개월 또는 36개월의 약정을 통해 EC2 온디맨드 가격 대비 최대 72%의 할인을 제공합니다.

예약 인스턴스는 구매한 할인 쿠폰으로 간주될 수 있으며, 예약 인스턴스 구매 정의에 따라 특정 유형의 인스턴스에 적용할 수 있습니다. 예약 인스턴스를 구매하면 온디맨드 가격을 지불하는 대신 예약 유형의 인스턴스를 사용할 경우 할인된 가격이 청구됩니다. 각 예약 인스턴스 구매는 시간당 최대 3600초의 인스턴스 사용에 적용할 수 있습니다. 예약은 특정 인스턴스에 국한되지 않습니다. 할인은 예약 조건을 준수하는 모든 인스턴스에 적용될 수 있으며, 시간당 최대 3600초까지 여러 인스턴스에 동시에 적용됩니다.

예를 들어 여러분이 미국 동부(버지니아 북부) 리전에 연중무휴로 실행되는 리눅스 **c6i.large** 인스턴스를 가지고 있다고 가정합시다. 이때 시간당 0.0850달러의 온디맨드 가격을 지불하는 대신 이 인스턴스(또는 동일한 사양의 다른 인스턴스)에 적용할 수 있는 예약을 구매하고 예약 유형에 따라 시간당 0.0330달러에서 0.0610달러 사이의 가격(28%에서 62% 사이의 할인)을 지불할 수 있습니다.

예약 인스턴스의 특성에 대해 살펴보겠습니다.

예약 조건

예약을 할 때는 할인을 적용할 인스턴스를 정의하는 예약 조건을 설정합니다. 이때 사용 패턴과 일치시켜 지속적으로 사용 중인 인스턴스 유형을 확인하고 예약 할인 혜택을 받을 수 있도록 해야 합니다.

예약 조건은 다음과 같습니다.

- **리전 또는 가용 영역:** 예약 할인 혜택을 받을 인스턴스의 리전 또는 가용 영역
- **인스턴스 유형:** 할인을 적용할 인스턴스 유형, 세대 및 크기(예: **c6i.4xlarge**)
- **인스턴스 플랫폼:** 인스턴스 소프트웨어 스택(운영 체제와 데이터베이스)
- **인스턴스 테넌시:** 예약이 공유 호스트(기본값), 전용 호스트 또는 베어 메탈 호스트에 적용되는지 여부

- **예약 기간:** 예약 용량에 대한 약정 기간(1년 또는 3년). 1년은 31,536,000초(365일), 3년은 94,608,000초(1095일)로 정의됩니다.
- **적용 범위:** 예약이 특정 가용 영역에서 실행 중인 인스턴스 또는 선택한 리전 내의 모든 가용 영역에 적용되는지 여부. 리전 또는 가용 영역별 예약 선택은 다음을 따릅니다.
  - **리전 예약:** 리전 예약 인스턴스를 구매하면 다음과 같은 이점이 있습니다.
    - **가용 영역 유연성:** 할인은 선택한 리전 내의 모든 가용 영역에서 실행 중인 모든 인스턴스에 적용될 수 있습니다.
    - **인스턴스 크기 유연성:** 기본 공유 테넌시가 있는 리눅스 및 유닉스 예약 인스턴스의 경우 할인이 인스턴스 유형 내 크기에 관계없이 인스턴스 사용에 적용됩니다. 예를 들어 리눅스 **c6i.4xlarge** 인스턴스의 리전 예약을 동일 영역에서 실행되는 2개의 리눅스 **c6i.2xlarge** 인스턴스 또는 4개의 리눅스 **c6i.xlarge** 인스턴스에 적용할 수 있습니다.
  - **가용 영역별 예약(Zonal RI: 영역 예약 인스턴스):** 특정 가용 영역에 적용할 예약 인스턴스를 구매하는 경우 리전 예약처럼 가용 영역 유연성이나 인스턴스 크기 유연성의 이점을 누릴 수 없습니다. 반면 아마존에서 언제든지 예약된 용량을 제공하겠다는 약속의 혜택을 누릴 수 있습니다. AWS의 용량이 부족하여 EC2 인스턴스에 대한 요구를 충족할 수 없는 위험을 제거하고자 하는 기업에 적합한 도구입니다.
- **결제 옵션:** 예약 인스턴스를 구매할 때 다음 결제 옵션 중 하나를 지정해야 합니다.
  - **전체 선결제**all upfront**:** 예약 기간(12개월 또는 36개월)에 대해 전액 선불로 지불해야 합니다. 전체 약정 기간 동안 약정 인스턴스에 대한 전체 가격을 지불하면 다른 비용이나 추가 시간당 비용이 발생하지 않습니다.
  - **부분 선결제**partial upfront**:** 예약 비용의 일부를 선불로 지불합니다. 남은 예약 기간 동안에는 월 단위로 할인된 시간당 요금이 부과됩니다.
  - **선결제 없음**no upfront**:** 예약 시에는 비용을 지불하지 않습니다. 예약 기간 내 시간마다 할인된 시간당 요금이 부과됩니다.

  예약 인스턴스 사용 여부와 관계없이 모든 예약 요금이 부과됩니다. 일단 예약을 약정하면 예약 조건에 따라 시간당 예약 비용이 부과됩니다.

- **제공 클래스:** 예약 인스턴스 할인은 인스턴스 유형, 플랫폼, 범위(리전과 가용 영역), 테넌시(공유 인스턴스 혹은 전용 호스트) 등과 같은 특정 속성에 기반합니다. 예약 기간 동안 컴퓨팅을 변경해야 하는 경우 제공 클래스는 예약 인스턴스를 수정하거나 교환할 수 있는 범위를 결정합니다.
  - **표준 예약 인스턴스:** 인스턴스 크기와 같은 일부 예약 정의를 수정할 수 있습니다. 인스턴스 유형과 같은 다른 매개변수는 수정할 수 없습니다.
  - **컨버터블 예약 인스턴스:** 컨버터블 예약을 인스턴스 유형, 플랫폼, 범위 및 테넌시를 비롯한 다양한 예약 정의를 가진 다른 컨버터블 예약으로 교환할 수 있습니다.

할인

예약 할인은 선택한 예약 조건과 직접 관련됩니다. 선결제 금액이 높고, 약정이 길어질수록 할인 혜택은 더 커집니다.

예 1: 온디맨드 가격이 시간당 0.085달러인 미국 동부(버지니아 북부) 리전에서 **c6i.large** 리눅스 인스턴스를 예약하기 위한 다양한 옵션을 살펴보겠습니다.

표 2-17 EC2 예약 할인율[22]

제공 클래스	기간	결제 옵션	선결제	시간당 가격	온디맨드 가격 대비 할인율
표준	1년	전체 선결제	$460	$0.053	38%
		부분 선결제	$235	$0.054	37%
		선결제 없음	$0	$0.056	34%
	3년	전체 선결제	$856	$0.033	62%
		부분 선결제	$455	$0.035	59%
		선결제 없음	$0	$0.037	56%
컨버터블	1년	전체 선결제	$502	$0.057	33%
		부분 선결제	$256	$0.058	31%
		선결제 없음	$0	$0.061	28%
	3년	전체 선결제	$979	$0.037	56%
		부분 선결제	$499	$0.038	55%
		선결제 없음	$0	$0.041	52%

---

22 https://aws.amazon.com/ec2/pricing/reserved-instances/pricing

표를 보면 예약 정의가 할인율에 어떤 영향을 미치는지 알 수 있습니다. 할인율은 28%에서 62% 사이입니다. 가장 높은 할인율은 전체 선결제로 진행하는 3년 표준 예약에 적용되며, 최저 할인은 선결제 없이 진행하는 1년 컨버터블 예약에 적용됩니다.

예 2: 36개월 동안의 온디맨드 **c6i.large** 리눅스 인스턴스 비용과 1년 및 3년 부분 선결제 예약 비용을 비교해보겠습니다. [그림 2-3]은 손익분기점을 포함하여 시간 경과에 따른 비용 절감 효과를 보여줍니다.

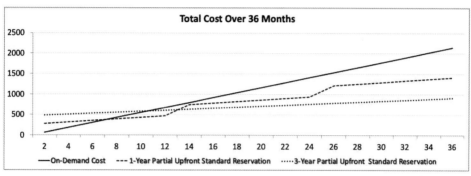

그림 2-3 EC2 비용 비교: 온디맨드와 예약 인스턴스

그래프에서 알 수 있듯이 온디맨드 인스턴스는 1년 및 3년 부분 선결제 예약 인스턴스보다 단기적으로 비용이 적게 듭니다. 그러나 온디맨드 비용은 선형적으로 누적되지만 부분 선결제 예약 인스턴스 비용은 느린 속도로 누적됩니다. 1년 부분 선결제 예약의 경우 5.5개월, 3년 부분 선결제 예약의 경우 9개월이 지나면 손익분기점에 도달하는데 이때부터 비용 절감이 발생합니다. 손익분기점을 넘어서면 예약 인스턴스는 온디맨드 인스턴스보다 비용이 적게 듭니다.

예 3: 이번에는 36개월 동안 80%가 실행되는 온디맨드 인스턴스의 비용과 부분 선결제 예약 인스턴스의 비용을 비교해보겠습니다. 예약 인스턴스 비용은 실제 인스턴스 사용량의 영향을 받지 않으므로 1년 및 3년 예약 비용은 예 2와 동일하게 유지됩니다. 반면 온디맨드 가격은 실제 사용량에 따라 부과되기 때문에 20% 낮아질 것입니다. 비교한 것을 살펴봅시다.

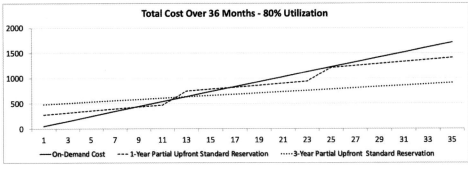

EC2 비용 비교: 온디맨드와 예약 인스턴스(사용량 80%)

특히 3년 예약을 구매할 때 시간의 80%를 실행하는 인스턴스 예약도 비용 절감 효과를 얻을 수 있습니다.

예약 인스턴스 할인 적용

그렇다면 실제 예약 인스턴스 할인 혜택을 누리려면 어떻게 해야 할까요? 예약 사양(테넌시, 플랫폼, 리전, 가용 영역, 인스턴스 유형 및 인스턴스 크기)이 실행 중인 인스턴스와 일치할 경우 예약 인스턴스 가격이 온디맨드 인스턴스에 자동으로 적용됩니다.

예를 들어 미국 동부(버지니아 북부) 리전에서 단일 **c6i.large** 리눅스 예약 인스턴스를 구매한 경우 동일한 정의를 가진 단일 실행 인스턴스에 예약 할인이 자동으로 적용됩니다. 예약된 인스턴스 사양과 일치하는 실행 중인 온디맨드 인스턴스가 없는 경우 일치하는 규격을 가진 인스턴스를 시작할 때까지 할인이 적용되지 않습니다.

가용 영역별 예약 인스턴스의 경우 할인은 특정 가용 영역 내의 예약 사양과 일치하는 인스턴스에만 적용됩니다. 예를 들어 us-east-1a 가용 영역에서 기본 테넌시가 있는 두 개의 표준 **c6i.large** 리눅스 예약 인스턴스를 구매했다면 이 가용 영역에서 실행 중인 사양과 일치하는 최대 2개의 **c6i.large** 인스턴스에 할인 혜택이 적용됩니다.

크기 유연성

기본 테넌시가 있는 리전의 리눅스 예약 인스턴스를 구매할 때 크기 유연성의 이점을 누릴 수 있습니다. 크기를 유연하게 설정하면 예약을 수행할 때 지정된 인스턴스 크기에 관계없이 예약 조건과 일치하는 실행 중인 인스턴스에 할인을 적용할 수 있습니다. 예를 들어 미국 동부(버지니아 북부) 리전의 리눅스 **c6i.2xlarge** 예약 인스턴스는 동일한 리전의 **c6i.xlarge**, **c6i.large**, **c6i.medium** 인스턴스(또는 다른 크기)에도 적용할 수 있습니다.

어떻게 이것이 가능할까요? **c6i.2xlarge** 예약 인스턴스의 할인이 크기가 다른 **C6i** 인스턴스에 어떻게 적용될까요? 크기 유연성을 지원하는 메커니즘은 각 인스턴스 크기에 할당된 정규화 인수를 기반으로 합니다. 몇 가지 인스턴스 크기에 대한 정규화 인수를 살펴보겠습니다.

표 2-18 EC2 크기 유연성 예약 정규화 인수[23]

인스턴스 크기	정규화 인수
nano	0.25
micro	0.50
small	1
medium	2
large	4
xlarge	8
2xlarge	16
4xlarge	32
9xlarge	72
…	…
24xlarge	192
32xlarge	256

c6i.2xlarge 예약 인스턴스 구매 시 정규화 인수가 16이었습니다. 이 예약 인스턴스에 대한 할인은 여러분이 예약한 16개 유닛의 정규화 인수만큼 모든 인스턴스 크기에 대해 적용할 수 있습니다. 이는 다음 중 하나일 수 있습니다.

- 2개의 **c6i.xlarge** 인스턴스(각각 정규화 인수 8)

- 단일 **c6i.xlarge** 인스턴스(정규화 인수 8)와 2개의 **c6i.large** 인스턴스(각각 정규화 인수 4)

- 단일 **c6i.4xlarge** 인스턴스(정규화 인수 32)를 실행 시간의 50%만 구동

---

23 https://docs.aws.amazon.com/AWSEC2/latest/UserGuide/apply_ri.html

크기 유연성 할인은 계정의 인스턴스에 정규화 인수 순으로 적용됩니다. 따라서 할인은 **c6i.xlarge**에 먼저 적용되고 다음으로 **c6i.2xlarge**와 **c6i.4xlarge** 인스턴스에 적용됩니다.

다음 그림은 다양한 EC2 인스턴스 집합이 **c6i.2xlarge** 예약에서 어떤 이점을 얻을 수 있는지 보여주는 크기 유연성의 개념을 설명합니다.

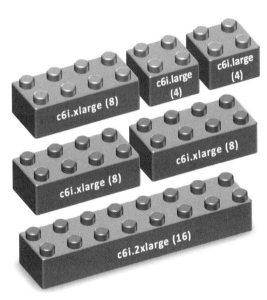

그림 2-5 EC2 예약 인스턴스 크기 유연성

인스턴스 크기 유연성은 특정 가용 영역, 베어 메탈 인스턴스 또는 전용 테넌시가 있는 예약된 인스턴스에 적용되지 않습니다. 또한 인스턴스 크기 유연성은 윈도우, RHEL 또는 SLES를 실행하는 예약된 인스턴스에는 적용되지 않습니다.

공유 할인

다양한 연결 계정이 있는 통합 결제를 사용할 경우 예약 인스턴스 할인이 구매 계정 내 사용에 먼저 적용됩니다. 예약이 구매 계정 내의 인스턴스에 완전히 적용되지 않는 경우 남은 예약 시간 할인을 다른 연결 계정의 인스턴스에 공유할 수 있으며 나머지 할인 혜택을 받을 수 있습니다.

예약 할인 공유 활성화 여부를 정의할 수 있는 옵션이 있습니다. 또한 공유 할인 혜택을 받을 수 있는 연결 계정 집합과 그렇지 않은 연결 계정 집합을 정의할 수도 있습니다.

큰 조직에서는 연결 계정이 다른 사업부나 코스트 센터별로 할당될 때 여러 조직에 걸쳐 할인이 섞이기 때문에 공유 할인이 혼합되지 않도록 막는 것을 선호합니다.

여러 인스턴스에 대해 시간별 할인 적용

예약 인스턴스 할인은 예약 정의와 일치하는 모든 인스턴스에 적용할 수 있습니다. 이는 같은 시간 내에 여러 인스턴스에 할인이 가능하다는 뜻입니다. 예를 들어 같은 시간 내에 각각 15분 동안 실행되는 4개의 **c6i.xlarge** 인스턴스가 있는 경우 모든 인스턴스가 할인된 가격의 혜택을 받게 됩니다. 이 내용은 [그림 2-6]과 같습니다.

	1:00	1:15	1:30	1:45
인스턴스 1	할인			
인스턴스 2		할인		
인스턴스 3			할인	
인스턴스 4				할인

그림 2-6 여러 인스턴스에 대해 시간별 할인 적용[24]

예약 인스턴스 할인은 동시에 실행되는 인스턴스에도 적용할 수 있습니다. 다음 그림은 시간당 3600초가 적용된 시점까지 인스턴스 1부터 4까지 할인이 적용되는 방식을 보여줍니다. 인스턴스 3과 4의 회색 이후 실행은 온디맨드 가격에 따라 요금이 부과되며, 할인 혜택을 받지 못합니다.

	1:00	1:15	1:30	1:45
인스턴스 1	할인			
인스턴스 2		할인		
인스턴스 3			할인	온디맨드
인스턴스 4			할인	온디맨드

그림 2-7 동시 실행되는 인스턴스에 예약 인스턴스 할인 적용[25]

---

24 https://docs.aws.amazon.com/AWSEC2/latest/UserGuide/concepts-reserved-instances-application.html
25 상동

온디맨드 용량 예약에 할인 적용

예약 인스턴스 정의(가용 영역, 인스턴스 유형, 테넌시 및 플랫폼)가 온디맨드 용량 예약과 일치할 경우 리전 예약 인스턴스 할인도 온디맨드 EC2 용량 예약에 적용됩니다.

예약 인스턴스 변경

예약 인스턴스의 경우 할인을 사용하든 사용하지 않든 상관없이 예약에 대한 비용을 지불하게 됩니다. 어떤 경우에는 시간이 지남에 따라 인프라가 변경되어야 하거나 새로운 인스턴스 유형이나 인스턴스 세대가 출시되어 인스턴스를 변경해야 하는 경우도 있습니다. 특정 인스턴스 정의를 위해 약정하고 예약 할인을 받을 수 없는 경우를 피하기 위해 AWS는 예약을 수정할 수 있는 기능을 제공합니다.

표준 예약과 컨버터블 예약 모두 다음과 같은 변경을 할 수 있습니다.

- 동일 리전 내에서 가용 영역 변경
- 예약 범위를 가용 영역에서 리전으로 변경(또는 그 반대로)
- 동일 인스턴스 유형 내에서의 인스턴스 크기 변경

컨버터블 예약의 경우 인스턴스 유형이나 인스턴스 세대 간의 예약 변경도 가능합니다.

예약 변경 후의 할인은 새 예약 매개변수와 일치하는 인스턴스에 적용됩니다. 예약 정의와 더 이상 일치하지 않는 인스턴스는 온디맨드 가격으로 청구됩니다.

예약을 변경할 때 새 예약의 정규화 인수의 합은 원래 예약의 정규화 인수의 합과 일치해야 하며, 그렇지 않으면 변경 요청이 처리되지 않습니다. 예를 들어 **c6i.4xlarge** 인스턴스 예약(정규화 인수 32)은 2개의 **c6i.2xlarge** 인스턴스 예약(정규화 인수 16)으로 변경할 수 있으며, 처음의 정규화 인수 32에 대한 약정을 지킵니다. 정규화 인수에 대한 자세한 내용은 60쪽 '크기 유연성'을 참조하세요.

예약 인스턴스 만료

1년이나 3년 예약을 한 번 약정하면 그 예약은 자동으로 갱신되지 않습니다. 예약이 만료되더라도 EC2 인스턴스를 계속 사용할 수 있지만 예약을 갱신하지 않으면 더 이상 예약 할인이 적용되지 않습니다. 예약을 갱신하지 않을 경우 해당 인스턴스를 종료하거나 인스턴스 정의에 맞는 다른 예약 인스턴스를 구매할 때까지 온디맨드 비용이 청구됩니다.

예약 만료일 60일, 30일 또는 7일 전에 만료 안내 메일을 받을 수 있습니다. 이렇게 하면 예약 만료 날짜를 놓치는 것을 방지하는 데 도움이 됩니다.

예약 인스턴스 보고서

AWS 비용 탐색기는 예약을 관리하고 모니터링하는 데 도움이 되는 다양한 보고서를 제공합니다(6.5절 참조). 비용 탐색기 보고서는 예약 사용률과 적용 동향을 시각화하여 볼 수 있습니다. 또한 사용률과 적용 대상을 설정하고, 목표를 얼마나 잘 추적하고 있는지 확인하고, 온디맨드 가격과 관련된 절감 혜택 관련 정보를 액세스할 수 있습니다.

- **RI 적용률 보고서**: 전체 인스턴스 중 예약 인스턴스로 처리되는 시간별 사용량을 보여줍니다. 이렇게 하면 예약 적용률 결정과 할인 극대화에 도움이 됩니다. 또한 이러한 보고서를 통해 모니터링할 대상 범위 임계치를 정의할 수도 있습니다. 예를 들어 특정 리전의 특정 인스턴스 제품군에 대한 임계치를 80%로 설정하고 예약 적용률이 그 아래로 떨어지면 알림을 받을 수 있습니다.

- **RI 사용률 보고서**: 일단 예약을 완료하면 RI 사용률 보고서는 지정된 기간 동안 인스턴스에서 소비한 구매 예약 시간의 백분율을 보여줍니다. 이 보고서를 통해 예약을 얼마나 잘 활용하고 있는지 확인할 수 있고, 구매한 예약과 실제 EC2 사용에 대해 적용되지 않은 예약 등 사용하지 않은 예약을 확인할 수 있습니다. 이는 예약을 수정하거나 특정 인스턴스 유형에 의존하도록 워크로드를 이동해야 하는 시나리오를 나타낼 수 있습니다. 또한 이러한 보고서는 동일한 사용량에 대해 발생할 수 있는 동일한 온디맨드 비용 대비 예약 비용, 잠재 순절감액, 각 예약으로 얻은 실제 절감액에 대한 정보도 제공합니다.

예약 인스턴스 구매 권장 사항

AWS는 리전, 크기 유연성 또는 컨버터블 예약에 대한 예약 인스턴스 구매 권장 사항을 제공하여 예약 적용 범위를 확대하고 비용을 절감할 수 있도록 지원합니다. 권장 사항은 지난 7일, 30일 또는 60일 동안 단일 계정 또는 조직의 사용량을 기준으로 합니다(향후 사용량은 이전 사용량과 비슷할 것으로 가정). 권장 메커니즘은 기존 예약에 의해 이미 적용되어 있는 사용량은 무시합니다. 각 권장 사항에 대해 예상 잠재 절감액, RI 구매 권장 사항 세부 정보 및 각 권장 사항을 제공하기 위해 고려된 매개변수 등을 볼 수 있습니다. 크기가 유연한 리전 예약을 활용하려면 구매에 권장되는 정규화 인수에 따라 가장 작은 인스턴스 크기를 사용하는 것이 좋습니다. 권장 사항 도구에는 요구에 가장 적합한 권장 사항을 찾는 데 도움이 되는 시뮬레이터가 포함되어 있습니다. 시뮬레이션을 실행할 때 다음 매개변수 중 하나 또는 모두를 선택할 수 있습니다.

- **예약 조건:** 추천을 원하는 RI 예약 기간
- **제공 클래스:** 스탠더드 또는 컨버터블 예약
- **결제 옵션:** 선결제 여부
- **과거 기준:** 권장 사항의 고려 대상으로 할 이전 인스턴스 사용 일수
- **모든 계정 또는 개별 계정:** 권장 사항을 전체 조직 또는 연결된 개별 계정의 사용량을 기준으로 생성할지 여부

혼합 요율

연결된 계정이 여러 개 할당되어 있는 조직 단위(조직에 대한 자세한 정보는 6장 참조)에서 예약을 구매하는 경우 여러 계정에서 동일한 인스턴스 유형에 대해 다른 요금이 발생할 수 있습니다. 예약을 전체 선결제로 구매한 경우 시간당 인스턴스 비용이 0이 되며, 부분 선결제 요금을 기준으로 하는 경우도 있고, 예약이 없거나 예약이 모두 적용된 경우 온디맨드 가격으로 요금을 지불해야 하는 경우도 있습니다.

조직 수준에서 인스턴스 유형 비율에 대한 일관성을 제공하기 위해 AWS는 혼합 요율을 사용합니다. 혼합 요율은 조직 내 요금제 및 연결된 계정 전반에 걸쳐 특정 인스턴스 유형에 대해 부과되는 평균 요율입니다.

인스턴스 유형당 혼합 요율을 계산하려면 지정 리전에서 특정 인스턴스 유형의 모든 EC2 비용(RI 할인, 프리 티어 등)을 평균해야 합니다. 그 후 AWS는 연결된 모든 계정에 혼합 요율을 적용합니다.

상각

예약 인스턴스를 구매한 후에는 예약 용량에 대한 선결제 및 부분 선결제로 인해 실제 월 비용을 추적할 수 없게 될 수 있습니다. 상각은 일회성 예약 비용을 예약 수명 주기 전체에 분배하는 것(요금이 적용되는 결제 기간으로 분배하는 것)을 말합니다. 따라서 현금주의 회계와 달리 발생주의 회계에서 비용을 확인할 수 있습니다. 예를 들어 인스턴스를 1년 만기 전체 선결제 예약으로 360달러에 구매하여 상각하면 월 30달러가 됩니다. 인스턴스당 유효 비용을 계산하기 위해 반복 비용에 상각 비용을 더할 수 있습니다.

예약 인스턴스 마켓플레이스

AWS는 이전에 구매한 예약 인스턴스를 판매할 수 있는 마켓플레이스를 제공합니다. 이 마켓플레이스를 통해 다음과 같은 특정 조건을 사용하여 지정한 가격에 예약을 판매할 수 있습니다.

- 예약 인스턴스는 최소 활동 기간이 30일 이상이고 AWS가 선결제 지급(해당되는 경우)을 받은 후에만 판매할 수 있습니다.
- 예약 인스턴스의 예약 기간이 최소 1개월 이상 남아 있어야 합니다.
- 전체 선결제 또는 부분 선결제 예약 인스턴스를 판매할 때 판매자는 요청된 선결제 금액을 명시해야 합니다. 선결제 없이 구매한 예약은 다음 달부터 금융거래 없이 판매자로부터 구매자에게 이전됩니다.
- AWS는 마켓플레이스를 통해 수행되는 금전 거래의 12%를 서비스 수수료로 부과합니다. 이는 선결제 및 부분 선결제 예약을 판매할 때 적용되며, 이 예약에서 선결제 금액은 판매자와 구매자 간에 교환됩니다.
- 마켓플레이스 거래는 예약 구성(예: 인스턴스 유형, OS, 테넌시 및 리전)을 수정하지 않습니다.
- 할인된 가격 및 용량 혜택(영역 예약의 경우)은 예약이 판매될 때까지 유지됩니다.
- 판매자가 되려면 미국 은행 계좌가 있어야 합니다.
- 회사 이름은 세금 목적으로 구매자에게 공유됩니다.
- GovCloud 리전의 예약 인스턴스는 마켓플레이스에서 판매할 수 없습니다.

마켓플레이스를 활용하여 약정 기간이 12개월 미만인 예약을 구매할 수 있습니다. 경우에 따라 예약 인스턴스 비용보다 훨씬 저렴한 가격으로 제공되는 예약도 찾을 수 있습니다.

기타 유형 예약 인스턴스

할인받는 대가로 용량을 예약하는 것은 아마존 RDS, 아마존 레드시프트, 아마존 일래스티캐시, 아마존 일래스틱 맵리듀스, 아마존 오픈서치, 아마존 클라우드프런트, 아마존 다이나모DB 워크로드와 같은 EC2 외에도 다른 아마존 서비스에서도 가능합니다. 이 책에서는 EC2 이외의 다른 서비스의 예약에 대해서는 다루지 않지만 앞서 말한 서비스를 계속 사용한다면 용량을 예약하는 것이 좋습니다.

요약: 예약 인스턴스

예약 인스턴스는 EC2 비용을 최대 72%까지 절감할 수 있는 좋은 기회를 제공합니다. 사용 패턴을 파악한 후에는 할인의 대가로 안정적이고 일관된 워크로드에 대한 컴퓨팅 용량을 약정하는 것이 쉬워집니다. 약정 기간은 1년 또는 3년을 선택할 수 있습니다. 다양한 예약 옵션은 사용 용도에 맞게 예약을 최적화하는 데 도움이 되며 그에 따라 할인율이 정해집니다. 예상한 바와 같이 약정 기간이 길수록 그리고 선결제 비용이 높을수록 할인율이 더 높아집니다.

아마존은 장기 약정의 위험성을 완화할 수 있는 2가지 방법을 제공합니다. 첫 번째는 컨버터블 예약으로, 요구 사항이나 워크로드가 변경될 경우 약정을 수정할 수 있습니다. 다른 하나는 예약 인스턴스 마켓 플레이스를 통해 불필요한 예약 인스턴스를 판매할 수 있습니다.

세이빙 플랜

예약 인스턴스처럼 세이빙 플랜은 EC2 온디맨드 가격에서 최대 72% 할인된 가격으로 12개월 또는 36개월의 지출 약속(시간당 달러 지출)을 제공합니다. 앞서 설명한 것처럼 예약 인스턴스 할인을 받으려면 모든 예약 인스턴스 약정에 대해 깊이 이해하고, 실제 사용량과 일치시키며 예약 사용률을 지속적으로 모니터링하여 할인을 극대화할 수 있도록 하는 등 운영에 대한 많은 시간이 필요합니다. 추후 여러분 애플리케이션이 변경될 경우에도 이미 약정한 인스턴스를 사용하고 있는지 확인해야 합니다.

AWS는 이러한 과정을 간소화하기 위해 예약 인스턴스보다 더 많은 유연성을 제공하는 세이빙 플랜을 도입했습니다. 특정 인스턴스 유형을 구매하는 약정 대신 주어진 사용량만큼 약정하면 됩니다. 예를 들어 시간당 10달러의 사용량을 약정하는 경우 해당 사용량까지는 세이빙 플랜 가격(최대 10달러)으로 할인받지만, 약정을 초과하는 사용량은 온디맨드 요금으로 청구됩니다.

세이빙 플랜 유형

AWS는 두 가지 유형의 세이빙 플랜을 제공합니다.

- **EC2 인스턴스 세이빙 플랜:** 1년 또는 3년 약정 조건으로 온디맨드 가격에서 최대 72% 할인 혜택을 제공합니다. 예를 들어 미국 동부(버지니아 북부)에서 **C6i** 사용과 같이 특정 AWS 리전에서 특정 인스턴스 제품군의 시간당 지정 금액을 지출하기로 약정합니다. 이 플랜은 인스턴스 크기(**c6i.xarge**, **c6i.2xarge** 등), OS(윈도우, 리눅스 등) 및 미국 동부(버지니아 북부)의 테넌시(전용 호스트, 공유 호스트)에 관계없이 모든 **C6i** 사용을 대상으로 합니다.

  EC2 인스턴스 세이빙 플랜을 크기 유연성 예약 인스턴스와 비교하면 유연성이 향상되었음을 알 수 있습니다. 또한 인스턴스 크기 유연성뿐만 아니라 OS 유형 및 테넌시 전반에 걸친 적용 범위 유연성도 제공합니다.

- **컴퓨트 세이빙 플랜:** 유연성이 뛰어나며 1년 또는 3년 약정 조건으로 온디맨드 가격에서 최대 66% 할인 혜택을 제공합니다. 인스턴스 제품군, 크기, 리전, 운영 체제, 테넌시에 관계없이 모든 인스턴스 사용량에 대해 시간당 지정된 금액을 지출하기로 약속합니다. 이 약속은 파게이트와 람다 사용에도 적용됩니다.

  컴퓨트 세이빙 플랜은 특정 리전, 인스턴스 유형 등을 맞춰야 하는 예약 인스턴스나 EC2 인스턴스 세이빙 플랜의 운영 부담에서 벗어날 수 있습니다. 단지 시간당 비용만 약정하면 할인이 모든 컴퓨팅 리소스에 적용됩니다.

세이빙 플랜 약정

세이빙 플랜을 약정할 때는 할인 혜택을 적용할 컴퓨팅 워크로드를 정의하는 조건을 설정해야 합니다. 사용 패턴에 맞춰 설정해야 하며, 사용량에 맞춰 시간당 지출을 약정할 수 있습니다.

세이빙 플랜 약정 조건에는 다음 항목이 포함됩니다.

- **EC2 인스턴스 세이빙 플랜**
  - **리전:** 예약 할인이 적용되는 리전
  - **인스턴스 유형:** 인스턴스 크기, OS 또는 테넌시에 종속되지 않고 할인을 적용할 인스턴스 유형
  - **세이빙 플랜 기간:** 1년 또는 3년의 약정 기간
  - **결제 옵션:** 전체 선결제, 부분 선결제, 선결제 없음
  - **시간 약정:** 세이빙 플랜 기간 동안 약정할 시간당 비용(달러)
- **컴퓨트 세이빙 플랜**
  - **시간 약정:** 세이빙 플랜 조건에 따라 약정하는 리전, 인스턴스 유형, OS 및 테넌시에 대한 컴퓨팅 시간당 비용(EC2, 파게이트, 람다)

세이빙 플랜을 사용하면 EC2 인스턴스 수와 관련 비용을 약정하는 예약 인스턴스와 달리 시간당 지출 비용(달러)을 약정할 수 있음에 주목해야 합니다.

세이빙 플랜은 다양한 용량의 총합으로 약정하는 더 간편한 방법을 제시합니다. (a) 단일 리전 내의 인스턴스 유형에 대한 약정인지 (b) 전체 컴퓨팅 사용에 대한 약정인지에 따라 시간당 비용을 설정하고 계산합니다. 이러한 방법으로 진행하면 OS, 테넌시, 인스턴스 크기 등과 같은 세부 사항까지 훑어보는 시간을 아낄 수 있습니다.

세이빙 플랜 할인

세이빙 플랜은 선택한 조건과 연관됩니다. 선결제 금액이 크고, 약정 기간이 길수록 더 많은 할인을 받을 수 있습니다.

온디맨드 가격이 시간당 0.085달러인 미국 동부(버지니아 북부) 리전의 **c6i.large** 리눅스 인스턴스의 할인율을 살펴보겠습니다.

표 2-19 세이빙 플랜 할인율[26]

세이빙 플랜 유형	기간	결제 옵션	선결제	시간당 가격	온디맨드 가격 대비 할인율
EC2 인스턴스	1년	전체 선결제	$460	$0.052	38%
		부분 선결제	$235	$0.054	37%
		선결제 없음	$0	$0.056	34%
	3년	전체 선결제	$856	$0.033	62%
		부분 선결제	$455	$0.035	59%
		선결제 없음	$0	$0.037	56%
컴퓨팅	1년	전체 선결제	$502	$0.057	33%
		부분 선결제	$256	$0.058	31%
		선결제 없음	$0	$0.061	28%
	3년	전체 선결제	$979	$0.037	56%
		부분 선결제	$499	$0.038	55%
		선결제 없음	$0	$0.041	52%

이 표는 세이빙 플랜의 조건이 할인율에 어떤 영향을 주는지 보여줍니다. 할인율은 28%(약정 기간 1년, 선결제 없는 컴퓨트 세이빙 플랜)에서 62%(약정 기간 3년, 전체 선결제로 지불한 EC2 인스턴스 세이빙 플랜)까지 다양합니다.

세이빙 플랜의 할인율을 예약 인스턴스 할인율 [표 2-17]과 비교하면 다음과 같습니다.

- EC2 인스턴스 세이빙 플랜의 할인율은 표준 예약 인스턴스의 할인율과 비슷합니다.
- 컴퓨트 세이빙 플랜의 할인율은 컨버터블 예약 인스턴스의 할인율과 비슷합니다.

리눅스, RHEL 및 윈도우 OS의 경우 예약 인스턴스와 세이빙 플랜의 할인율이 동일합니다. SELS[SUSE Enterprise Linux Server]의 경우 예약 인스턴스 할인이 세이빙 플랜에서 제공하는 할인보다 높습니다. 세이빙 플랜 전반에 걸쳐 **c6i.large** SELS 인스턴스에 대해 제공되는 할인율을 살펴보겠습니다.

---

26 https://aws.amazon.com/savingsplans/pricing

표 2-20 SELS 인스턴스의 세이빙 플랜과 예약 인스턴스 할인율 비교[27]

인스턴스 유형	기간	결제 옵션	예약 인스턴스		세이빙 플랜	
			표준	컨버터블	EC2 인스턴스	컴퓨팅
c6i.large	1년	전체 선결제	48%	44%	22%	19%
		부분 선결제	47%	44%	21%	18%
		선결제 없음	45%	42%	19%	16%
	3년	전체 선결제	63%	60%	35%	32%
		부분 선결제	62%	59%	34%	32%
		선결제 없음	60%	57%	32%	30%

예를 들어 3년 약정 전체 선결제 표준 예약 인스턴스의 할인율은 63%이고, 세이빙 플랜의 할
인율은 32%입니다. 매우 큰 차이입니다.

세이빙 플랜 할인 적용

세이빙 플랜이 인스턴스 유형별로 제공하는 할인율을 비교해보면 인스턴스당 할인율이 다르다
는 것을 알 수 있습니다. 예를 들어 컴퓨트 세이빙 플랜에서 제공하는 **c6i.large** 인스턴스에 대
한 할인율은 1년 전체 선결제 시 33%이며, 동일한 세이빙 플랜에서 **m6i.large** 인스턴스의 할
인율은 31%입니다. 또한 예약 인스턴스와 세이빙 플랜(EC2 인스턴스 및 컴퓨팅)을 함께 사
용하는 시나리오가 있을 수 있습니다. 이런 경우에는 어떤 할인이 먼저 적용될까요?

먼저 적용되는 것은 예약 인스턴스 할인이고, 그다음은 EC2 인스턴스 세이빙 플랜, 마지막은
컴퓨트 세이빙 플랜입니다. 각 세이빙 플랜 유형(EC2 인스턴스 또는 컴퓨팅) 내에서 구매 조
건(기간, 지불 등)에 관계없이 사용량에 맞는 모든 적용 가능한 플랜이 사용량에 적용됩니다.

할인율이 각각 다른 다양한 인스턴스(파게이트, 람다 사용량 포함)가 있는 경우 어떻게 될까
요? **할인율이 가장 높은 세이빙 플랜이 먼저 적용됩니다.** 이 경우에는 **c6i.large** 인스턴스 할인
(31%)이 **m6i.large** 인스턴스 할인(33%)보다 먼저 적용됩니다.

약정 사용량을 초과하는 모든 사용량은 온디맨드 비용으로 청구됩니다.

약정에 대한 또 다른 질문이 있습니다. 온디맨드 가격 또는 할인된 세이빙 플랜 가격 중 어느

....

27 https://aws.amazon.com/savingsplans/pricing, https://aws.amazon.com/ec2/pricing/reserved-instances/
pricing

쪽을 선택하시겠습니까? AWS는 구매 약정까지 세이빙 플랜 가격을 적용합니다. 그 이후에는 온디맨드 가격이 부과됩니다. 따라서 할인된 가격에 따라 세이빙 플랜을 약정해야 합니다. 그렇지 않으면 초과 약정을 하게 됩니다.

세이빙 플랜 구매 권장 사항

세이빙 플랜 구매 프로세스를 간소화하기 위해 AWS에서 제공하는 세이빙 플랜 권장 시뮬레이터를 사용할 수 있습니다. 시뮬레이터는 구매해야 하는 추가 세이빙 플랜을 권장해주며, 구매할 경우 예상되는 절감액을 보여줍니다. 권장 사항의 근거 데이터를 위해 세이빙 플랜 유형(컴퓨팅 또는 EC2 인스턴스), 기간, 결제 옵션 및 과거 데이터 기간(7, 30, 60일)을 제공해야 합니다. 이 정보를 제공하면 권장 사항 시뮬레이터에서 권장 사항, 예상 절감액 등을 알려줍니다. 우선 세이빙 플랜을 주문하기로 결정하면 해당 조건대로 구매 약정을 진행할 수 있습니다. 다음 그림은 세이빙 플랜 권장 시뮬레이터입니다.

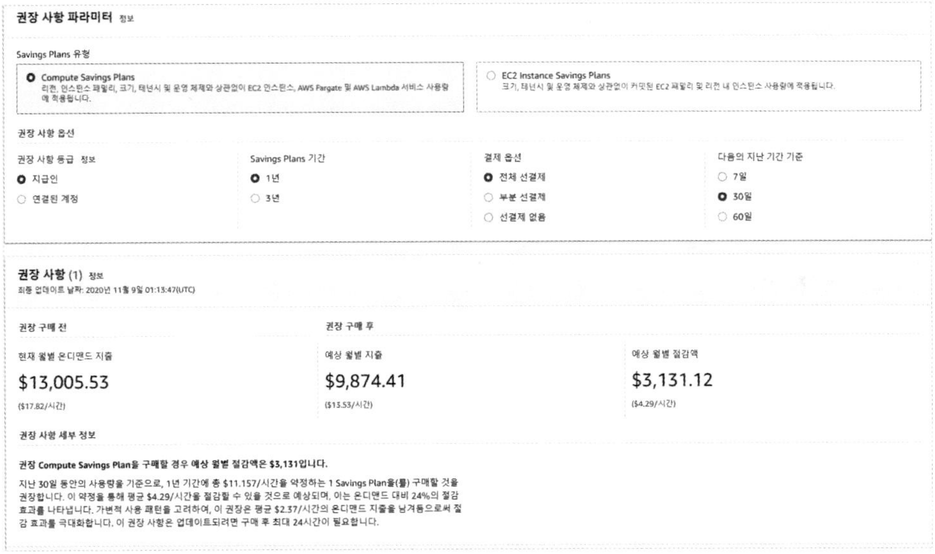

권장 사항 파라미터 정보

Savings Plans 유형

- ● **Compute Savings Plans**
  리전, 인스턴스 패밀리, 크기, 테넌시 및 운영 체제와 상관없이 EC2 인스턴스, AWS Fargate 및 AWS Lambda 서비스 사용량에 적용됩니다.

- ○ **EC2 Instance Savings Plans**
  크기, 테넌시 및 운영 체제와 상관없이 커밋된 패밀리 및 리전 내 인스턴스 사용량에 적용됩니다.

권장 사항 옵션

권장 사항 등급 정보	Savings Plans 기간	결제 옵션	다음의 지난 기간 기준
● 지급인	● 1년	● 전체 선결제	○ 7일
○ 연결된 계정	○ 3년	○ 부분 선결제	● 30일
		○ 선결제 없음	○ 60일

권장 사항 (1) 정보
최종 업데이트 날짜: 2020년 11월 9일 01:13:47(UTC)

권장 구매 전	권장 구매 후	
현재 월별 온디맨드 지출	**예상 월별 지출**	**예상 월별 절감액**
$13,005.53	**$9,874.41**	**$3,131.12**
($17.82/시간)	($13.53/시간)	($4.29/시간)

권장 사항 세부 정보

권장 Compute Savings Plan을 구매할 경우 예상 월별 절감액은 $3,131입니다.

지난 30일 동안의 사용량을 기준으로, 1년 기간에 총 $11.157/시간을 약정하는 1 Savings Plan을(를) 구매할 것을 권장합니다. 이 약정을 통해 평균 $4.29/시간을 절감할 수 있을 것으로 예상되며, 이는 온디맨드 대비 24%의 절감 효과를 나타냅니다. 가변적 사용 패턴을 고려하여, 이 권장은 평균 $2.37/시간의 온디맨드 지출을 남겨둠으로써 절감 효과를 극대화합니다. 이 권장 사항은 업데이트되려면 구매 후 최대 24시간이 필요합니다.

그림 2-8 세이빙 플랜 권장 시뮬레이터

세이빙 플랜 보고서

예약된 인스턴스와 마찬가지로 AWS 비용 탐색기는 세이빙 플랜을 관리하고 모니터링하는 데 도움이 되는 여러 가지 보고서를 제공합니다(6.5절 참조). 이 보고서들은 세이빙 플랜 활용률과 적용 범위 추세를 보여줍니다. 세이빙 플랜의 활용률 및 적용 범위 목표를 설정하고, 목표를 얼마나 잘 추적하고 있는지 시각화하며 새로운 세이빙 기회를 파악하고, 온디맨드 가격과 비교하여 세이빙 관련 정보에 액세스할 수 있습니다.

- **세이빙 플랜 적용 범위 보고서:** 시간별 전체 컴퓨팅 사용량 중 세이빙 플랜이 적용되는 양을 보여줍니다. 세이빙 플랜 또는 예약 인스턴스에 적용되지 않은 잠재적인 추가 비용 절감과 온디맨드 사용량에 대한 동찰력도 제공합니다. 비용 절감 잠재력을 극대화하기 위해 언제 어떤 약정을 진행해야 하는지 결정하는 데 도움이 됩니다. 또한 이 보고서를 통해 모니터링할 적용 범위 임계치를 정의할 수도 있습니다. 예를 들어 목표 적용 범위 임계치를 80%로 설정할 경우 세이빙 플랜의 임계치가 그 아래로 떨어지면 알림을 받을 수 있습니다.

- **세이빙 플랜 활용률 보고서:** 일단 세이빙 플랜을 진행하면 활용률 보고서는 주어진 기간 동안 전체 컴퓨팅 사용량에서 세이빙 플랜 약정이 적용된 비율을 보여줍니다. 이 보고서는 현재 보유하고 있는 세이빙 플랜과 미사용 중인 세이빙 플랜(이미 구매했으나 실제 EC2나 파게이트 사용에는 적용되지 않음)을 확인하는 데 도움이 됩니다. 또한 동일한 사용량에 대한 온디맨드 비용 대비 세이빙 플랜의 실제 절감액에 대한 정보도 볼 수 있습니다.

세이빙 플랜 만료

세이빙 플랜은 자동으로 갱신되지 않습니다. 세이빙 플랜이 만료되더라도 중단 없이 EC2 인스턴스를 계속 사용할 수 있지만 세이빙 플랜을 갱신하지 않으면 할인은 더 이상 적용되지 않습니다. 해당 인스턴스를 종료하거나 사용량에 맞는 다른 세이빙 플랜을 구매할 때까지 온디맨드 요금이 부과됩니다.

세이빙 플랜 구매를 지정한 날짜에 실행하도록 예약할 수 있습니다. 날짜는 적용 범위를 시작하려는 정확한 초로 지정할 수 있습니다. 예약 구매가 처리되는 경우에만 선결제 또는 반복 결제가 청구됩니다. 예약 구매는 시작일 이전에 언제든지 취소하거나 삭제할 수 있습니다.

용량 예약

예약 인스턴스는 가용 영역별 예약 인스턴스로 용량을 예약할 수 있는 옵션을 제공합니다. 그러나 세이빙 플랜에서는 이 옵션을 사용할 수 없습니다. 필요할 때 언제든지 충분한 컴퓨팅 용량을 확보하려면 온디맨드 용량 예약을 세이빙 플랜과 함께 사용해야 합니다. 그렇게 하면 필요한 용량을 확보할 수 있을 뿐만 아니라 할인 혜택도 누릴 수 있습니다.

세이빙 플랜과 예약 인스턴스

앞에서 설명한 바와 같이 세이빙 플랜은 예약 인스턴스와 동일한 할인율을 제공하며, 약정당 더 많은 컴퓨팅 사용량을 포함하는 더 유연한 접근 방식을 제공합니다. 다음 표는 세이빙 플랜과 예약 인스턴스의 차이점을 보여줍니다.

표 2-21 예약 인스턴스와 세이빙 플랜

조건	예약 인스턴스			세이빙 플랜	
	표준	영역별	컨버터블	EC2 인스턴트	컴퓨팅
온디맨드 대비 절감	최대 72%		최대 66%	최대 72%	최대 66%
리전 제한	리전	특정 가용 영역	리전	리전	전체 리전
약정 범위	EC2 인스턴스			$ 소비량 / 시간	
인스턴스 제품군 적용	불가			불가	가능
인스턴스 테넌시 자동 적용	불가			가능	
인스턴스 운영 체제 적용	불가			가능	
인스턴스 크기 자동 적용	가능	불가	가능	가능	가능
파게이트(ECS) 자동 적용	불가			불가	가능
람다 자동 적용	불가			불가	가능
예약 용량	불가	가능	불가	불가	

다른 유형의 세이빙 플랜

세이빙 플랜은 데이터 과학자와 개발자가 고품질 머신러닝 모델을 준비, 구축, 교육 및 배포하는 데 사용하는 서비스인 아마존 세이지메이커에도 사용할 수 있습니다. 세이지메이커 세이빙 플랜^{SageMaker Savings Plans}은 12개월 또는 36개월의 지출 약정(시간당 달러 지출)을 대가로 세이지메이커 인스턴스 사용량을 최대 64%까지 할인해줍니다. 이 책에서는 아마존 세이지메이커는 다루지 않지만 이 서비스를 지속적으로 사용하는 경우 세이지메이커 세이빙 플랜을 구매하는 것이 좋습니다.

요약: 세이빙 플랜

세이빙 플랜은 EC2, 파게이트, 람다 비용을 최대 72%까지 절감할 수 있는 좋은 방법을 제공합니다. 세이빙 플랜 약정은 예약 인스턴스보다 높은 유연성과 적용 범위를 제공함과 동시에 예약 인스턴스와 동일한 할인율(SELS 인스턴스 제외)을 제공합니다. 따라서 리눅스, RHEL, 윈도우 인스턴스의 **예약 인스턴스보다 세이빙 플랜을 선호**하고, 할인과 함께 일관된 워크로드를 보장받을 수 있습니다. SELS 인스턴스의 경우 제공된 할인이 상당히 높으므로 예약 인스턴스를 계속 사용하는 것이 좋습니다.

세이빙 플랜은 약정 관리를 간단하게 할 수 있는 세이빙 메커니즘을 제공합니다. 리전 전체의 EC2, 파게이트, 람다 사용량을 포괄하는 컴퓨트 세이빙 플랜을 선택하거나 리전별 인스턴스 유형에 따라 세이빙 플랜을 구매할 수 있습니다. 어떤 경우든 약정을 관리하고 할인을 최대화하는 데 시간과 노력을 덜 들일 수 있습니다.

스팟 인스턴스

스팟 인스턴스는 최대 90% 할인된 가격으로 제공되는 EC2 인스턴스로서, 사용자는 어떠한 약정 계약도 하지 않습니다. 이러한 대폭 할인은 아마존의 예비 용량을 사용하며, 아마존이 다시 용량이 필요한 경우에는 2분 알림을 통해 인스턴스를 회수하기 때문에 가능합니다. 즉, 언제든지 스팟 인스턴스를 종료하거나 중지할 수 있습니다.

스팟 인스턴스는 비용 절감을 위한 좋은 방법이지만 2분 알림으로 언제든지 인스턴스를 사용할 수 없게 될 수 있기 때문에 애플리케이션 가용성을 유지해야 하는 문제도 발생합니다.

스팟 인스턴스의 장기 가용성에 대한 불확실성으로 인해 애플리케이션 안정성과 가용성에 대한 우려가 커지고 있습니다. 이러한 우려는 합리적이며, 일부 AWS 사용자는 비용 절감을 위해 이 훌륭한 메커니즘을 채택하는 것을 주저하게 됩니다.

이러한 우려를 염두에 두고 퍼블릭 클라우드 인프라의 기반 중 하나인 '실패를 위한 설계'를 떠올려보세요. 지속적으로 실행되어야 하는 인스턴스에서 실행되도록 애플리케이션을 설계하기보다는 여러 인스턴스에서 실행하여 인스턴스 장애를 줄일 수 있도록 설계해야 합니다. 서비스별 탄탄한 인스턴스를 갖는 대신 서비스별 여러 개의 작은 인스턴스로 장애의 영향을 줄일 수 있도록 합니다.

우리 경험에 따르면 실패를 위한 설계는 필수적이며, 이 원칙은 스팟 인스턴스의 사용과 잠재적인 절감 효과를 극대화하는 동시에 플랫폼의 안정성과 가용성을 보장할 수 있습니다. 또 다른 주요 권장 사항은 오토 스케일링 그룹, AWS EC2 플릿, 온디맨드와 스팟 인스턴스 플릿의 관리를 도와주는 스팟 인스턴스 어드바이저를 사용하는 것입니다. 이러한 권장 사항을 따르면 스팟 인스턴스 중단의 위험을 줄이는 동시에 스팟 인스턴스 사용의 할인 잠재력을 극대화할 수 있습니다.

먼저 스팟 인스턴스 관련 용어부터 알아보겠습니다.

스팟 인스턴스 요청

하나 이상의 스팟 인스턴스를 사용자의 용도에 맞게 할당 받으려면 언제든지 스팟 인스턴스에 대한 요청을 생성하여 제출하면 됩니다. 요청을 제출할 때 인스턴스 시간당 지불하고자 하는 온디맨드 가격(기본) 또는 최대 가격을 지정해야 합니다. 또한 실행 규격(예: 가용 영역, 인스턴스 유형, 인스턴스 스택)과 요청이 일회성인지 영구적인지 여부, 요청이 유지되어야 하는 기간도 지정해야 합니다.

다음 그림은 스팟 요청 수명 주기를 보여줍니다.

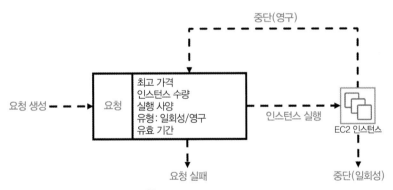

그림 2-9 스팟 인스턴스 수명 주기[28]

특히 이 그림은 스팟 요청이 있을 때 발생하는 동작과 스팟 인스턴스가 중단될 때 발생하는 동작 등을 보여줍니다.

---

28 https://docs.aws.amazon.com/AWSEC2/latest/UserGuide/spot-requests.html

- 스팟 요청이 계속 유효하다면 다음 두 조건이 모두 충족되는 즉시 수행됩니다.
  - 여러분이 지정한 최대 가격이 요청 인스턴스의 현재 스팟 가격보다 크거나 같은 경우
  - 충분한 스팟 용량을 사용할 수 있는 경우
- 사용자 요청이 충족되면 현재 스팟 가격으로 요청한 인스턴스를 받을 수 있습니다.
- 앞서 언급한 바와 같이 스팟 인스턴스는 언제든지 중단될 수 있습니다. 스팟 인스턴스 중단 시 수행되는 작업은 요청 유형(일회성 또는 영구)에 따라 다릅니다. 영구 요청인 경우 스팟 요청이 다시 제출되며, 일회성 요청인 경우 요청이 갱신되지 않습니다.

스팟 인스턴스 풀

스팟 인스턴스 풀은 AWS가 유지 관리하고 스팟 사용이 가능하도록 하는 미사용 EC2 인스턴스 그룹입니다. 각 스팟 풀은 인스턴스 유형, 인스턴스 크기, 운영 체제 및 가용 영역에 따라 다릅니다.

스팟 인스턴스 중단

스팟 인스턴스 중단은 스팟 가격이 스팟 요청 시 지정한 최고 가격을 초과할 때 발생합니다. 이는 스팟 인스턴스에 대한 수요가 증가하거나 공급이 감소할 때 발생할 수 있습니다. 둘 중 하나가 발생하면 스팟 인스턴스 중단 알림이 작동됩니다. 이 알림은 인스턴스가 종료 또는 중지되기 전에 2분 동안 경고를 하며 AWS가 사용하기 위해 다시 가져갑니다.

스팟 인스턴스 어드바이저

AWS 스팟 인스턴스 가격은 각 특정 리전의 수요와 공급에 따라 주기적으로 변동하며 인스턴스 유형과 스택에 따라 달다집니다. 일부 리전에서는 대규모 스팟 인스턴스 풀을 사용할 수 있는데, 이는 스팟 인스턴스 사용 시 위험성이 낮다는 것을 의미합니다. 다른 경우에는 스팟 인스턴스의 가용성이 낮을 수 있는데, 이는 스팟 인스턴스 사용이 중단될 위험이 높다는 것을 의미합니다.

온디맨드와 비교한 지난 30일간의 스팟 가격 외에도 AWS는 **스팟 인스턴스 어드바이저**Spot Instance Advisor를 통해 각 스팟 인스턴스 유형, 인스턴스 크기, 리전과 운영 체제에 대한 중단 비

율에 대한 통계를 제공합니다. **스팟 인스턴스 어드바이저**는 중단 가능성이 가장 낮은 풀을 결정할 수 있도록 지원하고, 온디맨드 요금과 관련하여 얻을 수 있는 절감액을 예측합니다. 다음 그림은 미국 동부(버지니아 북부) 리전의 여러 인스턴스 유형의 중단 빈도를 보여줍니다.

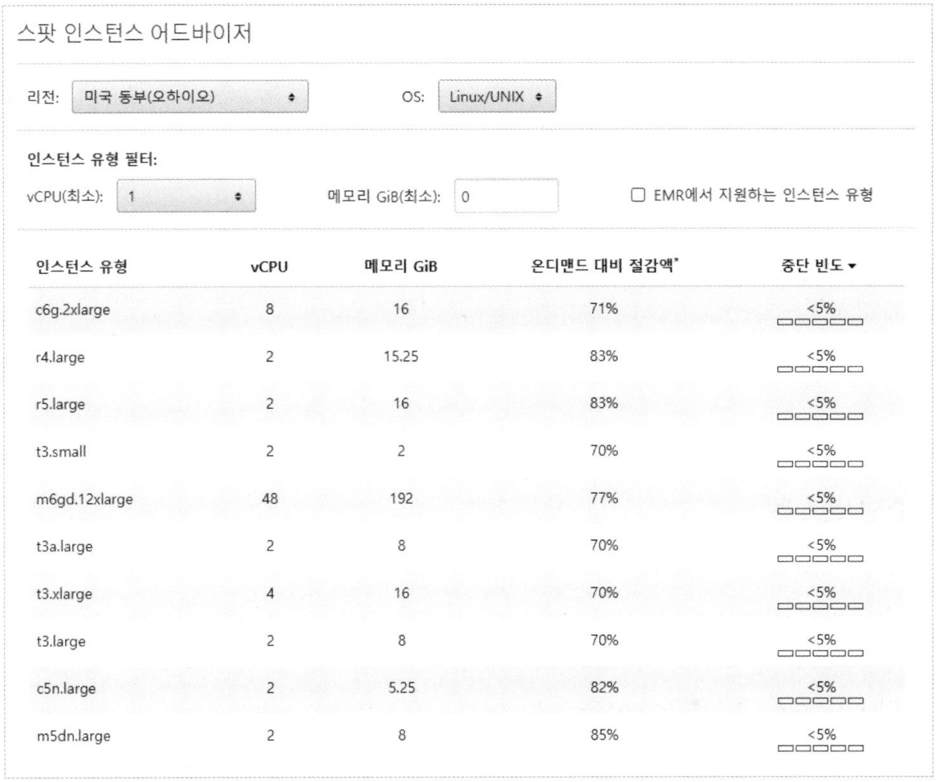

인스턴스 유형	vCPU	메모리 GiB	온디맨드 대비 절감액*	중단 빈도 ▾
c6g.2xlarge	8	16	71%	<5%
r4.large	2	15.25	83%	<5%
r5.large	2	16	83%	<5%
t3.small	2	2	70%	<5%
m6gd.12xlarge	48	192	77%	<5%
t3a.large	2	8	70%	<5%
t3.xlarge	4	16	70%	<5%
t3.large	2	8	70%	<5%
c5n.large	2	5.25	82%	<5%
m5dn.large	2	8	85%	<5%

그림 2-10 AWS 스팟 인스턴스 어드바이저

이러한 통계는 중단 위험을 낮추면서 워크로드를 실행하기 위해 선택해야 하는 스팟 인스턴스에 대한 훌륭한 통찰력을 제공합니다. 보시다시피 많은 경우 중단률이 5% 미만입니다.

스팟 배치 점수

스팟 배치 점수 Spot Placement Score는 스팟 워크로드에 가장 적합한 위치를 찾는 데 도움이 됩니다. **스팟 인스턴스 어드바이저**는 중단률에 대한 통계를 제공하지만, 요구 사항을 성공적으로 충족하기 위해 스팟 용량을 사용할 수 있는 가능성에 대한 정보는 제공하지 않습니다. **스팟 배치 점수**를 사용하여 요청할 스팟 용량, 인스턴스 유형 요구 사항, 리전 또는 단일 가용 영역에 대한 권장 사항을 지정할 수 있습니다. **스팟 배치 점수**는 각 리전 또는 가용 영역에 대해 1에서 10까지의 척도로 점수를 표시합니다. 점수는 스팟 용량을 프로비저닝할 때 성공할 가능성을 반영하며, 10은 요청이 성공할 가능성이 높다는 것을 의미합니다.

스팟 중단 주입

스팟 중단 주입^{Spot Fault Injection}은 스팟 중단이 발생할 때 벌어지는 현상을 시뮬레이션하는 데 도움이 됩니다. 애플리케이션 개발 단계에서 **스팟 중단 주입**을 사용하여 스팟 중단을 스팟 인스턴스 워크로드에 주입할 수 있습니다. 이를 통해 애플리케이션의 응답 방식을 관찰하여 복원력을 향상시킬 수 있습니다. 주입된 스팟 인터럽트는 실제 환경에서 아마존 EC2가 수행할 때와 동일하게 작동하므로 실제 조건을 정확하게 시뮬레이션할 수 있습니다.

EC2 플릿

EC2 플릿^{Fleet}은 AWS에서 제공하는 메커니즘으로, 리전 내에서 원하는 총 용량을 사용하여 온디맨드와 스팟 인스턴스 플릿을 시작하는 프로세스를 간소화합니다. 플릿은 온디맨드 인스턴스, 스팟 인스턴스 또는 이 두 가지 조합으로 구성될 수 있습니다. AWS는 워크로드를 지원하는 데 필요한 온디맨드와 스팟 인스턴스의 원하는 용량과 해당 인스턴스의 혼합 비율을 사용자가 정의할 수 있게 하여 플릿을 구성하는 방법에 대한 유연성을 제공합니다. 여러분은 구동할 인스턴스 유형, 먼저 구동할 인스턴스 유형의 우선순위, 플릿을 구동시킬 리전 및 가용 영역 등을 설정합니다. 또한 EC2 플릿은 시간당 최고 금액($)을 설정할 수 있으며, 최고 금액에 도달할 때까지 인스턴스를 실행합니다. 최고 금액에 도달하면 EC2 플릿은 목표 용량을 채우지 못하더라도 인스턴스 실행을 중지합니다. EC2 플릿을 설정하는 또 다른 옵션은 필요한 코어 유형에 대한 일부 규격(예: 코어당 최소 2GB RAM)을 사용하여 플릿당 원하는 코어 수를 설정하는 것입니다. 그런 다음 EC2 플릿은 최소 비용으로 필요한 용량을 충족하기 위해 구동할 EC2 인스턴스의 조합을 결정합니다.

다음 그림은 4가지 인스턴스 유형 및 용량 최적화 할당 전략이 포함된 다양한 요청에 대한 플릿 요청 설정 화면을 보여줍니다.

집합 요청 설정

☑ 권장 사항 적용

집합 요청
Amazon EC2는 이러한 인스턴스 유형으로 목표 용량을 요청합니다. 지정하는 인스턴스 유형이 많을수록 목표 용량이 이행될 가능성이 높습니다.

인스턴스 유형	vCPU	메모리 (GiB)	스팟 요금	온디맨드의 절감 효과
c5.large	2	4	$0.0303	68.44%
c5n.large	2	5.25	$0.03	75.41%
r3.large	2	15	$0.03	85.00%
m4.large	2	8	$0.03	75.61%
c5d.large	2	4	$0.03	72.73%
t3.large	2	8	$0.0312	70.00%

⊘ **집합 강도 : 강력함**
집합에는 목표 용량 요청을 이행하기에 충분한 인스턴스 풀이 포함되어 있습니다. 6 인스턴스 유형 x 4 가용 영역 = 24 인스턴스 풀

집합 할당 전략
스팟 집합의 할당 전략에 따라 위에서 지정한 가능한 인스턴스 풀에서 스팟 인스턴스에 대한 요청을 이행하는 방식이 결정됩니다.
용량 최적화
집합의 다양한 인스턴스 풀을 사용하여 용량 요청을 이행합니다. 이 옵션을 사용하면 광범위한 동시 중단을 방지하고, 일정한 절약 효과를 보장할 수 있습니다.

그림 2-11 플릿 요청 설정

EC2 플릿에는 **인스턴트**^{instant}, **요청**^{request}, **유지 관리**^{maintain}(기본)의 세 가지 요청 유형을 지원합니다. **instant**로 구성하면 EC2 플릿이 원하는 용량을 얻기 위해 동기식 일회성 요청을 합니다. **request**로 구성하면 EC2 플릿이 원하는 용량을 얻기 위해 비동기식 일회성 요청을 합니다. **instant** 및 **request** 모두에서 EC2 플릿이 중단될 경우 스팟 인스턴스를 보충하려 하지 않습니다. **maintain**으로 구성하면 EC2 플릿이 원하는 용량을 얻기 위해 비동기식 요청을 하고, 중단된 인스턴스를 보충하기 위해 새로운 스팟 인스턴스를 자동으로 구동하여 원하는 용량을 유지하는 기본 유형입니다.

EC2 플릿 요청을 설정할 때 원하는 용량을 충족하기 위해 인스턴트(온디맨드 또는 스팟)를 구동하는 데 사용할 할당 전략을 선택적으로 정의할 수 있습니다. 온디맨드 인스턴스의 경우 다음 중에서 선택할 수 있습니다.

- **lowestPrice**: 기본적으로 EC2 플릿은 플릿 정의(원하는 용량을 충족하기 위해 구동할 수 있는 인스턴스 유형 정의)의 일부인 최저 비용 온디맨드 인스턴스를 구동합니다.

- **prioritized**: 이 옵션을 사용하면 EC2 플릿이 온디맨드 인스턴스를 구동하는 우선순위를 지정할 수 있습니다. EC2 플릿은 우선순위가 가장 높은 인스턴스를 사용하여 원하는 용량

을 채우려 시도하지만 원하는 용량을 충족할 수 없는 경우 두 번째 우선순위 인스턴스 유형 등을 사용하여 필요한 나머지 용량을 채웁니다.

스팟 인스턴스의 경우 다음 옵션 중에서 선택할 수 있습니다.

- **lowestPrice**: 스팟 인스턴스를 최저 가격의 스팟 풀에서 가져옵니다. **lowestPrice** 할당 전략을 선택할 때 **InstancePoolsToUseCount**를 지정해 시작할 인스턴스 스팟 풀 수를 지정할 수도 있습니다.
- **diversified**: 원하는 용량을 얻기 위해 구동된 스팟 인스턴스가 여러 스팟 풀에 분산됩니다.
- **capacity-optimized**: 스팟 인스턴스가 중단될 확률이 낮은 풀, 즉 사용 가능한 스팟 인스턴스 용량이 가장 많은 풀에서 실행됩니다.

온디맨드와 스팟 인스턴스로 구성된 EC2 플릿과 여러 스팟 풀에 분산된 스팟 인스턴스를 함께 사용하면 애플리케이션 가용성이 개선되고 스팟 중단의 위험을 줄일 수 있습니다. 스팟 인스턴스는 다양한 스팟 풀에 분산되므로 모든 인스턴스가 동시에 중단될 위험이 줄어듭니다. 실제로 EC2 플릿에서 다른 스팟 풀의 인스턴스로 대체되어 구동되기 때문에 스팟 인스턴스 중단은 감소됩니다. 사용 가능한 스팟 인스턴스가 없는 경우에도 온디맨드 인스턴스를 사용할 수 있습니다.

EC2 플릿을 요청할 때 용량 단위를 사용하여 원하는 용량을 지정할 수도 있습니다. 원하는 용량을 기준으로 각 인스턴스 유형의 상대 가중치를 정의합니다. 예를 들어 **c6i.xlarge** 인스턴스의 가중치는 1이고 **c6i.8xlarge** 인스턴스의 가중치는 8이라고 정의할 수 있습니다. 목표 용량이 16인 경우 16개의 **c6i.xlarge** 인스턴스 또는 2개의 **c6i.8xlarge** 인스턴스가 구동됩니다.

스팟 인스턴스 요금

2018년 3월까지는 스팟 인스턴스를 요청할 때 사용자는 기본적으로 인스턴스당 최고 요금을 명시하여 입찰해야 했습니다. 스팟 가격은 입찰 중 가장 높은 가격으로 설정되었고 입찰의 오름차순으로 종료되었기 때문에 가격이 자주 변경되어 사용자들이 자체적으로 가격을 분석해야 했습니다.

현재 모델에서는 **스팟 인스턴스에 입찰할 필요가 없어졌으며**, 실행하는 인스턴스에 대해 현재 유효한 스팟 가격만 지불하면 됩니다. 스팟 가격이 예측 가능하고 덜 빈번하게 업데이트되며, 입찰 가격보다는 아마존 EC2 예비 용량의 수요와 공급에 따라 결정됩니다. 시장 가격을 분석하거나 최고 입찰 가격을 설정하지 않고도 온디맨드 용량을 요청하듯이 스팟 용량을 요청할 수 있습니다. 스팟 인스턴스를 요청할 때 이전처럼 인스턴스당 최고 가격을 지정할 수도 있습니다.

다음 그림은 미국 동부 가용 영역에서 **c5.large** 리눅스 스팟 인스턴스 가격을 보여줍니다. 온디맨드 가격이 인스턴스 시간당 0.096달러인 반면 스팟 가격은 0.0303달러에서 0.0389달러 사이이므로 59.48%에서 68.44%까지 비용을 절감할 수 있습니다.

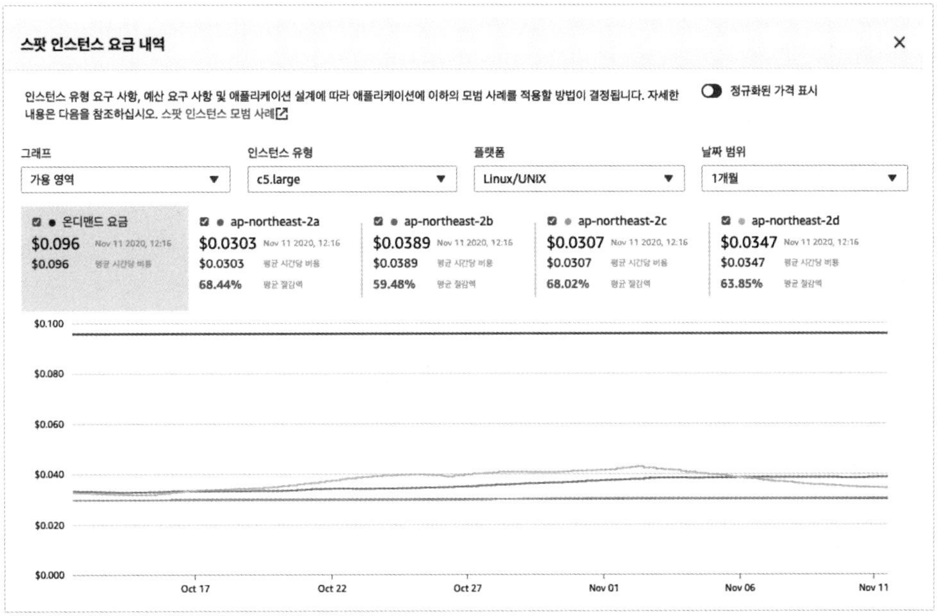

그림 2-12 스팟 인스턴스 요금 내역

스팟 인스턴스는 스팟 인스턴스를 사용하는 동안 유효했던 스팟 가격(요청 시 지정한 최대 또는 온디맨드 가격이 아님)으로 청구됩니다.

일단 스팟 인스턴스가 할당되면 해당 인스턴스를 종료하거나 AWS에 의해 회수될 때까지 요금이 부과됩니다. 스팟 가격 상승으로 인해 인스턴스가 회수되는 경우 인스턴스가 실행된 일부 시간에 대해서는 요금이 부과되지 않습니다.

다음 표는 온디맨드 인스턴스 대신 스팟 인스턴스를 사용할 때 60%에서 70% 사이의 할인 혜택을 누릴 수 있는 몇 가지 예를 보여줍니다.

표 2-22 EC2 시간당 가격 비교: 스팟과 온디맨드[29]

인스턴스	온디맨드 가격	스팟 가격	스팟 할인율
t4g.large	$0.0672	$0.0202	70%
t3.large	$0.0832	$0.0251	69%
m6g.large	$0.0770	$0.0357	53%
m6i.large	$0.0960	$0.0357	62%
c6g.large	$0.0680	$0.0340	50%
c6i.large	$0.0850	$0.0340	60%

최신 세대의 인스턴스를 채택하려는 사용자의 이동에 따라 구세대 인스턴스의 예비 용량이 증가하기 때문에 해당 인스턴스의 스팟 가격이 낮아집니다. 구세대 인스턴스에서 스팟 인스턴스를 활용하여 달성할 수 있는 할인 범위를 살펴보겠습니다.

표 2-23 구세대 EC2 시간당 가격 비교: 스팟과 온디맨드[30]

인스턴스	온디맨드 가격	스팟 가격	스팟 할인율
t2.large	$0.0928	$0.0278	70%
m4.large	$0.1000	$0.0359	64%
m3.large	$0.1330	$0.0308	76%
m1.large	$0.1750	$0.0175	90%
c4.large	$0.1000	$0.0316	68%
c3.large	$0.1050	$0.0294	72%
r4.large	$0.1330	$0.0348	65%
r3.large	$0.1660	$0.0338	68%
i2.xlarge	$0.8530	$0.2559	70%

현세대의 스팟 인스턴스 사용했을 때 받는 60~70% 할인율보다 구세대의 스팟 인스턴스를 사용할 경우 최대 90%까지 할인율을 더 높일 수 있습니다.

---

29 https://aws.amazon.com/ec2/pricing, https://aws.amazon.com/ec2/spot/pricing

30 상동. https://aws.amazon.com/ec2/previous-generation

요약: 스팟 인스턴스

스팟 인스턴스는 EC2 비용을 절감할 수 있는 좋은 기회를 제공합니다. 스팟 인스턴스에서의 애플리케이션 안정성이 우려되지만 이러한 안정성 문제를 완화하고 비용 절감까지 누릴 수 있는 방법이 있습니다. 인스턴스 중단을 완화하기 위해 구축된 플랫폼 아키텍처, 오토 스케일링 그룹, EC2 플릿, AWS 스팟 인스턴스 어드바이저, 스팟 배치 점수 및 스팟 중단 주입을 조합하여 사용하면 거의 모든 워크로드에서 스팟 인스턴스를 사용할 수 있습니다. 여기에는 개발, 테스트, 프로덕션 환경까지 포함하고 스팟 인스턴스가 컨테이너(EKS 및 ECS), EMR, 카산드라, 오픈서치, 하둡, 배치 및 CI/CD를 실행하는 워크로드를 지원합니다. 주요 예외는 데이터베이스와 스테이트풀 애플리케이션입니다. 이러한 애플리케이션의 특성으로 중단 처리가 더 어려워집니다.

결론은 명확합니다. 스팟 인스턴스를 사용하여 비용을 대폭 절감하고 매달 수천 달러를 절약하세요.

2.1.4 EC2 오토 스케일링

오토 스케일링은 퍼블릭 클라우드 인프라 기반 중 하나입니다. 이 기능은 실제 리소스 수요에 따라 인프라를 자동으로 동적으로 확장합니다. 이를 통해 주어진 순간에 워크로드를 지원하는 데 필요한 컴퓨팅 파워를 프로비저닝하는 동시에 초과 프로비저닝된 인프라의 과도한 지출과 비효율성을 줄이거나 제거할 수 있습니다.

퍼블릭 클라우드 컴퓨팅의 이점은 아무리 강조해도 지나치지 않습니다. 기존 데이터 센터에서는 최대 수요를 지원할 수 있는 충분한 인프라를 구매하고 배포해야 했습니다(예: 블랙 프라이데이). 그러나 안정된 상태에서는 애플리케이션 워크로드가 (아마 훨씬) 덜 집중됩니다. 그 결과 데이터 센터 시나리오에서는 인프라의 상당 부분이 사용되지 않거나 유휴 상태로 실행되는 일반적인 날에는 낭비되고 활용률이 저조해집니다.

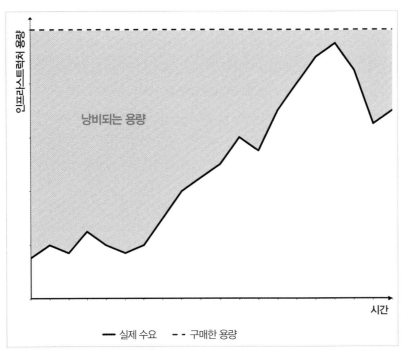

그림 2-13 기존 데이터 센터 모델의 컴퓨팅 용량

오토 스케일링은 시간이 지남에 따라 필요한 인프라 용량이 변화하는 시나리오를 해결하는 데 도움이 됩니다. 이러한 시나리오 중 일부는 다소 반복적일 수 있습니다. 예를 들어 일상적인 정규 업무 시간 동안 더 많은 컴퓨팅 파워를 가동해야 하며, 업무 시간 후에는 이를 줄여야 합니다. 다른 시나리오는 다른 비즈니스 시나리오를 기반으로 할 수 있습니다. 예를 들어 마케팅 캠페인 중에는 웹 서버 수를 늘리고 캠페인이 끝나면 서버 수를 줄여야 할 수 있습니다.

오토 스케일링을 이용하면 언제든지 필요한 인프라 용량만큼 비용을 지불하게 되므로 보다 비용을 효과적으로 제어할 수 있습니다. 트래픽이 증가하면 더 많은 인스턴스가 프로비저닝되고 트래픽이 감소하면 인스턴스가 종료되어 사용량이 줄게 되며 사용하지 않는 인프라에 대한 요금이 부과되지 않습니다. 특정 순간에 프로비저닝된 인프라 용량을 제어할 수 있는 탄력성은 퍼블릭 클라우드 인프라와 기존 데이터 센터 환경 간의 주요 차이점입니다.

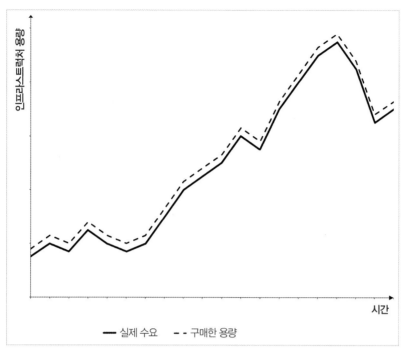

그림 2-14 오토 스케일링을 사용한 컴퓨팅 용량

오토 스케일링의 작동 방식을 더 잘 이해하기 위해 사용자가 숙지해야 할 몇 가지 용어를 살펴보겠습니다.

오토 스케일링 그룹

오토 스케일링 그룹은 EC2 인스턴스와 같이 유사한 특성을 공유하고 특정 워크로드를 지원하는 확장 가능한 리소스 모음입니다. 예를 들어 여러 인스턴스에서 작동하는 웹 계층일 수 있습니다. 이러한 모든 인스턴스를 단일 오토 스케일링 그룹으로 그룹화하여 사이트에 더 많은 트래픽이 도달하면 인스턴스 수를 자동으로 늘리거나 수요가 감소하면 인스턴스 수를 줄일 수 있습니다. 결제 프로세스를 실행하는 인스턴스에도 동일한 원칙이 적용됩니다. 오토 스케일링 그룹은 마케팅 캠페인 중에 인스턴스 수를 늘리고 캠페인이 종료되면 일부 인스턴스를 축소합니다.

오토 스케일링 그룹은 매우 유연하므로 특정 요구 사항을 해결하도록 각 그룹을 구성할 수 있습니다. 오토 스케일링 그룹을 설정할 때 다음을 구성할 수 있습니다.

- 그룹 내 EC2 인스턴스의 최소, 최대 및 원하는 수 설정. 원하는 용량을 언제든지 충족하기 위해 오토 스케일링은 그룹의 인스턴스에 대해 주기적으로 상태 검사를 수행하고 비정상인 인스턴스를 식별합니다. 인스턴스가 비정상으로 표시되면 새 인스턴스로 교체되도록 예약됩니다.

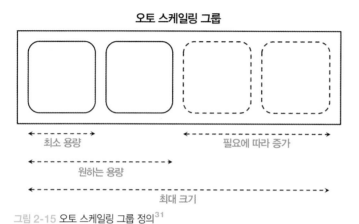

그림 2-15 오토 스케일링 그룹 정의[31]

- 가용 영역에서 인스턴스(인스턴스 유형 포함)를 시작하기 위한 시작 템플릿 및 우선순위 (인스턴스 유형이 그룹에 추가되는 순서). 가장 높은 우선순위 인스턴스를 사용하여 온디맨드 용량을 모두 충족할 수 없는 경우 오토 스케일링 그룹은 두 번째 우선순위 인스턴스 유형을 사용하여 나머지 용량을 시작합니다. **MixedInstancesPolicy**를 사용하는 경우 여러 시작 템플릿으로 오토 스케일링 그룹을 구성할 수 있습니다. 이렇게 하면 CPU 아키텍처(인텔, AMD, 그래비톤2)가 서로 다른 인스턴스를 동일한 오토 스케일링 그룹에 포함할 수 있습니다.

- **Maximum Instance Lifetime:** 인스턴스가 서비스될 수 있는 최대 시간(초)입니다. 최대 기간은 그룹 내의 현재 생성된 인스턴스 및 새로 생성될 인스턴스에 적용됩니다. 인스턴스가 최대 기간에 가까워지면 종료되고 교체 인스턴스가 시작됩니다.

- **OnDemandPercentageAboveBaseCapacity: OnDemandBaseCapacity**를 초과하는 추가 용량에 대한 온디맨드 인스턴스(스팟 인스턴스와 반대)의 비율입니다. 범위는 0에서

---

31 https://docs.aws.amazon.com/autoscaling/ec2/userguide/what-is-amazon-ec2-autoscaling.html

100 사이입니다. 기본값은 100이며, 이 매개변수를 0으로 설정하면 백분율은 스팟 인스턴스의 경우 100%이고 온디맨드 인스턴스의 경우 0%입니다.

- **SpotAllocationStrategy:** 스팟 풀에 스팟 용량을 할당하는 방법을 나타냅니다. 기본 옵션은 **lowest-price**입니다. 오토 스케일링 그룹은 가장 저렴한 스팟 풀을 선택하고 지정한 스팟 풀 수에 스팟 용량을 균등하게 할당합니다.

- **SpotInstancePools:** 스팟 용량을 할당하는 데 사용할 스팟 풀 수(1 ~ 20)입니다.

- **SpotMaxPrice:** 스팟 인스턴스에 대해 지불할 의향이 있는 인스턴스 시간당 최대 가격입니다. 기본 선택 옵션은 온디맨드 가격입니다. 두 옵션(온디맨드 가격 선택 또는 최대 가격 지정)에서 지정한 최대 한도까지 스팟 가격을 지불하게 됩니다.

다음 이미지는 오토 스케일링 그룹을 구성할 때 사용할 수 있는 일부 구성을 보여줍니다.

시작 템플릿 또는 구성 선택 정보

이 Auto Scaling 그룹에서 시작하는 모든 EC2 인스턴스에 공통된 설정이 포함된 시작 템플릿을 지정합니다. 현재 시작 구성을 사용하는 경우 시작 템플릿으로 마이그레이션할 수 있습니다.

이름

Auto Scaling 그룹 이름
그룹을 식별할 이름을 입력합니다.

현재 리전에서 이 계정에 대해 고유해야 하며 255자를 넘지 않아야 합니다.

시작 템플릿 정보   시작 구성으로 전환

시작 템플릿
Amazon Machine Image(AMI), 인스턴스 유형, 키 페어 및 보안 그룹과 같은 인스턴스 수준 설정이 포함된 시작 템플릿을 선택합니다.

시작 템플릿 선택 ▼ C

시작 템플릿 생성 ↗

그림 2-16 오토 스케일링 그룹 생성 및 구성

스케일링 옵션

오토 스케일링 그룹을 설정할 때는 인프라를 확장하거나 축소하는 스케일링 전략을 정의해야 합니다.

애플리케이션의 특정 요구 사항을 충족하기 위해 다양한 정책 유형을 활용하여 인프라를 확장 및 축소할 수 있습니다.

- **Manual:** 인프라 확장의 기본 형태입니다. 오토 스케일링 그룹을 수동으로 수정하여 원하는 인스턴스 용량을 수정할 수 있습니다. 인스턴스 수는 그에 따라 변경됩니다.
- **Scheduled:** 이 스케일링 정책은 추가 리소스가 필요한 시기(예: 업무 시간, 주말, 예정된 캠페인 또는 스포츠 이벤트)를 정확하게 파악할 수 있는 예측 가능한 워크로드를 처리할 때

사용됩니다. 이 경우 스케일아웃 또는 스케일인이 시간, 요일 또는 날짜의 함수로 자동으로 수행됩니다.

- **Dynamic:** 변경이 발생하는 시기를 구체적으로 알지 못하는 경우 변화하는 조건에 따라 인프라를 스케일아웃 또는 스케일인할 수 있습니다. 동적 스케일링의 경우 스케일링이 트리거되는 스케일링 정책을 정의해야 합니다.

- **Predictive:** 예측 스케일링을 동적 스케일링과 함께 선택할 수 있습니다. 이 기능은 부하를 예측하고 용량이 필요하기 전에 사전 예방으로 예약하는 방식으로 작동합니다. 예측 스케일링은 실제 EC2 사용량 및 기타 데이터 포인트에서 수집된 데이터를 기반으로 합니다. 잘 훈련된 아마존 머신러닝 모델을 기반으로 일일 및 주간 패턴을 포함하여 예상 트래픽 및 EC2 사용량을 예측합니다. 예측 스케일링을 설정할 때 예측 스케일링이 CPU 활용률당 스케일링 시나리오, 네트워크 트래픽 유입, 네트워크 트래픽 유출 및 사용자 지정 메트릭을 예측하는 '예측 전용'과 수집된 예측에 따라 인프라를 동적으로 확장하는 '예측 및 스케일링' 중 하나를 선택할 수 있습니다.

스케일링 정책

정책은 동적 스케일링에 사용됩니다. CPU, 메모리, 네트워크 사용률, SQS 대기열 크기, 세션 수와 같은 메트릭을 기반으로 스케일링을 트리거하도록 정책을 설정할 수 있습니다. 예를 들어 CPU 사용률이 60%에 도달하면 인스턴스를 확장하거나 목표 사용률을 지정할 수 있습니다 (예: 오토 스케일링 그룹 내 모든 EC2 인스턴스의 평균 CPU 사용률을 40%로 유지). 오토 스케일링은 원하는 사용률과 일치하도록 리소스 수를 적절히 처리합니다.

인프라 사용률 상태와 관련이 없는 사용자 지정 트리거별로 동적 스케일링을 설정할 수도 있습니다. 사업을 운영하는 시장에 따라 비즈니스, 환경, 정치 또는 기타 컴퓨팅 리소스에 대한 수요가 증가하는 상황에 익숙할 수 있습니다. 예를 들어 비가 오는 날씨에는 택시에 대한 수요가 증가하고 카카오와 같은 애플리케이션의 사용이 증가할 수 있습니다. 이 경우에는 통합 일기 예보 플랫폼에서 수신한 알림에 의해 오토 스케일링이 트리거되도록 설정할 수 있습니다.

스케일링 정책 유형

오토 스케일링 정책을 설정할 때 리소스를 확장하거나 축소하는 단계도 설정해야 합니다. 사용 가능한 스케일링 조정 유형은 다음과 같습니다.

- **ChangeInCapacity:** 오토 스케일링 이벤트에서 증가 또는 축소할 특정 인스턴스 수입니다. 예를 들어 스케일링 조정을 5로 설정하면 스케일링 이벤트가 발생할 때 오토 스케일링 그룹에 5개의 새 인스턴스가 추가되거나 제거됩니다.
- **ExactCapacity:** 오토 스케일링 이벤트의 특정 대상 인스턴스 수입니다. 예를 들어 스케일링 조정을 3으로 설정하면 스케일링 이벤트가 발생할 때 총 3개의 인스턴스가 생성됩니다.
- **PercentChangeInCapacity:** 오토 스케일링이 실행되는 경우 오토 스케일링 그룹에 연결된 인스턴스 수를 늘리거나 줄이는 데 사용되는 백분율입니다.

오토 스케일링 그룹을 사용한 로드 밸런싱

오토 스케일링 그룹과 해당 스케일링 정책을 설정한 후에는 오토 스케일링 그룹을 로드 밸런서에 연결해야 합니다. 로드 밸런서는 오토 스케일링 그룹 내의 인스턴스 간의 트래픽 분산을 처리합니다. 일래스틱 로드 밸런싱을 사용하여 오토 스케일링을 사용하도록 설정하면 오토 스케일링에 의해 시작된 인스턴스가 로드 밸런서에 자동으로 등록되고 트래픽이 해당 인스턴스로 라우팅됩니다. 오토 스케일링에 의해 종료된 인스턴스는 로드 밸런서에서 자동으로 등록이 취소되어 트래픽 분산이 중지됩니다.

오토 스케일링을 다른 AWS 서비스에 사용

이 장에서는 EC2 인스턴스의 오토 스케일링에 중점을 두지만 오토 스케일링은 일래스틱 컨테이너 서비스(ECS), 일래스틱 쿠버네티스 서비스(EKS), EC2 플릿, 일래스틱 맵리듀스(EMR) 클러스터, 앱스트림 2.0 플릿, 다이나모DB 테이블, 프로비저닝 처리량과 글로벌 보조 인덱스, 오로라 복제본 및 세이지메이커 엔드포인트 변형과 같은 추가 아마존 서비스에도 사용할 수 있습니다.

오토 스케일링 요금제

좋은 소식은 오토 스케일링 그룹을 설정해도 비용이 들지 않는다는 것입니다. 오토 스케일링 정의에 따라 구동되어 실행 중인 EC2 인스턴스에 대해서만 지불하면 됩니다. 오토 스케일링이 인스턴스 수를 줄이면 비용 지불이 중지됩니다.

실제 사용 예

동적 워크로드를 지원하기 위해 오토 스케일링을 구현하는 것은 우리 요구 사항에 잘 맞습니다. 인프라는 서비스 요구 사항에 따라 용량을 맞추기 위해 지속적으로 확장 또는 축소됩니다. 이를 통해 주어진 시간 동안에 필요한 용량을 확보함과 동시에 초과 프로비저닝에 대한 추가 비용도 피할 수 있습니다. 또한 온디맨드 인스턴스가 아닌 스팟 인스턴스를 추가하여 확장하므로 훨씬 더 큰 비용 절감을 보장합니다. 다음 그림은 서비스 수요에 따라 일주일간 수백 개의 인스턴스가 확장이나 축소되는 것을 보여줍니다.

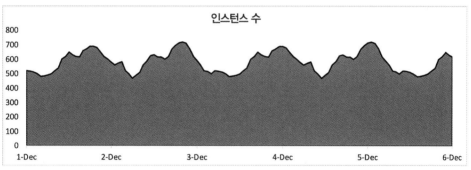

그림 2-17 오토 스케일링 실제 사용 예

오토 스케일링 요약

오토 스케일링은 주어진 순간에 부하를 지원하는 데 필요한 EC2 인스턴스 수와 컴퓨팅 리소스 용량을 확보하고 초과 프로비저닝된 용량의 낭비를 제거합니다. 따라서 오토 스케일링은 기존 데이터 센터 운영 방식 대신 AWS에서 워크로드를 실행하는 중요한 차별화 요소를 제공합니다.

오토 스케일링의 가치는 인프라의 효율성 관련 측면뿐만 아니라 재정적 측면으로도 확장됩니다. 또한 오토 스케일링은 워크로드 요구 사항에 맞게 인스턴스 용량을 유지 관리하고 가용 영역에 인스턴스를 배포하므로 애플리케이션 복원력과 성능이 향상됩니다. 복잡하게 생각할 필요 없이 결론을 말하자면 오토 스케일링을 활용하면 효율성, 비용 효율성, 애플리케이션 가용성이 향상됩니다!

2.1.5 EC2 스케줄링

효율성과 종량제는 클라우드 인프라 채택의 주요 추진 요인 중 하나입니다. 수요에 따라 리소스를 확장하거나 축소할 수 있으므로 기존 데이터 센터 운영에 비해 운영 효율성이 향상될 것으로 기대됩니다.

운영 효율성을 향상시키려면 워크로드가 필요할 때만 실행되고 필요하지 않을 때 중지되도록 예약하는 방법도 살펴봐야 합니다. 그렇게 하면 리소스가 필요하지 않을 때 비용이 발생하지 않습니다.

언뜻 보기에 필요하지 않을 때 리소스를 중지하는 것은 쉽고 간단한 작업처럼 보입니다. 리소스 사용을 담당하는 팀원은 필요하지 않는 경우에 리소스를 책임지고 중단해야 합니다. 간단하고 쉬운 일입니다.

현실은 쉽고 간단한 작업이 재정 낭비의 원인이 된다는 것을 보여줍니다. 어떤 경우에는 인프라를 사용하지 않을 때도 계속 가동되고 가동 대기 상태의 인프라에 대해서도 비용을 지불합니다. 개발 및 테스트 리소스가 연중무휴로 실행되거나 주기적인 워크로드에도 인프라가 중단 없이 계속 실행될 때 이런 문제가 발생할 수 있습니다.

개발 또는 테스트 환경을 예로 들어 보겠습니다. 일반적으로 영업일 기준으로 약 10시간 동안 실행되어야 하며(예외는 있지만), 주말을 포함한 업무시간 외에는 중지할 수 있습니다. 다음 그림은 흥미로운 통계를 보여줍니다. 업무 시간 동안만 실행되도록 환경을 예약하면 컴퓨팅 인프라 비용의 70%를 절약할 수 있는 기회가 생깁니다. 예를 들어 개발 환경은 주당 168시간 중 약 50시간(영업일 당 10시간) 동안만 필요합니다.

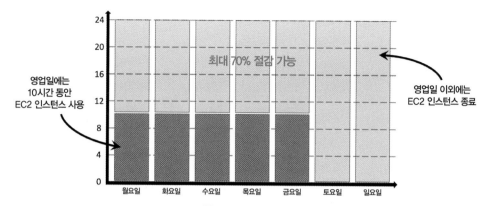

그림 2-18 인스턴스 스케줄의 잠재적 절감 효과[32]

필요한 경우에만 리소스를 실행함으로써 최대 70%의 비용을 절감할 수 있는 기회가 주어집니다. 문제는 '어떻게 대규모로 스케줄러를 배포하고 운영할 수 있는가?'입니다. 여러분 회사에 수백 또는 수천 명의 개발자와 QA 엔지니어가 있고, 각 엔지니어는 작업 시간이 다른 여러 시간대에서 독립적으로 작업을 실행합니다. 어떻게 하면 이러한 환경에서 스케줄을 단순화하고 필요할 때만 활성화되고 그렇지 않을 때 중단되도록 할 수 있을까요?

이러한 문제를 해결하고 운영과 재정 효율성을 개선하기 위해 AWS는 AWS 인스턴스 스케줄러를 출시했습니다. 이 장에서는 인스턴스 스케줄러가 작동하는 방식을 자세히 설명하고 관련 용어를 알아보겠습니다.

AWS 인스턴스 스케줄러

AWS 인스턴스 스케줄러는 EC2 스케줄러 서비스(2016년)를 대체하기 위해 2018년 2월에 출시되었습니다. AWS 인스턴스 스케줄러를 사용하면 스케줄 정의에 따라 EC2와 RDS 인스턴스를 자동으로 켜고 끄는 스케줄을 설정하여 수동 작업이나 중지/시작 스크립팅에 대한 많은 투자를 줄일 수 있습니다. AWS 인스턴스 스케줄러를 사용하면 필요한 만큼 스케줄을 설정할 수 있습니다. 각 스케줄은 하나 이상의 기간으로 구성되며, 각 스케줄러와 연결된 EC2 인스턴스에 적용할 시작과 중지 시간을 정의합니다.

스케줄과 인스턴스를 연결하려면 해당 인스턴스에 해당 스케줄을 태그해야 합니다. 예를 들어

---

32 https://aws.amazon.com/answers/infrastructure-management/instance-scheduler

영국에 개발팀이 있다고 가정하면 'uk-office-hours' 스케줄을 정의하고 이 스케줄로 리소스를 태그할 수 있습니다(태그 키 = schedule, 태그 값 = uk-office-hours). 태그 지정이 완료되면 스케줄 정의(uk-office-hours 스케줄의 시작과 중지 시간)가 모든 계정과 리전의 태그가 지정된 리소스에 적용됩니다. 리소스 태그 지정에 대해서는 6장에서 더 자세히 알아보겠습니다.

시간대를 고려하도록 스케줄을 구성할 수 있으며 특정 시간, 특정 요일, 특정 일 또는 특정 월에 실행되도록 설정할 수도 있습니다.

스케줄

스케줄은 특정 EC2 인스턴스 집합이 실행되어야 하는 시기를 지정합니다. 각 스케줄에는 스케줄이 적용될 EC2 인스턴스에서 태그 값으로 사용되는 고유한 이름이 있습니다. 리소스를 특정 스케줄과 연결하려면 태그 키(스케줄)와 태그 값(스케줄 이름)을 적용해야 합니다.

[그림 2-19]는 스케줄이 인스턴스에 할당되는 방법을 보여줍니다. 이렇게 하면 이 인스턴스가 uk-office-hours 스케줄에 정의된 기간에 따라 시작과 중지 시간이 예약됩니다.

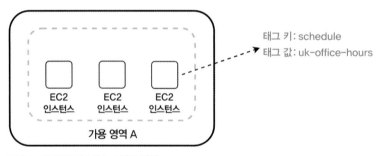

그림 2-19 EC2 인스턴스 스케줄 태깅

스케줄러 구성

스케줄을 설정할 때는 다음을 구성합니다.

- **name:** 스케줄을 식별하는 데 사용되는 고유한 이름입니다. 이 이름은 스케줄 정의를 적용하려는 모든 리소스의 태그 값으로 사용됩니다.
- **description:** 스케줄 설명, 예를 들면 '영국 업무 시간 동안 개발 인스턴스를 중지/시작하는 스케줄러'

- **enforced:** 이 필드를 사용하면 스케줄 기간 외에 인스턴스가 수동으로 시작되거나 중지되는 것을 막을 수 있습니다. 이 필드가 true로 설정되어 있고 사용자가 스케줄 기간 외에 인스턴스를 시작하면 스케줄러가 인스턴스를 중지시킵니다. 또한 실행 기간 동안 수동으로 중지된 인스턴스를 다시 시작합니다.

- **periods:** 각 스케줄에는 인스턴스가 실행되어야 하는 시간이 정의된 하나 이상의 기간이 포함되어 있습니다. 스케줄에 둘 이상의 기간이 사용되는 경우 인스턴스 스케줄러는 기간 규칙(시작 시간 또는 종료 시간) 중 하나 이상이 참일 때 적절한 작업(시작 또는 중지)을 적용합니다.

- **timezone:** 기간이 정의된 시간대입니다.

- **Instance type(EC2 인스턴스에만 적용됨):** 선택적 인스턴스 유형(예: 기간당 **t3.nano**)을 지정합니다. 인스턴스 유형을 지정한 경우 스케줄러는 지정한 유형의 EC2 인스턴스만 시작합니다. 다른 유형의 인스턴스가 실행 중인 경우 스케줄러는 해당 인스턴스를 중지하고 대신 지정한 인스턴스 유형의 새 인스턴스를 시작합니다.

- **retain_running:** 이 필드를 'true'로 설정하면 기간이 시작되기 전에 수동으로 시작한 인스턴스의 경우 기간이 끝나도 스케줄러에서 인스턴스를 중지할 수 없도록 합니다.

- **override_status:** 이 필드를 'running'으로 설정하면 스케줄러가 해당 인스턴스를 시작하지만 중지하지는 않습니다. 인스턴스는 수동으로 중지할 때까지 실행됩니다. 필드를 'stopped'로 설정하면 스케줄러는 해당 인스턴스를 중지하지만 시작하지는 않습니다. 수동으로 시작할 때까지 인스턴스가 실행되지 않습니다.

- **stop_new_instances:** 스케줄 기간을 초과하여 실행 중인 인스턴스가 처음 태그될 때 인스턴스를 중지할지 여부를 지정하려면 'true'로 설정합니다.

- **use_maintenance_window:** 이 필드는 RDS 인스턴스에만 적용됩니다. 이를 통해 RDS 스케줄에서 RDS 유지 관리 기간을 실행 기간으로 정의할 수 있습니다.

- **use_metrics:** 스케줄 레벨에서 클라우드와치 메트릭을 사용할지 여부를 선택합니다.

그림 2-20 스케줄 정의

기간

기간은 스케줄된(태그가 지정된) 리소스가 실행되어야 하는 시간을 정의합니다. 기간은 스케줄에 할당되며, 각 스케줄은 둘 이상의 기간을 포함할 수 있습니다. 기간은 시작/중지 타이밍을 포함하는 기간 규칙으로 구성됩니다. 기간을 정의할 때 다음을 구성할 수 있습니다.

- **begintime**과 **endtime**: 관련 스케줄이 태그된 인스턴스를 시작하거나 중지하기 위해 정의된 시간입니다. 시작 시간만 설정한 경우 인스턴스를 수동으로 중지해야 합니다. 중지 시간만 설정한 경우 인스턴스를 수동으로 시작해야 합니다. 예를 들어 매일 오전 9시에 태그가 지정된 인스턴스를 시작하고 오후 5시에 중지하도록 기간을 정의할 수 있습니다.

이 계정
이 계정에서 인스턴스를 예약합니다.

예 ▼

회수
스케줄러 실행 빈도 (분).

5 ▼

메모리 크기
스케줄러를 실행하는 Lambda 함수의 크기는 많은 수의 인스턴스를 처리 할 때 크기를 늘립니다.

128 ▼

옵션
CloudWatch 지표 활성화
CloudWatch 지표를 사용하여 인스턴스 예약 데이터를 수집합니다.

아니 ▼

익명의 사용 데이터 보내기
익명 메트릭 데이터를 보냅니다.

예 ▼

CloudWatch Logs 활성화
CloudWatch 로그에서 자세한 정보 로깅을 활성화합니다.

아니 ▼

기타 매개 변수
로그 보존 일수
스케줄러 로그의 보존 일.

30 ▼

시작된 태그
시작된 인스턴스에 설정된 name = value, name = value, .. 형식의 쉼표로 구분 된 태그 이름 및 값 목록

중지 된 태그
중지 된 인스턴스에 설정된 name = value, name = value, .. 형식의 쉼표로 구분 된 태그 이름 및 값 목록

그림 2-21 EC2 인스턴스 스케줄링 기간[33]

- **weekdays**: 이 필드는 인스턴스가 실행될 요일을 포함합니다.

- **monthdays**: 이 필드는 인스턴스가 실행될 월의 요일(예: 1, 2, 3 또는 1-3)을 포함합니다.

- **months**: 이 필드는 인스턴스가 실행될 월을 포함합니다.

---

33 https://docs.aws.amazon.com/solutions/latest/instance-scheduler/components.html

동작하는 원리

스케줄과 기간이 정상적으로 설정되고 그에 따라 리소스 태그를 지정하면 정의된 스케줄에 따라 인스턴스가 시작되고 중지됩니다. 사용자 정의 시간 간격(예: 매 5분)마다 아마존 클라우드와치는 스케줄과 기간에 대한 정보를 가져오는 AWS 람다 함수를 트리거합니다. 검색된 데이터에 따라 람다 함수는 태그가 지정된 각 인스턴스의 현재 상태를 예약 기간에 정의된 상태와 비교하여 확인하고 필요한 경우 적절한 '시작' 또는 '중지' 작업을 적용합니다. AWS 람다에 대한 자세한 내용은 다음 장에서 설명합니다.

인스턴스 스케줄러 요금제

AWS 인스턴스 스케줄러를 사용하기 위한 요금제는 간단합니다. 각 스케줄마다 AWS 람다 요금으로 매월 5달러가 청구됩니다. 이는 실행 중인 EC2 인스턴스 수와 무관하며, EC2 인스턴스 비용에 추가로 청구됩니다. 스케줄 작업을 아마존 클라우드와치 메트릭으로 추적하면 스케줄 또는 예약된 서비스(예: EC2 또는 RDS)당 0.9달러가 추가됩니다.

요약: EC2 스케줄링

EC2 인스턴스 스케줄링은 비용 최적화의 핵심 요소입니다. 앞서 논의한 예를 다시 떠올려보면 일반적인 개발 및 테스트 환경에서 EC2 인스턴스 비용을 약 70% 절약할 수 있습니다. 운전을 멈출 때 차의 시동을 끄는 것처럼 인스턴스를 사용하지 않을 땐 종료하길 바랍니다.

AWS 인스턴스 스케줄러는 EC2 인스턴스 중지와 시작을 자동화하여 귀중한 리소스에 대한 안정적인 스케줄링을 제공합니다. 이렇게 하면 조직 내 클라우드 사용자 중 한 명이 리소스 종료를 '잊어버린다'고 해도 대기 컴퓨팅 리소스로 인한 불필요한 비용이 발생하는 것을 방지할 수 있습니다.

2.2 서버리스 컴퓨팅

지금까지 아마존 EC2 서비스에 대해 알아보았습니다. EC2는 코드가 실행되는 인프라 계층을 담당하는 **IaaS**^{Infrastructure as a Service} 모델을 기반으로 합니다. 앞서 살펴본 것처럼 아마존은 EC2 인스턴스를 효율적으로 운영하기 위해 오토 스케일링, AWS 인스턴스 스케줄러와 같은 많은 운영 기능을 제공합니다. 그러나 EC2 인스턴스의 프로비저닝, 구성, 운영, 모니터링, 최적화 및 유지 보수를 해야 할 책임은 여전히 여러분에게 있습니다.

서버리스 컴퓨팅은 클라우드 기반 리소스를 사용하는 데 있어 차세대 진화를 의미합니다. 사전 정의된 트리거(이벤트)에 대응하여 서버에서 코드(특정 함수)가 자동으로 실행되는 **FaaS**^{Function as a Service} 모델로 운영됩니다. 애플리케이션 소유자는 함수 코드를 제공하고 트리거를 정의하지만 코드(함수) 실행을 담당하는 기본 컴퓨팅 인프라에 대한 책임이나 특정 인식은 가질 필요가 없습니다.

서버리스 컴퓨팅의 장점은 쉽게 이해할 수 있습니다. 첫째, 애플리케이션 비즈니스 로직에 집중할 수 있게 합니다. 둘째, 클라우드 인프라 관리에 드는 노력과 비용을 절감합니다. 애플리케이션 실행을 위한 최적의 인스턴스 유형 선택, 인스턴스 프로비저닝 자동화, 로드 밸런싱 설정, 오토 스케일링 구성, 운영 체제 패치, 코드 배포 등을 하지 않아도 됩니다. 여러분은 코드를 개발하고 생산성과 혁신성을 높이는 데 집중할 수 있습니다.

서버리스 컴퓨팅은 소위 '노옵스^{NoOps} 혁명'의 핵심 구성 요소로 간주됩니다. 이는 향후 수년간 현대 애플리케이션을 구축하고 인프라를 소비하는 방식을 변화시킬 가능성이 높습니다.

서버리스 아키텍처는 현재 일부 다른 시장 동향과 잘 일치하며, 이는 채택에도 기여합니다. 여기에는 마이크로서비스 아키텍처로의 이동과 떠오르는 IoT 시장이 포함됩니다.

- 마이크로서비스 아키텍처를 사용하면 애플리케이션을 각각 특정 작업을 하는 원자 단위로 분해합니다. 마이크로서비스용 애플리케이션을 재설계할 때 어떤 애플리케이션 구성 요소가 가볍고 이벤트 중심이며 서버리스 아키텍처에서 함수가 될 수 있는지 평가하는 것이 좋습니다.
- IoT 세계에는 수백만 개의 연결 장치가 있으며, 각 장치는 특정 데이터셋을 전송하거나 때때로 특정 비즈니스 로직 단위를 트리거합니다. 대부분의 경우 이러한 이벤트에는 서버리스 방식으로 대응하는 것이 합리적입니다.

2.2.1 AWS 람다

아마존은 2014년에 AWS 람다를 도입하여 이벤트 트리거 함수 호출 문제를 해결하기 위해 서버리스 기능을 최초로 출시했습니다. 람다를 사용하면 사용자가 자체 애플리케이션 코드를 배포하거나 AWS 서버리스 애플리케이션 리포지토리에 저장된 미리 정의된 다양한 함수 중에서 선택할 수 있습니다. 그런 다음 예를 들어 S3 버킷에 이미지 업로드, 특정 소셜 미디어 플랫폼에 상태 업데이트 게시 또는 다양한 종류의 가능한 트리거에서 다른 트리거 선택과 같은 코드를 호출하기 위한 트리거를 정의합니다.

람다 서버리스 운영은 이벤트 중심 함수 호출로 간주할 수 있습니다. 미리 정의된 이벤트가 발생하면 AWS는 모든 요청을 지원하는 데 필요한 규모로 코드를 호출하고 뒤에서 인스턴스 실행과 종료를 관리합니다.

람다 함수

람다 함수는 미리 정의된 이벤트가 발생할 때 호출되는 실제 코드 단위입니다. 각 함수에는 관련 구성 매개변수(함수 이름, 트리거, 메모리 할당 등) 외에도 코드가 포함됩니다. Node.js, 파이썬, 루비, 자바, 고, 닷넷 코어(C#과 파워셸) 등 다양한 프로그래밍 언어로 작성한 코드를 업로드할 수 있고, 또는 AWS 서버리스 애플리케이션 리포지토리에서 제공하는 사전 빌드된 함수 중에서도 선택할 수 있습니다.

일단 람다 함수를 업로드하거나 선택하면 코드를 호출하기 위해 인스턴스가 실행될 때까지 기다릴 필요 없이 빠르게 호출할 수 있습니다.

다음 그림에서 트리거가 구성되는 방법을 볼 수 있습니다. 이때 트리거는 images 폴더에 jpg 유형의 새 S3 객체를 생성합니다.

추가 트리거

트리거 구성

S3
aws   storage   ▼

버킷
이벤트 소스의 역할을 하는 S3 버킷을 선택하십시오. 버킷은 함수와 같은 리전에 있어야 합니다.

corporate-web-server   ▼   C

이벤트 유형
Lambda 함수를 트리거하려는 이벤트를 선택합니다. 필요에 따라 이벤트의 접두사 또는 접미사를 설정할 수 있습니다. 하지만 각 버킷에서 개별 이벤트는 접두사나
접미사가 겹쳐서 객체 키가 동일해질 수 있는 구성을 여러 개 가질 수 없습니다.

모든 객체 생성 이벤트   ▼

접두사 - 선택 사항
필요할 경우, 일치하는 문자로 시작하는 키를 사용하여 객체에 대해 알림을 제한하려는 단일 접두사를 입력합니다.

images/

접미사 - 선택 사항
필요할 경우, 일치하는 문자로 끝나는 키를 사용하여 객체에 대해 알림을 제한하려는 단일 접미사를 입력합니다.

*.jpg

그림 2-22 람다 함수 생성

AWS 서버리스 애플리케이션 리포지토리

이 리포지토리는 람다 호출에서 선택하여 사용할 수 있는 애플리케이션 코드(함수)를 포함하기에 코드를 직접 개발하지 않아도 됩니다. 리포지토리에서 웹과 모바일 백엔드, 이벤트와 데이터 처리, 로깅, 모니터링 및 IoT와 같은 일반적인 사용 사례를 지원하는 기능을 찾을 수 있습니다.

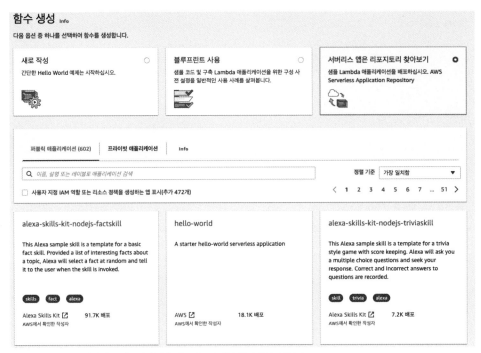

그림 2-23 AWS 서버리스 애플리케이션 리포지토리에서 람다 함수 만들기

람다 런타임

AWS 람다는 함수 코드 작성을 위해 여러 프로그래밍 언어를 지원합니다. 람다 함수를 설정할 때 코드를 실행하는 데 필요한 런타임을 선택해야 합니다. 사용할 수 있는 런타임은 Node.js, 파이썬, 루비, 자바, 고 및 닷넷 코어(C# 및 파워셸)입니다. 또한 사용자 지정 런타임을 업로드하여 C++, 코볼 및 기타 언어로 코드를 실행할 수도 있습니다. 런타임을 선택하면 각 함수의 메모리 할당에 영향을 미칩니다. 이는 각 런타임의 서로 다른 리소스 요구 사항 때문입니다. 따라서 자바 또는 닷넷으로 코드를 작성할 때는 파이썬이나 Node.js에서 코드를 작성할 때보다 호출에 더 많은 양의 메모리가 필요할 것으로 예상해야 합니다.

프로세서 선택

람다 런타임을 설정할 때 람다 함수가 호출될 프로세서 아키텍처도 선택합니다. x86(인텔 프로세서) 또는 arm64(그래비톤2 프로세서) 중에서 선택할 수 있습니다. 그래비톤2 프로세서에서 실행되는 람다 함수는 더 낮은 비용으로 더 높은 성능을 제공하도록 설계되었습니다.

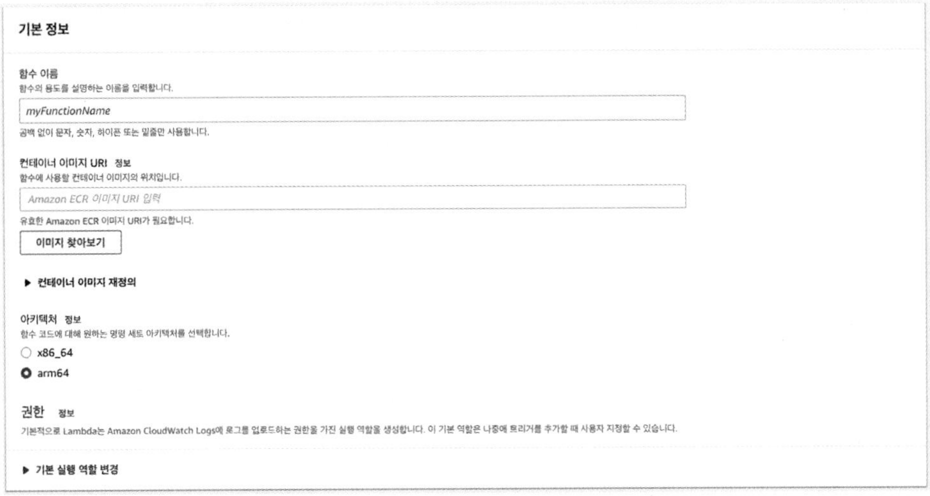

기본 정보

함수 이름
함수의 용도를 설명하는 이름을 입력합니다.

myFunctionName

공백 없이 문자, 숫자, 하이픈 또는 밑줄만 사용합니다.

컨테이너 이미지 URI 정보
함수에 사용할 컨테이너 이미지의 위치입니다.

Amazon ECR 이미지 URI 입력

유효한 Amazon ECR 이미지 URI가 필요합니다.

이미지 찾아보기

▶ 컨테이너 이미지 재정의

아키텍처 정보
함수 코드에 대해 원하는 명령 세트 아키텍처를 선택합니다.

◯ x86_64
◉ arm64

권한 정보
기본적으로 Lambda는 Amazon CloudWatch Logs에 로그를 업로드하는 권한을 가진 실행 역할을 생성합니다. 이 기본 역할은 나중에 트리거를 추가할 때 사용자 지정할 수 있습니다.

▶ 기본 실행 역할 변경

그림 2-24 람다 프로세서 아키텍처 설정

함수 트리거

다양한 이벤트[34]를 기반으로 람다 함수 호출을 트리거할 수 있습니다. 예를 들어 이벤트는 API 호출, 다른 AWS 서비스에 의해 트리거된 이벤트 또는 애플리케이션에 의해 트리거된 이벤트 일 수 있습니다. 다음은 람다 함수 호출을 트리거하는 몇 가지 일반적인 사용 사례입니다.

- **S3**: 객체 생성 및 삭제와 같은 S3 버킷 이벤트. 예를 들어 새 이미지가 버킷에 업로드될 때 마다 안면 인식 처리를 위해 람다 함수가 호출될 수 있습니다.

- **애플리케이션 로드 밸런서**^{Application Load Balancer}: ALB에 도달하는 HTTP 및 HTTPS 요청은 요청 도메인, 요청 방법(GET, PUT, POST) 또는 URL에 따라 람다 함수로 라우팅될 수 있습니다.

- **API 게이트웨이**: API 게이트웨이를 사용하여 서로 다른 API 호출, 원본 또는 엔드포인트 에 따라 람다 함수를 호출합니다.

- **아마존 푸시 알림 서비스**^{Amazon Simple Notification Service}: 아마존 SNS 토픽에 새 메시지가 게시 되면 해당 메시지를 람다 함수의 매개변수로 사용합니다.

---

34 옮긴이_ 클라우드워치 이벤트와 아마존 이벤트브릿지는 기본 서비스 및 API가 동일하지만 이벤트브릿지가 더 많은 기능을 제공하며, 이벤트를 관리하기 위해 선호하는 방식입니다.
https://docs.aws.amazon.com/ko_kr/AmazonCloudWatch/latest/events/WhatIsCloudWatchEvents.html

- **아마존 이메일 서비스**^{Amazon Simple Email Service}: 새로운 이메일이 도착하면 해당 이메일을 람다 함수의 매개변수로 사용합니다.

- **다이나모DB:** 다이나모DB 테이블에 대한 업데이트

- **키네시스 데이터 스트림**^{Kinesis Data Streams}과 **키네시스 데이터 파이어호스**^{Kinesis Data Firehose}: 스트림 데이터를 처리하면서 비즈니스 로직 레이어를 하나 더 추가합니다.

- **클라우드와치 로그 또는 예약 이벤트:** 클라우드와치 로그 구독에 의해 로그에서 식별된 이벤트를 기반으로 또는 하루 중 특정 시간에 호출할 클라우드와치 스케줄러를 기반으로 람다 함수를 호출합니다.

- **기타 서비스:** 람다 함수를 트리거할 수 있는 다른 서비스로는 렉스^{Lex}, IoT 버튼, 코그니토 ^{Cognito}, 클라우드프런트^{CloudFront}, 클라우드포메이션^{CloudFormation}, 클라우드트레일^{CloudTrail}, 코드커밋^{CodeCommit} 등이 있습니다.

- **온디맨드:** AWS 서비스 관련 트리거 외에도 람다 함수를 호출하기 위한 자체적인 사용 사례를 정의할 수 있습니다. 애플리케이션 코드에 포함할 수 있으며 사용자가 정의한 다양한 시나리오에 따라 다른 람다 함수를 트리거할 수 있습니다.

프로비저닝된 동시성

프로비저닝된 동시성^{Provisioned Concurrency}을 사용하면 서버리스 함수의 성능을 보다 효과적으로 제어할 수 있습니다. 이 옵션을 활성화하면 프로비저닝된 동시성이 100밀리초 내에 기능을 초기화하고 함수 트리거에 응답할 수 있도록 준비합니다. 프로비저닝된 동시성을 사용하여 '웜 ^{warm}' 상태로 유지되는 람다 함수의 수를 설정하면 함수 초기화 프로세스로 인해 람다 함수를 호출하기 전에 발생하는 대기 시간을 없앨 수 있습니다.

람다 함수를 호출하면 요청을 처리하기 위해 호출을 실행 환경으로 라우팅합니다. 함수를 한동안 사용하지 않거나, 더 많은 동시 호출을 처리해야 하거나, 함수를 업데이트하면 새로운 실행 환경이 생성됩니다. 실행 환경이 생성되면 함수 코드를 설치하고 런타임을 시작합니다. 배포 패키지의 크기와 런타임 및 코드의 초기화 시간에 따라 이러한 과정을 완료하는 데 시간이 걸리고 새로운 실행 환경으로 넘어가는 호출이 지연됩니다. 이러한 지연을 보통 '콜드 스타트^{cold start}'라고 부릅니다. 지연을 줄이기 위해 프로비저닝된 동시성을 활성화하면 람다 서비스는 요청된 실행 환경의 수를 초기화하여 호출에 응답할 수 있도록(웜 상태) 할 수 있습니다.

리소스 제한

람다 함수를 설정할 때 각 함수 호출에 할당할 리소스셋을 결정하라는 메시지가 표시됩니다. 예를 들면 다음과 같습니다.

- **메모리 할당:** 각 람다 함수 호출에 할당할 메모리양입니다. 범위는 128MB에서 10GB까지 1MB씩 증가합니다. 람다는 구성된 메모리양에 비례하여 CPU 및 기타 리소스를 선형으로 할당합니다. 즉, 메모리 할당을 늘리면 각 호출 환경에서 최대 6개의 vCPU에 액세스할 수 있습니다.
- **사용 후 삭제 디스크 용량:** 512MB
- **요청당 최대 실행 기간:** 각 함수를 최대 900초(15분)까지 실행할 수 있는 최대 기간을 지정할 수 있습니다. 지정된 지속 시간에 도달하면 람다 함수가 종료됩니다.

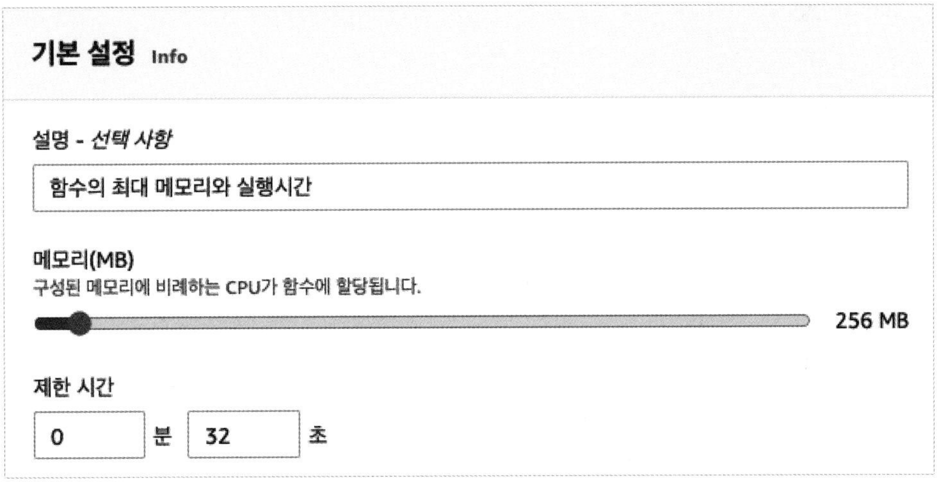

그림 2-25 람다 메모리와 타임아웃 설정

람다 함수에 사용할 수 있는 리소스는 EC2 인스턴스가 사용할 수 있는 풍부한 리소스에 비해 제한적입니다. 그러나 람다는 빠르고 가벼운 워크로드에 적합하며 기본 인프라를 가동하고 운영할 필요가 없습니다.

최대 이벤트 기간

람다 함수가 비동기식으로 호출되면 람다는 이벤트를 큐로 보냅니다. 별도의 프로세스가 이러한 이벤트를 읽고 함수를 호출합니다. 실행 전에 함수가 오류를 반환하면 람다는 이벤트를 큐에 반환하고 최대 6시간 동안 함수를 다시 실행하려고 시도합니다. **최대 이벤트 기간**^{Maximum Event Age}을 사용하면 큐에 있는 이벤트의 수명을 60초에서 6시간 사이로 구성할 수 있습니다. 이렇게 하면 설정된 시간을 초과하는 함수 호출 재시도를 방지할 수 있습니다.

최대 재시도 횟수

비동기식 호출의 경우 함수가 호출 후 오류를 반환하면 람다는 기본적으로 함수 호출을 두 번더 시도합니다. **최대 재시도 횟수**^{Maximum Retry Attempts}를 사용하면 재시도 횟수를 0에서 2까지설정할 수 있습니다.

람다@엣지

람다@엣지를 사용하면 아마존 클라우드프런트 이벤트에 응답하여 AWS 엣지 위치에서 람다함수를 실행할 수 있습니다. 모든 람다 프로세싱과 마찬가지로 엣지 위치에서 인스턴스를 프로비저닝하거나 운영할 필요가 없습니다. 람다@엣지를 사용하면 애플리케이션(및 인프라)이실행 중인 원본 위치에서 처리 요청을 보낼 필요 없이 엣지 위치에서 비즈니스 로직 레이어를도입할 수 있습니다. 람다@엣지를 사용하면 다음과 지점에서 함수를 호출할 수 있습니다.

- 클라우드프런트가 요청을 수신한 후
- 클라우드프런트가 원본에 요청을 전달하기 전
- 클라우드프런트가 원본에서 응답을 수신한 후
- 클라우드프런트가 사용자에게 응답을 전달하기 전

AWS 스텝 펑션

람다 함수를 사용할 때 함수를 호출할 워크플로를 정의할 수 있습니다. 여기에는 호출 순서와미리 정의된 종속성이 포함됩니다.

스텝 펑션은 람다 함수 워크플로와 호출 프로세스의 단계별 종속성을 중앙에서 조정할 수 있는 장소를 제공하는 서비스입니다. 함수가 호출되면 스텝 펑션 상태를 모니터링하고 애플리케이션이 정확히 어떤 워크플로 단계에 있는지 추적하며 애플리케이션 구성 요소 간에 전달되는 데이터의 이벤트 로그를 저장합니다. 각 단계가 완료되면 스텝 펑션은 워크플로의 다음 함수를 작동시킵니다.

2.2.2 AWS 람다 요금제

람다의 경우 **호출 요청 수**와 **처리 기간**의 두 가지 요소에 따라 요금이 부과됩니다. 이는 **프로세서 아키텍처**(x86 또는 arm64) 선택에 따라 달라집니다. 이 요금제는 코드가 실행 중일 때만 요금이 부과되며, 이 기간 동안 함수 실행에 필요한 컴퓨팅 인프라에 대한 비용을 지불해야 합니다. 코드가 실행 중이 아닐 때는 요금이 부과되지 않습니다. 이는 애플리케이션이 작업을 수행하지 않고 인스턴스가 대기 상태로 실행되더라도 인스턴스가 실행 중이면 요금이 부과되는 EC2 요금제와는 다릅니다. **프로비저닝된 동시성**^Provisioned Concurrency이 활성화된 경우 초기화된 기능을 유지하는 동안 요금이 부과됩니다. 이는 EC2 인스턴스를 실행하고 특정 기능을 수행하기 위해 호출 대기하는 것과 유사합니다.

요청 비용

람다에서는 각 함수 호출 요청에 대해 요금이 부과됩니다.[35] 비용은 이벤트(트리거)에 대한 응답 또는 API 호출 후에 발생합니다.

표 2-24 AWS 람다 요청별 비용 구조[36]

티어	요청당 요금
프리 티어: 월별 요청 1백만 건 이내	없음
월별 요청 1백만 건 초과	요청 1백만 건당 $0.20

처리 기간 요금

요청당 비용 외에도 함수 실행에 필요한 처리 기간에 대해서도 요금이 부과됩니다. 처리 기간은 실제로 다음과 같은 몇 가지 요소로 구성됩니다.

---

35 옮긴이_ 람다 요청에 대한 신규 요금제가 새롭게 출시되었습니다. 자세한 내용은 링크를 참고바랍니다.
   https://aws.amazon.com/blogs/compute/introducing-tiered-pricing-for-aws-lambda/
36 https://aws.amazon.com/lambda/pricing

- 처리 기간(시간)은 코드가 호출된 후 코드가 반환되거나 종료될 때까지(가장 가까운 1ms 까지) 측정됩니다.

- 코드를 실행하기 위해 선택된 프로세서 아키텍처(x86 또는 arm64)

- 각 함수 호출에 할당된 메모리

처리 기간은 이러한 요소로 구성되며, 메모리가 1GB인 인스턴스에서 1초의 컴퓨팅 비용을 반영하도록 정규화되어 있습니다. 일단 프리 티어 사용량을 초과하면 처리 기간 비용은 초당 소비된 GB에 따릅니다. 다음 표는 1GB의 메모리 할당에 따른 처리 기간 비용을 보여줍니다.

표 2-25 AWS 람다 처리 기간 비용 구조[37]

	GB-초당 처리 기간 비용	
티어	x86	arm66
프리 티어: 월별 400,000GB-초 이내	없음	없음
월별 400,000GB-초 초과	$0.00001667	$0.00001334

람다에서는 프로세서 아키텍처와 각 함수 호출에 할당될 메모리 크기를 구성할 수 있습니다. 처리 기간 비용과 프리 티어는 이러한 구성에 따라 달라집니다. 더 적은 메모리를 선택하면 프리 티어에 더 많은 처리 시간이 포함되어 처리 기간 비용이 절감됩니다. 메모리 할당을 늘리면 프리 티어가 감소하고 처리 기간 비용이 증가합니다. 예를 들어 메모리 할당을 2GB로 두 배 늘리면 프리 티어가 절반으로 줄어들고 초당 처리 지속 시간이 두 배로 늘어납니다.

메모리 할당이 프리 티어 및 처리 기간 비용에 어떤 영향을 미치는지 살펴보겠습니다.

표 2-26 메모리 선택이 람다 처리 기간 비용에 미치는 영향[38]

		GB-초당 처리 기간 비용	
메모리 할당	프리 티어(초)	x86	arm64
128MB(1/8GB)	3,200,000	$0.0000021 (1GB 비용의 1/8)	$0.0000017 (1GB 비용의 1/8)
512MB(1/2GB)	800,000	$0.000008343 (1GB 비용의 절반)	$0.0000067 (1GB 비용의 절반)
1024MB(1GB)	400,000	$0.00001667	$0.00001334
2048MB(2GB)	200,000	$0.00003333 (1GB 비용의 2배)	$0.0000267 (1GB 비용의 2배)

....

37 https://aws.amazon.com/lambda/pricing

38 상동

110 AWS 비용 최적화 바이블

arm64 프로세서에서 실행되는 람다 함수는 x86 프로세서에서 실행되는 동일한 함수에 비해 20% 저렴합니다. 또한 arm64 프로세서는 최대 19% 향상된 성능을 제공하도록 설계되어 각 람다 함수 호출당 처리 시간이 단축됩니다.

흥미로운 사실은 람다 함수 실행 비용이 코드의 프로그래밍 언어에 의존하지 않는다는 것입니다. 이는 윈도우 워크로드(예: 닷넷 워크로드)를 실행할 때 동일한 코드를 실행하기 위해 윈도우 인스턴스(윈도우 라이선스 비용 때문에 더 비쌈)를 사용할 필요가 없으므로 의미가 있습니다.

프로비저닝된 동시성 비용

프로비저닝된 동시성 Provisioned Concurrency 이 활성화되면 초기화된 기능에 대한 요금이 청구됩니다. 시작된 동시 함수의 수, 함수당 할당된 메모리 크기, 비활성화할 때까지의 시간에 따라 비용을 지불하게 됩니다. 프로비저닝된 동시성은 함수의 활성화 시점부터 비활성화될 때까지의 시간을 가장 가까운 5분으로 반올림하여 계산합니다. 이러한 요금에 람다 함수가 호출된 후 청구된 요청과 실행 기간에 대한 요금이 별도로 청구됩니다.

다음 표는 프로비저닝된 동시성 요금제를 보여줍니다.

표 2-27 프로비저닝된 동시성 요금[39]

아키텍처	요금		
	프로비저닝된 동시성	GB-초당 기간	요청
x86	$0.0000041667	$0.0000097222	1M 요청당 $0.20
arm64	$0.0000033334	$0.0000077778	

여기서도 arm64 프로세서에서 람다 함수를 실행할 때 프로비저닝 동시성 요금이 20% 더 낮습니다.

함수 동시성이 구성된 동시성을 초과할 경우 [표 2-24] 및 [표 2-25]에 표시된 람다 요금제에 따라 초과 함수를 실행한 비용이 청구됩니다.

---

39 https://aws.amazon.com/lambda/pricing

프로비저닝된 동시성은 함수의 활성화 시점부터 비활성화될 때까지의 시간을 가장 가까운 5분으로 반올림하여 계산합니다. 가격은 기능에 할당하는 메모리양과 기능에 구성하는 동시성 양에 따라 달라집니다. 기간은 코드가 실행되기 시작한 시간부터 반환되거나 종료될 때까지 가장 가까운 1ms로 반올림하여 계산합니다.

람다 프리 티어는 프로비저닝된 동시성이 활성화된 함수에는 적용되지 않습니다.

AWS 람다에 대한 세이빙 플랜 계산

AWS 람다는 컴퓨트 세이빙 플랜^{Compute Savings Plans}에 포함됩니다. 세이빙 플랜의 경우 기간, 프로비저닝된 동시성 및 기간(프로비저닝된 동시성)에 대한 람다 사용은 1년 또는 3년 약정 시 최대 12%(선결제 없음), 15%(부분 선결제) 또는 17%(전체 선결제)의 할인된 세이빙 플랜 요금으로 청구됩니다. 람다 요청에 대해 부과된 요금은 세이빙 플랜 할인 혜택을 받지 않지만 세이빙 플랜 약속에 의해 보상됩니다.

간접 비용

람다 직접 비용은 요청 수, 메모리 할당 및 처리 기간과 관련이 있지만 람다 함수 호출을 트리거하는 다른 서비스의 비용도 고려해야 합니다. 여기에는 S3 요청, 데이터 전송, API 게이트웨이, ELB, SQS, 클라우드와치 이벤트 등과 관련된 비용이 포함됩니다. 다음은 람다 서비스를 사용할 때 발생할 수 있는 간접 비용의 몇 가지 예입니다.

- **API 게이트웨이 호출:** 아마존 API 게이트웨이는 API 호출(HTTP, REST 및 웹소켓)을 수락, 처리 및 대상으로 하는 작업을 관리하는 서비스입니다. 대부분의 경우 람다 함수 트리거링은 API 게이트웨이에서 관리하는 API 호출을 통해 이뤄지기 때문에 API 게이트웨이 비용이 발생합니다.

  API 게이트웨이는 신규 AWS 고객에게 가입 후 첫 12개월 동안 매월 1백만 건의 API 호출을 프리 티어로 제공합니다. 그 후 첫 3억 3천 3백만 건의 API 호출에 대해 백만 건당 3.50 달러가 청구됩니다. 티어에 따라 감소하는 가격 구조로 백만 건당 비용이 최대 1.51달러까지 가격이 낮아집니다(호출 200억 건을 초과할 경우).

  아마존 API 게이트웨이가 처리하는 API를 통해 트리거된 백만 개의 람다 함수가 있다고 가정합시다. 요청당 비용은 실제로 백만 건당 3.70달러입니다. 백만 람다 함수 호출에 대해

0.20달러, API 게이트웨이에서 처리한 백만 건의 API 호출에 대해 3.50달러입니다.

- **다이나모DB:** 다이나모DB 테이블 변경에 따라 람다 함수 호출이 트리거될 수 있습니다. 이 이벤트 기반 함수 호출을 활성화하려면 먼저 테이블에서 아마존 다이나모DB 스트림을 활성화해야 합니다. 활성화되면 람다 서비스는 초당 4회의 속도로 스트림을 폴링합니다. 하나 이상의 새 레코드 또는 업데이트된 레코드가 감지되면 람다 함수를 호출하여 이러한 레코드를 파라미터로 전달합니다. 다이나모DB 스트림을 사용하면 각 읽기 요청에 대해 요금이 부과됩니다. 다이나모DB 스트림은 매월 250만 건의 다이나모DB 스트림 읽기 요청 단위를 무료로 제공합니다. 이 한도를 초과하면 10만 다이나모DB 스트림 읽기 요청 유닛당 0.02달러를 지불하게 됩니다.

- **실패한 실행 재시도:** 람다 호출이 성공적으로 실행되지 않을 수도 있습니다. 이 문제는 시간 초과, 입력 데이터 구문 분석 실패, 할당된 메모리 리소스 과다 사용 등과 같은 다양한 이유로 인해 발생할 수 있습니다. 실패한 함수 호출이 발생하면 람다는 함수 호출 방법에 따라 호출 재시도를 처리하는 메커니즘을 가지고 있습니다.

  - **이벤트 기반 동기 호출:** 람다 함수를 동기 호출했을 때 실패한 경우 호출하는 애플리케이션은 오류 메시지를 수신하고 재시도 논리를 처리합니다.

  - **이벤트 기반 비동기 호출:** 람다 함수를 비동기 호출(호출 전에 큐에 있음)했을 때 실패한 경우 람다 서비스는 호출을 최대 2번까지 재시도합니다. 마지막 시도에서 호출에 실패하면 실패한 이벤트를 데드 레터 큐^{Dead Letter Queue}(DLQ)로 보냅니다. DLQ가 정의되지 않으면 이벤트가 삭제됩니다. 재시도 횟수를 효과적으로 제어하고 관련 비용을 최소화하기 위해 **최대 이벤트 기간**^{Maximum Event Age}과 **최대 재시도 횟수**^{Maximum Retry Attempts}를 설정할 수 있습니다.

  - **스트림 기반 호출:** 람다 함수는 스트림 데이터 소스(예: 키네시스 데이터 스트림 또는 다이나모DB 스트림)에 의해 트리거될 수 있습니다. 런타임 실패 시 람다 서비스는 지속적으로 이벤트 처리를 시도합니다. 이러한 재시도 호출 역시 다른 람다 함수와 마찬가지로 비용이 발생합니다. 끝없는 재시도 호출로 인해 비용이 많이 나오는 상황을 방지하려면 오류 처리 로직을 함수 코드의 일부로 정의하는 것이 좋습니다.

람다@엣지 요청 비용

람다@엣지는 프리 티어가 없습니다. 클라우드프런트 이벤트 후 람다 함수 호출 요청마다 요금
이 부과됩니다.

표 2-28 AWS 람다@엣지 요금제[40]

티어	요청당 요금
모든 사용(티어 없음)	요청 백만 건당 $0.60

또한 1ms의 세분화(AWS 영역의 람다 함수 호출에 대한 세분화)로 측정되는 처리 기간도 요
금이 부과됩니다.

표 2-29 람다@엣지 처리 기간 요금[41]

메모리 할당	GB-초당 처리 기간 요금
128MB(1/8GB)	$0.00000625125(1GB 가격의 1/8)
512MB(1/2GB)	$0.000025005(1GB 가격의 절반)
1024MB(1GB)	$0.00005001
2048MB(2GB)	$0.00010002(1GB 가격의 2배)

AWS 서버리스 애플리케이션 리포지토리 요금

AWS 서버리스 애플리케이션 리포지토리에서 사용할 수 있는 함수는 무료로 사용할 수 있습
니다. 실제 람다 함수 호출(요청당 비용 및 처리 기간당 요금)에 대해서만 지불하면 됩니다.
AWS에서 제공하거나 서트 파티에서 업로드한 코드의 실제 사용에 대해서는 요금이 부과되지
않습니다. 대부분의 경우 사용 가능한 함수를 사용하면 코딩, 테스트 및 유지 관리에 드는 귀중
한 시간과 노력을 절약할 수 있으므로 이 점을 이해하는 것은 중요합니다.

스텝 펑션 요금제

스텝 펑션을 사용할 경우 상태 전환에 대한 요금이 부과됩니다. 상태 전환은 워크플로의 단계
가 실행될 때마다 계산됩니다. 재시도를 포함하여 모든 상태 전환 횟수에 대해 요금이 부과됩

---

40 https://aws.amazon.com/lambda/pricing
41 상동

니다. 스텝 펑션의 프리 티어에는 매달 4,000번의 무료 상태 전환이 제공됩니다. 이를 초과하면 상태 전환 1,000번당 0.025달러의 요금이 부과됩니다.

EC2와 람다의 요금 비교

EC2 비용을 람다 비용과 비교하는 것은 함수 호출 요청 수, 실행 시간, 할당된 메모리 등 다양한 요인에 따라 달라지기 때문에 쉬운 작업이 아닙니다. 컴퓨팅 인프라를 관리할 필요가 없기 때문에 람다 서비스가 제공하는 운영 비용 절감 효과도 고려해야 합니다.

실제로 비교할 수 있는 몇 가지 요소를 살펴보겠습니다. 전력 소비 측정값을 매분 백엔드 시스템으로 전송하는 IoT 미터링 장치가 있다고 가정합니다. 메트릭을 처리하려면 1초의 계산 시간과 1GB의 메모리가 필요합니다. 람다 함수를 사용한 처리 수행 비용과 EC2 인스턴스 실행 비용을 비교해보겠습니다.

x86 프로세서(프리 티어 이상)에서 1GB 메모리를 사용하는 람다 함수를 실행할 때 초당 처리 기간 비용은 0.00001667달러입니다. 따라서 이러한 람다 함수를 한 달 동안 1분마다 실행하는 데 드는 비용은 0.00001667달러 × 60(시간의 분) × 24(하루의 시간) × 30(월의 일수) = 0.72달러(arm64 프로세서에서 실행되는 경우 0.57달러)입니다.

일관성을 유지하기 위해 람다 함수 실행 비용을 **t2.micro** 온디맨드 인스턴스 실행 비용과 비교하겠습니다(둘 다 1GB 메모리가 할당됨). 먼저 리눅스 인스턴스와 비용을 비교하고, 그다음에 윈도우 인스턴스와 비교하겠습니다.

- **t2.micro** 리눅스 인스턴스를 한 달 동안 사용하면 0.0116달러(시간당) × 24(하루의 시간) × 30(월의 일수) = 8.352달러입니다.

- **t2.micro** 윈도우 인스턴스를 한 달 동안 사용하면 0.0162달러(시간당) × 24(하루의 시간) × 30(월의 일수) = 11.664달러입니다.

위 예에서 보면 이벤트당 함수 호출에 람다를 사용하는 것이 유사한 EC2 인스턴스에서 동일한 함수를 실행하는 것보다 비용이 절감됩니다.

반면 이벤트가 초당 한 번 트리거되면 람다 함수가 한 달에 걸쳐 지속적으로 실행되며 월 비용은 **t2.micro** 윈도우 인스턴스를 실행하는 월 비용보다 훨씬 높은 43.20달러(0.72달러 × 60)로 증가합니다.

람다 프로비저닝된 동시성과 EC2의 가격 비교

이번에는 프로비저닝된 동시성을 사용하는 비용과 EC2 인스턴스를 사용하여 동일한 작업을 수행하는 비용을 비교해보겠습니다.

예에서는 1GB-초 프로비저닝 비용과 **t2.micro** EC2 인스턴스 실행 비용을 비교합니다. 람다 함수가 1초마다 트리거되고 실행을 완료하는 데 1초가 걸린다고 가정합니다. 결국 우리는 모두 합쳐 하루에 86,400건의 요청을 받습니다.

프로비저닝된 동시성을 사용하면 x86 프로세서 아키텍처에서 프로비저닝된 GB-초당 0.0000041667달러, 요청 1백만 건당 0.20달러, 람다 처리 GB-초당 0.0000097222달러를 지불하게 됩니다. 따라서 총 비용은 다음과 같습니다.

- 프로비저닝된 동시성: 0.0000041667달러(GB-초당) × 86,400(하루의 초) × 30(월의 일수) = 10.8달러

- 요청: 0.0000002달러(요청당 비용) × 86,400(하루 요청 수) × 30(월의 일수) = 0.5184달러

- 처리 기간: 0.0000097222달러(GB-초당 처리) × 86,400(하루의 초) × 30(월의 일수) = 25.2달러

그러므로 총 36.5184달러가 됩니다.

앞선 예제에서는 **t2.micro**(1GB의 메모리와 함께 할당됨)의 비용을 확인했습니다. 리눅스 인스턴스의 경우 월 8.532달러, 윈도우 인스턴스의 경우 11.664달러였습니다.

이 예에서는 EC2 인스턴스를 사용하는 비용이 람다 프로비저닝된 동시성을 사용하는 것보다 훨씬 저렴합니다. EC2 인스턴스에 대한 세이빙 플랜을 구매하는 경우(EC2 사용에 대한 EC2 세이빙 플랜 할인이 람다 사용에 적용된 할인보다 높음) 차이는 더욱 커질 수 있습니다. 실제로는 초당 호출되는 람다 함수의 프로비저닝된 동시성을 구매하지 않습니다. 이 경우 람다 함수는 웜 상태로 유지되며 거의 즉시 실행됩니다. 예를 들어 람다 함수가 30분마다 호출되는 경우에는 프로비저닝된 동시성을 구매하는 것이 더 합리적입니다. 이 경우의 람다 함수 비용 (x86 프로세서 아키텍처)을 계산해보겠습니다.

- 프로비저닝된 동시성: 0.0000041667달러(GB-초당) × 86,400(하루의 초) × 30(월의 일수) = 10.80달러

- 요청: 0.0000002달러(요청당 비용)×48(하루의 요청 수)×30(월의 일수) = 0.000288 달러

- 처리 기간: 0.0000097222달러(GB-초당 처리)×48(하루의 요청 수)×30(월의 일수) = 0.014달러

그러므로 총 10.81달러가 됩니다.

이 예에서 프로비저닝된 동시성 사용 비용은 EC2 비용보다 적기 때문에 EC2 인스턴스를 작동할 필요 없이 프로비저닝된 동시성을 사용하는 람다 함수를 사용하는 것이 좋습니다.

2.2.3 요약: 서버리스 컴퓨팅

람다 서버리스 컴퓨팅은 이벤트 기반 애플리케이션 실행이라는 혁신적인 방법을 도입했습니다. 이벤트를 수신하면 람다는 기본 컴퓨팅 인프라를 프로비저닝, 구성, 운영, 모니터링, 최적화 또는 유지 관리를 할 필요 없이 자동으로 코드를 실행합니다. 사실 여러분은 이 인프라에 대해 알 필요가 거의 없기 때문에 코드를 작성하고 고객에게 고유한 가치와 혁신을 제공하는 데 집중할 수 있습니다.

즉, 람다는 일반적인 컴퓨팅 집약적인 운영과 달리 경량, 무상태, 낮은 메모리, 시간이 제한된 워크로드를 위해 설계되었습니다. 또한 비용 비교 예제에서 보았듯이 람다는 이벤트를 처리하기 위해 가끔 처리할 때와는 달리 거의 지속적으로 사용하는 컴퓨팅이 필요할 때는 비용 효율적이지 않은 경우가 많습니다. 그러나 적합한 사용 사례를 위해 람다는 인프라 비용과 일상적인 지속적인 운영 비용을 모두 절감할 수 있는 좋은 방법을 제공합니다.

2.3 컨테이너

앞서 코드를 실행하는 두 가지 방법을 알아보았습니다.

- **EC2 인스턴스**에서 프로비저닝, 확장, 운영하기
- 기본 인프라는 람다가 관리하기 때문에 코드만 작성하면 되는 **람다 함수**로 실행하기

이 절에서는 코드를 실행하는 또 다른 방법인 코드를 **컨테이너**에 래핑하는 방법을 설명합니다. 컨테이너는 이식 가능한 실행 환경을 자체적으로 갖고 있습니다. 컨테이너는 애플리케이션 코드, 구성 파일, 종속성 및 OS 기본 이미지를 그룹화합니다. OS 기본 이미지는 메모리 관리, 파일 시스템, 네트워킹 및 프로세스 스케줄링과 같은 하위 수준의 기능을 위해 호스트 OS 커널을 사용할 수 있는 기능과 함께 컨테이너 내부에 있는 애플리케이션을 실행하기 위한 최소한의 필수 요소만 포함하는 경량 OS 이미지입니다.

컨테이너에서 코드를 실행할 때는 도커^{Docker}와 같은 컨테이너 엔진에 의존하므로 호스트 OS나 기본 인프라에 대한 의존성이 제거됩니다. 컨테이너는 OS 기본 이미지의 크기가 작기 때문에 가볍고 단일 호스트에서 서로 다른 애플리케이션을 지원하는 여러 컨테이너를 실행할 수 있습니다. 컨테이너 배치 및 확장 관리는 도커 스웜^{Docker Swarm}, 쿠버네티스^{Kubernetes} 등과 같은 컨테이너 오케스트레이션 도구를 사용하여 이루어집니다.

컨테이너의 사용은 (a) 컨테이너 아키텍처와 클라우드 인프라의 적합성, (b) 마이크로서비스 아키텍처의 채택, (c) 환경(예: 데스크톱, 개발, 테스트 및 프로덕션) 및 플랫폼 전반에서 애플리케이션 이식성을 보장하고자 하는 욕구로 인해 지속적으로 증가하고 있습니다.

2.3.1 컨테이너와 가상 머신

컨테이너의 개념을 설명할 때는 실제 데이터 센터에서 많이 사용하고 있는 컨테이너와 가상 머신(VM)의 차이점을 강조하는 것이 좋습니다.

가상화 개념에서 가상 머신은 실행 가능한 단위입니다. 각 VM은 물리 호스트를 여러 서버로 분할하는 하이퍼바이저에서 실행됩니다. 또한 각 VM에는 애플리케이션 코드 및 종속성과 함께 전체 OS가 포함됩니다. 호스트(물리 서버)에서 VM이 5개 실행 중인 경우 하이퍼바이저가 구축된 호스트 OS뿐만 아니라 각 VM에서 게스트 OS가 실행됩니다. 즉, 6개의 OS가 실행되고 호스트 리소스를 소비합니다. 그러나 컨테이너는 경량 OS 기본 이미지로 패키징됩니다. 따라서 VM보다 실행 가능한 단위가 훨씬 작습니다.

다음 그림은 VM과 컨테이너 개념을 비교한 것입니다.

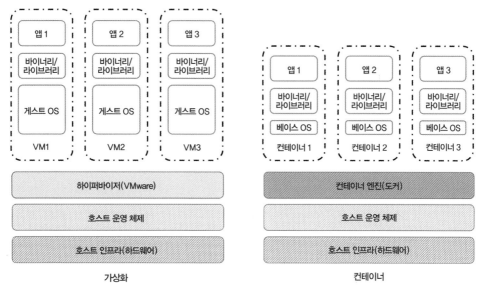

그림 2-26 가상화와 컨테이너: 애플리케이션 스택

컨테이너를 사용하면 다음과 같은 몇 가지 이점이 있습니다.

- **환경 일관성:** 컨테이너에는 코드 실행에 필요한 모든 것이 포함되어 있으므로 코드는 항상 설계된 대로 실행됩니다. 이렇게 하면 개발자의 노트북에서 테스트 환경과 프로덕션 환경으로 전환하는 것처럼 환경이 변경될 때도 코드가 안정적이고 일관되게 실행할 수 있습니다. 이는 사용하는 OS, 환경 구성, 하드웨어에 관계없이 유지됩니다.

- **운영 간소화:** 컨테이너 엔진을 사용하여 모든 환경에서 설계된 대로 실행될 수 있도록 실행 가능한 패키지를 만들면 환경 일관성을 유지하고 환경 전반에 걸쳐 다양한 코드 배포 기술을 개발해야 하는 운영상의 문제가 제거됩니다. 이렇게 하면 코드 배포의 성공 비율이 증가하고 배포 완료 시간이 단축됩니다.

- **인프라 활용도**

  - 컨테이너가 VM보다 가벼우므로 각 컨테이너는 실행 시 더 적은 컴퓨팅 리소스를 사용합니다. 따라서 각 컴퓨트 호스트에 더 많은 컨테이너를 배포할 수 있습니다. 이렇게 하면 애플리케이션을 실행하는 데 필요한 EC2 인스턴스 수가 줄어들고 컨테이너를 실행하는 데 필요한 CPU와 메모리의 인스턴스 구성 요구사항도 줄어들 수 있습니다.

- 컨테이너를 설정할 때 실행에 할당할 정확한 CPU와 메모리를 지정합니다. 또한 각 인스턴스에서 실행할 컨테이너 수를 정의하여 리소스 활용 수준을 제어할 수 있습니다. 예를 들어 1개의 vCPU와 2GB의 메모리로 실행되도록 컨테이너를 지정할 경우 인스턴스 활용도를 높이기 위해 **t2.small** 인스턴스(사양이 비슷함)에서 실행되도록 설정할 수 있습니다.

이 설명으로 컨테이너로 전환하는 이유와 컨테이너가 효율성을 높이고 애플리케이션 이식성을 제공하며 인프라 활용도를 높이고 컴퓨팅 비용을 절감함으로써 비즈니스를 지원하는 방법을 이해했을 겁니다.

이제 아마존이 컨테이너 도입 과정에서 어떻게 여러분을 지원하는지 알아보겠습니다. 아마존 컨테이너 서비스와 애플리케이션을 컨테이너화할 때 주의해야 할 재정적 고려 사항을 설명할 것입니다.

2.3.2 아마존 ECS와 아마존 EKS

아마존 ECS와 아마존 EKS는 컨테이너 사용을 지원하는 두 가지 아마존 관리 서비스입니다. 이들 서비스는 컨테이너를 관리, 배포, 확장하고 컨테이너 작업, 클러스터 및 기본 인프라를 관리합니다. ECS나 EKS를 사용하지 않을 경우 EC2 인스턴스를 통해 DIY로 쿠버네티스 클러스터를 독립적으로 관리할 수도 있습니다. 이때 컴퓨팅 인프라를 프로비저닝 및 운영하고 클러스터를 관리하는 것은 사용자의 몫입니다.

시작 유형

아마존에서 컨테이너를 실행할 수 있는 두 가지 시작 유형을 제공합니다. 한 가지 방법은 EC2 인스턴스에서 컨테이너를 실행하는 것이고, 다른 방법은 AWS 파게이트를 이용하여 서버리스 방식으로 컨테이너(ECS 및 EKS 모두)를 실행하는 것입니다. 서버리스 아키텍처의 개념에 따라 기본 인프라를 관리하지 않고서도 컨테이너를 실행할 수 있습니다. 파게이트 역시 오토 스케일링과 컨테이너 클러스터 등의 고가용성 배포를 제공하며 ECS와 EKS 모두에 대해 스팟 인스턴스에서 실행되도록 구성할 수 있습니다. 파게이트 컨테이너 클러스터를 설정할 때 **파게이**

트나 **파게이트 스팟**을 선택할 수 있는 옵션이 제공되어 **용량 공급자**^{Capacity Provider}를 선택할 수 있습니다. **파게이트 스팟**을 선택하면 컨테이너 실행에 AWS 스팟 인스턴스가 사용됩니다.

컨테이너 정의

EC2 인스턴스나 파게이트를 사용하여 컨테이너를 실행할 때는 클러스터, 작업, 작업 정의, 컨테이너 정의, 기타 매개변수 등을 정의하는 프로세스를 따라야 합니다. 이들 각 용어를 살펴보겠습니다.

- **작업:** 여러분 정의에 따른 컨테이너의 실제 실행입니다. 이는 애플리케이션을 실행하기 위해 구동되는 컨테이너셋입니다. 작업은 클러스터에서 실행되며 동일한 배치 제약 조건 및 배치 전략을 공유하기 위해 작업 그룹으로 그룹화할 수 있습니다(이후 내용 참조).

- **클러스터:** 컨테이너를 실행하는 작업 또는 서비스의 논리적 그룹입니다. 여기에는 컨테이너가 실행 중인 EC2 인스턴스도 포함됩니다. 클러스터는 리전별로 다르며 파게이트 및 EC2 시작 유형 모두에서 실행되는 작업을 포함할 수 있습니다.

- **작업 정의:** 작업 정의는 애플리케이션의 블루프린트 역할을 합니다. 여기에는 실행할 컨테이너, 스케줄, 시작할 컨테이너 수, 컨테이너 설정 및 실행 방법 등과 관련된 정보가 포함됩니다. 여기에는 컨테이너가 부여하는 보안 수준, 네트워킹 설정, 시작 유형(EC2 또는 파게이트), 작업 실행에 할당된 vCPU 수 및 메모리양과 관련된 전체 작업 크기, 배치 제약 조건(컨테이너를 배포하는 방법 및 위치) 및 각 컨테이너 실행에 필요한 vCPU 및 메모리 요구 사항과 같은 **컨테이너별 특정 세부 정보**가 포함됩니다. 파게이트 시작 유형을 사용할 때 컨테이너를 실행할 프로세서 유형(x86 또는 arm64)도 선택할 수 있습니다.

- **작업 배치 제약 조건 및 전략:** EC2 시작 유형에 대한 작업 정의를 설정할 때 작업 배치(배포) 제약 조건을 제공하여 작업이 실행되는 인프라를 결정할 수 있습니다. 여기에는 작업 인스턴스가 배포될 가용 영역, 컨테이너를 실행할 인스턴스 유형와 함께 태그가 지정된 리소스, 리소스 ID 및 기타 속성 등의 사용자 정의가 함께 포함됩니다. 배치 제약 조건 및 전략은 이미 실행 중인 EC2 인스턴스와 같은 이미 사용 가능한 용량에 컨테이너를 배포한다는 것을 이해하는 것이 중요합니다.

작업을 배치할 때 실행 중인 인스턴스 간에 배치 전략을 정의할 수 있습니다. 사용 가능한 배치 전략은 다음과 같습니다.

- **binpack**: 사용 가능한 vCPU 및 메모리 리소스가 가장 낮은 인스턴스에 작업을 배치합니다. 이렇게 하면 인스턴스 사용률이 높아지고 사용하는 인스턴스 수를 최소화합니다.
- **random**: 작업을 인스턴스 전체에 무작위로 배치합니다.
- **spread**: 작업을 인스턴스 전체에 균등하게 배치합니다.

ECS 용량 공급자

앞에서 살펴본 것과 같이 작업 배포를 위한 배치 제약 조건 및 전략에 의존하려면 용량을 확장하거나 축소하기 위해 인프라를 관리해야 합니다. 이 프로세스를 단순화하고 작업 배치에서 더 높은 유연성을 제공하기 위해 AWS는 용량 공급자를 도입했습니다. 용량 공급자는 작업을 실행하는 데 사용할 인프라를 결정합니다. 용량 공급자는 EC2, 파게이트 및 파게이트 스팟과 협력합니다. EC2의 경우 용량 공급자가 오토 스케일링 그룹과 연결되어 작업을 실행하는 데 필요한 용량이 아직 프로비저닝되지 않은 경우에도 용량을 확보하도록 요청합니다.

용량 공급자를 사용하면 각 작업에 대한 다양한 배치 전략을 유연하게 결합할 수 있습니다. 각 클러스터는 하나 이상의 EC2 용량 공급자 또는 하나 이상의 파게이트 또는 파게이트 스팟 용량 공급자와 연결할 수 있습니다. 전략을 설정할 때는 **기본** 용량 공급자 및 다른 용량 공급자와 연결된 **가중치**를 지정합니다.

- **기본값**은 지정한 용량 공급자에서 실행할 최소 작업 수를 지정합니다. 전략에서 하나의 용량 공급자만 기준을 정의할 수 있습니다.
- **가중치**는 지정된 용량 공급자를 사용해야 하는 총 작업 수의 상대 백분율을 정의합니다. 예를 들어 두 개의 용량 공급자를 포함하는 전략이 있고 둘 다 가중치가 1인 경우 기본값이 충족되면 작업이 두 개의 용량 공급자 간에 균등하게 분할됩니다.

용량 공급자와 ECS 클러스터용 오토 스케일링 그룹이 도입됨에 따라 인프라 관리에 필요한 노력은 줄이면서 보다 유연하게 작업을 배치할 수 있습니다.

CPU 및 메모리 할당

작업 정의를 설정할 때는 작업 및 각 컨테이너에 할당된 vCPU와 메모리를 명시해야 합니다.

작업 수준에서 이 작업 내의 모든 컨테이너를 실행하기 위해 할당된 총 vCPU 및 메모리 수를 명시합니다. 이는 컨테이너가 실행될 상자 크기를 정의하는 것과 같습니다.

EC2 인스턴스에서 실행되는 작업의 일부가 될 컨테이너(컨테이너 정의 내)의 경우 다음을 명시해야 합니다.

- **vCPU:** 컨테이너용으로 예약할 vCPU 유닛 수
- **메모리 예약:** 컨테이너를 위해 예약해야 할 메모리(소프트 한계)입니다. 사용량이 가장 많은 기간 동안 컨테이너는 하드 한계나 인스턴스에서 사용 가능한 최대 메모리까지 사용할 수 있습니다. 메모리 예약이 설정된 경우 해당 값은 컨테이너가 배치된 EC2 인스턴스의 사용 가능한 메모리에서 제외됩니다.

  예를 들어 컨테이너가 일반적으로 128MB의 메모리를 사용하지만 순간적으로 256MB의 메모리로 튀는 경우에는 메모리 예약(소프트 한계)을 128MB로 설정하고 메모리(하드 한계)를 256MB으로 설정할 수 있습니다.

- **최대 메모리:** 컨테이너에 할당할 최대(하드 한계) 메모리입니다. 컨테이너가 여기에 지정된 메모리를 초과하려고 하면 컨테이너 실행이 종료됩니다.

파게이트 시작 유형을 사용하는 경우에는 각 컨테이너에 적용하기 위해 사전 정의된 vCPU와 메모리 조합 집합에서 선택할 수 있습니다.

표 2-30 파게이트 리소스 할당 조합[42]

CPU	메모리(GB)
256(0.25vCPU)	0.5GB, 1GB, 2GB
512(0.50vCPU)	최소 1GB ~ 최대 4GB (1GB씩 증가)
1024(1vCPU)	최소 2GB ~ 최대 8GB (1GB씩 증가)
2048(2vCPU)	최소 4GB ~ 최대 16GB (1GB씩 증가)
4096(4vCPU)	최소 8GB ~ 최대 30GB (1GB씩 증가)

---

[42] https://aws.amazon.com/fargate/pricing

자동 스팟 인스턴스 드레이닝

스팟 인스턴스에서 ECS나 EKS 클러스터를 사용할 경우 애플리케이션 중단의 위험이 있습니다. 이러한 중단의 위험을 줄이기 위해 AWS는 자동 스팟 인스턴스 드레이닝을 제공합니다. 이 기능은 중단 통지를 받으면 스팟 인스턴스를 'DRAINING' 상태로 자동 전환합니다. 이 상태에서는 인스턴스에서 실행 중인 작업이 종료되도록 자동으로 트리거되고, 교체 작업은 클러스터의 다른 호스트에서 실행되도록 예약되며, 인스턴스에서 새 작업이 시작되지 않습니다. ECS와 EKS는 모두 종료 프로세스의 조정과 기본 EC2 인스턴스의 교체를 맡아서 실행 중인 애플리케이션에 대해 스팟 중단을 투명하게 합니다.

다중 아키텍처 컨테이너

그래비톤2 인스턴스(arm64 프로세서 아키텍처)가 도입되면서 프로세서 아키텍처별로 별도의 컨테이너 이미지를 유지 관리할 필요 없이 나중에 인텔 또는 AMD 기반 인스턴스(x86 프로세서 아키텍처)와 그래비톤2 기반 인스턴스에서 실행할 수 있는 단일 컨테이너 이미지를 유지해야 하는 필요성이 대두되었습니다. 다중 아키텍처 컨테이너 이미지 지원을 통해 동일한 컨테이너의 여러 이미지 스타일을 구축하여 동일한 소스의 여러 프로세서 아키텍처 또는 운영 체제를 지원하고 모두 동일한 이름으로 참조할 수 있습니다. 컨테이너가 호스트 머신에 배포되면 올바른 컨테이너 이미지(프로세서 유형 또는 OS별)를 컨테이너 레지스트리에서 가져오고 호스트 머신에 배포됩니다. 이렇게 하면 arm 지원으로 빌드된 컨테이너 이미지가 그래비톤2 인스턴스에서 실행되도록 풀링되고 x86 지원으로 빌드된 컨테이너 이미지가 x86 인스턴스에서 실행되도록 풀링됩니다.

아마존 ECS와 EKS 요금제

AWS 인프라에서 컨테이너를 사용하는 비용은 컨테이너 시작 유형(EC2 또는 파게이트)과 컨테이너 서비스(ECS 또는 EKS)에 따라 다릅니다.

EC2: 컨테이너가 실행되는 인스턴스에 대한 요금이 부과됩니다.

ECS에서 제공하는 컨테이너 관리에 대한 추가 비용은 없습니다.

EKS를 사용할 경우 실행하는 각 EKS 클러스터에 대해 시간당 0.10달러의 추가 요금이 부과됩니다.

파게이트: 파게이트의 경우 vCPU 수, 메모리, 운영 체제, 프로세서 아키텍처(x86 또는 arm64) 및 스토리지와 같은 여러 요소에 요금이 부과됩니다. 컨테이너 이미지 다운로드가 시작되는 시점부터 아마존 ECS 작업이나 아마존 EKS 파드가 종료될 때까지 반올림하여 다음 높은 초까지 요금이 부과됩니다. 이러한 요소의 비용을 살펴보겠습니다.

표 2-31 파게이트 비용[43]

시간당 가격	리눅스		윈도우
	x86	arm64	x86
vCPU	$0.040480	$0.03238	$0.09148
GB(RAM)	$0.004445	$0.00356	$0.01005
vCPU당 OS 라이선스			$0.04600

파게이트를 리눅스 OS로 arm64 프로세서에서 실행하면 x86 프로세서보다 20% 저렴합니다. 윈도우에서 실행할 경우 vCPU 시간당 125%(0.09148달러와 0.040480달러)를 더 지불하고 GB 시간당 126%(0.01005달러와 0.004445달러)를 더 지불하게 됩니다. 또한 vCPU 시간당 OS 라이선스에 대해 0.046달러를 지불해야 합니다.

모든 파게이트 작업과 파드에 대해 기본적으로 20GB의 임시 스토리지를 사용할 수 있습니다. 추가 스토리지 구성 시 GB 시간당 0.000111달러의 요금이 부과됩니다.

또한 파게이트 스팟 인스턴스를 실행하거나 컴퓨트 세이빙 플랜을 구매하여 지출 약정(시간당 비용 지출)에 대한 할인 혜택을 받을 수 있습니다. 각 옵션의 비용을 살펴보겠습니다.

표 2-32 선택한 가격 옵션에 따른 파게이트 할인율[44]

할인율	스팟 인스턴스	컴퓨트 세이빙 플랜(1년 약정, 선결제 없음)			컴퓨트 세이빙 플랜(3년 약정, 전체 선결제)		
		리눅스		윈도우	리눅스		윈도우
		x86	arm64	x86	x86	arm64	x86
vCPU당 시간	70%	20%	21%	13%	52%	51%	29%
GB당 시간 (RAM)	70%	20%	21%	13%	52%	51%	29%

---

43 https://aws.amazon.com/fargate/pricing
44 상동. https://aws.amazon.com/savingsplans/pricing

파게이트에서 컨테이너를 운영할 때 옵션에 따라 상당한 할인을 받을 수 있다는 것을 확인했습니다. 세이빙 플랜을 이용하면 13~52%의 할인을 받을 수 있으며, 파게이트 스팟 인스턴스를 실행하면 최대 70%의 할인을 받을 수 있습니다.

EC2와 파게이트

EC2 인스턴스에서 컨테이너 실행과 파게이트에서 컨테이너 실행을 비교해보겠습니다.

한 달(30일) 동안 매일 한 시간씩 실행되는 5개의 ECS 작업을 사용하는 서비스를 실행한다고 가정합시다. 이때 각 ECS 작업은 4개의 vCPU와 8GB의 메모리를 사용합니다.

먼저 위 시나리오를 4개의 vCPU와 8GB의 메모리를 갖고 있는 **c6i.xlarge** 인스턴스에서 실행하는 데 드는 비용을 계산해보겠습니다.

- **c6i.xlarge 인스턴스 월 비용** = 5(작업 수) × 0.17달러(시간당 인스턴스 가격) × 30(일수) = 25.50달러

이제 x86 프로세서를 사용하는 파게이트에서도 동일한 워크로드를 실행하는 비용을 계산해보겠습니다.

- **총 vCPU 요금** = 5(작업 수) × 4(vCPU 수) × 0.04048달러(CPU 시간당 가격) × 30(일수) = 24.288달러
- **총 메모리 요금** = 5(작업 수) × 8(GB 메모리) × 0.004445달러(GB 시간당 가격) × 30(일수) = 5.334달러

vCPU와 메모리 요금을 합친 총 파게이트 컴퓨팅 월 비용은 29.622달러(24.288달러 + 5.334달러)입니다.

이 시나리오에서 EC2 인스턴스에서 작업을 실행하는 데 드는 비용은 25.50달러이며, 파게이트 시작 유형을 사용하여 동일한 워크로드를 실행하는 데 드는 비용은 29.622달러입니다.

이제 스팟 인스턴스에서 동일한 워크로드를 실행하는 것을 비교해보면 어떨까요? 비용 계산은 다음과 같습니다.

- **c6i.xlarge 스팟 인스턴스 월 비용** = 5(작업 수) × 0.068달러(시간당 스팟 인스턴스 가격) × 30(일수) = 10.2달러

또한 파게이트 스팟 인스턴스에서 이 워크로드를 실행하는 데 드는 비용은 다음과 같습니다.

- **vCPU 요금** = 5(작업 수) × 4(vCPU 수) × 0.01254285달러(vCPU 시간당 스팟 가격) × 30(일수) = 7.525달러
- **메모리 요금** = 5(작업 수) × 8(GB 메모리) × 0.0013773달러(GB 시간당 가격) × 30(일수) = 1.6527달러

vCPU와 메모리 요금을 합친 총 파게이트 컴퓨팅 월 비용은 9.1797달러(7.525달러 + 1.6527달러)입니다.

제시한 시나리오는 제대로 된 비교가 아닙니다. 파게이트를 사용함으로써 얻을 수 있는 효율성, 높은 생산성, 높은 리소스 활용도와 값비싼 인적 리소스에 대한 절감은 고려하지 않았습니다. 컨테이너화된 워크로드를 실행하는 방법을 결정할 때는 컴퓨팅 비용뿐만 아니라 파게이트 서비스가 제공하는 운영 비용 절감 및 기타 다른 이점도 고려해야 합니다.

2.3.3 요약: 컨테이너

이 장에서 언급했듯이 애플리케이션을 컨테이너로 전환하면 조직에 상당한 이점을 제공할 수 있습니다. 예를 들면 운영 효율성, 플랫폼 일관성, 인프라 설치 공간 감소, 비용 절감, 비용이 많이 드는 가상화 플랫폼이나 기본 인프라에 대한 의존성 제거 등이 있습니다. 따라서 컨테이너로의 전환이 빠른 속도로 이어질 것으로 보고 있습니다.

또한 컨테이너를 사용하면 애플리케이션에서 각 실행당 필요한 정확한 양의 리소스를 공급할 수 있는 도구를 제공합니다. 따라서 인프라 활용도가 증가하고 초과 프로비저닝 발생률이 감소합니다. 따라서 AWS에서 컨테이너 사용 비용에 영향을 미치는 요인을 숙지하는 것이 매우 중요합니다. 특히 컨테이너 실행에 필요한 인프라 양을 최소화하는 방법과 EC2와 파게이트 시작 유형을 비교하는 방법을 알아야 합니다.

앞서 살펴본 바와 같이 파게이트 사용에 따른 직접적인 비용은 EC2 인스턴스 비용보다 높을 수 있습니다. 그러나 파게이트는 컨테이너를 서버리스 방식으로 실행하기 위한 관리형 서비스이므로 컨테이너 운영을 크게 단순화하고 인프라 활용도를 높여줍니다. 결과적으로 파게이트를 사용하면 컨테이너 클러스터를 설정, 관리, 확장하는 것보다 비용이 적게 듭니다.

2.4 컴퓨팅 비용 최적화를 위한 모범 사례

지금까지 아마존 EC2, AWS 람다와 아마존 일래스틱 컨테이너 서비스(ECS)의 여러 측면을 다루었습니다. 이러한 모든 서비스는 사용자의 요구에 가장 적합한 퍼블릭 클라우드 인프라 환경에서 워크로드를 실행할 수 있도록 지원합니다. 이제 이러한 서비스를 가장 비용 효율적인 방식으로 활용하는 방법에 대한 모범 사례를 논의하겠습니다.

이러한 이유로 우리는 **KAO™** 방법론을 개발했습니다. 이 방법론을 사용하면 서비스의 요금제에 대해 필요한 **지식**을 습득하고, 비용 효율적인 방식으로 환경을 설계할 때 고려해야 할 **아키텍처** 고려 사항과 대안을 이해하고, 비용 효율성을 염두에 두고 환경을 **운영**할 수 있습니다.

KAO™ 모델을 컴퓨팅 비용 효율성 주제에 적용해보겠습니다.

지식

컴퓨팅 비용을 최적화하기 위한 첫 번째 단계는 각 워크로드에 가장 적합한 사용 가능한 서비스(예: EC2 대 람다, EC2 대 파게이트)를 숙지하는 것입니다. 두 번째 단계는 다양한 요금제와 컴퓨팅 서비스 비용에 영향을 미치는 요인을 숙지하는 것입니다. 이 장을 읽고 컴퓨팅 서비스 비용에 영향을 미치는 모든 요인(EC2, 람다, 아마존 일래스틱 컨테이너 서비스)을 잘 알게 되었습니다. 또한 필요한 인프라만 프로비저닝하고 관련 결정을 내릴 때 리소스 비용을 고려하는 데 도움이 되는 배치 및 아키텍처 선택 사항을 알아야 합니다.

어떤 모니터링이나 리포팅 도구를 사용하든 간에 이미 습득한 지식을 통해 컴퓨팅 비용을 정확하게 분석할 수 있습니다. 이제 사용량 그래프가 업무 시간 외에 개발과 테스트 리소스양의 감소를 나타낼 것으로 예상할 수 있습니다. 사용량 보고서에서 이전 세대 인스턴스의 의미, 유휴 상태 인스턴스의 의미 등을 이해할 수 있습니다. 이 모든 것이 컴퓨팅 비용에 영향을 미치며, 이를 완전히 이해하는 것은 지속적으로 컴퓨팅 비용을 최적화할 수 있는 전문 지식과 능력을 구축하는 데 중요합니다.

이제 EC2와 관련하여 EC2 인스턴스 비용에 영향을 미치는 모든 매개변수 및 인스턴스 유형, 세대, 소프트웨어 스택, 프로세서 및 기타 특성에 대한 차이를 잘 알게 되었습니다.

EC2 구매 모델은 다양한 옵션을 제공하여 사용자의 사용 패턴에 가장 적합한 옵션을 활용할 수 있도록 보장합니다. 예를 들어 지속적으로 EC2 워크로드에 할인을 적용하기 위해 세이빙 플랜(선호)이나 예약 인스턴스 구매를 약정하거나 또는 스팟 중단 문제를 해결할 수 있는 워크로드라면 스팟 인스턴스를 사용하여 할인을 극대화할 수 있습니다.

표 2-33 EC2 구매 옵션

구매 옵션	약정	최적화	모델 세부 정보	할인
온디맨드	없음	모든 사용 사례		없음(기본)
온디맨드 용량 예약	없음	특정 가용 영역에서 용량 예약	용량 보장, 언제든지 취소 가능	없음(기본)
컴퓨트 세이빙 플랜	1년 또는 3년	예측 가능하고 안정적인 워크로드	EC2, 파게이트, 람다에서 지출 비용 약정	최대 62%
EC2 인스턴스 세이빙 플랜	1년 또는 3년	예측 가능하고 안정적인 워크로드	단일 인스턴스 유형에 대한 유연성	최대 72%
리전 예약 인스턴스	1년 또는 3년	예측 가능하고 안정적인 워크로드	크기 유연성	최대 72%
가용 영역 예약 인스턴스	1년 또는 3년	예측 가능하고 안정적인 워크로드	크기 유연성, 용량 보장	최대 72%
전환형 예약 인스턴스	1년 또는 3년	예측 가능하고 안정적인 워크로드	인스턴스 유형과 세대 간에 예약 전환	최대 62%
스팟 인스턴스	없음	중단을 해결할 수 있는 애플리케이션	2분 경고 후 인스턴스 중단 가능	최대 90%

다음 표는 여러 인스턴스 유형에 대한 이러한 구매 옵션 중 일부에 대한 비용을 보여줍니다.

표 2-34 구매 옵션별 EC2 가격[45]

인스턴스	온디맨드 비용	스팟 비용	EC2 세이브 플랜 – 전체 선결제		컴퓨트 세이브 플랜 – 전체 선결제	
			1년 약정	3년 약정	1년 약정	3년 약정
c6i.large	$0.0850	$0.0340	$0.05248	$0.03257	$0.05733	$0.03724
m6i.large	$0.0960	$0.0357	$0.05927	$0.03790	$0.06583	$0.04418
r6g.large	$0.1008	$0.0374	$0.05930	$0.03790	$0.06820	$0.04780

워크로드에 가장 적합한 구매 옵션 조합을 고려해야 합니다. 나머지 온디맨드 인스턴스의 비용을 줄이기 위해 최소한의 세이빙 플랜을 적용하면서 스팟 인스턴스 사용을 극대화하고자 하는 워크로드가 있을 수 있습니다.

---

45 https://aws.amazon.com/ec2/pricing/on-demand, https://aws.amazon.com/savingsplans/pricing, https://aws.amazon.com/ec2/spot/pricing

또는 SAP 환경이나 데이터베이스와 같은 워크로드에는 스팟 인스턴스는 중단될 위험이 있기 때문에 적합하지 않습니다. 이 경우 세이빙 플랜을 적용하여 할인을 최대화할 수 있습니다.

또한 세이빙 플랜을 사용하여 용량을 커밋하거나 스팟 인스턴스를 위해 재설계하지 않고 온디맨드 인스턴스에서 워크로드를 계속 실행하는 시나리오가 있을 수 있습니다. 예를 들어 데이터 센터 통합 프로세스의 일부로 '리프트 앤 시프트'^{Lift and Shift,46} 방법으로 애플리케이션을 클라우드로 이전하는 것입니다. 이러한 경우에는 애플리케이션을 이전한 후 시점을 정해두고 애플리케이션의 실패에 대비해 재설계하거나 최적의 인스턴스 유형을 선택하거나 다른 클라우드 리소스 사용을 고려할 수 있습니다.

각 워크로드에 대한 가격 전략을 구현할 때는 필요한 상황에 가장 적합한 조합을 사용하세요.

원하는 수준의 컴퓨팅 용량을 유지할 수 있도록 온디맨드 인스턴스와 스팟 인스턴스의 혼합으로 구성된 EC2 플릿도 사용할 수 있습니다. **용량 최적화** 할당 전략과 **스팟 인스턴스 어드바이저**가 제공하는 데이터와 **스팟 배치 점수**를 함께 사용하면 중단 위험을 최소하면서도 스팟 인스턴스에서 실행할 수 있습니다.

리소스 용량을 수요에 맞추기 위해 **오토 스케일링** 그룹을 설정할 때는 오토 스케일링 그룹 구성 옵션, 스케일링 정책 설정 방법, 스케일링 조정 단계를 숙지해야 합니다. 이때 가장 중요한 것은 정의하는 각 스케일업 정책에 대해 스케일다운 정책을 설정하는 것입니다. 이렇게 하면 수요가 줄어들 때 인프라도 함께 줄어듭니다.

AWS 인스턴스 스케줄러를 사용하여 EC2 인스턴스 시작과 중지 시간을 예약할 때는 스케줄러 구성의 미묘한 차이도 알고 있어야 합니다. 예를 들면 다음과 같습니다.

- **retain_running**: 이 필드를 'true'로 설정하면 인스턴스가 기간이 시작되기 전에 수동으로 시작된 경우 실행 기간이 끝날 때 인스턴스가 중지되지 않습니다.

- **override_status**: 이 필드를 'running'으로 설정하면 스케줄은 태그가 지정된 인스턴스를 시작하지만 중지하지는 않습니다. 수동으로 중지할 때까지 인스턴스가 실행됩니다.

- **begintime과 endtime**: 시작 시간^{begintime}만 설정한 경우에는 인스턴스를 수동으로 중지해야 합니다.

---

46 옮긴이_ AWS 마이그레이션 전략 – "The 6 R's"
https://aws.amazon.com/ko/blogs/enterprise-strategy/6-strategies-for-migrating-applications-to-the-cloud/

중지될 것이라고 생각한 인스턴스가 실제로 연중무휴로 실행되는 경우를 방지하려면 스케줄러 구성의 확인이 필요합니다.

이제 **람다** 서버리스 컴퓨팅과 관련하여 요청당 비용, 처리 기간 비용, 프로세서 아키텍처(x86 대 arm64)가 비용에 미치는 영향, 람다가 가장 적합한 워크로드(이벤트 기반, 경량, 상태 비저장 애플리케이션)와 같은 서비스 비용 요소에 대해 잘 알게 되었습니다.

지금까지 살펴본 바와 같이 람다는 운영 비용을 절감하고, 효율성을 높이며, 리소스 활용률을 높일 수 있습니다. 람다를 사용하면 함수 실행 트리거와 관련된 간접 비용이 발생할 수도 있습니다. 이러한 요소에 익숙해지면 람다를 활용하기 위해 애플리케이션을 설계할 때 현명한 결정을 내리는 데 도움이 됩니다. 명심해야 할 몇 가지 주요 항목을 살펴보겠습니다.

- **람다 운영 효율성:** 서버리스 컴퓨팅은 코드 실행에만 집중하기 때문에 작업 관리 목록에서 컴퓨팅 인프라 관리에 대한 책임이 사라집니다. 이를 통해 막대한 비용을 절감할 수 있으며, 인프라 관리 작업을 AWS에 맡기는 동시에 제품을 혁신하는 데 더 많은 시간을 할애할 수 있습니다.

- **프리 티어:** 람다는 매월 100만 건의 요청과 400,000GB-초의 람다 함수 실행이라는 인상적인 프리 티어를 포함합니다. 이는 람다에 익숙해지고, 람다 함수를 작성(또는 AWS 서버리스 애플리케이션 리포지토리의 함수를 사용)하거나, 서비스와 서비스 도입에 따른 운영 효율성을 평가하는 데 필요한 경험을 얻을 수 있습니다.

- **시간은 돈이다:** 람다 요금제는 함수 실행 시간과 각 함수 호출당 할당된 리소스를 기반으로 합니다. 함수가 더 빨리 완료될수록 비용은 더 낮아집니다. 람다 함수를 개발할 때 이를 명심하세요. 코드 성능을 최적화하고 코드가 외부 리소스에 수행하는 모든 API 호출은 람다 함수 실행을 완료하는 데 걸리는 시간을 연장합니다.

- **런타임 요구 사항:** 다양한 프로그래밍 언어로 람다 함수 코드를 작성할 수 있지만 관련 런타임을 알고 있어야 합니다. 런타임은 함수당 필요한 메모리 할당에 영향을 미칩니다. 예를 들어 자바나 닷넷.Net 런타임은 Node.js, 파이썬, 루비, 고 런타임보다 함수 실행에 더 많은 메모리를 필요로 합니다. 람다 함수를 개발할 때 이 점을 명심하고 더 가벼운 런타임을 사용할 것을 권장합니다. 닷넷 코어나 자바 런타임을 선택할 때는 전체 SDK를 배포 패키지의 일부로 포함하지 않도록 해야 합니다. 또는 필요한 SDK 라이브러리를 고를 수 있는 모듈(예: 다이나모DB, SQS, 키네시스 애널리틱스, 아마존 S3 등)을 선별하여 선택합니다. 이를 통해 람다 함수를 실행하는 데 필요한 SDK 크기와 메모리를 최소화할 수 있습니다.

- **프로세서 아키텍처:** arm64 프로세서에서 실행되는 람다 함수는 비용이 20% 절감되고 대부분의 경우 더 빨리 실행됩니다. 이는 x86 프로세서에서 실행하는 것보다 호출당 비용을 더 낮춥니다. arm64 프로세서에 새로운 람다 함수를 설정하는 것을 선호하고 기존 람다 함수를 arm64 프로세서로 전환하는 것도 고려하세요.

- **프로비저닝된 동시성:** x86 프로세서 프로비저닝 요금으로 GB당 월 10.78달러(GB-초당 0.0000041667달러 × 2,592,000초(30일))와 arm64 프로세서 프로비저닝 요금으로 GB당 월 8.64달러가 청구됩니다. 이 요금에는 람다 함수를 시작하고 실행을 위한 준비만 포함됩니다. 각각 10개의 동시 실행이 가능한 100개의 람다 함수가 있는 경우 월 비용은 10,780달러이며, arm64의 경우에는 8,640달러입니다. 동시성을 프로비저닝할 때는 이 점을 염두에 두고 두 자릿수 밀리초 응답 시간이 필요한 경우(웹 및 모바일 백엔드, 지연 시간에 민감한 마이크로서비스 또는 동기 API에서처럼)에만 이 기능을 사용해야 합니다.

- **간접 비용:** 람다를 사용하면 함수 호출 트리거와 관련된 서비스의 간접 비용이 발생합니다. 이러한 추가 비용을 계산에 반영하세요.

지난 몇 년 동안 **컨테이너** 사용이 지속적으로 증가하고 있기 때문에 아마존 컨테이너 관리 서비스에 대한 세부 정보와 AWS 인프라(EC2 또는 파게이트)에서 컨테이너를 실행하는 방법뿐만 아니라 각 옵션의 비용 영향 측면을 숙지하는 것도 중요합니다.

앞에서 다룬 주요 요인 중 몇 가지를 살펴보겠습니다.

- **CPU 및 메모리 할당:** 컨테이너 정의 내에서 CPU 양, 예약된 메모리와 각 컨테이너에 할당된 최대 메모리를 지정해야 합니다. 컨테이너 수준에서 과도하게 할당되지 않도록 컨테이너에 필요한 리소스를 할당해야 합니다. 과도한 할당은 인스턴스 수와 비용을 증가시킵니다.

- **EC2 인스턴스 선택:** 컨테이너를 실행할 EC2 시작 유형을 선택하면 EC2 인스턴스 프로비저닝과 운영을 담당하게 됩니다. 컨테이너를 배포할 EC2 인스턴스 유형도 지정해야 합니다. 컨테이너의 리소스 요구 사항을 충족함과 동시에 과도하게 프로비저닝하지 않도록 할 수 있는 인스턴스 유형을 선택합니다. 컨테이너를 실행하는 데 필요한 최소 사양으로 인스턴스 유형을 선택하고 더 큰 인스턴스로 업그레이드하거나 더 많은 리소스가 필요한 경우 추가 인스턴스를 가동하는 것이 좋습니다. 멀티 아키텍처 지원을 통해 x86과 arm64(그래비톤2) 프로세서에서 실행 가능한 컨테이너 이미지를 구축할 수도 있습니다. 그래비톤2 인스턴스에서 컨테이너를 실행하면 인텔 기반 인스턴스에서 동일한 컨테이너 이미지를 실행

하는 것보다 20% 비용이 절감되며 대부분의 경우 더 나은 성능을 제공합니다.

- **온디맨드와 스팟 인스턴스:** ECS나 EKS용 스팟 인스턴스와 ECS용 파게이트 스팟에 대한 자동화된 드레이닝이 도입됨에 따라 스팟 인스턴스에서 인터럽트 허용 컨테이너 워크로드 실행을 테스트해보는 것이 좋습니다. 스팟 인스턴스에서 컨테이너를 성공적으로 실행하면 EC2와 파게이트 비용을 최대 70%까지 절감할 수 있습니다.

- **파게이드 구성:** 파게이트 시작 유형을 선택할 때 각 컨테이너에 할당된 CPU, 메모리, 운영체제, 프로세서 아키텍처(x86, arm64) 및 스토리지 조합을 선택해야 합니다. 리소스 과잉 프로비저닝을 방지하고 요구 사항에 가장 적합한 비용 효율적인 조합을 선택해야 합니다. EC2 인스턴스와 마찬가지로 arm64 프로세서 아키텍처에서 컨테이너를 실행하면 x86에서 실행하는 경우와 비교하여 20% 비용이 절감됩니다.

- **가용 영역 선택(EC2, 파게이트):** EC2 시작 유형을 선택할 때 작업 배치 제약 조건을 통해 컨테이너를 배포할 가용 영역을 정의할 수 있습니다. 교차 가용 영역 트래픽은 네트워크 비용을 발생시키므로 한 리전 내에 여러 가용 영역에 배포해야 하는 작업(예: 제품)과 단일 가용 영역에 실행해야 하는 작업(예: 개발, 테스트)을 고려해야 합니다. 4장에서 가용 영역 간 데이터 전송 비용에 대해 설명합니다.

파게이트 시작 유형을 사용하는 경우 작업 배치 제약 조건이 파게이트 시작 유형에 지원되지 않으므로 작업이 기본적으로 가용 영역에 분산됩니다.

아키텍처

컴퓨팅 클라우드 인프라를 설계하는 내용 하나만으로도 책 전체를 채울 수 있는 주제입니다. 모든 컴퓨팅 아키텍처의 주요 목표는 인프라가 성능, 복원력, 가용량 및 보안에 대한 애플리케이션 요구 사항을 항상 지원하는 것입니다. 이 책의 목적은 비용 최적화를 위한 인프라 설계에 도움을 주는 것입니다.

앞서 논의한 바와 같이 비용 최적화에는 여러 가지 고려 사항이 있습니다. 다음 고급 의사 결정 트리는 사용자가 사용할 수 있는 다양한 컴퓨팅 옵션과 각 옵션에서 사용할 수 있는 구매 옵션을 설명하는 데 도움이 됩니다. 이 의사 결정 트리를 최상위 수준의 아키텍처 지침으로 사용하는 것이 좋습니다.

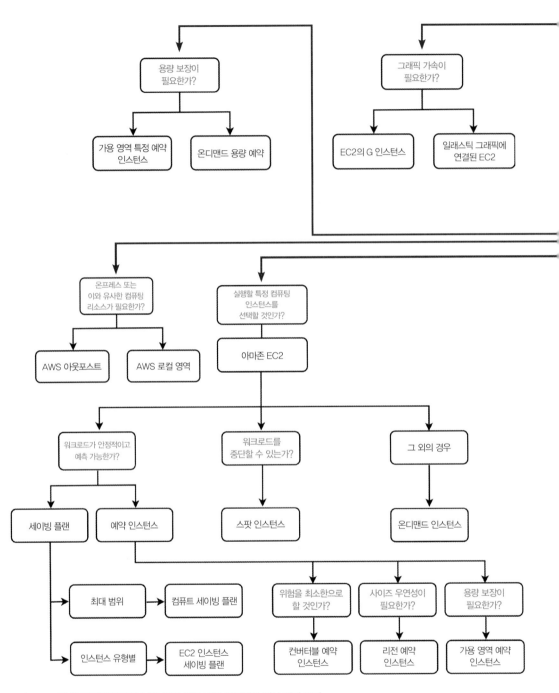

그림 2-27 AWS 컴퓨팅 클라우드 인프라를 위한 고급 아키텍처 의사 결정 트리

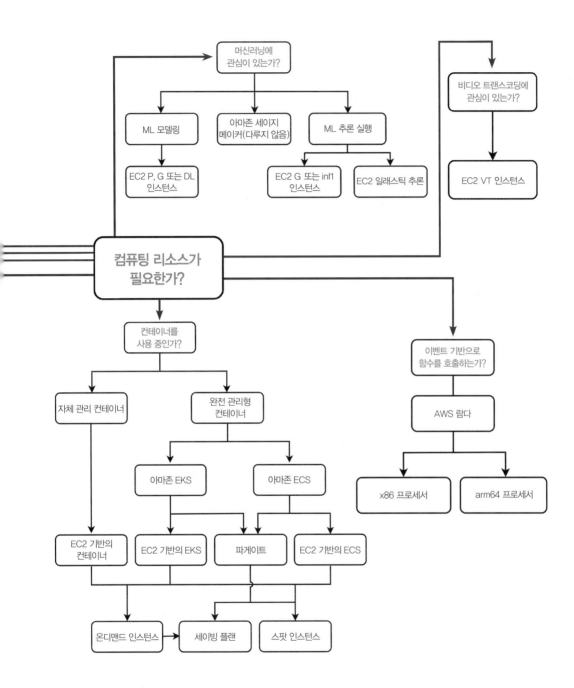

머신러닝에
관심이 있는가?

ML 모델링

아마존 세이지
메이커(다루지 않음)

ML 추론 실행

비디오 트랜스코딩에
관심이 있는가?

EC2 P, G 또는 DL
인스턴스

EC2 G 또는 inf1
인스턴스

EC2 일래스틱 추론

EC2 VT 인스턴스

컴퓨팅 리소스가
필요한가?

컨테이너를
사용 중인가?

이벤트 기반으로
함수를 호출하는가?

자체 관리 컨테이너

완전 관리형
컨테이너

AWS 람다

아마존 EKS

아마존 ECS

x86 프로세서

arm64 프로세서

EC2 기반의
컨테이너

EC2 기반의 EKS

파게이트

EC2 기반의 ECS

온디맨드 인스턴스

세이빙 플랜

스팟 인스턴스

이제 인프라 비용 최적화에 도움이 되는 몇 가지 아키텍처 모범 사례를 살펴보겠습니다.

- **리전 선택:** 앞에서 살펴본 것처럼 AWS 인프라 비용은 리소스를 구동하는 리전에 따라 다릅니다. 사용자 요구 사항을 지원하는 가장 비용 효율적인 인프라를 제공하는 리전을 확인하세요.

- **프로세서 선택:** 선택한 프로세서(인텔, AMD 또는 그래비톤2)에 따라 컴퓨팅 비용과 애플리케이션 성능에 영향을 미칩니다. 가능하면 가장 비용 효율적인 선택을 하고, 애플리케이션에 최고의 가성비를 제공하는 프로세서를 선택하세요.

- **소프트웨어 스택 선택:** 인스턴스 스택은 컴퓨팅 비용에 큰 영향을 미칩니다. 가능하면 항상 가장 비용 효율적인 결정을 내리세요. 인스턴스에 강력한 성능을 제공하면서도 가장 저렴한 스택을 선택하세요. 예를 들어 윈도우, RHEL, 리눅스와 호환되는 소프트웨어를 실행할 경우 가장 저렴한 옵션인 리눅스를 사용해야 합니다.

- **용량과 수요 일치(오토 스케일링, 스케줄링, EC2 플릿):** 컴퓨팅 인프라를 설정할 때는 제공된 도구를 사용하여 용량과 수요를 일치시키고, 과도한 프로비저닝을 방지하고, 과도한 지출을 방지할 수 있습니다. 여기에는 오토 스케일링 정책, 워크로드 스케줄링, 할인된 스팟 인스턴스를 사용하여 필요한 용량을 제공하는 EC 플릿 사용 등이 포함됩니다.

- **스팟 인스턴스용 아키텍처:** 스팟 인스턴스는 할인된 가격으로 컴퓨팅 성능을 제공하는 데 효과적입니다. 스팟 인스턴스는 언제든지 중단될 수 있기 때문에 스팟 인스턴스를 사용하기 위해서는 중단을 처리하도록 아키텍처와 애플리케이션을 수정해야 합니다.

  첫날부터 중단에 대응이 가능하도록 인프라를 설계해야 합니다. 이를 통해 스팟인스턴스 사용과 그에 따른 할인을 극대화할 수 있으며, 중단 처리 기능으로 인해 애플리케이션의 유연성과 복원력을 높일 수 있습니다.

- **EC2보다 람다 사용:** AWS 람다는 각 애플리케이션의 구동과 호출 방식을 혁신할 수 있는 기회를 제공합니다. 람다를 사용하면 기본 인프라 또는 지원 서버 스택(웹 서버, 애플리케이션 서버 등)을 프로비저닝하거나 운영할 필요 없이 많은 사용 사례를 실행할 수 있습니다. 따라서 EC2 인스턴스에서 애플리케이션을 실행하는 것보다 비용을 크게 절감할 수 있습니다.

- **컨테이너:** 가상화 환경과 비교하여 컨테이너를 사용하면 컴퓨팅 인프라 활용도가 높아집니다. 각 호스트에서 더 많은 컨테이너를 구동할 수 있습니다. 또한 컨테이너를 패키징할 때 사용되는 OS 기본 이미지는 각 컨테이너의 크기와 애플리케이션을 실행하는 데 필요한

인프라에 영향을 주기 때문에 주의해야 합니다. OS 기본 이미지 크기는 매우 다양합니다. CentOS의 경우 100MB부터, 윈도우 서버의 경우 최대 3~4GB입니다. 최대한 가벼운 OS 기본 이미지를 사용하는 것이 좋습니다.

운영

컴퓨팅 비용을 최적화하고 리소스로부터 최대의 가치를 창출하기 위한 다음 단계는 운영 작업입니다. 여기엔 한 번에 해결되는 마법이란 없습니다. 컴퓨팅 리소스와 리소스 활용률을 모니터링하여 필요할 때만 실행되도록 하고, 최대한 활용하도록 하며, 유휴 리소스가 존재하지 않으며, 스케줄러와 오토 스케일링 그룹이 예상대로 작동하도록 하고, 과잉 프로비저닝 시나리오를 신속하게 파악하고 해결해야 하는 지속적인 작업입니다.

몇 가지 운영 모범 사례를 살펴보겠습니다.

EC2 사용량과 비용 모니터링

운영 작업의 첫 단계는 컴퓨팅 리소스의 사용량과 비용을 시각적으로 보여주는 보고서를 설정하는 것입니다. 이렇게 하면 각 계정, 리전 및 가용 영역에서 실행 중인 리소스, 각 워크로드를 지원하는 인스턴스, 인스턴스의 리소스(CPU, 메모리 및 네트워크)가 얼마나 잘 활용되고 있는지. 인스턴스 수가 수요 및 스케줄링된 중지와 시작 작업에 따라 어떻게 달라지는지 알 수 있습니다. EC2 비용을 추적할 때는 직접적인 EC2 비용뿐만 아니라 **EC2 기타 비용**에도 주의를 기울여야 합니다. **EC2 기타 비용**은 AWS 비용 탐색기에서 제시하는 EBS 볼륨, EBS 스냅샷, 데이터 전송, NAT 게이트웨이, 유휴 EIP와 같은 간접 EC2 비용에 대해 제시한 비용 범주입니다.

모니터링 및 보고서를 설정한 후에는 데이터 중심의 비용 절감 조치를 취해야 합니다. 다음은 몇 가지 모범 사례입니다.

인스턴스 미세 조정

EC2 인스턴스 선택을 미세 조정하는 것은 높은 비용 절감 효과를 가져 올 수 있는 지속적인 작업입니다. 여기서 인스턴스 크기를 실제 용도에 맞게 조정하여 가장 업데이트된 최신 인스턴스 세대를 생성하거나 인스턴스 유형을 변경할 수도 있습니다.

워크로드를 실행할 인스턴스를 결정하기 전에 몇 가지 테스트를 실행하고 여러 인스턴스 유형에 대해 워크로드를 실행하여 필요에 따라 가장 최적화된 옵션을 찾아야 합니다. 여기에는 성능, 실행 기간, 비용이 고려되어야 합니다.

우선 사용 사례별로 최적의 인스턴스 유형을 결정한 후 인스턴스 유형을 변경하는 것을 고려해야 하는 이유가 궁금할 수 있습니다. 크게 2가지 이유가 있습니다. 첫째, 애플리케이션과 사용 패턴은 시간이 지남에 따라 변경될 수 있습니다. 둘째, 아마존에서 지속적으로 향상된 기능과 그래비톤2 기반 인스턴스와 같은 새로운 인스턴스 생성 및 유형을 도입하면 현재 사용 중인 인스턴스 유형에 비해 다른 인스턴스 유형이 더 비용 효율적이고 적합해질 수 있습니다.

인스턴스 선택 미세 조정은 여러 가지 형태가 있습니다. 이를 살펴보겠습니다.

- **동일한 인스턴스 유형 내에서 미세 조정:** CPU와 메모리 활용률이 50% 미만인 인스턴스가 실행 중인 경우에는 더 작고 저렴한 인스턴스를 선택하는 것이 좋습니다. 예를 들어 **c6i.2xlarge**를 **c6i.xlarge**로 교체할 경우 비용을 50% 절감할 수 있습니다.

  이 작업을 지원하고 활용률이 낮은 EC2 인스턴스를 식별하기 위해 AWS는 **비용 탐색기 올바른 크기 조정 권장 사항**Cost Explorer Rightsizing Recommendations을 도입했습니다. 올바른 크기 조정 권장 사항은 EC2 리소스 활용률을 분석하고 활용률이 낮거나 유휴 상태인 인스턴스를 검색합니다. 지난 14일 동안 최대 CPU 활용률이 40%인 인스턴스(GPU 기반 인스턴스 제외)를 검색합니다. 최대 CPU 활용률이 1% 미만인 인스턴스는 '유휴'로 분류되고 종료를 권장합니다. CPU 활용률이 1%에서 40% 사이인 인스턴스는 '활용률 저조'로 분류되고 크기 축소(같은 인스턴스 제품군 내에서)를 권장합니다.

  다음 그림은 AWS 비용 탐색기의 올바른 크기 조정 권장 사항 화면입니다. CPU 활용률이 13.9%인 인스턴스와 15.1%인 인스턴스의 크기를 줄이는 권장 사항을 확인할 수 있습니다. 인스턴스 축소로 50%의 비용 절감 효과를 기대할 수 있습니다.

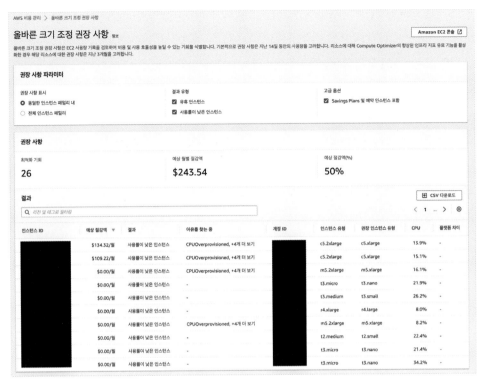

그림 2-28 올바른 크기 조정 권장 사항

- **인스턴스 세대 간 미세 조정:** 더 낮은 비용으로 더 높은 성능을 제공하는 새로운 인스턴스 세대가 도입될 때마다 업그레이드를 고려해야 합니다. 예를 들면 다음과 같습니다.

  - **C5를 C6i로:** C6i 인스턴스는 이전 세대의 **C5** 인스턴스보다 15% 향상된 성능을 동일한 가격에 제공합니다.

  - **P3를 P4로:** **P4**는 최대 8개의 NVIDIA A100 텐서 코어 GPU로 구동되는 최신 세대의 컴퓨팅 최적화 GPU 인스턴스입니다. **P4** 인스턴스는 **P3** 인스턴스에 비해 최대 2.5배의 딥러닝 성능을 제공하고, 학습 비용이 60%로 절감됩니다.

  인스턴스 세대 업그레이드를 고려할 경우 세대 간 인스턴스 사양 변경을 평가해야 합니다. 이러한 변경 사항은 업그레이드 수행 가능성에 영향을 미칠 수 있습니다. 경우에 따라 새로운 인스턴스 세대는 새로운 프로세서, 네트워킹 인터페이스, 그래픽 프로세서, 내부 스토리지 변경, 기타 변경 사항을 도입합니다. 예를 들어 **C3** 인스턴스는 로컬 임시 SSD 스토리지로 구동되는 반면 **C4**, **C5**, **C6i** 인스턴스는 EBS 스토리지에 구동됩니다(**C5d**, **C6gd** 인스턴스는 내부 NVMe SSD 스토리지와 함께 제공됨). 인스턴스 세대 업그레이드 평가를 위한 빠른 프로세스를 만드는 것이 좋습니다. 그러면 가격 인하와 더불어 새로운 세대의 향상된 성능을 신속하게 이용할 수 있고 지속적으로 도입되는 향후 인스턴스 세대에도 더 잘 대비할 수 있습니다.

- **새로운 인스턴스 유형을 사용하여 미세 조정:** AWS는 종종 특정 워크로드와 고객의 요구를 더 잘 해결하기 위해 새로운 인스턴스 유형을 도입합니다. **Z** 인스턴스 유형은 높은 컴퓨팅과 메모리 성능을 제공하기 위해 2018년에 도입되었습니다. 인텔 제온 스케일러블 프로세서에 의해 구동되며, 도입 당시 클라우드 인스턴스 중 가장 빠른 최대 4.0GHz의 지속적인 올코어 주파수를 제공했습니다. 이후 2020년에 AWS는 클라우드에서 인텔 제온 스케일러블 프로세서에서 최대 4.5GHz의 주파수로 최고의 올코어 터보 CPU 성능을 제공하는 **M5zn** 인스턴스를 출시했습니다. 속도를 추구하는 경우에는 **Z1d**나 **M5zn**을 살펴봐야 합니다. **z1d.large** 인스턴스와 **m5zn.large** 인스턴스의 CPU 및 메모리 사양과 비용을 비교해보겠습니다.

표 2-35 새 인스턴스 유형에 따른 미세 조정

인스턴스	vCPU	메모리(GiB)	디스크	CPU 클록 속도	온디맨드 시간당 비용	vCPU당 비용	GiB 메모리당 비용
z1d.large	2	16	1 x 75 SSD	4GHz	$0.1860	$0.0930	$0.0116
m5zn.large	2	8	N/A	4.5Ghz	$0.1652	$0.0826	$0.0206

m5zn.large 인스턴스는 CPU 클록 속도가 빠르며 **z1d.large** 인스턴스에 비해 11% 저렴하지만 디스크가 연결되어 있지 않습니다. **Z1d**보다 **M5zn**을 사용하여 평가해야 하며 고성능 사용 사례를 위해 절감 효과를 기대할 수 있습니다. 클록 속도가 높으면 작업이 더 빨리 완료되고, 작업을 완료하는 데 필요한 인스턴스 수가 줄어듭니다. 또한 CPU당 가격이 책정된 서드파티 라이선스를 사용할 경우 프로세서의 속도 때문에 라이선스 수량이 덜 필요하거나 짧은 기간 동안만 사용하게 됩니다.

- **버스트 가능 성능 인스턴스를 사용하여 미세 조정:** 인스턴스 선택을 미세 조정하는 또 다른 방법은 **T** 버스트 가능 성능 인스턴스를 사용하는 것입니다. **t4g.large**와 **m6g.large** 인스턴스의 사양과 비용을 비교해보겠습니다.

표 2-36 버스트 가능한 성능 인스턴스를 사용하여 미세 조정

인스턴스	vCPU	메모리(GiB)	온디맨드 시간당 비용
t4g.large	2	8	$0.0672
m6g.large	2	8	$0.0770

t4g.large와 **m6g.large** 인스턴스는 사양이 비슷하지만 **t4g.large**의 가격이 12.7% 더 저렴합니다. 또한 **T** 인스턴스는 기준 인스턴스 성능 이상으로 버스트할 수 있습니다. 따라서 **M**이나 **C** 유형의 인스턴스를 더 작은 크기의 **T** 유형 인스턴스로 바꿀 수 있습니다. 2개의 vCPU에 대한 최대 컴퓨팅 요구 사항 때문에 **m6g.large** 인스턴스를 선택한 시나리오를 상상해보세요. 사용량 최고치가 급증하고 지속 시간이 짧은 경우 스파이크 워크로드를 지원하기 위해 버스트할 수 있는 저렴한 **t4g.medium** 인스턴스를 사용하여 이 워크로드를 적절하게 지원할 수 있습니다.

- **여러 인스턴스 프로세서 미세 조정:** 인텔 기반 인스턴스 외에 AMD 기반 인스턴스와 그래비톤2 기반 인스턴스의 도입은 또 다른 비용 절감 기회를 제공합니다. 잠재적인 절감 효과를 평가하려면 각 프로세서(인텔, AMD, AWS 그래비톤2)에서 워크로드를 실행하여 얻을 수 있는 가격 대비 성능을 비교한 후 어떤 프로세서가 요구 사항을 가장 잘 충족하는지 결정해야 합니다. 예를 들어 **M6g** 인스턴스는 **M6i**나 **M5**(인텔 기반) 인스턴스에 비해 20%의 가격 인하와 성능 향상을 제공합니다.

  또한 **M5** 및 **R5**(인텔 기반)와 **M5a** 및 **R5a**(AMD 기반) 인스턴스를 비교할 수 있습니다. CPU 클록 속도가 3.1GHz(인텔)인 것이 작업 부하를 지원하는 데 어려운 요구 사항이 아니며 x86 프로세서에서 계속 실행하고자 한다면 AMD 기반 인스턴스로 전환하는 것을 고려해보세요. 그렇게 하면 10%를 절약할 수 있습니다.

- **일래스틱 그래픽**Elastic Graphics**을 사용하여 미세 조정:** 그래픽 시각화를 위해 GPU 기반 **G** 인스턴스를 사용할 수 있습니다. 모든 사용 사례에 기본적으로 **G** 인스턴스를 사용하는 대신 가능한 경우 일래스틱 그래픽으로 구동되는 EC2 인스턴스 사용을 고려하세요.

- **ML 모델링 미세 조정:** 머신러닝 모델을 학습시키기 위해 GPU 기반 **P** 인스턴스를 사용할 수 있습니다. **DL** 인스턴스가 도입됨에 따라 모델링 작업에 가장 비용 효율적인 인스턴스를 평가하는 것이 중요합니다. **DL** 인스턴스는 하바나 랩스(인텔 회사)의 가우디 가속기로 구동되며 GPU 기반 EC2 인스턴스에 비해 딥러닝 모델 학습에 최대 40% 더 나은 가격 대비

성능을 제공하는 것으로 보고되었습니다. 이제 머신러닝 모델을 학습하기 위해 **P** 인스턴스를 기본적으로 사용하는 대신 **P** 또는 **DL** 인스턴스 중 어느 것이 가장 비용 효율적인지 평가해야 합니다.

- **ML 추론 미세 조정:** 머신러닝 모델을 학습하고 추론을 실행하기 위해 GPU 기반 **P** 인스턴스를 사용할 수 있습니다. 일단 모델링된 후에는 객체 감지, 음성 인식, 자연어 처리, 개인화와 같은 다양한 유형의 워크로드에 대해 대규모로 추론이 수행됩니다. 따라서 이러한 추론을 실행하는 가장 비용 효율적인 방법을 찾는 것이 중요합니다. 모델링과 추론 처리에 **P** 인스턴스를 기본적으로 사용하는 대신 추론 처리를 위한 다른 대안을 평가해야 합니다. 여기에는 **G5** 인스턴스, 일래스틱 인퍼런스$^{Elastic Inference}$로 구동되는 EC2 인스턴스나 추론 프로세스를 가속화하기 위해 설계된 AWS 인퍼런티아^{Inferentia} 칩으로 구동되는 **inf1** 인스턴스의 사용이 포함됩니다.

  eia1 제품군의 일래스틱 인퍼런스로 구동되는 EC2 인스턴스를 이미 사용하고 있는 경우 더 낮은 비용으로 더 높은 메모리를 제공하는 최신 세대의 가속기(**eia2**)를 사용해야 합니다. 예를 들어 **eia2.medium**은 메모리가 2GB이고 비용은 시간당 0.120달러지만, **eia1.medium**은 메모리가 1GB이고 비용은 시간당 0.130달러입니다.

인스턴스 제품군과 인스턴스 세대 전반에 걸쳐 미세 조정 작업을 지원하기 위해 AWS는 **컴퓨트 옵티마이저**$^{Compute Optimizer}$를 도입했습니다. 컴퓨트 옵티마이저는 각 워크로드에 적합한 인스턴스 유형을 선택하는 데 도움이 됩니다. 리소스 사용 내역을 분석하고 각 인스턴스에 맞게 조정된 ML 기반 권장 사항을 제공합니다. 각 권장 사항에 대해 과거 사용량을 기반으로 잠재적인 절감 효과와 권장 인스턴스 메트릭(CPU, 메모리 등)의 시뮬레이션을 볼 수 있습니다. 이 책을 쓰고 있을 때 컴퓨트 옵티마이저는 **M**, **C**, **R**, **T**, **X**, **I**, **D**, **H**, **Z**와 같은 일반적인 인스턴스 제품군에 대한 권장 사항을 지원했습니다.

다음 그림은 AWS 컴퓨트 옵티마이저 화면을 보여줍니다. **m5.xlarge** 인스턴스를 **r6g.large**로 변환하여 시간당 0.1140달러를 절약하는 권장 사항을 볼 수 있습니다.

그림 2-29 AWS 컴퓨트 옵티마이저

인스턴스 중지(또는 종료)

인스턴스가 실행되는 매 초마다 요금이 부과되므로 사용하지 않을 때는 인스턴스를 중지하거나 종료해야 합니다. 인스턴스를 중지하는 방법에는 여러 가지가 있지만 자동 스크립트나 AWS 인스턴스 스케줄러를 사용하여 중지하거나 종료하면 됩니다.

EC2 인스턴스를 중지해도 인스턴스에 연결된 리소스에 대한 요금은 계속 부과된다는 점을 유의하세요. 여기에는 EBS 볼륨과 EIP가 포함됩니다.

인스턴스를 종료하면 일래스틱 그래픽과 일래스틱 인퍼런스가 자동으로 분리되고 이에 대한 지불이 중지됩니다. 그러나 EBS 볼륨에 대한 지불을 중지하려면 EBS 볼륨이 종료되었는지 확인해야 합니다. 3장에서 EBS 볼륨 및 '종료 시 삭제'에 대해 설명하겠습니다.

인스턴스가 중지되거나 종료되면 실행되지 않은 인스턴스라 할지라도 비용이 발생하므로 할당된 모든 EIP를 해제하는 것도 중요합니다. EIP에 대해서는 4장에서 설명하겠습니다.

EC2 플릿

EC2 플릿을 사용할 때는 온디맨드 인스턴스에서 실행할 기준 용량을 설정합니다. 이러한 인스턴스는 대부분 지속적으로 실행되므로 세이빙 플랜을 구매하여 할인 혜택을 받는 것이 좋습니다. 그러면 온디맨드 용량에 세이빙 플랜 할인이 적용되고 스팟 용량에 스팟 할인이 적용됩니다.

EC2 플릿을 삭제하면 해당 정의만 삭제되고 원하는 용량을 충족하기 위해 구동된 실제 EC2 인스턴스는 삭제되지 않습니다. 실행 중인 모든 인스턴스는 중지하거나 종료할 때까지 계속 실행됩니다.

전용 호스트와 베어 메탈 인스턴스

전용 호스트와 베어 메탈 인스턴스는 컴퓨팅 용량이 큰 호스트의 모든 리소스를 사용할 수 있다는 이유 때문에 비용이 많이 발생합니다. 비용이 많이 들기 때문에 사용에 주의를 기울이는 것이 특히 중요합니다. 다음 사항을 확인해보세요.

- 사용 사례에 이러한 고성능 인스턴스가 실제로 필요한지 여부
- 워크로드를 지원할 수 있는 최소 사양 인스턴스 사용 여부

이를 통해 과도한 프로비저닝과 그에 따른 추가 과금을 방지하고 서드파티 소프트웨어 라이선스 비용을 줄일 수 있습니다.

고비용 인스턴스

고비용 인스턴스(예를 들면 월 1,000달러 이상의 인스턴스)를 사용하는 경우 이를 추적하여 실제 비즈니스 목적으로 사용되고 완벽하게 활용되는지 확인하는 것이 좋습니다. 운영 상태를 파악하고 실행 시간과 활용률을 쉽게 추적할 수 있는 방법을 확보해야 합니다.

서드파티 소프트웨어 라이선스

MS SQL이나 오라클과 같은 상용 데이터베이스를 사용하는 인스턴스가 있을 수도 있습니다. 이러한 인스턴스와 서드파티 소프트웨어 라이선스 비용에 특별히 주의를 기울이고 가장 비용 효율적인 프로비저닝 방법을 확인하세요. 요즘에는 이러한 라이선스 비용을 절감할 수 있는 다양한 방법이 있으므로 이를 활용해야 합니다. 예를 들면 다음과 같습니다.

- 오라클이나 MS SQL 데이터베이스가 필요한 경우에는 요구 사항을 지원하는 최소 데이터베이스 라이선스 유형을 프로비저닝해야 합니다. 예를 들어 모든 환경(프로덕션, 개발, 테스트)에 엔터프라이즈 에디션^{Enterprise Edition} 라이선스가 실제로 필요한지 자문해보세요. 아니면 스탠더드^{standard}나 웹 에디션^{Web Edition}으로도 요구 사항에 충족하는지 알아보세요. AWS는 무료로 사용할 수 있는 스키마 변환 도구를 제공하여 용도에 적합한 라이선스 유형을 결정하는 데 도움을 줍니다. AWS 스키마 변환 도구에 대한 자세한 내용은 `https://aws.amazon.com/dms/schema-conversion-tool`에서 확인할 수 있습니다.
- CPU 인스턴스 최적화는 소프트웨어가 CPU당 가격이 책정되는 메모리 요구 사항이 높은 서드파티 소프트웨어를 사용할 때 높은 가치를 제공합니다. 일반적으로 메모리양이 많은 인

스턴스가 vCPU 수도 많습니다. 따라서 서드파티 소프트웨어에 많은 메모리가 필요한 경우에는 서드파티 소프트웨어 라이선스에 많은 비용을 지불하게 됩니다. CPU 인스턴스 최적화는 이러한 시나리오의 비용 최적화에 이상적일 수 있습니다. 필요한 메모리양이 있는 인스턴스를 선택하고 필요에 따라 vCPU 수를 낮춰 조정할 수 있습니다.

- 서드파티 소프트웨어를 사용하는 경우 라이선스 비용을 최소화하기 위한 대안을 고려하세요. 예를 들어 AWS 스키마 변환 도구의 지원을 통해 MS SQL나 오라클과 같은 상용 데이터베이스 사용에서 PostgreSQL이나 MySQL과 같은 오픈 소스 데이터베이스로 전환하는 데 필요한 노력을 분석할 수 있습니다. 이 도구는 기존 프로시저, 함수, 스토리지 객체, 코드 객체와 관련하여 마이그레이션 호환성을 설명하고 이러한 마이그레이션을 실행하는 데 필요한 작업을 알려줍니다. 대부분의 경우 마이그레이션은 적은 노력으로 완료될 수 있습니다. 또한 이러한 마이그레이션으로 인해 성능과 플랫폼 가용성이 향상되고 라이선스 비용이 절감된다는 사실도 알게 될 것입니다.

- 그래픽 시각화나 머신러닝 모델링, 추론을 위해 GPU 성능이 필요한 서드파티 소프트웨어를 사용하고 있을 수 있습니다. 단순히 G 또는 P 인스턴스에 이 소프트웨어를 배포하는 대신 일래스틱 그래픽이나 일래스틱 인퍼런스로 구동되는 EC2 인스턴스의 사용을 고려해보세요. 인스턴스 비용을 절감할 수 있을 뿐만 아니라 소프트웨어 라이선스 비용도 절감할 수 있습니다.

온디맨드 용량 예약

EC2 온디맨드 용량 예약 구매 옵션을 사용하면 사용 여부에 관계없이 예약된 용량에 대해 요금이 부과됩니다. 따라서 약정한 인스턴스 유형을 계속 사용하고 해당 인스턴스가 더 이상 필요하지 않으면 약정을 취소하세요. 용량 예약은 필요할 때 즉시 예약 및 취소할 수 있으므로 인스턴스를 사용하지 않을 때 예약을 유지할 필요가 없습니다.

세이빙 플랜과 예약 인스턴스

세이빙 플랜을 도입하면 지속적인 EC2 워크로드의 가격 할인을 위해 예약과 세이빙 플랜을 결합하여 사용할 수 있습니다. 그에 따라 지출 약정을 관리해야 하는 책임이 따릅니다. 세이빙 플랜과 예약은 사용 여부에 관계없이 요금이 부과됩니다. 따라서 기존 예약과 세이빙 플랜의 활용도를 추적하여 약속한 리소스 유형을 실제로 사용하는지 확인해야 합니다. 세이빙 플랜이나 예약이 제대로 활용되지 않는 시나리오를 식별한 경우에는 사용되는 인스턴스 유형을 변경하거나 예약 조건(컨버터블 예약의 경우)을 변환하여 실행 중인 워크로드를 처리해야 합니다. 또한 지속적인 EC2 사용량을 추적하여 추가 절감 기회를 파악해야 합니다. 확인이 끝나면 추가 세이빙 플랜 구매를 고려합니다.

세이빙 플랜과 예약을 추적할 때는 각각의 수명 주기도 추적하고 만료되는 시기도 알고 있어야 합니다. 할인 혜택을 계속 받고 할인 기간이 만료되어도 다시 온디맨드 가격으로 돌아가지 않으려면 실제 만료 전에 할인 혜택을 갱신해야 합니다. 만료되는 예약은 비슷한 할인율에 더 높은 유연성과 적용 범위를 제공하므로 세이빙 플랜으로 교체하는 것이 좋습니다.

다음 그림은 특정 워크로드를 위해 구매한 예약 인스턴스의 사용률 수준과 이를 사용하여 얻은 절감 효과를 보여줍니다. 잠재적 온디맨드 비용이 22,932달러인 것을 감안하면 실제 예약 인스턴스 비용이 15,069달러인 것은 특정 워크로드에 대한 예약 인스턴스를 구매하여 7,862달러를 절약했다는 것을 의미합니다.

그림 2-30 예약 인스턴스 사용률 보고서(AWS 비용 탐색기)

오토 스케일링 그룹

오토 스케일링 그룹을 설정하고 컴퓨팅 인프라가 수요에 따라 동적으로 확장 및 축소한다고 가정해보겠습니다. 오토 스케일링 그룹의 동작을 모니터링하고 과잉 프로비저닝 없이 효율적으로 확장되는지 확인하는 운영 작업을 수행해야 합니다. 다음은 오토 스케일링 그룹 모니터링과 수행해야 하는 최적화 작업에 대한 몇 가지 아이디어입니다.

- **오토 스케일링 그룹 최적화:** 오토 스케일링 그룹을 설정할 때는 최소 리소스 수, 원하는 리소스 용량, 최대 리소스 수를 설정해야 합니다. 오토 스케일링 그룹이 활성화되고 인스턴스가 실행되면 표준 워크로드를 지원하는 동안 최소 리소스 용량과 원하는 용량이 과잉 프로비저닝되지 않는지 확인해야 합니다. 또한 워크로드 급증을 처리할 때 최대 리소스 수가 예산을 초과할 위험이 없는지도 확인해야 합니다.

- **스케일링 조정 최적화:** 인프라를 확장하거나 축소할 때 스케일 조정에 주의를 기울여야 합니다. 스케일링 시간 동안 오토 스케일링 그룹의 성능을 모니터링하고 용량과 성능에 대한 애플리케이션 요구 사항에 맞게 스케일링이 수행되면서 과도한 프로비저닝을 유발하지 않도록 해야 합니다. 예를 들어 애플리케이션이 성능을 유지하기 위해 2개의 인스턴스가 필요한 경우 오토 스케일링에서 5개의 인스턴스를 추가하지 않도록 합니다.

- **오토 스케일링 정책 최적화:** 오토 스케일링 정책은 인스턴스 수를 늘리거나 줄이는 조건을 정의합니다. 오토 스케일링 그룹이 현재 vCPU 사용률에 따라 인스턴스 수를 조정한다고 가정합시다. 오토 스케일링 조정을 트리거하는 최적의 vCPU 사용률 수준을 찾아야 합니다. 이는 인스턴스의 vCPU 활용률을 극대화하는 동시에 애플리케이션 성능을 저하시키지 않고도 추가 인스턴스를 구동할 수 있는 충분한 시간을 허용하는 수준입니다. 대부분의 경우 증가된 워크로드를 지원하기 위해 더 많은 인스턴스를 구동하기 전에 인스턴스 vCPU 사용률이 80~90%에 도달하도록 허용할 수 있습니다.

- **확장 및 축소 정책 쌍 정의:** 정의하는 각 확장 정책에 대해 축소 정책도 함께 설정해야 합니다. 축소 정책은 실행 중인 인스턴스 수를 실제 워크로드에 맞게 조정하기 위해 오토 스케일링 그룹에서 인스턴스를 분리했다가 나중에 종료하는 시나리오를 정의합니다. 예를 들어 vCPU 활용률이 40%로 떨어질 때 인스턴스 수를 줄이는 축소 정책을 사용할 수 있습니다.

  축소 정책을 설정하지 않으면 워크로드 증가 기간이 종료된 후에도 확장된 리소스가 계속 실행됩니다. 즉, 실제로 필요하지 않은 리소스에 대해서도 비용을 지불하게 됩니다.

- **대기 상태의 인스턴스 확인:** 인스턴스 문제 해결, 구성 변경, 기타 이유로 오토 스케일링 그룹 인스턴스 중 하나를 대기 상태로 전환할 수 있습니다. 애플리케이션이 실행되지 않더라도 대기 상태의 인스턴스에 대한 요금이 부과된다는 점을 유의해야 합니다. 따라서 이러한 인스턴스를 종료하지 않고 유지(또는 잊어버림)하면 혜택을 받지 못하더라도 비용은 계속 지불됩니다. 대기 상태로 전환된 인스턴스는 서비스 상태로 되돌리거나 종료해야 합니다.

- **오토 스케일링 그룹에서 인스턴스 삭제:** 오토 스케일링 그룹에 속하는 인스턴스를 삭제하기 전에 오토 스케일링 그룹의 최소 및 원하는 용량을 알고 있어야 합니다. 인스턴스를 수동으로 삭제하면 오토 스케일링 그룹이 정의된 원하는 용량과 일치하도록 즉시 대체 인스턴스를 구동시킵니다. 특정 오토 스케일링 그룹에서 특정 인스턴스를 제거하려면 실제로 인스턴스를 삭제하는 것 외에도 오토 스케일링 그룹 설정을 변경하거나 삭제해야 합니다.

AWS 인스턴스 스케줄러

AWS 인스턴스 스케줄러를 사용하면 자동화된 프로세스를 생성하여 인스턴스 가용성을 예약할 수 있습니다. 예측 가능한 시간에 실행되고 비활성화될 각 워크로드에 대한 스케줄을 설정합니다. 또한 팀이 관련 리소스에 스케줄러 태그를 적용하는지 확인하세요.

스케줄링에서는 '모든 것을 수용하는 단일 크기' 접근 방식이 작동하지 않습니다. 조직에는 다양한 스케줄이 필요한 워크로드뿐만 아니라 여러 시간대에 팀이 있을 수 있습니다. 결국 비용 절감에 기여하는 여러 스케줄이 필요합니다.

스케줄이 실행된 다음에는 사용량 모니터링 부분이 남게 됩니다. EC2 인스턴스 가용성을 매일 모니터링하여 원하는 모든 인스턴스에서 스케줄이 제대로 작동하고 필요 이상으로 오래 실행되는 인스턴스가 없는지 확인해야 합니다.

람다

람다용 애플리케이션을 설계하기로 결정한 후에는 비용, 사용량 및 운영을 모니터링해야 합니다. AWS는 컴퓨팅 인프라를 운영할 책임이 있으므로 이와 관련하여 할 일은 거의 없거나 전혀 없습니다. 그러나 여전히 람다 서비스 비용을 모니터링해야 하고, 각 기능에 대해 다음 사항을 추적해야 합니다.

- **호출:** 이벤트나 API 호출에 대한 응답으로 함수가 호출된 횟수

- **기간:** 각 람다 함수에 대한 처리 시간(초)과 일별 또는 월별 총 실행 기간입니다. 각 호출을 가능한 한 빨리 완료되도록 하는 것을 목표로 합니다. 여기에는 더 빠르게 실행되도록 코드를 최적화하고, 종속성을 제거하며, 외부 API와 상호 작용할 때 대기 시간을 최소화하는 것이 포함됩니다. 람다 함수 실행 기간을 줄이는 또 다른 방법은 더 나은 성능을 제공하도록 설계된 arm64 프로세서를 사용하는 것입니다.

- **호출 실패:** 함수 오류(메모리 부족 예외, 시간 초과, 권한 오류 등)로 인해 실패한 호출 수입니다. 호출 요청, 실행 기간, 재시도 호출에 대해 여전히 요금이 부과되므로 실패한 호출 수를 최소화하고 재시도 횟수를 제어하는 것을 목표로 합니다.

- **비용:** 간접 비용을 포함하여 각 기능을 실행하는 데 드는 총 비용

- **사용량과 비용 급증:** 활용률 급증을 살펴보고 람다 사용량 및 비용 동향의 이상 징후를 파악합니다.

- **프로비저닝된 동시성:** 프로비저닝된 GB당 월 비용은 10.78달러입니다. 프로비저닝된 동시성 비용을 모니터링하여 두 자릿수의 밀리초 응답 시간이 필요한 기능을 프로비저닝할 수 있습니다. 프로비저닝된 각 동시성에 대해 더 빠른 실행 시간이 비용에 비해 얼마나 가치가 있는지 보여줄 근거가 있어야 합니다.

- **메모리 할당 최적화(비용 대비 성능):** 람다 요금제는 메모리 할당과 실행 기간 모두를 기반으로 하므로 다른 양의 메모리를 사용하여 실행 기간을 측정하는 것이 좋습니다. 더 많은 메모리를 할당하면 더 많은 비용이 들지만 실행 기간이 줄어들므로 비용이 절감됩니다. 이러한 테스트를 기반으로 각 기능에 대해 선호 구성을 파악하고 비용 대비 성능에 대해 람다 함수를 구성할지 여부를 결정할 수 있습니다.

이러한 테스트를 실행하기 위해 **AWS 람다 파워 튜닝**^{Lambda Power Tuning} 오픈 소스 프로젝트를 사용할 수 있습니다. 이 프로젝트는 데이터 기반으로 람다 함수를 최적화하는 데 도움이 됩니다. 이 프로젝트는 x86 및 arm64 프로세서 모두에서 다중 메모리 구성(128MB ~ 10GB)으로 람다 함수를 실행합니다. 각 구성에 대해 **람다 파워 튜닝**은 x86 및 arm64 프로세서 모두에서 각 함수 실행 비용과 실행 시간을 분석합니다. 요약하면 이 프로젝트는 가장 비용 효율적인 구성과 최고의 성능을 갖춘 구성을 보여주는 그래픽 프레젠테이션을 제공합니다.

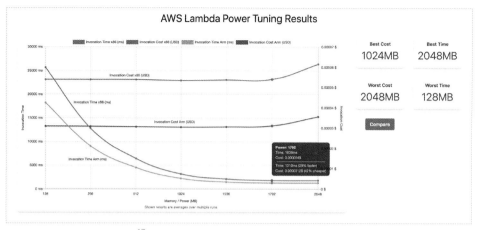

그림 2-31 AWS 람다 파워 튜닝[47]

또한 **AWS 컴퓨트 옵티마이저**^Compute Optimizer도 두 가지 범주의 람다 함수를 최적화하는 데 도움이 됩니다. 첫 번째 범주에는 메모리 크기로 과도하게 프로비저닝될 수 있는 람다 함수가 포함됩니다. 비용을 절약하기 위해 이러한 함수의 메모리 크기를 줄이는 것을 고려할 수 있습니다. 두 번째 범주에는 추가 CPU 성능의 이점을 얻을 수 있는 컴퓨팅 집약적인 람다 함수가 포함됩니다. 이러한 함수에서는 메모리 크기를 늘려 더 많은 CPU를 할당함으로써 실행 기간을 줄일 수 있습니다. 컴퓨트 옵티마이저는 권장 사항을 제공할 때 공식 람다 가격, 예상 함수의 실행 기간, 지난 14일 동안의 함수 호출 횟수를 통합하여 예상 비용 수치를 계산합니다. 람다 함수의 메모리 크기를 권장 옵션으로 설정하면 이 수치를 사용하여 람다 비용이 얼마나 증가했는지 알 수 있습니다.

- **관찰 가능성:** 대부분의 경우 람다 함수는 광범위한 흐름을 가진 분산 애플리케이션의 일부입니다. 람다 함수를 호출하기 전에 여러 단계가 있을 수 있으며 따라야 할 다른 많은 단계가 있을 수 있습니다. 특히 애플리케이션 내의 람다 함수 수가 증가함에 따라 각 트랜잭션의 종단 간 흐름에 대한 관찰 가능성을 확보하는 것이 중요합니다. 관찰 가능성을 통해 각 람다 함수의 개별 비용뿐만 아니라 각 트랜잭션의 전체 흐름을 이해하고 병목 현상과 결함을 파악하여 전체 흐름 비용을 최적화할 수 있습니다.

---

47 https://github.com/alexcasalboni/aws-lambda-power-tuning

AWS X-Ray와 아마존 클라우드와치 서비스렌즈^{CloudWatch ServiceLens}라는 두 가지 AWS 서비스를 통해 애플리케이션을 관찰할 수 있습니다.

- **X-Ray**는 요청에 대한 종단 간 보기를 제공하고, 요청이 애플리케이션을 통해 이동하는 방식, 애플리케이션의 기본 구성 요소 맵, 애플리케이션의 성능을 보여줍니다. 여기에는 각 기능의 성능(지연 시간)에 대한 통찰력, 요청 수, 시간 초과로 생성된 장애, 각 기능 단계에서 소요된 시간에 대한 타임라인 프레젠테이션이 포함됩니다.

- **클라우드와치 서비스렌즈**는 추적, 메트릭, 로그 및 알람과 함께 X-Ray 통찰력을 한 곳에 통합하여 서비스와 애플리케이션의 관찰 가능성을 향상시킵니다. 이와 같이 서비스렌즈는 애플리케이션의 전체적인 보기를 제공하여 성능 병목 현상을 보다 효율적으로 파악하고 영향을 받는 사용자를 식별할 수 있도록 지원합니다. 서비스 맵은 서비스 엔드포인트와 리소스를 '노드'로 표시하고 각 노드와 해당 연결에 대한 트래픽, 지연 시간, 오류를 강조 표시합니다. 노드(람다 함수)를 선택하여 서비스의 해당 부분과 연관된 메트릭, 로그, 추적에 대한 자세한 통찰력을 확인할 수 있습니다. 이를 통해 문제와 해당 문제가 애플리케이션에 미치는 영향을 조사할 수 있습니다.

X-Ray와 클라우드와치 서비스렌즈를 사용하면 람다 함수가 필요 이상으로 오래 실행되게 하여 높은 비용으로 이어지는 성능 병목 현상을 식별할 수 있습니다. 이러한 병목 현상을 신속하게 파악하고 애플리케이션 구성 요소 성능을 개선하는 방법을 구현하면 람다 함수의 실행 기간과 그에 따른 전체 애플리케이션 비용을 줄일 수 있습니다.

다음 그림은 서비스 맵으로 클라우드와치 서비스렌즈를 보여주며 지연 시간, 요청 수, 장애 및 각 애플리케이션 구성 요소를 보여줍니다.

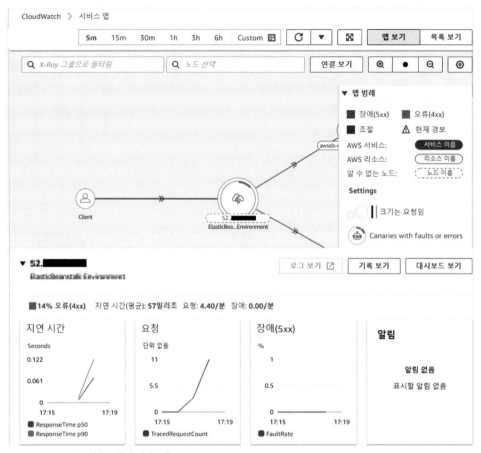

그림 2-32 AWS 클라우드와치 서비스렌즈

컨테이너

컨테이너를 배치한 후에는 컨테이너 워크로드가 최적화되었는지 확인하는 운영 작업이 남습니다. 컨테이너를 사용하는 경우 대부분의 운영 작업은 컨테이너의 리소스 활용률, 컨테이너 클러스터 호스트(EC2 인스턴스)의 활용률, 파게이트 프로세스의 활용률 등을 모니터링하는 것으로 구성됩니다. 이에 대해 살펴보겠습니다.

- **클러스터 통합:** 컨테이너와 ECS 또는 EKS 서비스를 사용할 경우 발생하는 부작용은 작업 실행에 사용되는 클러스터 수가 많다는 것입니다. 각 클러스터에는 자체 인프라(EC2 인스턴스)가 있으며, 그 결과 사용률이 낮은 EC2 인스턴스가 많이 발생합니다. 클러스터 수가 증가함에 따라 클러스터가 동일한 인스턴스에서 실행되도록 통합하는 것을 고려해야 합니다.

- **클러스터와 인스턴스 삭제:** 클러스터 사용을 마친 후에는 클러스터에 대한 요금이 발생하지 않도록 클러스터 리소스를 삭제해야 합니다. 클러스터 축소 프로세스는 원하는 작업 수를 0으로 줄이는 것으로 시작됩니다. 작업 수가 0에 도달하면 서비스를 축소하고 삭제할 수 있습니다. 여기에는 클러스터에 등록된 모든 EC2 인스턴스의 등록 취소와 종료가 포함됩니다. 이 작업이 완료되면 클러스터를 삭제할 준비가 된 것입니다. 또한 일래스틱 로드 밸런서, EC2 인스턴스에 연결된 EBS 볼륨 및 오토 스케일링 그룹을 포함하여 클러스터와 관련된 다른 모든 리소스도 종료해야 합니다.

- **등록 취소된 인스턴스 종료:** 인스턴스를 등록 취소하면 클러스터에서 제거됩니다. 등록 취소 상태의 인스턴스는 더 이상 새 작업을 실행할 수 없지만 이미 실행 중인 작업은 계속 지원합니다. 등록 취소된 인스턴스는 종료될 때까지 계속 비용을 지불하므로 더 이상 필요하지 않은 경우 등록 취소된 인스턴스를 종료해야 합니다.

- **리소스 활용률 모니터링:** 컨테이너 실행을 위해 리소스를 과도하게 할당하지 않도록 컨테이너 리소스, EC2 호스트, 파게이트 프로세스의 활용률을 모니터링해야 합니다.

  - **EC2(호스트):** AWS는 각 ECS 호스트에서 호스트 리소스 활용률을 보고하는 컨테이너 에이전트를 실행할 수 있는 옵션을 제공합니다. 작은 인스턴스 유형으로 시작하여 더 큰 인스턴스 크기로 업그레이드하거나 더 많은 리소스가 필요한 경우 추가 호스트로 확장하는 것이 좋습니다.

    다음 그림은 EC2 호스트 활용률에 대한 정보가 포함된 AWS ECS 콘솔을 보여줍니다.

그림 2-33 EC2 호스트 리소스 활용률

  - **리소스 할당 최적화:** EC2 시작 유형을 사용하여 컨테이너를 생성할 때 각 컨테이너 실행에 할당될 리소스양(vCPU와 메모리)을 정의합니다. 이러한 리소스의 활용 수준을 파악할 수 있도록 노력합니다. 컨테이너가 실제로 사용하는 것보다 더 많은 리소스로 프로비저닝된 경우 실제 요구 사항과 일치하도록 컨테이너 구성 매개변수를 업데이트하는 것이 좋습니다.

    이 AWS ECS 콘솔 화면에는 컨테이너 리소스 활용률에 대한 정보가 표시됩니다.

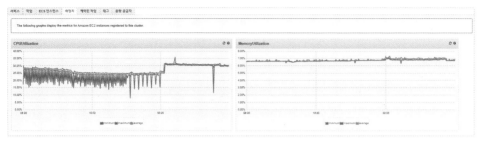

그림 2-34 ECS 컨테이너 리소스 활용률

- **파게이트 작업:** 파게이트 시작 유형을 사용할 때 파게이트 서비스 리소스 활용률을 모니
  터링하세요. 아마존 클라우드와치를 사용하여 vCPU 및 메모리 활용률을 모니터링하고
  과도한 프로비저닝 없이 워크로드에 가장 적합한 vCPU와 메모리의 조합을 사용하고 있
  는지 확인합니다.

2.5 요약: 컴퓨팅 서비스

AWS는 퍼블릭 클라우드 공급자 중에서 가장 성숙하고 진보된 다양한 컴퓨팅 서비스를 제공
합니다. 새로운 인스턴스 유형, 서비스 및 구매 옵션을 통해 다양성이 계속 발전하고 있습니다.
이는 각 워크로드에 가장 적합한 컴퓨팅 리소스를 선택할 수 있게 합니다.

아키텍처의 관점에서 EC2 인스턴스나 파게이트를 통해 서버리스 방식으로 지원되는 관리형
컨테이너 서비스 중 하나를 사용하여 컨테이너 내에서 코드를 실행할 수 있습니다. 코드를 람
다 함수로 실행하여 기본 인프라를 프로비저닝, 운영 및 확장할 수 있습니다.

AWS는 다양한 인스턴스 유형과 컴퓨팅 서비스를 비롯하여 인프라 확장 및 축소, 리소스 플릿
관리, 서버리스 애플리케이션 관리, 컨테이너 실행 등을 위한 고급 운영 도구들도 제공합니다.
이를 통해 자동화된 효율적인 방식으로 기술 및 운영 관점에서 애플리케이션을 지원하는 데 필
요한 모든 것을 제공합니다.

재정 관점에서 AWS는 세이빙 플랜을 약정하거나 스팟 인스턴스를 사용하거나 예약 인스턴스
를 약정하여 비용을 최적화하는 다양한 방법을 제공합니다. 이러한 EC2 구매 옵션은 온디맨드
가격에 비해 최대 90% 할인 혜택을 제공합니다. 각 워크로드에 대해 가장 비용 최적화된 구매
옵션 조합을 찾는 것이 비용 절감의 핵심이 될 것입니다.

전체적으로는 AWS 리전, 인스턴스 유형, 세대, 크기, 운영 체제, 테넌시 옵션, 요금제, 기타 컴퓨팅 인프라 특성에 걸쳐 총 **백만 개 이상의 옵션**이 제공됩니다.

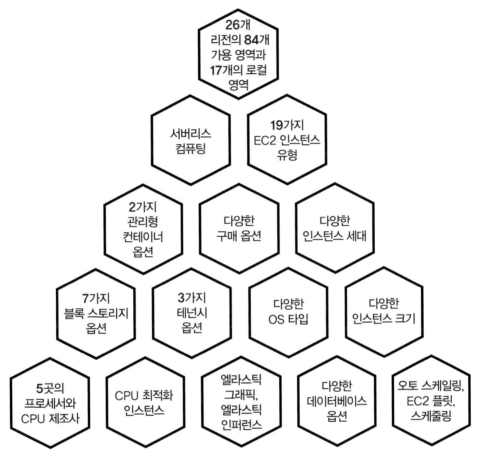

그림 2-35 백만 개 이상의 컴퓨팅 옵션

이러한 다양성을 수용하기 위해 우리는 실험뿐만 아니라 AWS 컴퓨팅 서비스의 다양한 측면에 익숙해지는 데 중점을 두고 있습니다. 각 워크로드에 가장 적합한 아키텍처를 찾기 위해 열린 마음으로 실험합니다. 이제 기존 온프레미스 인프라 및 아키텍처가 애플리케이션 실행 방식을 결정하는 대신 각 시나리오에 가장 적합한 인프라를 골라 선택할 수 있습니다. 이를 위해서는 성능과 전체 비용을 모두 고려하여 다양한 인스턴스 유형 및 컴퓨팅 옵션을 기준으로 애플리케이션을 벤치마킹하는 노력이 필요합니다.

이렇게 하면 애플리케이션이 언제든지 최적화된 방식으로 실행되도록 보장할 수 있습니다. 즉, 워크로드 지원에 필요한 컴퓨팅 용량을 갖추고 과잉 프로비저닝을 최소화하면서 수요의 변화, 계획된 운영, 기타 변수에 따라 자동으로 확장 및 축소할 수 있습니다.

이 장을 통해 AWS에서 비용 최적화된 컴퓨팅 환경을 구축하기 위한 올바른 결정을 내리는 데 필요한 지식을 얻었길 바랍니다.

CHAPTER 3

스토리지 서비스

AWS는 애플리케이션, 데이터베이스, 분석, 보관 및 데이터 웨어하우징에 대한 요구 사항을 지원하기 위해 데이터를 위한 완벽한 스토리지 및 마이그레이션 서비스를 제공합니다. 여기에는 객체, 블록, 파일 스토리지 서비스뿐만 아니라 AWS 환경으로의 데이터 마이그레이션을 지원하는 기타 서비스도 포함됩니다.

아마존 스토리지 서비스는 다음과 같습니다.

- **아마존 심플 스토리지 서비스**^{Amazon Simple Storage Service} (**S3**): 향상된 내구성을 제공하기 위해 구축된 아마존의 객체 스토리지 서비스입니다.

- **아마존 일래스틱 블록 스토어**^{Amazon Elastic Block Store} (**EBS**): 아마존 EC2 인스턴스에서 사용 가능한 지속적이고 지연 시간이 짧은 블록 스토리지를 제공하기 위해 구축한 아마존의 블록 스토리지 서비스입니다.

- **아마존 일래스틱 파일 시스템**^{Amazon Elastic File System} (**EFS**): 아마존 EC2 인스턴스에서 사용할 수 있는 탄력적이고 확장 가능한 파일 스토리지를 제공하기 위해 구축한 아마존의 공유 파일 시스템입니다.

- **Lustre용 아마존 FSx**^{Amazon FSx for Lustre}: 컴퓨팅 집약적인 워크로드에 최적화된 아마존의 공유 파일 시스템입니다.

- **윈도우 파일 서버용 아마존 FSx**^{Amazon FSx for Windows File Server}: 아마존의 기본 윈도우 파일 시스템으로, 윈도우 기반 애플리케이션과 호환되는 공유 파일 시스템을 제공합니다.

- **NetApp ONTAP용 아마존 FSx**^{Amazon FSx for NetApp ONTAP} : AWS 클라우드에서 완전히 관리되는 NetApp ONTAP 파일 시스템을 시작하고 실행할 수 있는 아마존의 스토리지 서비스입니다. 업계 표준 NFS, SMB, iSCSI 프로토콜을 통해 리눅스, 윈도우, MacOS 컴퓨팅 인스턴스에서 광범위하게 액세스할 수 있는 고성능 파일 스토리지를 제공합니다.

- **OpenZFS용 아마존 FSx**^{Amazon FSx for OpenZFS} : OpenZ 파일 시스템에 구축된 완벽하게 관리되는 공유 파일 스토리지를 제공하는 아마존의 스토리지 서비스입니다. AWS 그래비톤 프로세서 제품군을 기반으로 하며 NFS 프로토콜(v3, v4, v4.1, v4.2)을 통해 액세스할 수 있습니다.

- **AWS 스토리지 게이트웨이**^{AWS Storage Gateway} : 온프레미스 환경을 S3, 글래시어, 딥 아카이브, EBS, AWS 백업과 같은 아마존 스토리지 서비스와 원활하게 연결하여 AWS에서 파일, 볼륨, 스냅샷 및 가상 테이프에 대한 스토리지를 제공하는 AWS 서비스입니다.

- **AWS 백업**^{AWS Backup} : 온프레미스 애플리케이션이나 AWS 서비스에서 데이터 백업을 중앙 집중화하고 자동화할 수 있는 완전 관리형 백업 서비스입니다. AWS 백업을 사용하면 EBS 볼륨, RDS 데이터베이스, 다이나모DB 테이블, EFS 및 스토리지 게이트웨이 볼륨과 같은 AWS 리소스에 대한 백업 정책을 중앙에서 구성하고 백업 작업을 모니터링할 수 있습니다.

- **AWS 스노볼**^{AWS Snowball} : 페타바이트 규모의 데이터를 AWS 환경으로 빠르게 가져오기 위해 데이터 센터로 배송되는 물리 데이터 전송 어플라이언스입니다.

- **AWS 스노볼 엣지**^{AWS Snowball Edge} : AWS 환경으로 데이터를 최대 100TB까지 빠르게 가져오기 위해 데이터 센터로 배송되는 물리 데이터 전송 및 엣지 컴퓨팅 어플라이언스입니다. 또한 컴퓨팅 파워로 구동되며 디바이스에 있는 EC2나 람다 함수를 사용하여 컴퓨팅 작업을 실행할 수 있는 기능을 제공합니다.

- **AWS 스노모빌**^{AWS Snowmobile} : 데이터 센터에서 AWS 환경으로 매우 많은 양의 데이터를 전송하는 데 사용되는 컨테이너입니다. 최대 100PB의 데이터를 전송할 수 있는 컨테이너는 세미 트레일러 트럭으로 이동됩니다.

이 장에서는 일반적으로 사용되는 아마존 스토리지 서비스인 아마존 S3(글래시어 즉시 회수, 글래시어 유연 회수, 글래시어 딥 아카이브 포함), EBS, EFS에 중점을 둡니다. 윈도우용 FSx, Lustre용 FSx, NetApp ONTAP용 FSx, OpenZFS용 FSx는 이 책에서 다루지 않지만 KAO™ 모델을 사용하여 이러한 스토리지의 비용을 최적화하기 바랍니다.

먼저 각 스토리지 서비스에 대해 서비스 개요와 약관을 제공해 비용을 분석하고 최적화하는 데 필요한 지식을 제공합니다. 개요에 따라 각 서비스의 가격 구조를 다루고 사용자가 알아야 할 몇 가지 통찰력을 제공할 것입니다. 마지막으로 스토리지 비용 최적화를 위한 모범 사례, 즉 스토리지 비용 모니터링, 분석 및 최적화에 대해 설명합니다.

그럼 시작하겠습니다.

3.1 아마존 심플 스토리지 서비스(S3)

S3는 아마존의 객체 스토리지 서비스입니다. 이 서비스는 가용성이 높고 확장성이 뛰어나며 내구성이 뛰어난 객체 스토리지를 제공합니다. 이 스토리지는 모든 AWS 리전에 걸쳐 조직에서 널리 사용되며 AWS를 기반으로 구축된 많은 아키텍처의 핵심 구성 요소가 되었습니다. 아마존 S3는 이미지, 비디오, 백업, 로그뿐만 아니라 콘텐츠 배포를 위한 아마존 클라우드 프런트, 데이터 웨어하우스를 위한 아마존 레드쉬프트, 빅데이터 분석을 위한 아마존 EMR, NoSQL 데이터베이스를 위한 아마존 다이나모DB, ETL(추출^{extract}, 변환^{transform}, 적재^{load}) 서비스를 위한 아마존 글루^{Glue}, 데이터 분석용 아마존 아테나^{Athena}와 같은 AWS 데이터 서비스의 데이터 원본으로 사용되는 객체를 저장하는 데 사용됩니다.

객체는 각각 무제한의 객체를 포함할 수 있는 '버킷'에 저장됩니다. 원하는 대로 버킷에 객체를 쓰고, 읽고, 업데이트하고, 삭제할 수 있습니다. S3는 자주 액세스하는 데이터, 덜 자주 액세스하는 데이터, 보관(아카이브) 데이터 및 장기 보관의 요구 사항을 충족하기 위한 여러 스토리지 계층을 제공합니다.

S3 스탠더드에 객체를 저장하는 경우 월 GB당 0.023달러, 글래시어 딥 아카이브$^{Glacier Deep Archive}$에 객체를 저장하는 경우 월 GB당 0.001달러의 초기 가격이 적용되므로 대부분의 사용자는 S3 비용을 최적화할 여지가 별로 없다고 생각할 것입니다. 1TB의 데이터를 저장하는 데 매달 1달러에서 23달러 사이를 지출하는 것은 큰 문제가 아닙니다. 하지만 PB 단위의 데이터를 저장하는 경우에는 어떻게 해야 할까요? 데이터의 일부는 자주 액세스해야 하고 일부는 아카이빙 목적으로 저장해야 하는 경우에는 어떻게 해야 할까요? 더구나 데이터의 운영 및 실제 사용도 비용을 발생시킵니다. S3 비용을 분석, 제어 및 최적화하려면 먼저 이러한 비용 요인을 알고 있어야 합니다.

S3 비용 최적화를 위한 모범 사례를 자세히 살펴보기 전에 먼저 다양한 아마존 S3 스토리지 클래스 및 관련 서비스 기능에 대한 높은 수준의 지식을 알아야 합니다. 그 후 각각의 요금제를 살펴보겠습니다. 마지막으로 **KAO™** 모델을 적용하여 아마존 S3 비용을 최적화하는 데 필요한 지식, 아키텍처 지침 및 운영 활동을 요약하겠습니다.

3.1.1 S3 스토리지 클래스

아마존 S3는 다양한 객체 스토리지 클래스를 제공합니다. 각 스토리지 클래스는 특정 애플리케이션 관련, 기술 또는 비즈니스 요구 사항을 지원하기 위해 제공됩니다. 다음은 각 스토리지 클래스에 대한 간단한 설명입니다.

표 3-1 아마존 S3 스토리지 클래스[1]

스토리지 클래스	설명
아마존 S3 스탠더드 (Amazon S3 Standard)	아마존 S3 스탠더드는 최상의 데이터 내구성과 가장 빠른 데이터 액세스를 제공하는 기본 클래스입니다. 이 클래스는 애플리케이션 및 사용자가 자주 액세스하는 데이터에 사용됩니다.
아마존 S3 스탠더드-IA (Amazon S3 Standard-Infrequent Access)	아마존 S3 스탠더드-IA는 액세스 빈도가 낮지만 필요한 경우 빠른 액세스가 필요한 데이터를 저장하는 데 사용됩니다. 스탠더드 클래스보다 GB당 비용이 더 낮지만 스탠더드 클래스에는 적용되지 않는 검색 및 전송 비용이 발생합니다. 이 클래스는 스탠더드 클래스와 동일한 내구성, 짧은 대기 시간 및 높은 처리량을 제공합니다.
아마존 S3 단일 영역-IA (Amazon S3 One Zone-Infrequent Access)	아마존 S3 단일 영역-IA는 액세스 빈도는 낮지만 필요한 경우 빠른 액세스가 필요한 데이터를 저장하는 데 사용됩니다. 최소 3개의 가용 영역에 데이터를 저장하는 다른 아마존 객체 스토리지 클래스와 달리 S3 단일 영역-IA는 단일 가용 영역에 데이터를 저장합니다. S3 단일 영역-IA는 S3 스탠더드-IA 스토리지 클래스보다 20% 저렴합니다.
아마존 S3 지능형 티어 (Amazon S3 Intelligent-Tiering)	아마존 S3 지능형 티어는 성능 저하, 검색 비용 또는 운영 오버헤드 없이 액세스 빈도에 따라 가장 비용 효율적인 액세스 계층으로 데이터를 자동으로 이동하여 비용을 최적화합니다. S3 지능형 티어는 객체를 빈번한 액세스에 최적화된 계층, 빈번하지 않은 액세스에 최적화된 계층, 거의 액세스하지 않는 데이터에 최적화된 계층 등 세 가지 액세스 계층에 자동으로 저장합니다. S3 지능형 티어는 액세스 패턴을 모니터링하고 30일 동안 연속적으로 액세스하지 않은 객체는 간헐적 액세스(Recurrent Access) 계층으로, 90일 동안 액세스하지 않은 객체는 글래시어 즉시 회수 액세스(Glacier Instant Retrieval Access) 계층으로 이동시킵니다. 즉시 회수할 필요가 없는 데이터의 경우 S3 지능형 티어를 설정하여 180일 이상 액세스하지 않은 객체를 모니터링하고 글래시어 딥 아카이브 액세스(Glacier Deep Archive Access) 계층으로 자동으로 이동시킵니다. 나중에 객체에 액세스할 경우 S3 지능형 티어가 객체를 다시 빈번한 액세스 계층으로 이동시킵니다.

---

1 https://aws.amazon.com/s3, https://aws.amazon.com/glacier

스토리지 클래스	설명
글래시어 즉시 회수(Glacier Instant Retrieval)	글래시어 즉시 회수는 거의 액세스하지 않는 데이터(분기당 한 번)에 대해 가장 저렴한 비용을 제공하는 아마존의 아카이빙 서비스이며, 성능 민감 사용 사례에서 즉시 액세스해야 합니다. 글래시어 즉시 회수는 S3 스탠더드 및 S3 스탠더드-IA 스토리지 클래스와 유사하게 아카이브 스토리지에 가장 빠르게 액세스할 수 있는 기능을 제공합니다.
글래시어 유연 회수(Glacier Flexible Retrieval)	글래시어 유연 회수(보통 글래시어라 함)는 아마존의 아카이빙 서비스이며, 1년에 한두 번 액세스하고 비동기식으로 회수되는 데이터를 저장할 수 있는 저렴한 스토리지입니다. 즉각적인 액세스를 필요로 하진 않지만 백업이나 재해 복구 사용 사례와 같이 대규모 데이터셋을 회수할 수 있는 유연성이 필요한 아카이브 객체에 적합합니다. 글래시어 유연 회수에 저장된 데이터는 수 분에서 최대 12시간 이내에 복원할 수 있습니다.
글래시어 딥 아카이브 (Glacier Deep Archive)	아마존 글래시어 딥 아카이브는 아마존에서 가장 저렴한 스토리지 클래스입니다. 정기적으로 액세스하지 않는 데이터의 장기 보존 및 디지털 보존을 지원하도록 설계되었습니다. 글래시어 딥 아카이브는 규제 준수 요건을 충족하기 위해 데이터셋을 7~10년 이상 보관해야 하는 규제 수준이 높은 업계에 이상적입니다. 글래시어 딥 아카이브에 저장된 데이터는 12~48시간 이내에 복원할 수 있습니다.

S3 스토리지 클래스: 이전 세대

또한 이전 세대의 S3 스토리지 클래스에 객체를 저장할 수도 있습니다. 이 이전 세대의 S3 스토리지 클래스는 앞서 나열한 현재 세대의 스토리지 클래스와 함께 사용할 수 있습니다.

표 3-2 아마존 S3 스토리지 클래스: 이전 세대[2]

서비스 클래스	설명
아마존 S3 중복 감소 스토리지 (Reduced Redundancy Storage, RRS)	이 이전 세대 S3 스토리지 클래스는 S3 스탠더드 클래스보다 낮은 수준의 내구성과 중복성으로 객체를 저장할 수 있는 기능을 제공합니다. **RRS가 지원되고 사용 가능하지만 S3 스탠더드 스토리지 클래스는 더 비용 효율적이며 더 낮은 비용으로 더 높은 내구성을 제공합니다.**

3.1.2 아마존 S3 서비스 기능

객체 버전 관리

S3에서는 객체의 버전을 무제한으로 유지 관리하여 의도하지 않은 덮어쓰기나 삭제로 인한 데이터 손실을 방지할 수 있습니다. 버전 관리는 버킷 수준에서 활성화하거나 비활성화할 수 있

---

2 https://aws.amazon.com/s3/reduced-redundancy

습니다. 활성화하면 S3는 각 객체에 고유한 버전 ID 값을 할당합니다. 버전 관리가 활성화된 버킷에 객체를 넣으면 버킷 내 객체의 현재 버전을 덮어쓰지 않습니다. 버킷 내 현재 버전은 이전 버전이 되고 새로 추가 한 객체가 현재 버전이 됩니다.

S3 셀렉트와 글래시어 셀렉트

객체 스토리지의 특성상 각 객체는 독립적으로 처리됩니다. 5GB 객체 검색을 요청하면 5GB가 모두 표시됩니다. 애플리케이션은 전체 객체를 검색한 다음 필요한 데이터를 필터링해야 합니다.

셀렉트Select 기능을 사용하면 간단한 SQL 표현식을 사용하여 S3와 글래시어Glacier 객체에서 특정 데이터의 하위집합을 검색할 수 있습니다. 다양한 유형의 객체(예: CSV, JSON, 아파치 파케이Apache Parquet 또는 bzip2)에서 필요한 바이트만 추출할 수 있습니다. 또한 셀렉트 기능을 사용하면 데이터를 조회하기 위해 객체 데이터를 데이터베이스로 업로드할 필요가 없습니다.

멀티파트 업로드

객체를 S3에 업로드할 때 아마존에서는 멀티파트 업로드 API를 통해 객체를 부분적으로 업로드 또는 복사할 수 있습니다. 멀티파트 업로드는 3단계로 이루어집니다. 먼저 업로드를 시작하고, 그다음 모든 객체 부분을 업로드하고, 마지막으로 멀티파트 업로드를 완료합니다. 완전한 멀티파트 업로드 요청을 받은 아마존 S3는 업로드된 부분으로 객체를 구성합니다. 그러면 다른 객체에 액세스하는 것처럼 객체에 액세스할 수 있습니다.

S3 스토리지 관리

아마존은 S3 객체를 관리하기 위한 몇 가지 도구를 제공합니다.

- **S3 액세스 지점**S3 Access Points : S3 버킷에 대한 대규모 액세스를 간편하게 관리할 수 있는 방법을 제공합니다. 액세스 지점은 버킷에 연결되어 S3 객체 작업(예: GET 및 PUT)을 수행하는 데 사용되는 네트워크 엔드포인트입니다. S3 액세스 지점을 사용하면 액세스 지점을 통해 수행된 모든 요청에 대해 별도의 권한 및 네트워크 제어를 적용할 수 있습니다. 액세스 가능한 객체 데이터에 대한 제한을 허용하는 VPCVirtual Private Cloud(가상 사설 클라우드) 수준뿐만 아니라 접두사와 객체 태그를 기준으로 사용 권한을 설정할 수 있습니다.

다음은 모든 퍼블릭 액세스에 대해 인터넷 네트워크 액세스가 차단된 S3 액세스 지점 생성 화면입니다.

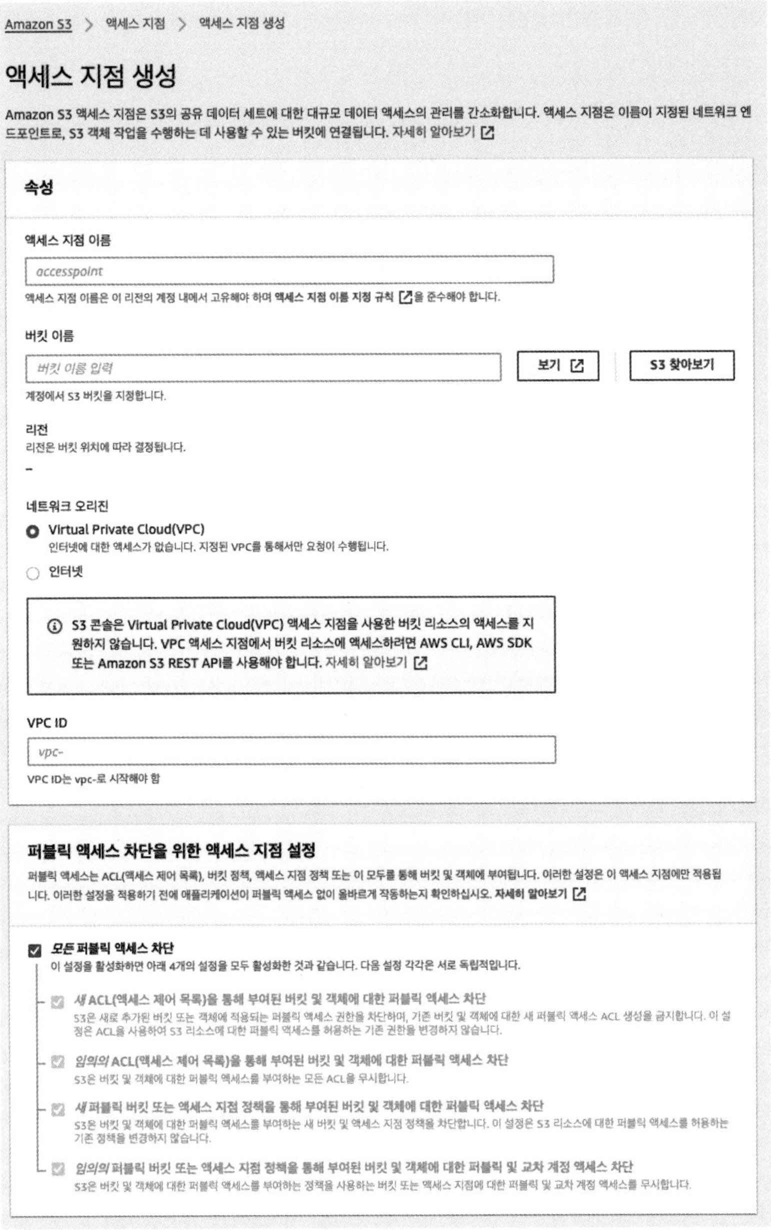

Amazon S3 〉 액세스 지점 〉 액세스 지점 생성

액세스 지점 생성

Amazon S3 액세스 지점은 S3의 공유 데이터 세트에 대한 대규모 데이터 액세스의 관리를 간소화합니다. 액세스 지점은 이름이 지정된 네트워크 엔드포인트로, S3 객체 작업을 수행하는 데 사용할 수 있는 버킷에 연결됩니다. 자세히 알아보기 ☑

속성

액세스 지점 이름

accesspoint

액세스 지점 이름은 이 리전의 계정 내에서 고유해야 하며 **액세스 지점 이름 지정 규칙** ☑을 준수해야 합니다.

버킷 이름

버킷 이름 입력   보기 ☑   S3 찾아보기

계정에서 S3 버킷을 지정합니다.

리전
리전은 버킷 위치에 따라 결정됩니다.

–

네트워크 오리진

⦿ **Virtual Private Cloud(VPC)**
  인터넷에 대한 액세스가 없습니다. 지정된 VPC를 통해서만 요청이 수행됩니다.

◯ **인터넷**

> ⓘ **S3 콘솔은 Virtual Private Cloud(VPC) 액세스 지점을 사용한 버킷 리소스의 액세스를 지원하지 않습니다. VPC 액세스 지점에서 버킷 리소스에 액세스하려면 AWS CLI, AWS SDK 또는 Amazon S3 REST API를 사용해야 합니다.** 자세히 알아보기 ☑

VPC ID

vpc-

VPC ID는 vpc-로 시작해야 함

퍼블릭 액세스 차단을 위한 액세스 지점 설정

퍼블릭 액세스는 ACL(액세스 제어 목록), 버킷 정책, 액세스 지점 정책 또는 이 모두를 통해 버킷 및 객체에 부여됩니다. 이러한 설정은 이 액세스 지점에만 적용됩니다. 이러한 설정을 적용하기 전에 애플리케이션이 퍼블릭 액세스 없이 올바르게 작동하는지 확인하십시오. **자세히 알아보기** ☑

☑ **모든 퍼블릭 액세스 차단**
   이 설정을 활성화하면 아래 4개의 설정을 모두 활성화한 것과 같습니다. 다음 설정 각각은 서로 독립적입니다.

   ☑ **새 ACL(액세스 제어 목록)을 통해 부여된 버킷 및 객체에 대한 퍼블릭 액세스 차단**
      S3은 새로 추가된 버킷 또는 객체에 적용되는 퍼블릭 액세스 권한을 차단하며, 기존 버킷 및 객체에 대한 새 퍼블릭 액세스 ACL 생성을 금지합니다. 이 설정은 ACL을 사용하여 S3 리소스에 대한 퍼블릭 액세스를 허용하는 기존 권한을 변경하지 않습니다.

   ☑ **임의의 ACL(액세스 제어 목록)을 통해 부여된 버킷 및 객체에 대한 퍼블릭 액세스 차단**
      S3은 버킷 및 객체에 대한 퍼블릭 액세스를 부여하는 모든 ACL을 무시합니다.

   ☑ **새 퍼블릭 버킷 또는 액세스 지점 정책을 통해 부여된 버킷 및 객체에 대한 퍼블릭 액세스 차단**
      S3은 버킷 및 객체에 대한 퍼블릭 액세스를 부여하는 새 버킷 및 액세스 지점 정책을 차단합니다. 이 설정은 S3 리소스에 대한 퍼블릭 액세스를 허용하는 기존 정책을 변경하지 않습니다.

   ☑ **임의의 퍼블릭 버킷 또는 액세스 지점 정책을 통해 부여된 버킷 및 객체에 대한 퍼블릭 및 교차 계정 액세스 차단**
      S3은 버킷 및 객체에 대한 퍼블릭 액세스를 부여하는 정책을 사용하는 버킷 또는 액세스 지점에 대한 퍼블릭 및 교차 계정 액세스를 무시합니다.

그림 3-1 S3 액세스 지점 생성 화면

- **S3 액세스 분석기**[S3 Access Analyzer]: 액세스 정책을 모니터링하여 정책이 S3 리소스에 대해 의도한 액세스 수준만 제공하도록 합니다. S3 액세스 분석기는 버킷 액세스 정책을 평가하고 의도하지 않은 액세스가 있는 버킷을 식별하고 수정하는 데 도움을 줍니다. 예를 들어 S3 액세스 분석기는 버킷이 인터넷 액세스를 허용하도록 구성되거나 다른 AWS 계정과 공유되도록 구성되면 여러분에게 알립니다. 일단 이러한 통찰력이 식별되면 원하는 액세스 정책을 구성할 수 있습니다.

- **S3 인벤토리**[S3 Inventory]: 모든 객체와 관련 메타데이터 목록을 제공합니다. 이는 일반적으로 비즈니스, 규정 준수 또는 규제 요구 사항에 대한 객체 상태를 감사하고 보고하는 데 사용됩니다. 버킷에 대한 여러 인벤토리 목록을 구성하고, 포함할 메타데이터를 구성하고, 나열할 객체를 선택(현재 버전인지 아닌지)하고, 인벤토리 목록을 스케줄링하고, 지능적 티어 객체의 스토리지 계층을 보는 등의 작업을 수행할 수 있습니다.

- **S3 애널리틱스 – 스토리지 클래스 분석**[S3 Analytics - Storage Class Analysis]: 데이터 액세스 패턴을 관찰하여 액세스 빈도가 낮은 스탠더드 객체를 S3 스탠더드-IA 스토리지 클래스로 이동하는 시기를 결정하는 데 도움이 됩니다. S3 단일 영역-IA나 글래시어 스토리지 클래스로 이동하기 위한 권장 사항은 아직 지원되지 않습니다.

- **S3 객체 태그 지정**[S3 Object Tagging]: S3는 분류 목적으로 객체에 태그를 지정하는 옵션을 제공합니다. 객체 태그를 지정하면 객체 인벤토리를 관리하고, S3 스토리지 비용에 대한 통찰력을 제공하며, 리포팅 데이터(보고 데이터)나 클라우드워치 메트릭의 필터링과 같은 작업을 수행할 수 있습니다. S3 객체 태그는 특정 태그가 있는 객체에 수명 주기 정책을 설정하는 데도 도움이 됩니다.

S3 배치 작업

배치 작업[Batch Operations]을 사용하면 AWS에서 제공하는 사전 정의된 API 작업을 사용하여 수백만 개의 객체에 대해 대규모 스토리지 관리 작업을 수행할 수 있습니다. 여기에는 버킷 간 객체 복사, 태그 세트 교체, 액세스 제어 수정, 이미지 트랜스코딩, 아마존 S3 글래시어 스토리지 클래스에서 아카이브된 객체 복원 등의 작업이 포함됩니다.

대상 객체의 목록을 지정하고 수행할 작업을 옵션 메뉴에서 선택하기만 하면 됩니다. 이 시점부터 배치 작업은 대상 객체 목록에 대해 필요한 작업을 수행합니다. 완료되면 S3 배치 작업이 알림을 보내고 변경 사항을 항목별로 분류한 완료 보고서를 자동으로 생성합니다.

S3 복제(CRR과 SRR)

복제는 S3 버킷에서 객체와 해당 메타데이터를 자동으로 복사하는 S3 기능입니다. 새로운 객체가 특정 S3 버킷에 업로드되면 해당 객체를 지정한 대상 버킷에 복제합니다. 대상 버킷은 동일한 리전 또는 다른 리전에 있을 수 있으며, 다른 AWS 계정에서 소유할 수도 있습니다. 이는 규정 준수 요구 사항, 재해 복구, 다른 계정과 객체 공유, 기타 사용 사례를 해결하는 데 도움이 됩니다.

AWS는 다음 두 가지 유형의 복제를 지원합니다.

- **교차 리전 복제**^{Cross-Region replication}(CRR): 서로 다른 AWS 리전에 있는 버킷 간에 객체를 복사하는 데 사용됩니다. CRR을 사용하면 컴퓨팅 클러스터 또는 사용자가 객체에 액세스하기 위한 지연 시간을 최소화할 수 있습니다.

- **동일 리전 복제**^{Same-Region replication}(SRR): 동일한 AWS 리전에 있는 버킷 간에 객체를 복사하는 데 사용됩니다. SRR은 로그 집계(모든 로그를 단일 리전 내 버킷에 복사), 개발/테스트 환경 복제 등을 지원할 수 있습니다.

S3 복제(CRR 또는 SRR)를 사용하는 경우 객체를 모든 스토리지 클래스(백업을 생성하고 장기 보관하는 글래시어 또는 딥 아카이브와 같은)에 생성하고 객체를 서로 다른 소유권을 가진 버킷에 복사하여 복사된 객체에 대한 액세스를 제한할 수 있습니다.

S3 복제의 또 다른 기능은 버킷, 접두사 또는 객체 태그 수준에서 복제를 구성할 수 있는 선택적 복제입니다. 이렇게 하면 한 버킷에서 다른 버킷으로 복제할 특정 객체를 선택할 수 있습니다.

복제를 사용하는 경우 원본 및 대상 버킷의 스토리지 비용, COPY와 PUT 요청, 복제된 각 객체의 데이터 전송(CRR의 경우)에 대한 비용을 지불해야 합니다.

S3 수명 주기 관리 정책

AWS는 S3 객체를 관리하기 위한 수명 주기 정책 설정 옵션을 제공합니다. 이러한 정책에는 각 객체의 검색 패턴 또는 애플리케이션의 필요에 따라 버킷 내 객체의 수명 주기를 관리하기 위한 규칙의 집합이 포함됩니다.

예를 들어 객체는 생성 후 처음 90일 동안 자주 액세스되는 '핫' 상태에 있을 수 있으며, 이 기간 동안 액세스 빈도가 줄어들면 '웜' 상태로 이동할 수 있고, 액세스가 더 이상 필요하지 않을 경우 '콜드' 상태로 수명을 종료하고, 객체는 규정 준수 목적으로 아카이빙됩니다. 버킷에 저장된 모든 유형의 객체 수명 주기를 관리하는 정책을 설정할 수 있습니다. 수명 주기 정책은 객체를 자동으로 삭제하거나 저비용 스토리지 클래스로 전환할 수 있으므로 일상적인 운영을 간소화하는 동시에 비용을 절감할 수 있는 훌륭한 도구입니다.

버킷 내의 특정 현재 객체의 집합과 현재 버전이 아닌 객체 및 불완전한 다중 부분 업로드에 대해 수명 주기 규칙을 정의할 수 있습니다. 수명 주기 정책은 객체를 하나의 S3 스토리지 클래스에서 다른 스토리지 클래스로 이동하는 전환 작업과 객체를 자동으로 삭제하는 만료 작업(예: 60일 후 현재 객체가 아닌 객체 삭제)을 시작합니다.

다음 그림은 지원되는 S3 수명 주기 스토리지 클래스 전환을 보여줍니다. 중복 감소 스토리지(RRS) 클래스는 사용하지 않는 것이 좋기 때문에 언급하지 않았습니다.

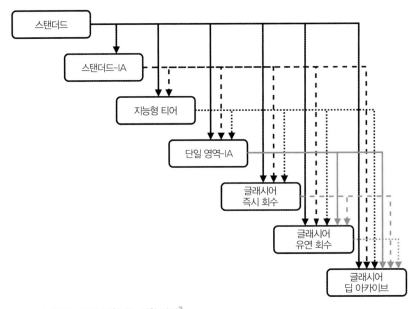

그림 3-2 아마존 S3가 지원하는 전환 작업[3]

객체에 가장 적합한 스토리지 클래스는 애플리케이션 요구 사항, 예상 검색 빈도(와 시간이 지남에 따라 어떻게 변하는가) 및 검색 속도와 같은 다양한 요인에 따라 달라집니다. 각 객체 유

---

3 https://docs.aws.amazon.com/ko_kr/AmazonS3/latest/userguide/lifecycle-transition-general-considerations.html

형에 대해 각 객체가 적절한 클래스에 배치되고 적절한 시기에 다른 클래스로 전환되도록 하는 전환 계획을 정의하는 것이 좋습니다.

예를 들어 보겠습니다.

- **일반적인 사용법:** 객체가 하루에 몇 번 검색되는 경우 객체를 S3 스탠더드 클래스에 배치하는 것이 좋습니다.

- **재해 복구:** 이러한 객체는 자주 액세스되지 않습니다. 그러나 액세스가 필요한 경우 속도가 가장 중요합니다. 따라서 글래시어 즉시 회수 스토리지 클래스는 이러한 객체에 적합합니다.

- **규정 준수:** 컴플라이언스(규정 준수) 또는 아카이빙을 위해 보존된 객체는 거의 액세스하지 않으며 검색 속도도 중요하지 않습니다. 일반적으로 이러한 객체는 글래시어 유연 회수 또는 글래시어 딥 아카이브로 전환하는 것이 합리적입니다.

- **테이프 라이브러리:** 글래시어 딥 아카이브는 온프레미스 테이프 라이브러리를 대체할 수 있습니다. 그러므로 테이프를 저장하고, 하드웨어 업데이트를 관리하고, 데이터를 새 테이프에 다시 쓸 필요가 없어졌습니다.

정책을 설정할 때는 S3 요금제(GB당 비용 및 요청당 운영 비용)를 숙지하고 객체의 다양한 수명 주기 단계(핫, 웜, 콜드, 필수 아님 등)를 명확하게 파악해야 합니다. 예를 들어 객체를 생성하고 나서 30일 이후에도 자주 액세스하는 경우에는 객체를 글래시어 유연 회수로 이동하면 안 됩니다. 실제로 비용 증가를 초래하는 전환을 방지하기 위해 AWS는 S3 수명 주기 전환에 몇 가지 **제한**을 적용합니다.

- **객체 크기:** 128KB보다 작은 객체의 경우 AWS는 객체를 다음과 같이 전환하지 않습니다.

    - S3 스탠더드 또는 S3 스탠더드-IA 스토리지 클래스에서 S3 지능형 티어 또는 S3 글래시어 즉시 회수로 전환하지 않습니다.

    - S3 스탠더드 스토리지 클래스에서 S3 스탠더드-IA 또는 S3 단일 영역-IA로 전환하지 않습니다.

- **최소 전환 일수**

    - AWS는 S3 스탠더드나 S3 스탠더드-IA 스토리지 클래스를 생성한 후 처음 30일 이내에는 객체를 S3 스탠더드-IA나 S3 단일 영역-IA로 전환하지 않습니다. 이는 S3 스탠더

드-IA나 S3 단일 영역-IA 스토리지 클래스에 적합한 것보다 더 빨리 새 객체에 액세스하거나 삭제하는 경우가 많기 때문입니다. 마찬가지로 현재 버전이 아닌 객체를 전환할 때는 최소 30일이 경과한 객체만 S3 스탠더드-IA나 S3 단일 영역-IA로 전환할 수 있습니다.

- S3 스탠더드-IA 및 S3 단일 영역-IA 스토리지 클래스는 최소 30일의 스토리지 요금이 부과됩니다. 따라서 S3 글래시어 유연 회수 또는 S3 글래시어 딥 아카이브 전환이 S3 스탠더드-IA 또는 S3 단일 영역-IA 전환 후 30일 이내에 발생하는 경우 S3 글래시어 유연 회수 또는 S3 글래시어 딥 아카이브 전환에 대해 단일 수명 주기 규칙을 지정할 수 없습니다. S3 스탠더드-IA 스토리지에서 S3 단일 영역-IA로 전환을 지정할 때도 최소 30일이 적용됩니다. 이를 위해 두 가지 규칙을 지정할 수 있지만 최소 저장 비용을 지불해야 합니다.

수명 주기 정책을 설정하는 몇 가지 단계를 살펴보겠습니다. 다음 그림은 S3 수명 주기 규칙 설정 화면을 보여줍니다. 현재 객체 버전과 이전 버전에 적용할 규칙을 설정할지 여부를 선택하고 객체를 생성한 후 각각 30일 및 90일로 전환할 클래스를 선택할 수 있습니다.

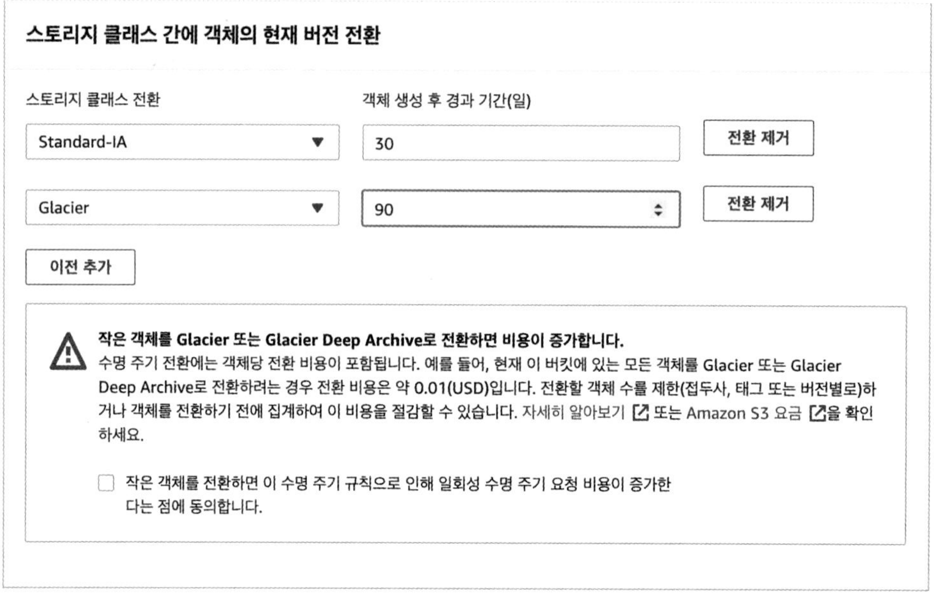

그림 3-3 아마존 S3 수명 주기 – 객체 버전별로 전환 규칙 구성

객체 버전별 만료 구성

다음 그림은 S3 콘솔을 통해 만료 규칙을 설정하는 방법을 보여줍니다. 규칙을 현재 객체 버전에 적용할지, 현재 버전이 아닌 버전에 적용할지 또는 둘 모두에 적용할지 선택할 수 있습니다. 객체가 만료되는 일수(예: 100일)를 설정하고 객체가 만료된 후 영구적으로 삭제되는 기간을 설정합니다. 불완전한 멀티파트 업로드에 대한 규칙을 설정할 수도 있습니다. 이 예에서는 생성 후 100일 후에 현재 객체를 만료하고 365일 후에 객체의 이전 버전을 삭제하며 7일 후에 불완전한 멀티파트 업로드를 삭제하도록 선택했습니다.

객체의 현재 버전 만료
버전 관리가 활성화된 버킷의 경우 Amazon S3는 삭제 마커를 추가합니다. 객체의 현재 버전은 이전 버전으로 유지됩니다. 버전이 지정되지 않은 버킷의 경우 Amazon S3는 해당 객체를 영구적으로 제거합니다. 자세히 알아보기 [↗]

객체 생성 후 경과 일수

100

객체의 이전 버전 영구 삭제

객체가 이전 버전이 된 후 경과 일수

365

만료된 삭제 마커 또는 완료되지 않은 멀티파트 업로드 삭제

만료된 객체 삭제 마커
이 작업은 만료된 객체 삭제 마커를 제거하여 성능을 개선할 수 있습니다. 버전이 지정된 객체를 삭제한 후 모든 이전 버전의 객체가 만료되는 경우 만료된 객체 삭제 마커가 보존됩니다. [객체의 현재 버전 만료]를 선택한 경우에는 이 작업을 사용할 수 없습니다. **자세히 알아보기** [↗]

☐ 만료된 객체 삭제 마커 삭제

> ⓘ You cannot enable **Delete expired object delete markers** if you enable **Expire current versions of objects**.

완료되지 않은 멀티파트 업로드
이 작업은 완료되지 않은 멀티파트 업로드를 모두 중지합니다. 멀티파트 업로드에 연결된 부분도 삭제됩니다. 자세히 알아보기 [↗]

☑ 불완전 멀티파트 업로드 삭제

일수

7
정수는 0보다 커야 합니다.

그림 3-4 아마존 S3 수명 주기 – 객체 버전별 만료 구성

S3 작업 및 객체 속성

AWS는 수명 주기 관리 도구 외에도 S3 객체가 생성될 때 해당 객체에 대한 작업 및 속성을 정의할 수 있는 옵션을 제공합니다. 이 작업은 코드 또는 스크립트 수준에서 수행되며 AWS 콘솔을 통해 수행되지는 않습니다. 다음과 같은 속성을 활용할 수 있습니다. 각 속성이 무엇을 가능하게 하는지 살펴보겠습니다.

- **객체 만료:** 현재 버전의 객체가 영구적으로 삭제되기 전에 유지되는 기간입니다.
- **이전 버전 전환**[NoncurrentVersionTransition]: 지정된 S3 클래스로 전환되기 전에 이전 버전 객체가 현재 스토리지 클래스에 남아 있는 기간입니다. 이 전환 시간은 객체가 현재 버전이 아닌 순간부터 측정됩니다.
- **이전 버전 만료**[NoncurrentVersionExpiration]: 이전 버전 객체가 영구적으로 삭제되기 전에 보존되는 기간입니다. 이 전환 시간은 객체가 현재 버전이 아닌 순간부터 측정됩니다.

S3 애널리틱스 – 스토리지 클래스 분석

S3 애널리틱스 – 스토리지 클래스 분석은 수명 주기 의사 결정 프로세스를 지원하기 위해 S3 객체의 액세스 패턴을 분석합니다. 스토리지 클래스 분석은 객체 사용 기간별 액세스 패턴(예: 15일, 15~29일 등), 해당 객체에 액세스하는 빈도, S3 스탠더드에서 S3 스탠더드-IA로 전환 가능한 객체에 대해 보고합니다.

3.1.3 아마존 S3 요금제

언뜻 보면 S3 요금제는 S3 스토리지 클래스에 GB-월당 데이터 요금이 부과되므로 간단해보입니다. 실제로 비용은 요청 유형 및 개수, 검색 크기 및 속도, 데이터 가속화, 복제(SRR 또는 CCR), 수명 주기 전환 요청, 데이터 업로드 등과 같은 운영 요소에 따라 달라집니다. 이 모든 것이 S3 비용에 영향을 주며 GB-월당 객체 스토리지 비용과는 별도로 청구됩니다.

이러한 비용에 대해 살펴보겠습니다.

GB-월당 요금제

첫 번째 단계는 각 S3 스토리지 클래스 가격의 기준인 GB-월당 요금제에 익숙해지는 것입니다.

표 3-3 GB-월당 S3 스토리지 클래스 요금[4]

스토리지 티어	스탠더드	스탠더드-IA	단일 영역-IA	글래시어 즉시 회수	글래시어 유연 회수	글래시어 딥 아카이브
최초 50TB-월	$0.023					
다음 450TB-월	$0.022	$0.0125	$0.0100	$0.0040	$0.0036	$0.00099
500TB-월 이상	$0.021					

이 표는 스토리지 클래스별 가격 차이를 보여줍니다.

- S3 스탠더드 클래스가 가장 비쌉니다.

- S3 스탠더드-IA 클래스는 S3 스탠더드 클래스보다 40%~45% 정도 저렴합니다.

- S3 단일 영역-IA 클래스는 S3 스탠더드-IA 클래스보다 20% 정도 저렴하고, S3 스탠더드 클래스보다 52%~56% 정도 저렴합니다.

- 글래시어 즉시 회수는 S3 스탠더드 클래스보다 83% 정도 저렴하고, S3 스탠더드-IA 클래스보다 68% 정도 저렴합니다.

- 글래시어 유연 회수는 글래시어 즉시 회수 스토리지 클래스보다 10% 저렴합니다.

- 글래시어 딥 아카이브는 가장 저렴한 스토리지 클래스입니다. S3 스탠더드 클래스보다 96%, S3 스탠더드-IA 보다 92%, 글래시어 즉시 회수보다 75%, 글래시어 유연 회수보다 72.5% 저렴합니다.

GB-월당 요금제 외에도 다음과 같은 중요하지만 미묘한 차이가 있습니다.

- **S3 스탠더드-IA와 S3 단일 영역-IA**
  - 최소 객체 크기가 128KB인 경우(실제 객체 크기가 더 작더라도) 요금이 부과됩니다.
  - 객체는 최소 30일 단위로 요금이 부과됩니다. 30일이 경과하기 전에 삭제, 덮어쓰기 또는 다른 스토리지 클래스로 전환된 객체에 대해서는 저장된 일수에 대한 GB-월당 사용 요금이 부과되며, 30일의 나머지 기간에 비례하여 할당된 요금이 추가로 발생합니다. 즉, 총 30일의 보관 기간에 해당하는 금액이 청구됩니다.

---

4 https://aws.amazon.com/s3/pricing

- **글래시어 즉시 회수**

  - 최소 객체 크기가 128KB인 경우(실제 객체 크기가 더 작더라도) 요금이 부과됩니다.

  - 객체는 최소 90일 단위로 요금이 부과됩니다. 90일이 경과하기 전에 삭제된 객체에 대해서는 저장된 일수에 대한 GB-월당 사용 요금이 부과되며, 90일의 나머지 기간에 비례하여 할당된 요금이 추가로 발생합니다.

- **글래시어 유연 회수**

  - 객체는 최소 90일 단위로 요금이 부과됩니다. 90일이 경과하기 전에 삭제된 객체에 대해서는 저장된 일수에 대한 GB-월당 사용 요금이 부과되며, 90일의 나머지 기간에 비례하여 할당된 요금이 추가로 발생합니다.

  - 글래시어 유연 회수에 저장된 각 객체에 대해 아마존은 메타데이터에 대해 40KB의 요금 오버헤드를 추가하며, 8KB는 S3 스탠더드 요금으로, 32KB는 S3 글래시어 유연 회수 요금으로 부과됩니다. 이 데이터는 S3 API를 통해 객체의 실시간 목록을 얻는 등의 작업을 지원합니다.

- **글래시어 딥 아카이브**

  - 객체는 최소 180일 단위로 요금이 부과됩니다. 180일이 경과하기 전에 삭제된 객체에 대해서는 저장된 일수에 대한 GB-월당 사용 요금이 부과되며, 180일의 나머지 기간에 비례하여 할당된 요금이 추가로 발생합니다.

  - 글래시어 딥 아카이브에 저장된 각 객체에 대해 아마존은 메타데이터에 대해 40KB의 요금 오버헤드를 추가하며, 8KB는 S3 스탠더드 요금으로, 32KB는 S3 글래시어 유연 회수 요금으로 부과됩니다. 이 데이터는 S3 API를 통해 객체의 실시간 목록을 얻는 등의 작업을 지원합니다.

리전별 스토리지 비용

GB-월당 비용은 객체가 저장되는 리전에 따라 다릅니다. 이를 살펴보겠습니다.

표 3-4 S3 스토리지 클래스 GB-월당 요금[5]

리전	스탠더드 (처음 50TB)	스탠더드-IA	단일 영역-IA	글래시어 즉시 회수	글래시어 유연 회수	글래시어 딥 아카이브
미국 동부(버지니아 북부)	$0.0230	$0.0125	$0.01000	$0.0040	$0.00360	$0.00099
미국 서부 (오리건)	$0.0230	$0.0125	$0.01000	$0.0040	$0.00360	$0.00099
미국 서부(캘리포니아 북부)	$0.0260	$0.0144	$0.01150	$0.0050	$0.00450	$0.00200
유럽(아일랜드)	$0.0230	$0.0125	$0.01000	$0.0040	$0.00360	$0.00099
유럽(런던)	$0.0240	$0.0131	$0.01048	$0.0050	$0.00405	$0.00180
아시아 태평양(싱가포르)	$0.0250	$0.0138	$0.01110	$0.0050	$0.00450	$0.00200
아시아 태평양(도쿄)	$0.0250	$0.0138	$0.01110	$0.0050	$0.00450	$0.00200
아시아 태평양(서울)	$0.0250	$0.0138	$0.01110	$0.0050	$0.00450	$0.00200
남아메리카(상파울루)	$0.0405	$0.0221	$0.01770	$0.0083	$0.00765	$0.00320

이 표를 통해 다음 내용을 배울 수 있습니다.

- 지리적으로 가까운 리전 간에도 가격 차이가 존재합니다. 예를 들어 S3 스탠더드 클래스 스토리지는 미국 서부(캘리포니아 북부) 리전이 미국 서부(오리건) 리전보다 13% 더 비쌉니다(0.0260달러와 0.0230달러).

- 남아메리카(상파울루) 리전이 가장 비쌉니다. 예를 들어 S3 스탠더드 클래스 스토리지는 미국 동부(버지니아 북부) 리전보다 76% 더 비쌉니다(0.0450달러와 0.0230달러).

S3 RRS의 GB-월당 비용

중복 감소 스토리지Reduced Redundancy Storage(RRS) 클래스의 GB-월당 S3 비용은 다음과 같습니다.

표 3-5 S3 RRS의 GB-월당 요금[6]

스토리지 티어	가격
최초 1TB-월	$0.0240
다음 49TB-월	$0.0236
다음 450TB-월	$0.0232
다음 500TB-월	$0.0228
…	…
5000TB-월 이상	$0.0220

---

5 https://aws.amazon.com/s3/pricing, https://aws.amazon.com/glacier/pricing

6 https://aws.amazon.com/s3/reduced-redundancy

S3 RRS 클래스는 S3 스탠더드 클래스보다 GB-월당 비용이 처음 50TB의 경우 0.0240달러와 0.0236달러로 S3 스탠더드의 0.023달러보다 더 비쌉니다. 가격은 비싸지만 중복 감소로 S3 스탠더드보다 내구성과 가용성이 떨어집니다. 이처럼 S3 중복 감소 스토리지 클래스는 비용 효율적이지 않으므로 S3 스탠더드 클래스를 사용하는 것이 좋습니다.

S3 지능형 티어 요금

S3 지능형 티어는 객체의 액세스 패턴을 모니터링하고 객체를 가장 비용 효율적인 계층으로 이동시킵니다. S3 지능형 티어는 객체를 빈번한 액세스에 최적화된 계층, 빈번하지 않은 액세스에 최적화된 계층, 거의 액세스하지 않는 데이터에 최적화된 계층 등 3개의 스토리지 계층에 자동으로 저장합니다. 30일 동안 연속으로 액세스하지 않는 객체는 빈번하지 않은 액세스 계층Infrequent Access tier으로 이동시키고, 90일 연속으로 액세스하지 않는 객체는 아카이브 즉시 액세스 계층Archive Instant Access tier으로 이동시킵니다. 즉시 회수할 필요가 없는 데이터의 경우에는 180일 이상 액세스하지 않는 객체를 감시하고 딥 아카이브 액세스 계층Deep Archive Access tier으로 자동 이동시킵니다. 나중에 객체에 액세스할 경우 S3 지능형 티어가 객체를 다시 빈번한 액세스 계층Frequent Access tier으로 이동시킵니다. S3 지능형 티어 요금제는 GB 단위의 데이터 스토리지와 월 단위의 모니터링 및 자동화 비용 두 가지 요소를 기반으로 합니다. 이러한 비용을 살펴보겠습니다.

표 3-6 S3 지능형 티어 GB-월당 요금[7]

스토리지 계층	빈번한 액세스 계층	빈번하지 않은 액세스 계층	아카이브 즉시 액세스 계층	아카이브 유연 액세스 계층	딥 아카이브 액세스 계층
처음 50TB-월	$0.023				
다음 450TB-월	$0.022	$0.0125	$0.0040	$0.0036	$0.00099
500TB-월 이상	$0.021				

S3 지능형 티어에서는 각 객체가 저장되어 있는 클래스에 대해 GB-월당 요금이 청구됩니다. AWS는 128KB보다 큰 객체에 대해서는 1,000개당 0.0025달러의 모니터링 및 자동화 비용을 청구합니다(128KB보다 작은 객체는 무료) 128KB보다 작은 객체는 모니터링되지 않기 때문에 항상 빈번한 액세스 계층 비용으로 청구됩니다. 또한 30일 이내에 삭제, 전환 또는 덮어쓰기된 객체는 요금이 발생하지 않습니다.

....
7 https://aws.amazon.com/s3/pricing

S3 지능형 티어는 회수 요금이 부과되지 않습니다. 빈번하지 않은 액세스 계층이나 아카이브 즉시 액세스 계층에 있는 객체를 나중에 액세스하게 되면 자동으로 빈번한 액세스 계층으로 이동됩니다. S3 지능형 티어 스토리지 클래스 내에서 액세스 계층 간에 객체를 이동할 경우 계층화 비용이 추가로 발생하지 않습니다.

S3 운영 비용

요청당 비용 구조

S3 비용은 각 스토리지 클래스에 저장된 데이터양으로만 정해지는 것은 아닙니다. S3 요금제에는 일상적인 운영에 필요한 비용도 포함됩니다. 비용은 요청 항목 또는 처리되는 데이터 규모에 따라 결정됩니다. S3 요청에 대한 비용은 다음 표에 나와 있습니다.

표 3-7 S3 요청 요금[8]

요청	스탠더드	스탠더드-IA와 단일 영역-IA	지능형 티어	글래시어 즉시 회수	글래시어 유연 회수	글래시어 딥 아카이브
모니터링과 자동화 (객체 1000개당)	$0.0025 (객체 크기 128KB 이상)					
PUT, COPY, POST, LIST (요청 1000개당)	$0.0050	$0.010	$0.0050	$0.020	$0.030	$0.050
GET, SELECT, 그 외 다른 모든 요청(요청 1000개당)	$0.0004	$0.001	$0.0004	$0.010	$0.0004	$0.0004
DELETE, CANCEL 요청	무료					
수명 주기 전환(요청 1000개당)		$0.010	$0.010	$0.020	$0.030	$0.050
데이터 회수(GB당)		$0.010		$0.030	[표 3-8]	[표 3-9]
S3 Select에 의해 검색된 데이터 (GB당)	$0.0020	$0.002	$0.0020	$0.002	[표 3-8]	
S3 Select에 의해 반환된 데이터 (GB당)	$0.0007	$0.010	$0.0007	$0.030	[표 3-8]	

이 표에는 다양한 S3 스토리지 클래스에 대한 다양한 운영 작업의 가격이 나와 있습니다. 중요한 관측치를 살펴보겠습니다.

---

8 https://aws.amazon.com/s3/pricing

- S3 스탠더드-IA, S3 단일 영역-IA, 글래시어 즉시 회수, 글래시어 유연 회수, 글래시어 딥 아카이브 클래스는 데이터 검색 비용을 부담하지만 스탠더드 클래스는 비용을 부담하지 않습니다.
- S3 스탠더드-IA와 S3 단일 영역-IA 클래스의 객체에 대한 요청은 S3 스탠더드 클래스의 객체에 대한 동일한 요청보다 비용이 더 많이 듭니다.
  - PUT, COPY, POST 요청 비용은 2배(0.01달러와 0.005달러)입니다.
  - GET, SELECT 요청 비용은 2.5배(0.001달러와 0.0004달러)입니다.
- 수명 주기 전환 요청 비용은 대상 스토리지 클래스에 따라 다릅니다.
  - 글래시어 즉시 회수에 객체를 배치하는 비용은 S3 스탠더드-IA, S3 단일 영역-IA, S3 지능형 티어에 배치하는 비용보다 2배 비쌉니다.
  - 글래시어 유연 회수에 객체를 배치하는 비용은 S3 스탠더드-IA, S3 단일 영역-IA, S3 지능형 티어에 배치하는 비용보다 3배 비쌉니다.
  - 글래시어 딥 아카이브에 객체를 배치하는 비용은 S3 스탠더드-IA, S3 단일 영역-IA, S3 지능형 티어에 배치하는 비용보다 5배 비쌉니다.

글래시어 유연 회수 운영 비용

글래시어 유연 회수는 자주 액세스하지 않거나 전혀 액세스하지 않는 객체를 저장하는 아카이빙 목적으로 설계되었습니다. 글래시어 유연 회수에 저장된 객체를 검색해야 하는 경우 AWS는 데이터 검색 속도를 특징으로 하는 다양한 검색 옵션을 제공합니다.

- 긴급(신속): 1~5분
- 표준: 3~5시간
- 대량: 5~12시간

가격은 위와 같이 상황에 따라 다르며 객체를 더 빨리 회수할수록 비용이 증가합니다. 이러한 비용은 글래시어 유연 회수 사용 방법에 따라 비용 효율이 달라질 수 있습니다. 다음 표는 다양한 글래시어 유연 회수의 운영 비용을 보여줍니다.

표 3-8 글래시어 유연 회수 운영 비용[9]

요청	긴급	표준	대량
데이터 회수	GB당 $0.03	GB당 $0.010	N/A
온디맨드 회수 요청	요청 1000개당 $10	요청 1000개당 $0.050	N/A
프로비저닝된 용량 회수 요청	유닛당 $100	N/A	N/A
PUT 요청	요청 1000개당 $0.030		
스캔된 Select 데이터	GB당 $0.020	GB당 $0.008	GB당 $0.0010
반환된 Select 데이터	GB당 $0.030	GB당 $0.010	GB당 $0.0025

'대량' 옵션을 사용하여 객체를 회수하는 데는 최대 12시간이 걸릴 수 있지만 '긴급'이나 '표준'보다 훨씬 저렴합니다. 긴급 옵션은 요청 비용과 회수된 GB당 가격 측면에서 가장 비쌉니다. 글래시어 유연 회수의 긴급 회수 비용은 0.03달러로 스탠더드-IA와 스탠더드 단일 영역-IA 클래스에서 검색하는 0.01달러보다 3배 비쌉니다.

글래시어 셀렉트를 사용하는 경우 다음 매개변수에 따라 요금이 부과됩니다.

- 회수 요청 수
- 스캔된 데이터양
- 반환된 데이터양

글래시어 딥 아카이브 운영 비용

글래시어 유연 회수와 마찬가지로 글래시어 딥 아카이브도 아카이브용으로 설계되었습니다. 글래시어 딥 아카이브는 거의 회수되지 않는 객체에 더 적합합니다. 글래시어 딥 아카이브에 저장된 객체를 회수해야 하는 경우 AWS는 데이터 회수 시간에 따른 다양한 회수 옵션을 제공합니다.

- 표준: 12시간
- 대량: 48시간

옵션에 따라 비용은 달라지며 객체를 더 빨리 회수할수록 비용이 증가합니다. 다음 표는 다양한 글래시어 딥 아카이브의 운영 비용을 보여줍니다.

---

9 https://aws.amazon.com/glacier/pricing

표 3-9 글래시어 딥 아카이브 운영 비용[10]

요청	표준	대량
데이터 회수	GB당 $0.020	GB당 $0.0025
회수 요청	요청 1000개당 $0.100	요청 1000개당 $0.025
PUT 요청	요청 1000개당 $0.050	

대량 회수가 표준 회수보다 GB당 요금은 1/8, 요청당 요금은 1/4로 더 저렴합니다. 글래시어 딥 아카이브와 글래시어 유연 회수 스토리지 클래스의 운영 비용을 비교하는 것은 흥미로운 일입니다. 글래시어 유연 회수의 대량 회수와 요청 비용은 무료지만 글래시어 딥 아카이브 클래스에서는 비용이 발생합니다. 표준 회수의 경우 글래시어 딥 아카이브 비용은 글래시어 유연 회수의 두 배(회수된 GB당 0.020달러와 0.010달러, 1000개 요청당 0.100달러와 0.050달러)입니다.

S3 스토리지 관리 도구 비용

다음 표는 S3 스토리지 관리 도구의 사용 가격을 보여줍니다.

표 3-10 S3 스토리지 관리 도구 비용[11]

S3 관리 도구	가격
S3 인벤토리	표시된 객체 1백만 개당 $0.0025
S3 애널리틱스 – 스토리지 클래스 분석	매월 모니터링하는 객체 1백만 개당 $0.10
S3 객체 태그 지정	매월 태그 10,000개당 $0.01

S3 객체를 태그하면 비용이 발생한다는 점에 유의하세요. 이는 비용이 들지 않는 EC2 인스턴스와 같은 다른 리소스에 태그를 지정하는 것과는 다릅니다.

혼합 요금

[표 3-3]에서 살펴본 것처럼 S3 스탠더드 가격은 3가지 사용 계층(처음 50TB까지는 GB-월당 0.023달러, 이후 450TB는 GB-월당 0.022달러, 그 이후는 GB-월당 0.021달러)을 기반으로 가격이 내려갑니다. AWS는 조직 단위에 할당된 모든 연결된 계정에서 S3 사용량을 집

---

10 https://aws.amazon.com/s3/pricing
11 상동

계합니다(조직에 대해서는 6장 참조). 따라서 더 높은(저비용) 사용 계층에 더 빨리 도달하여 S3 비용을 절감할 수 있습니다.

AWS는 과금의 일관성을 위해 조직 내 연결된 계정의 평균 사용률을 기준으로 혼합된 비율에 따라 각 연결된 계정을 과금합니다.

예를 들어 계정 3개로 각각 S3 스탠더드 사용량의 200TB-월을 소비하여 총 사용량이 600TB-월이라고 가정해봅시다.

계층별 요금제에 따라 처음 50TB-월에는 GB당 0.023달러, 이후 450TB-월에는 0.022달러, 나머지 100TB-월에는 0.021달러의 요금이 부과됩니다. 이를 계산하면 0.023달러 × 50,000GB(50TB) + 0.022달러 × 450,000GB(450TB) + 0.021달러 × 100,000GB(100TB) = 13,150달러입니다.

TB-월당 혼합 요금은 13,150달러/600TB = 21.92달러(또는 GB-월당 0.0219달러)입니다. 혼합 요금을 사용하면 연결된 각 계정에는 21.92달러 × 200TB = 4,383달러의 요금이 부과됩니다.

여기서 중요한 점은 3 × 4,383달러 = 13,150달러로 조직의 총 비용은 변하지 않는다는 것입니다.

프리 티어

AWS는 S3 스토리지에 대한 프리 티어를 제공합니다. 신규 고객에 한하여 첫 1년 동안 매달 다음 프리 티어 혜택을 받습니다.

- 5GB의 S3 스탠더드 클래스 객체 스토리지
- 20,000건의 GET 요청
- 2,000건의 PUT, COPY, POST, LIST 요청
- 100GB의 아웃바운드 데이터 전송

요약: S3 요금제

지금까지 살펴본 바와 같이 S3 가격은 단순히 GB당 요금제 이상입니다. S3(현재, 버전 관리,

멀티파트)로 저장하는 모든 객체에 대해 요금이 부과되며, 그러한 객체의 실제 사용에 대한 요금도 부과됩니다. GB-월당 비용은 S3 스탠더드에서 S3 스탠더드-IA, S3 단일 영역-IA, 글래시어 즉시 회수, 글래시어 유연 회수, 글래시어 딥 아카이브로 전환함에 따라 감소합니다. 그러나 운영 비용(수명 주기 전환이나 다른 요청)은 증가합니다. S3 비용에 영향을 미치는 운영 요소를 이해하는 것은 필수입니다. 그러면 스토리지 비용 효율성을 위해 애플리케이션을 설계하고 전반적인 S3 비용을 절감하는 데 도움이 되는 비용 효율적인 운영 모범 사례를 적용하는 데 도움이 될 것입니다.

3.1.4 S3 비용 최적화 모범 사례

이 책에서 다루는 모든 AWS 서비스와 마찬가지로 비용 효율성을 보장하기 위해 **KAO™** 방법론을 적용할 것입니다. 이를 통해 서비스의 가격 구조와 고려해야 할 **아키텍처** 고려 사항과 관련하여 필요한 모든 **지식**을 얻게 되므로 스토리지 최적화를 위해 설계하고 비용 효율성을 고려하여 **운영**할 수 있습니다. **KAO™** 모델을 S3 비용 효율에 적용해보겠습니다.

지식

S3 비용 효율성에 대한 모범 사례를 구현하는 첫 번째 단계는 S3 비용에 영향을 미치는 비용 요소뿐만 아니라 최적화 프로세스 전반에 걸쳐 사용할 수 있는 모범 사례와 도구에 익숙해지는 것입니다.

지금까지 알려진 바와 같이 S3 요금제는 단순한 'GB당 월 지불' 요금제 이상입니다. 또한 객체의 실제 사용(요청당)에 대해서도 요금이 부과됩니다. S3 비용에 영향을 미치는 다양한 요소를 이해하는 것이 S3를 비용 효율적인 방식으로 운영하는 데 필수입니다. 이러한 요소에 익숙해지면 비용 효율을 위해 S3 스토리지를 설계하고 전반적인 S3 비용을 지속적으로 관리하는 데 도움이 되는 비용 효율적인 운영 기술을 적용하는 데 도움이 될 것입니다.

이 장에서 다룬 비용 최적화의 주요 차이점 중 몇 가지를 살펴보겠습니다.

- **S3 스탠더드-IA와 S3 단일 영역-IA**
  - 최소 객체 크기가 128KB인 경우(실제 객체 크기가 더 작더라도) 요금이 부과됩니다.

- 객체는 최소 30일 단위로 요금이 부과됩니다. 30일이 경과하기 전에 삭제된 객체는 나머지 기간에 비례하여 할당된 요금이 추가로 발생합니다. 즉, 총 30일의 보관 기간에 해당하는 금액이 청구됩니다.

- **글래시어 즉시 회수**

  - 최소 객체 크기가 128KB인 경우(실제 객체 크기가 더 작더라도) 요금이 부과됩니다.

  - 객체는 최소 90일 단위로 요금이 부과됩니다. 90일이 경과하기 전에 삭제된 객체에 대해서는 저장된 일수에 대한 GB-월당 사용 요금이 부과되며, 90일의 나머지 기간에 비례하여 할당된 요금이 추가로 발생합니다.

- **글래시어 유연 회수**

  - 객체는 최소 90일 단위로 요금이 부과됩니다. 90일이 경과하기 전에 삭제된 객체에 대해서는 저장된 일수에 대한 GB-월당 사용 요금이 부과되며, 90일의 나머지 기간에 비례하여 할당된 요금이 추가로 발생합니다.

  - 글래시어 유연 회수에 저장된 각 객체에 대해 아마존은 메타데이터에 대해 40KB의 요금 오버헤드를 추가하며, 8KB는 S3 스탠더드 요금으로, 32KB는 S3 글래시어 유연 회수 요금으로 부과됩니다.

- **글래시어 딥 아카이브**

  - 객체는 최소 180일 단위로 요금이 부과됩니다. 180일이 경과하기 전에 삭제된 객체에 대해서는 저장된 일수에 대한 GB-월당 사용 요금이 부과되며, 180일의 나머지 기간에 비례하여 할당된 요금이 추가로 발생합니다.

  - 글래시어 딥 아카이브에 저장된 각 객체에 대해 아마존은 메타데이터에 대해 40KB의 요금 오버헤드를 추가하며, 8KB는 S3 스탠더드 요금으로, 32KB는 S3 글래시어 유연 회수 요금으로 부과됩니다.

- **객체 크기:** 일부 요청(PUT, GET, COPY)은 객체 크기와 관계없이 객체별로 요금이 부과됩니다. 1KB 객체를 배치하는 요청의 비용은 1GB 객체를 배치하는 요청의 비용과 동일합니다. 따라서 요청 수가 증가함에 따라 더 작은 객체를 처리할 때 요청 비용이 기하급수적으로 증가할 수도 있습니다. 작은 객체로 작업할 때는 가능하면 큰 객체로 그룹화하는 것을 고려하세요.

- **S3 복제(CRR**^{교차 리전 복제}**과 SRR**^{동일 리전 복제}**)**

  - 복제가 사용 가능하고 멀티파트 업로드 기능을 사용하는 경우 대상 리전에 업로드된 멀티파트 객체 수에 따라 PUT 요청에 대한 요금이 부과됩니다. 멀티파트 업로드가 활성화된 상태에서 업로드된 10GB 객체의 경우 80개의 PUT 요청(80 × 128MB, 멀티파트 객체의 크기)이 발생하며, 이 요청은 리전 간 데이터 전송 비용과 함께 요청에 대한 비용이 발생합니다.

  - 선택적 복제를 사용하면 원본 버킷에 업로드된 모든 객체를 복제하지 않고 필요한 객체만 복제(특정 접두사 또는 특정 태그로 태그 지정)할 수 있습니다.

  - 복제를 설정할 때 복사된 객체에 가장 적합한 스토리지 클래스를 고려하세요. 대부분의 경우 이러한 객체는 규정 준수나 재해 복구 목적으로 복제되며 자주 액세스하지 않습니다. 이러한 객체는 글래시어 즉시 회수, 글래시어 유연 회수 또는 글래시어 딥 아카이브와 같은 S3 스토리지 클래스로 전환하는 것이 적절할 수 있습니다.

  - 복제를 설정할 때는 업로드된 객체에 적용할 대상 리전에서 수명 주기 정책을 설정하는 것을 고려하세요. 대부분의 경우 이러한 객체는 먼저 스탠더드 계층으로 복제되며, 일정 시간이 지나면 더 이상 액세스하지 않습니다. 따라서 일정 시간이 지나면 이러한 객체를 하위 계층의 S3 스토리지 클래스로 전환하기 위한 수명 주기 정책을 설정하는 것이 적절할 수 있습니다.

- **S3와 글래시어 셀렉트의 장점 활용:** S3와 글래시어 셀렉트를 사용하면 SQL 문을 사용하여 객체에서 직접 데이터의 특정 하위 집합을 검색할 수 있습니다. S3와 글래시어 셀렉트를 활용하면 아키텍처를 단순화하고 SQL 데이터 검색을 위해 모든 데이터셋을 데이터베이스에 업로드할 필요가 없습니다.

- **객체 버전 관리:** 객체 버전 관리 작업 시에는 현재 버전뿐만 아니라 저장된 모든 객체에 대해 요금이 부과된다는 점을 유의하세요. 객체당 수천 개의 버전이 저장되는 상황을 피하려면 수명 주기 정책을 설정하여 특정 기간이 지난 오래된 객체 버전은 삭제하세요.

- **멀티파트 업로드:** S3 멀티파트 업로드를 활성화하면 S3는 업로드를 완료하거나 중단할 때까지 업로드된 모든 파트를 유지합니다. 업로드 요청의 수명 주기 동안 멀티파트 업로드 또는 파트의 일부 객체와 관련된 모든 스토리지, 대역폭, 요청에 대한 요금이 청구됩니다. 멀티파트 업로드를 중단하면 아마존 S3는 업로드한 파트를 삭제하고 더 이상 청구하지 않습니다.

멀티파트 업로드 요청이 성공적으로 완료되지 않으면 S3는 파트를 모으지 못하고 객체가 생성되지 않습니다. 일부 객체는 아마존 S3에 남아 있으며 객체가 생성되지 않았더라도 해당 스토리지에 대한 비용을 계속 지불하게 됩니다.

일정 시간이 지나도 완료되지 않는 멀티파트 업로드 요청은 중단하도록 수명 주기 정책을 설정하는 것이 좋습니다.

- **S3 중복 감소 스토리지**^{Reduced Redundancy storage} **클래스:** 앞서 살펴본 것처럼 S3 중복 감소 스토리지(RRS) 클래스는 사용 가능한 가장 비용 효율적인 클래스가 아닙니다. S3 스탠더드 클래스보다 내구성이 낮으며 GB당 가격도 더 높습니다. 논리적으로 더 많은 비용을 지불할 이유가 없기 때문에 S3 스탠더드 클래스를 사용하는 것이 가장 좋습니다. 이미 RRS를 사용하는 경우에는 RRS 객체를 다른 스토리지 클래스로 전환하기 전에 요청당 비용을 고려해야 합니다. 이러한 비용 때문에 전환이 비용 효율적이지 않을 수 있으며 따라서 객체를 RRS에 유지하기로 결정할 수 있습니다.

아키텍처

S3 비용 구조에 대한 충분한 지식과 스토리지 비용을 최적화할 수 있는 방법에 대한 아이디어를 얻었으면 이제 S3 스토리지를 비용 효율적인 방식으로 설계해야 할 시점입니다. S3 비용 효율성을 위해 설계할 때는 객체 크기, 객체 수명 주기, 애플리케이션 요구 사항, 예상 요청 수 또는 요청 빈도, 데이터 검색 시간 요구 사항, 복제(SRR 및 CRR) 요구 사항, 데이터 전송 OUT 비용 등을 고려해야 합니다. 이러한 모든 요소는 애플리케이션 아키텍처, S3 스토리지 설정 및 S3 스토리지 비용에 영향을 미칩니다. 몇 가지 구조적 결정에 대해 좀 더 자세히 살펴보겠습니다.

- **S3 리전 선택:** GB당 S3 스토리지 비용 및 관련 운영 비용은 리전별로 다릅니다. S3 스탠더드 스토리지 클래스의 가격은 처음 월 50TB의 경우 GB-월당 0.023달러(미국 동부, 버지니아 북부)에서 GB-월당 0.0405달러(남미, 상파울루)까지 다양합니다. S3 운영뿐만 아니라 EC2, 데이터 전송 및 기타 서비스에도 마찬가지입니다. 운영 리전을 결정하기 전에 이러한 비용 차이를 고려하는 것이 중요합니다. 스토리지 비용을 낮추기 위해 인프라를 또 다른 리전 대신 하나의 리전에 구축하기로 결정할 수 있습니다.

- **데이터 전송 비용 최소화:** S3 객체에 저장된 데이터 검색은 리전 간 또는 인터넷에서 데이터를 검색할 때 비용이 발생할 수 있습니다. S3 데이터 전송 비용을 줄이려면 객체를 배치할 리전을 현명하게 결정해야 합니다.

- EC2 인스턴스가 S3 객체와 통신하거나 S3 객체가 빅데이터 또는 데이터 웨어하우징 플랫폼의 데이터 소스로 사용되는 경우 객체를 호출 및 검색 리소스와 동일한 영역에 배치합니다.

- 외부 리소스(인터넷)에서 객체를 호출하는 경우 아웃바운드 트래픽 비용이 가장 낮은 리전의 사용을 고려해야 합니다. 선택적 복제^{Selective Replication} 및 콘텐츠 전송 네트워크^{Contents Delivery Network}(CDN, 이 책에서는 다루지 않음)도 데이터 전송 성능을 향상시키고 전체 비용을 절감하는 데 고려될 수 있습니다.

- **객체 복제 제어:** 규정 준수 요구 사항을 충족하기 위해 데이터를 복제해야 하는 경우 SRR을 사용해야 하는지 아니면 CRR을 사용해야 하는지 고려해야 합니다. CRR을 사용하면 리전 간 데이터 전송 비용이 발생하므로 필요한 경우에만 사용하세요.

- **객체 크기:** 각 객체에 대한 최적의 크기를 찾아야 합니다. 앞서 살펴본 바와 같이 더 작은 객체를 사용하면 데이터가 더 큰 객체로 집계되는 경우보다 더 많은 PUT 및 GET 요청이 필요하므로 요청 관련 비용이 증가할 수 있습니다. 최적의 객체 크기를 정의할 때는 예상되는 요청 빈도 또는 요청 수, 검색 속도 및 지연 시간, 데이터 전송 비용 등을 고려하여 애플리케이션 요구 사항 및 비용 고려 사항에 맞는 의사 결정을 내려야 합니다.

- **객체 압축:** 스토리지, 데이터 전송 및 검색 비용은 GB당 가격이 책정되므로 가능하면 데이터를 압축하는 것이 좋습니다. 그렇게 하면 스토리지, 검색 및 데이터 전송 비용을 절감할 수 있습니다. 대부분의 경우 데이터를 압축하면 업로드 및 전송 작업 속도가 향상되어 애플리케이션의 실행 속도도 빨라집니다.

  애플리케이션 및 비즈니스 요구 사항에 따라 사용 가능한 다양한 압축 옵션을 살펴보세요. 다양한 압축 기술의 특성(예: gzip, bzip2, Snappy), 각 기술의 CPU 오버헤드 및 데이터 압축을 푸는 데 필요한 시간을 고려해야 합니다.

- **S3 셀렉트와 글래시어 셀렉트:** S3 셀렉트와 글래시어 셀렉트를 사용하면 필요한 데이터의 전체 객체 콘텐츠 검색 및 처리 그리고 필터링하는 데 드는 애플리케이션에 대한 과부하를 덜어줄 수 있습니다. 또한 데이터 검색을 위한 SQL 쿼리를 활성화하기 위해 데이터를 데이터베이스에 업로드할 필요가 없으므로 아키텍처 및 애플리케이션 코드가 간소화됩니다. S3 셀렉트와 글래시어 셀렉트는 데이터베이스에 저장해야 하는 데이터 볼륨을 줄여서 서드파티 라이선스 및 인프라 비용을 절감하고 애플리케이션 성능도 개선할 수 있습니다.

- **S3 단일 영역-IA:** S3 단일 영역-IA 스토리지 클래스는 S3 스탠더드-IA 스토리지 클래스보다 20% 저렴한 가격으로 제공됩니다. S3 단일 영역-IA는 DR$^{disaster\ recovery}$(재해 복구) 데이터, 보조 백업을 복제된 객체의 대상으로 저장하는 데 매우 적합합니다.

- **게이트웨이 VPC 엔드포인트:** EC2 인스턴스와 S3 객체 간의 통신이 필요한 경우 게이트웨이 VPC 엔드포인트를 통해 연결합니다. 이러한 엔드포인트를 사용하면 인터넷 게이트웨이, NAT 게이트웨이 또는 VPN 연결을 통해 연결할 필요 없이 내부 전용 링크를 통해 통신이 이루어집니다. 또한 트래픽이 내부로 유지되고 퍼블릭 네트워크를 통과하지 않도록 보장합니다. 게이트웨이 VPC 엔드포인트는 4장에서 자세히 살펴보겠습니다.

- **객체 보안:** 인터넷을 통해 S3 객체를 검색하면 처음 10TB(프리 티어에서 제공하는 1GB 초과)에 대해 GB당 0.09달러의 데이터 전송 비용이 발생합니다. 객체를 안전하게 보호하고 인증된 애플리케이션 및 사용자에게만 액세스 권한을 부여하면 S3 객체에 대한 악의적인 액세스 및 검색을 방지할 수 있습니다. S3 액세스 지점을 사용하여 버킷에 대한 접속 권한을 관리하여 계획되지 않은 데이터 전송 및 요청 비용을 방지할 수 있습니다.

- **글래시어 스토리지 클래스의 설계:** 글래시어 즉시 회수, 글래시어 유연 회수 및 글래시어 딥 아카이브는 GB당 데이터를 저장하는 가장 저렴한 방법입니다. 객체 회수 빈도는 객체에 가장 적합한 스토리지 클래스를 결정하는 데 중요합니다. 글래시어 즉시 회수는 밀리초 이내에 회수되어야 하는 거의 액세스하지 않는 객체(분기당 한 번 액세스)에 이상적입니다. 글래시어 유연 회수는 1년에 한두 번 액세스하며 비동기식으로 회수하는 아카이브 데이터에 이상적입니다. 글래시어 딥 아카이브는 거의 또는 전혀 액세스하지 않는 데이터를 장기 보존하는 데 가장 비용 효율적입니다. 규제 준수 요건을 충족하기 위해 데이터셋을 7~10년 이상 보관해야 하는 규제 수준이 높은 업계에 이상적입니다. 다음은 객체에 대한 스토리지 클래스를 선택할 때 고려해야 할 몇 가지 사항입니다.

  - 대량 회수 시간을 고려하여 애플리케이션을 설계합니다. 프로그램이 환자의 의료 기록(X-레이, 실험 결과 등)을 회수하는 경우 하루 전에(예: 다음 날 예약) 객체의 회수를 시작하는 것이 좋다. 이렇게 하면 낮은 스토리지 클래스 비용을 활용하는 동시에 필요할 때마다 객체를 계속 사용할 수 있습니다.

  - AWS가 글래시어 유연 회수와 글래시어 딥 아카이브 객체에 추가한 32KB와 메타데이터용으로 추가한 8KB의 S3 스탠더드 스토리지를 고려하세요.

- 글래시어 즉시 회수, 글래시어 유연 회수, 글래시어 딥 아카이브에 저장된 객체를 자주 회수해야 하는 경우 해당 객체를 S3 스탠더드 스토리지 클래스로 다시 전환하거나 매월 100달러의 시작 비용으로 5분마다 최소 3회의 긴급 회수를 지원하는 글래시어 프로비저닝 용량에 대한 결제를 고려하세요. 데이터를 긴급 회수해야 하는 뜻밖의 상황에서 안전망 역할을 할 수 있습니다.

운영

S3 구현이 비용 효율성에 최적화되도록 보장하는 마지막 단계는 운영 부분입니다. 여기엔 마법이 없습니다! 운영은 S3 사용량과 비용을 모니터링하고 추가 최적화 기회를 파악하는 지속적인 일상 작업입니다.

몇 가지 운영 모범 사례를 살펴보겠습니다.

- **S3 수명 주기 관리와 S3 지능형 티어:** S3 비용 효율성을 위해 애플리케이션을 설계하려면 객체 유형별로 적절한 수명 주기 계획을 구현해야 합니다. 이 계획에서는 객체 수명 주기의 여러 단계(예: 핫, 웜, 콜드 및 사용되지 않음)를 고려하고 적절한 수명 주기 정책을 구현합니다. S3 지능형 티어를 사용하여 빈번한 액세스 시나리오와 빈번하지 않은 액세스 시나리오를 자동으로 해결하거나 다음과 같은 더 많은 사용 사례를 해결하기 위한 다양한 정책을 설정할 수 있습니다.
  - 액세스 관련 패턴의 변화에 따른 S3 스토리지 클래스 간 객체 전환
  - 특정 기간이 경과한 객체 삭제
  - 다시 생성할 수 있는 객체 삭제
  - 일정 시간이 지나면 버전 있는 객체 삭제
  - 업로드가 완료되지 않은 멀티파트 업로드 객체 삭제. 참고: 객체 목록을 가져올 때는 부분 업로드가 나타나지 않습니다. 그러나 S3에는 존재하며 데이터 스토리지 비용이 발생합니다. 지속적으로 삭제하도록 정책을 설정하세요.
- **객체 속성:** S3에 객체를 배치할 때는 새로운 객체를 생성하기 위해 애플리케이션을 작성할 때 객체 만료$^{Object\ Expiration}$, 현재 버전 전환^{NoncurrentVersionTransition} 및 현재 버전 만료 ^{NoncurrentVersionExpiration}와 같은 객체 속성을 활용해야 합니다. 이렇게 하면 별다른 추가 운영 작업 없이 정의에 따라 객체 만료 또는 전환과 같은 필수 작업이 수행됩니다.

- **필요하지 않은 경우 객체 삭제:** 이것은 간단한 일입니다. **더 이상 필요 없는 파일은 보관하지 마세요.** S3 버킷에 저장된 많은 불필요한 객체에 대해 비용을 계속 지불하고 있다는 사실을 알면 놀랄 것입니다.

- **S3 사용량과 비용 모니터링:** S3 사용량과 비용을 모니터링하는 것은 지속적인 효율성을 보장하기 위해 수행해야 하는 중요한 지속적인 활동입니다. 아마존 S3 콘솔, 아마존 S3 애널리틱스, 아마존 비용 탐색기, AWS 컨피그^{Config}, 아마존 클라우드와치 등의 도구를 사용하여 이러한 모니터링을 수행할 수 있습니다.

  - **아마존 S3 콘솔**을 통해 수명 주기 정책 및 복제 규칙을 구성 및 관리하고 S3 인벤토리, 요청 분석 및 스토리지 클래스 분석을 구성할 수 있습니다. 또한 버킷 및 객체의 크기와 스토리지 클래스당 검색된 데이터양을 모니터링할 수 있습니다.

  - **아마존 S3 애널리틱스**는 스토리지 클래스 사용 패턴을 모니터링하고 전환 관련 의사 결정을 내리는 데 도움이 됩니다.

  - **아마존 비용 탐색기**는 S3 스토리지 사용 유형별 비용을 보여주며, 스토리지 비용(리전별, 스토리지 클래스별, 사용 유형별), 저장된 데이터양, 요청, 데이터 전송 등을 분석할 수 있도록 지원합니다.

  - **S3 액세스 지점**은 S3 버킷에 대한 권한을 관리하는 데 도움이 됩니다. S3 액세스 지점을 사용하여 GET 및 PUT 작업을 제한하고 인증된 사용자 또는 애플리케이션에만 승인할 수 있습니다.

  - **S3 액세스 분석기**는 버킷 액세스 정책을 평가하여 잠재적으로 의도하지 않은 액세스 가능성이 있는 버킷을 빠르게 탐색하고 수정할 수 있도록 합니다.

  - **AWS 컨피그**(더 자세한 내용은 6장 참조)는 S3 객체의 구성을 원하는 구성과 비교하여 자동으로 평가하는 데 도움이 됩니다. **S3-BUCKET-PUBLIC-READ-PROHIBITED**(S3-버킷-퍼블릭-읽기-금지)는 아마존 S3 버킷이 퍼블릭 읽기 액세스를 허용하지 않는지 확인하는 규칙입니다. 이 규칙은 퍼블릭 읽기를 허용하는 퍼블릭 액세스 설정이 있는 버킷을 식별하면 비준수 버킷을 보고합니다. 이 구성 규칙과 유사하게 **S3-BUCKET-PUBLIC-WRITE-PROHIBITED**를 사용할 수도 있는데, 퍼블릭 쓰기를 허용하는 퍼블릭 접속 설정이 되어 있는 버킷을 확인합니다.

    이 컨피그 규칙을 사용하여 읽기 또는 쓰기에 대해 퍼블릭 인터넷 액세스가 활성화되어 있는 버킷을 알려줍니다.

- **아마존 클라우드와치**는 버킷 크기, 버킷에 있는 객체 수와 크기, S3 객체의 요청(GET, PUT, DELETE 등)을 모니터링할 수 있도록 지원합니다.

다음 아마존 비용 탐색기 보고서는 S3 비용 내역의 예를 보여줍니다.

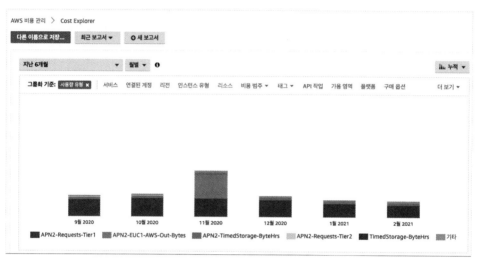

그림 3-5 아마존 비용 탐색기 월별 S3 사용 유형에 대한 비용 보고서

이 보고서는 다음과 같은 S3 사용 유형에 대한 비용을 보여줍니다.

- **APN2-Requests-Tier1**: APN2 리전의 STANDARD, RRS 및 태그에 대한 PUT, COPY, POST 또는 LIST 요청 수
- **APN2-EUC1-AWS-Out-Byes**: APN2 리전에서 EUC1 리전으로 전송된 데이터 양
- **APN2-TimedStorage-ByteHrs**: APN2 리전에 데이터가 STANDARD 스토리지에 저장된 바이트-시간 수
- **APN2-Requests-Tier2**: APN2 리전의 GET 및 기타 모든 비 Tier 1 요청수
- **TimedStorage-ByteHrs**: 데이터가 S3 스탠더드 스토리지 클래스에 저장된 바이트/시간 수

S3 사용 유형의 일부 목록은 부록 A에서 확인할 수 있습니다.

다음 아마존 S3 애널리틱스 보고서는 스토리지 클래스 전체에서 객체의 실제 사용량(저장된 양 및 검색된 데이터)을 보여줍니다.

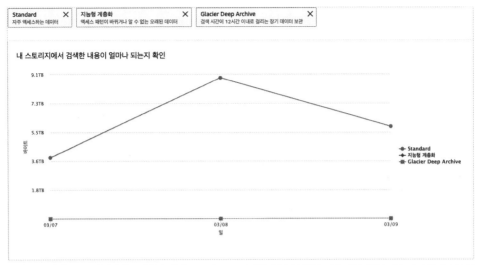

그림 3-6 아마존 S3 애널리틱스 사용량 패턴 보고서: 스토리지와 데이터 검색(: S3 애널리틱스 스토리지 클래스 분석 도구)

다음은 아마존 S3 애널리틱스 객체 분석 보고서 샘플입니다. 액세스 패턴을 기반으로 각 스토리지 클래스에 저장된 데이터양, 검색된 데이터양, S3 스탠더드-IA로 전환할 수 있는 대상 객체에 대한 통찰력을 제공합니다.

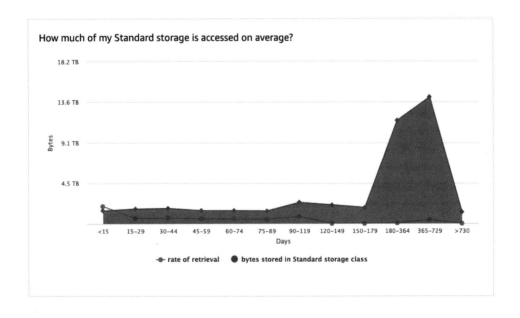

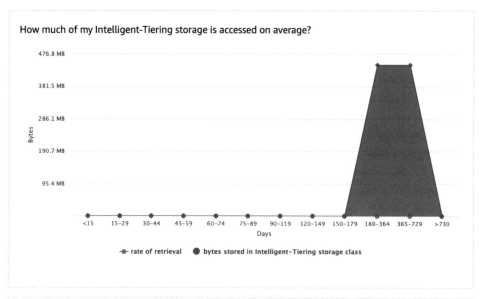

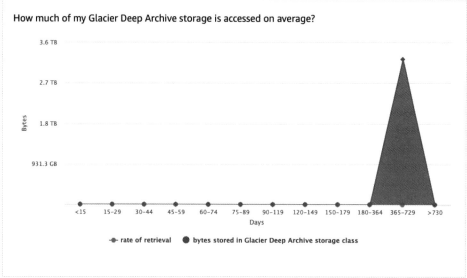

그림 3-7 아마존 S3 애널리틱스 사용량 패턴 보고서: 스토리지 클래스별 액세스 빈도

실제 사례

이 장에서는 S3 비용을 줄일 수 있는 여러 가지 방법을 알아보았습니다. 비용 절감 효과는 객체의 수명 주기와 사용 패턴의 이해에 따라 다릅니다. S3 스토리지와 운영 비용에 영향을 미치

는 다양한 요소를 고려하여 전략을 구축하고 최적화 사례를 적용하고 모니터링하는 것이 중요합니다.

이러한 전략을 수립하면 비용에 대한 보상을 받을 수 있습니다. 2017년에 구현된 실제 S3 운영 전략의 결과는 다음 그래프에서 확인할 수 있습니다.

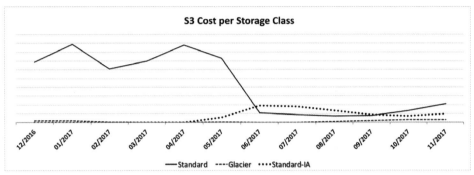

그림 3-8 S3 수명 주기 전략으로 인한 스토리지 비용 절감의 실제 사례

2016년 한 해 동안 높고 변동이 심한 S3 비용 때문에 조치를 취해야 했습니다. 2017년 1월에 수행된 첫 번째 단계는 버전 객체, 멀티파트 업로드(부분 객체) 등이 포함된 불필요한 객체를 삭제하는 정리 프로세스였습니다.

하지만 우리가 계속 말하고 있듯이 장기적으로 비용을 최적화할 수 있는 마법 같은 조치는 없습니다. 이는 지속적인 운영 전략이라는 이름을 가지고 있는 게임입니다. 정리 작업 외에는 별다른 전략이 없었습니다. 예상대로 2017년 1월에 발생한 S3 비용 감소는 2월과 3월에 비용 증가로 이어졌습니다.

그때서야 우리는 작전 계획이 필요하다는 것을 깨달았습니다. 우리는 각 데이터 객체의 사용을 분석했고 스스로에게 다음과 같은 질문을 던졌습니다. 이 객체는 무엇에 사용되는가? 객체의 소유자는 누구인가? 객체가 검색되는 시기와 시간 경과에 따른 검색 빈도는 어떻게 되는가? 각 객체는 언제 버릴 수 있는가? 버전 있는 객체를 얼마 동안 보관해야 할까? 멀티파트 객체를 어떻게 처리해야 할까?

이러한 질문을 통해 각 객체 유형별 수명 주기 정책을 구축할 수 있었고 2017년 4월에 시행되었습니다.

결과는 그야말로 놀라웠습니다. 이 그래프는 2017년 4월과 5월 동안 S3 스토리지 비용이 크게 감소했음을 분명하게 보여주며, 이는 S3 비용 최적화 전략을 구현한 직접적인 결과였습니다.

수명 주기 정책이 S3 스탠더드-IA 스토리지 클래스와 글래시어(글래시어 유연 회수)의 사용을 증가시키는 데 어떻게 기여했는지, 그로 인해 비용이 어떻게 절감되는지 알게 되어 기뻤습니다. 수명 주기 정책을 적용한지 30일 만에 S3 스탠더드 비용이 크게 감소했고, S3 스탠더드-IA 클래스 비용은 GB당 비용이 낮아져 증가폭이 훨씬 작았습니다. 90일 후에는 S3 스탠더드-IA 클래스 비용이 감소했고, GB당 비용도 훨씬 낮아졌기 때문에 글래시어 비용도 훨씬 적게 증가했습니다.

비용 절감이 매달 수천 달러에 이르렀습니다. 또한 수명 주기 정책은 S3 데이터 객체를 관리하는 방식에 있어 지속적인 효율성을 보장하고 시간이 많이 소요되는 운영 작업을 줄입니다.

3.2 아마존 일래스틱 블록 스토리지(EBS)

EBS^{Amazon Elastic Block Store}는 EC2 인스턴스에 연결할 수 있는 영구 블록 스토리지를 제공합니다. EBS는 서버(EC2 인스턴스)에 연결하는 외부 드라이브로 간주할 수 있는 볼륨 형태의 스토리지를 제공합니다. EC2 인스턴스에는 여러 개의 연결된 EBS 볼륨이 있을 수 있습니다. 주로 사용되는 EBS 볼륨 유형(gp3, gp2, st2, sc1)은 단일 인스턴스에만 연결할 수 있으며 io2와 io1 볼륨은 여러 인스턴스에 연결할 수 있습니다. EBS 볼륨은 언제든지 인스턴스에 연결하거나 인스턴스에서 분리할 수 있습니다.

EBS 볼륨은 연결된 인스턴스의 수명과 독립적으로 유지됩니다. 인스턴스가 종료될 때 연결된 EBS 볼륨이 자동으로 종료되지 않습니다. 이는 인스턴스가 활성 상태인 동안에만 '존재'하는 EC2 인스턴스 스토어(로컬 스토리지)와는 다릅니다. EC2 인스턴스 스토어는 인스턴스가 중지되거나 종료되면 삭제됩니다. 인스턴스 스토어에 대한 자세한 내용은 이 장 뒷부분에서 다루겠습니다.

EBS 볼륨은 가용 영역에 따라 다르며 각 볼륨에 저장된 데이터는 고가용성과 내구성을 보장하기 위해 가용 영역 내에서 복제됩니다.

EBS 볼륨은 영구 스토리지, 고성능 및 빠른 데이터 액세스가 필요한 경우에 사용됩니다. 일반적인 사용 사례로는 데이터베이스, 빅데이터 분석, 로그 및 데이터 웨어하우징이 있습니다.

EBS 비용 최적화를 위한 모범 사례를 확인하기 전에 먼저 다양한 EBS 볼륨 유형과 특징에 대한 높은 수준의 이해가 필요합니다. 그 후 각각의 요금제에 대해 살펴보겠습니다. 마지막으로 **KAO™** 모델을 적용하여 EBS 비용을 최적화하는 데 필요한 지식, 아키텍처 지침 및 운영 활동을 요약할 것입니다. 그럼 시작하겠습니다.

3.2.1 EBS 볼륨 유형과 특징

EBS는 두 가지 '현세대' 볼륨 범주를 제공합니다.

- **SSD 지원 볼륨**^{SSD-backed volume}은 지연 시간이 짧고 IOPS(읽기/쓰기)가 많은 작업을 수행하도록 설계되어 있으므로 집약적인 트랜잭션 워크로드에 적합합니다. SSD 지원 볼륨의 성능 속성은 IOPS로 측정됩니다.

- **HDD 지원 볼륨**^{HDD-backed volume}은 성능의 주요 요소로 높은 처리량을 제공하도록 설계된 저렴한 마그네틱 스토리지입니다. 높은 처리량이 필요한 대규모 순차 워크로드를 지원하는 데 이상적입니다. HDD 지원 볼륨의 성능 속성은 처리량으로 측정됩니다.

또한 EBS는 다음과 같은 '구세대' 볼륨 범주도 제공합니다.

- **마그네틱 볼륨**은 데이터에 자주 액세스하지 않고 성능 일관성이 필수가 아닌 소규모 데이터 셋을 지원하도록 설계된 HDD 지원 볼륨입니다. HDD 지원 볼륨의 성능 속성은 IOPS로 측정됩니다.

이제 각 범주에서 사용할 수 있는 볼륨 유형을 살펴보겠습니다.

SSD 지원 볼륨

- **범용**^{General Purpose} **SSD (gp2)** 볼륨은 기본 EBS 볼륨 유형이며 광범위한 워크로드에 적합합니다. gp2 볼륨 크기는 1GB에서 16TB까지 가능합니다. 기준 성능은 볼륨 크기의 GB당 3IOPS로 선형 확장되며 최소 100IOPS부터 최대 16,000IOPS입니다.

그림 3-9 gp2 볼륨 생성

- **범용**General Purpose **SSD(gp3)** 볼륨은 최신 세대의 범용 SSD 기반 볼륨입니다. 광범위한 워크로드에 적합합니다. gp3의 볼륨 크기는 1GB에서 16TB 사이입니다. gp3의 모든 볼륨 크기는 3,000IOPS와 125MB/초의 기본 성능을 제공합니다. gp2 볼륨과 달리 gp3에서는 추가 스토리지 용량을 프로비저닝하지 않아도 최대 16,000IOPS와 1,000MiB/초의 성능(IOPS 또는 처리량)을 프로비저닝할 수 있습니다.

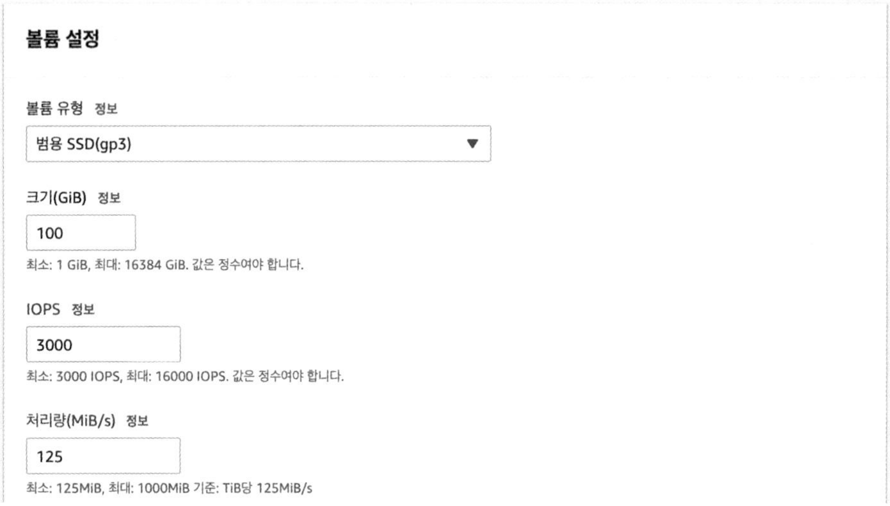

그림 3-10 gp3 볼륨 생성

- **프로비저닝된**^{Provisioned} **IOPS SSD(io1)** 볼륨은 I/O 집약적인 워크로드, 특히 스토리지 성능 및 일관성에 민감한 데이터베이스 워크로드의 요구 사항을 충족하도록 설계되었습니다. 4GB에서 16TB 사이의 io1 볼륨을 생성하고 100IOPS에서 64,000IOPS의 일관된 IOPS 속도를 지정할 수 있습니다. 요청된 볼륨 크기(GB)에 대한 프로비저닝된 IOPS의 최대 비율은 50:1입니다. 예를 들어 100GB 볼륨은 최대 5,000IOPS로 프로비저닝할 수 있습니다. 니트로 시스템 인스턴스 유형에서 최소 1,280GB의 모든 볼륨은 최대 64,000IOPS(50 × 1,280GB = 64,000)까지 프로비저닝할 수 있습니다. 최대 처리 용량은 500MiB/초 (32,000IOPS와 256KiB I/O 크기 조건) 또는 1,000MiB/초(64,000IOPS와 16KiB I/O 크기 조건)입니다.

그림 3-11 io1 볼륨 생성

프로비저닝된 IOPS SSD(io1) 볼륨은 여러 EC2 인스턴스에 연결할 수 있습니다. 다중 연결 io1 볼륨을 활성화하여 단일 볼륨을 동일한 가용 영역 내에서 최대 16개의 AWS 니트로 시스템 기반 EC2 인스턴스에 동시에 연결할 수 있습니다. 연결된 각 인스턴스에는 공유 볼륨에 대한 전체 읽기 및 쓰기 권한이 있습니다.

- **프로비저닝된**[Provisioned] **IOPS SSD(io2)** 볼륨은 SSD 지원 볼륨의 최신 세대입니다. 이 볼륨은 I/O 집약적인 워크로드, 특히 스토리지 성능 및 일관성에 민감한 데이터베이스 워크로드(SAP HANA, 마이크로소프트 SQL 서버, 오라클 및 아파치 카산드라)의 요구 사항을 충족하도록 설계되었습니다. 4GB에서 16GB 사이의 io2 볼륨을 생성하고 100에서 64,000IOPS 사이의 일관된 IOPS 속도를 지정할 수 있습니다. 밀리초 미만의 지연 시간 사용 사례에 대해 io2는 **블록 익스프레스**[Block Express]도 제공합니다. 블록 익스프레스를 사용하면 볼륨을 최대 64TB, 256K IOPS(프로비저닝된 GB당 최대 IOPS 비율은 1,000:1), 볼륨당 4,000MiB/초의 처리량까지 확장할 수 있습니다. io1와 마찬가지로 io2 볼륨을 여러 EC2 인스턴스에 연결할 수 있습니다.

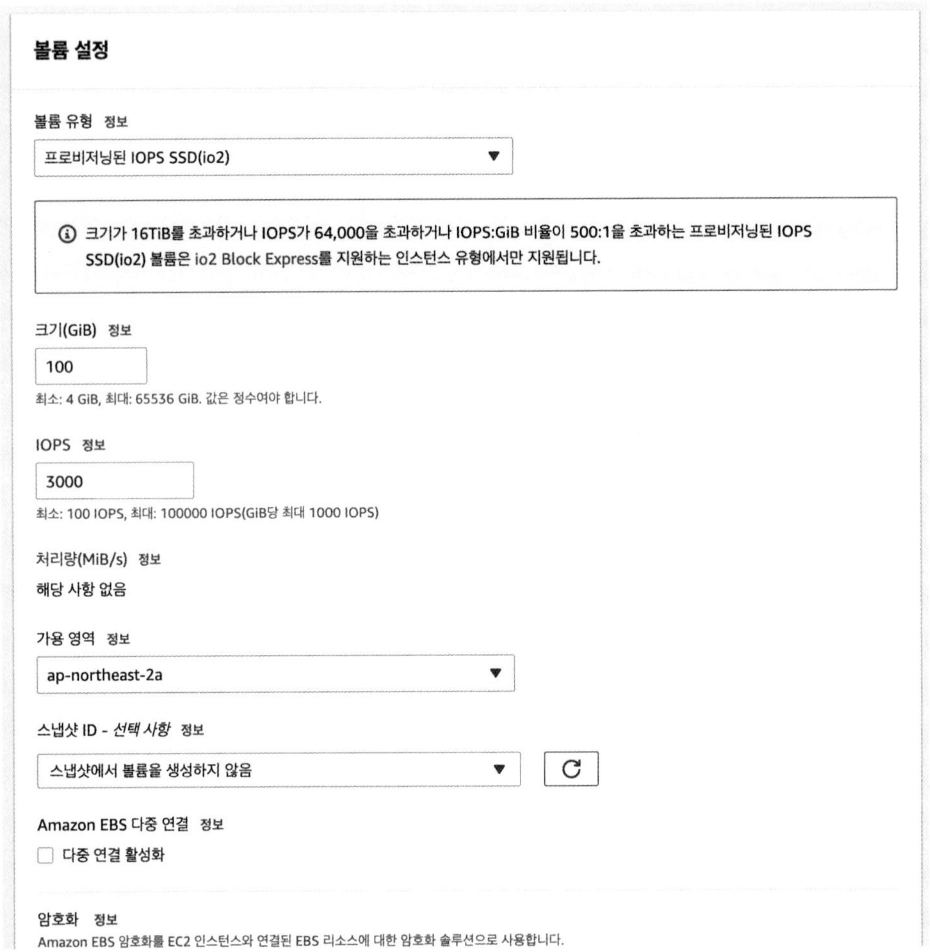

볼륨 설정

볼륨 유형 정보

프로비저닝된 IOPS SSD(io2) ▼

ⓘ 크기가 16TiB를 초과하거나 IOPS가 64,000을 초과하거나 IOPS:GiB 비율이 500:1을 초과하는 프로비저닝된 IOPS SSD(io2) 볼륨은 io2 Block Express를 지원하는 인스턴스 유형에서만 지원됩니다.

크기(GiB) 정보

100

최소: 4 GiB, 최대: 65536 GiB. 값은 정수여야 합니다.

IOPS 정보

3000

최소: 100 IOPS, 최대: 100000 IOPS(GiB당 최대 1000 IOPS)

처리량(MiB/s) 정보

해당 사항 없음

가용 영역 정보

ap-northeast-2a ▼

스냅샷 ID - 선택 사항 정보

스냅샷에서 볼륨을 생성하지 않음 ▼ ⟳

Amazon EBS 다중 연결 정보

☐ 다중 연결 활성화

암호화 정보

Amazon EBS 암호화를 EC2 인스턴스와 연결된 EBS 리소스에 대한 암호화 솔루션으로 사용합니다.

그림 3-12 io2 볼륨 생성

HDD 지원 볼륨

- **처리량에 최적화된**^{Throughput Optimized} **HDD(st1)** 볼륨은 SSD 지원 볼륨처럼 IOPS가 아닌 처리량 측면에서 성능을 정의하는 저비용 마그네틱 스토리지를 제공합니다. 이 볼륨 유형은 자주 액세스하는 데이터를 지원하도록 설계되었으며 아마존 EMR, ETL, 데이터 웨어하우스 및 로그 프로세싱과 같은 대규모 순차 워크로드에 적합합니다. 500GB에서 16TB 사이의 st1 볼륨을 생성할 수 있습니다. 볼륨 처리량 기준 성능은 볼륨 크기에 따라 선형적으로 확장되며, 범위는 20MiB/초 ~ 500MiB/초입니다.

그림 3-13 st1 볼륨 생성

- **콜드**^{Cold} **HDD(sc1)** 볼륨은 IOPS가 아닌 처리량 측면에서 성능을 정의하는 저비용 마그네틱 스토리지를 제공합니다. st1보다 처리량이 낮은 sc1은 대규모 순차 콜드 데이터 워크로드에 이상적입니다. 500GB에서 16TB 사이의 sc1 볼륨을 생성할 수 있습니다. 볼륨 처리량 기준 성능은 볼륨 크기에 따라 선형적으로 확장되며 범위는 6MiB/초 ~ 200MiB/초입니다.

볼륨 생성

볼륨 유형	콜드 HDD(sc1) ▼ ❶
크기(GiB)	500 (최소: 125GiB, 최대: 16384GiB) ❶
IOPS	해당 사항 없음 ❶
처리량(MB/초)	6/40 ⟲ (기준: TiB당 12MB/초) ❶
가용 영역*	ap-northeast-2a ▼ ❶
스냅샷 ID	스냅샷 선택 ▼ C ❶
암호화	☐ 이 볼륨 암호화

그림 3-14 sc1 볼륨 생성

마그네틱 볼륨(구세대)

마그네틱 볼륨은 모든 유형의 현세대 EBS 볼륨(SSD 지원 및 HDD 지원)보다 낮은 성능을 제공합니다. 1GB에서 1TB 사이의 마그네틱 볼륨을 생성할 수 있습니다. 마그네틱 볼륨은 평균 100IOPS를 제공하며 최대 20,000IOPS까지 확장할 수 있습니다.

볼륨 생성

볼륨 유형	마그네틱(standard) ▼ ❶
크기(GiB)	500 (최소: 1GiB, 최대: 1024GiB) ❶
IOPS	해당 사항 없음 ❶
처리량(MB/초)	해당 사항 없음 ❶
가용 영역*	ap-northeast-2a ▼ ❶
스냅샷 ID	스냅샷 선택 ▼ C ❶
암호화	☐ 이 볼륨 암호화

그림 3-15 마그네틱 볼륨 생성

성능 사양

다음 표는 사용 가능한 각 EBS 볼륨의 성능 범위를 보여줍니다.

표 3-11 EBS 성능 사양[12]

볼륨	범용		프로비저닝된 IOPS		HDD 지원		마그네틱
	gp3	gp2	io2	io1	st1	sc1	
세대	현세대	이전 세대	현세대	이전 세대	현세대	현세대	구세대
타입	SSD	SSD	SSD	SSD	HDD	HDD	HDD
성능 속성	IOPS	IOPS	IOPS	IOPS	MiB/초	MiB/초	IOPS
사이즈	1GB - 16TB	1GB - 16TB	4GB - 64TB (블록 익스프레스)	4GB - 16TB	125GB - 16TB	125GB - 16TB	1GB - 1TB
최소 IOPS	3,000	100	100	100	100	100	100
최대 IOPS/볼륨	16,000	16,000	256,000 (블록 익스프레스)	64,000	500	250	40 - 200
최대 처리량/볼륨 (Mib/초)	1,000	250	1,000 - 4,000 (블록 익스프레스)	1,000	500	250	40 - 90
버스트 가능한 성능	N/A	최대 3000IOPS	N/A	N/A	최대 500 MiB/초	최대 250 MiB/초	N/A

성능 크래딧

gp2, sc1 및 st1 EBS 볼륨은 실제 활용률이 기준 IOPS 또는 처리량 성능보다 낮으면 성능 크레딧을 누적합니다. 성능 크레딧은 실시간 워크로드에 기준 이상의 성능(버스트)이 필요한 상황에 자동으로 적용될 수 있습니다.

- **범용 SSD(gp2) 볼륨:** gp2 볼륨의 기준 IOPS 성능은 볼륨 크기(프로비저닝된 GB당 3IOPS)와 관련 있습니다. IOPS 크레딧은 실제 사용량이 gp2 볼륨 기준 IOPS보다 낮을 때 누적됩니다. 성능 크레딧은 버스트 성능이 필요할 때 최대 3,000IOPS를 제공하는 데 사용할 수 있습니다.

  예: 기준 성능이 300IOPS인 100GB 볼륨은 최대 3,000IOPS의 버스트 성능을 제공할 수 있습니다. 반면 1,000GB보다 큰 볼륨은 3,000IOPS 이상의 기본 성능을 가지므로 기본 성능을 초과할 수 없으며 I/O 크레딧이 고갈되지 않습니다. IOPS는 볼륨 크기의 3배, 최대 16,000IOPS로 설정됩니다.

---

12 https://aws.amazon.com/ebs/details

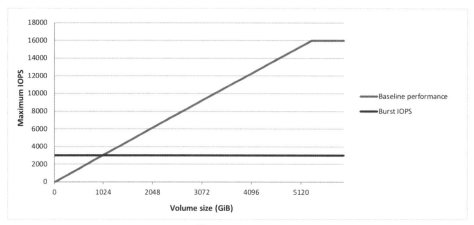

그림 3-16 gp2 볼륨 기준과 버스트 IOPS 성능[13]

- **처리량에 최적화된 HDD(st1) 볼륨:** st1 볼륨의 기준 처리량은 12.5TiB의 볼륨 크기에서 최대 500MiB/sec에 도달하는 TiB당 40MiB/sec의 볼륨 크기와 관련 있습니다. 처리량 크레딧은 실제 사용량이 st1 볼륨 기준 처리량보다 낮을 때 누적됩니다. 버스트 처리량은 2TiB의 볼륨 크기에서 500MiB/초에 도달하도록 선형으로 확장됩니다. 모든 크레딧이 소비되면 처리량이 TiB당 40MiB/초의 기준 속도로 제한됩니다.

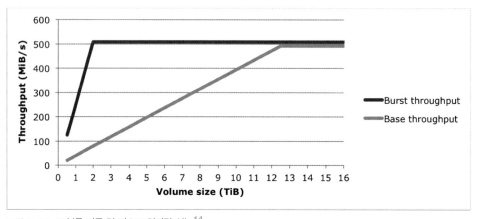

그림 3-17 st1 볼륨 기준 및 버스트 처리량 성능[14]

---

13 https://docs.aws.amazon.com/AWSEC2/latest/UserGuide/EBSVolumeTypes.html
14 상동

- **콜드 HDD(sc1) 볼륨:** st1 볼륨과 마찬가지로 sc1 볼륨의 기준 처리량은 볼륨 크기 TiB당 12MiB/초와 관련 있습니다. 0.5～16TiB 범위의 볼륨 크기에서 기준 처리량은 6MiB/초에서 192MiB/초까지 다양합니다. 실제 사용량이 sc1 볼륨 기준 처리량보다 낮을 때 처리량 크레딧이 누적됩니다. 버스트 처리량은 3TiB의 볼륨 크기에서 250MiB/초까지 선형으로 확장됩니다. 모든 크레딧이 소비되면 처리량이 TiB당 12MiB/초의 기준 속도로 제한됩니다.

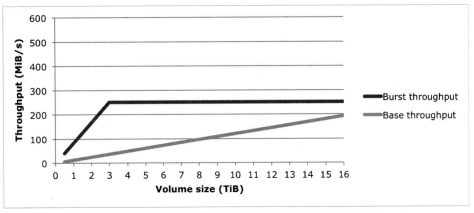

그림 3-18 sc1 볼륨 기준선과 버스트 처리량 성능[15]

일래스틱 볼륨

EBS를 사용하면 현세대 EC2 인스턴스에 연결된 EBS 볼륨의 구성을 수정할 수 있습니다. EBS 볼륨이 실행 중인 EC2 인스턴스에 연결된 경우에도 수정할 수 있습니다. 사용 가능한 수정 사항으로는 볼륨 크기 증가, 볼륨 유형 변경, IOPS 성능 수정(gp3, io2, io1) 및 처리량 수정(gp3)이 있습니다.

EBS 볼륨 크기 감소는 지원되지 않습니다. EBS 볼륨 크기를 줄이려면 더 작은 볼륨으로 구동해 실행 중인 볼륨을 대체해야 합니다.

이 책에서는 RDS를 다루지 않지만 AWS가 RDS 스토리지 오토 스케일링을 지원한다는 점은 언급할 필요가 있습니다. RDS 인스턴스는 데이터베이스 스토리지 공간이 부족함을 감지하면 스토리지 볼륨을 자동으로 확장합니다. 사용 가능한 공간이 할당된 스토리지의 10% 미만으로

---

15 https://docs.aws.amazon.com/AWSEC2/latest/UserGuide/EBSVolumeTypes.html

5분 이상 줄어들면 확장이 진행됩니다. 프로비저닝된 추가 스토리지는 5GiB보다 더 큰 값 또는 현재 할당된 스토리지의 10%보다 더 큰 값으로 증가합니다.

스냅샷

스냅샷은 EBS 볼륨의 특정 시점 복사본으로, 백업 목적으로 사용되거나 향후 볼륨의 기준으로 사용됩니다. 스냅샷은 S3 객체로 저장되고 증분됩니다. EBS 볼륨의 주기적 스냅샷을 만들면 이전 스냅샷 이후 변경된 데이터 블록만 새로 생성된 스냅샷에 저장됩니다. 변경되지 않은 모든 데이터 블록은 이전에 저장된 스냅샷을 참조합니다.

이전 스냅샷을 삭제하면 해당 스냅샷에서 참조하는 데이터만 제거됩니다. 이후 스냅샷에서 참조하는 데이터 블록은 유지되므로 가장 최신 스냅샷만 보존하여 볼륨을 복원할 수 있습니다. 스냅샷을 삭제해도 EBS 볼륨에는 영향을 주지 않으며 EBS 볼륨을 삭제해도 삭제된 볼륨의 스냅샷에는 영향을 주지 않습니다.

AWS에서는 볼륨 단위로 스냅샷을 생성할 수 있을 뿐만 아니라 EC2 인스턴스에 연결된 여러 EBS 볼륨에서도 스냅샷을 생성할 수 있게 하여 충돌 시에도 일관된 스냅샷을 생성할 수 있습니다.

AWS는 비즈니스 규정 준수 또는 규정 요구 사항으로 인해 EBS 스냅샷을 장기간(수개월 또는 수년) 보존해야 하는 경우를 위해 **EBS 스냅샷 아카이브**^{EBS Snapshot Archive}를 도입했습니다. EBS 스냅샷 아카이브는 90일 이상 보존해야 하는 EBS 스냅샷의 전체 시점 복사본을 보관할 수 있는 저비용 스토리지 계층을 제공합니다. 24~72시간 내에 아카이브된 스냅샷을 검색할 수 있으며, 복원된 후 스냅샷을 사용하여 EBS 볼륨을 복구할 수 있습니다.

아마존 데이터 수명 주기 관리자(DLM)

아마존 DLM^{Data Lifecycle Manager}은 EBS 볼륨 스냅샷의 생성, 보존, 삭제와 같은 데이터 수명 주기 관리 작업을 지원합니다. 스냅샷을 수동으로 생성, 삭제하는 대신 스냅샷할 EBS 볼륨(태그 당), 볼륨을 스냅샷할 시간, 스냅샷 간격 및 스냅샷 보존 기간을 정의하는 정책을 생성할 수 있습니다. 이러한 작업은 정의된 수명 주기 정책에 따라 아마존 DLM에서 수행합니다.

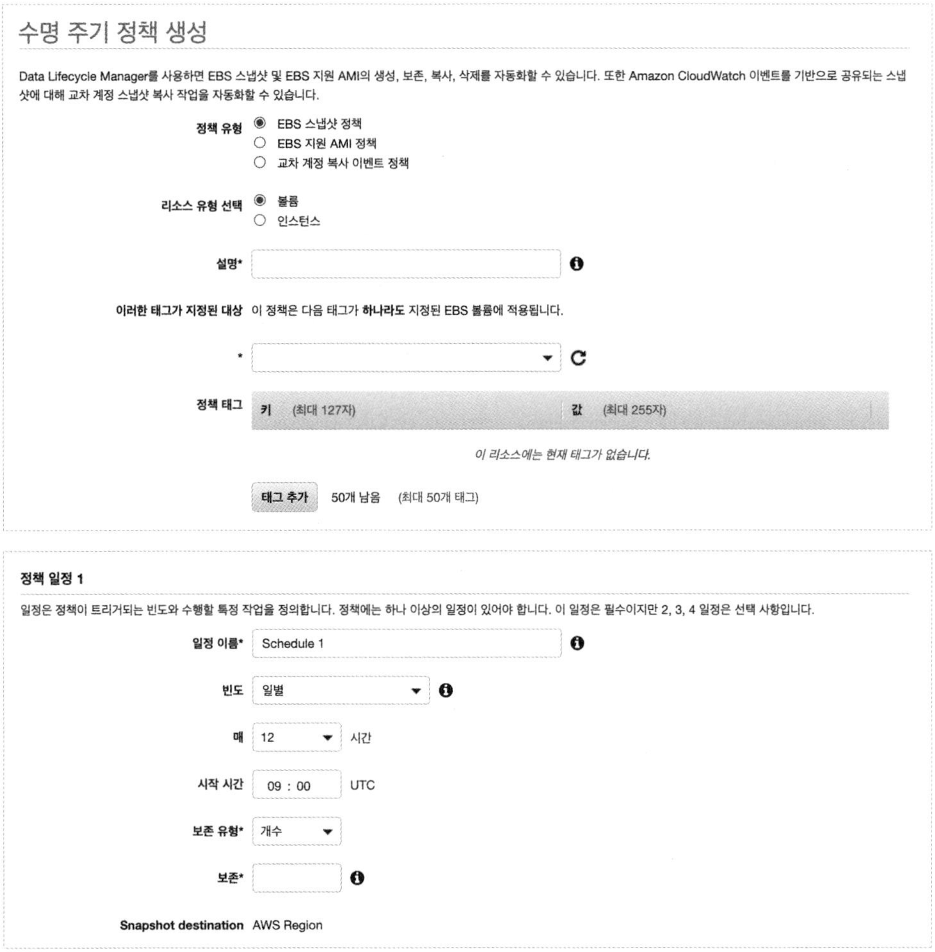

수명 주기 정책 생성

Data Lifecycle Manager를 사용하면 EBS 스냅샷 및 EBS 지원 AMI의 생성, 보존, 복사, 삭제를 자동화할 수 있습니다. 또한 Amazon CloudWatch 이벤트를 기반으로 공유되는 스냅샷에 대해 교차 계정 스냅샷 복사 작업을 자동화할 수 있습니다.

정책 유형	● EBS 스냅샷 정책
	○ EBS 지원 AMI 정책
	○ 교차 계정 복사 이벤트 정책

리소스 유형 선택	● 볼륨
	○ 인스턴스

설명* [_____] ❶

이러한 태그가 지정된 대상 이 정책은 다음 태그가 **하나라도** 지정된 EBS 볼륨에 적용됩니다.

* [_____ ▼] ⟳

정책 태그 **키** (최대 127자) **값** (최대 255자)

이 리소스에는 현재 태그가 없습니다.

[**태그 추가**] 50개 남음 (최대 50개 태그)

정책 일정 1

일정은 정책이 트리거되는 빈도와 수행할 특정 작업을 정의합니다. 정책에는 하나 이상의 일정이 있어야 합니다. 이 일정은 필수이지만 2, 3, 4 일정은 선택 사항입니다.

일정 이름*	[Schedule 1] ❶
빈도	[일별 ▼] ❶
매	[12 ▼] 시간
시작 시간	[09 : 00] UTC
보존 유형*	[개수 ▼]
보존*	[_____] ❶

Snapshot destination AWS Region

그림 3-19 스냅샷 수명 주기 정책 생성

아마존 DLM을 사용하면 스냅샷을 관리하고 오래된(그리고 사용하지 않는) 스냅샷에 대한 비용을 지불하지 않아도 됩니다.

EBS 최적화 인스턴스

구세대 EC2 인스턴스는 일반적으로 인스턴스가 수행하는 모든 데이터 전송(인터넷, 다른 EC2 인스턴스, S3, 데이터베이스 등)을 위해 공유되는 네트워크 처리량을 제공합니다. EBS 최적화 인스턴스는 EC2 인스턴스와 연결된 EBS 볼륨 간의 데이터 전송에만 사용되는 네트워크 처리량 할당을 제공합니다.

처리량 병목 현상을 방지하고 EBS 볼륨에서 더 높은 IOPS를 달성하려면 EBS 최적화 인스턴스를 사용하는 것이 좋습니다. 오늘날 대부분의 EC2 인스턴스 유형은 기본적으로 EBS 최적화되어 있습니다. 기본적으로 EBS 최적화되지 않은 인스턴스의 경우 인스턴스를 구동할 때 또는 실행 중일 때 EBS 최적화를 활성화할 수 있습니다.

EC2 인스턴스 스토어

앞서 EC2 인스턴스에 연결할 수 있는 영구 블록 스토리지를 제공하는 아마존 EBS에 대해 알아보았습니다. 다른 스토리지 옵션으로는 EC2 인스턴스 스토어가 있습니다. 비록 이것은 EC2와 관련된 기능이지만 EBS를 다루는 장에서 논의하는 것도 좋을 것 같습니다.

인스턴스 스토어는 네트워크 연결 볼륨이 아니라 EC2 인스턴스 호스트에 물리적으로 연결된 디스크에 위치합니다. 따라서 EBS와는 다음과 같은 차이점이 있습니다.

- 물리 연결은 EBS 볼륨보다 짧은 지연 시간과 높은 I/O 성능을 제공합니다.
- EC2 인스턴스 스토어의 수명 주기는 호스트 인스턴스의 수명 주기와 동일합니다. 따라서 인스턴스 스토어는 일시적입니다. 호스트를 중지하거나 종료하면 인스턴스 스토어의 모든 스토리지 블록이 재설정됩니다. 이에 비해 EBS 스토리지는 한 인스턴스에서 분리되어 다른 인스턴스로 연결되는 경우에도 영구적입니다.

EC2 인스턴스를 시작할 때 인스턴스 스토어(필요한 경우 나중에 EBS 볼륨을 연결할 수 있음)가 있는 인스턴스 유형을 선택하거나 EBS 볼륨만 지원하는 인스턴스 유형을 선택할 수 있습니다. 많은 이전 세대 인스턴스 유형이 인스턴스 스토리지를 지원하거나 지원하지 않는 반면 많은 최신 유형은 인스턴스 스토어를 포함하거나 EBS 스토리지에만 의존해야 하는 두 가지 특징이 있습니다. 다음은 인스턴스 유형과 이들 특징의 몇 가지 예입니다.

표 3-12 EBS 인스턴스 스토어[16]

인스턴스	인스턴스 스토어 및 스토리지 유형
m6.large	없음(EBS 전용)
m6gd.large	1×118 GB NVMe SSD
c6g.large	없음(EBS 전용)
c6gd.large	1×118 GB NVMe SSD

---

16 https://aws.amazon.com/ec2/pricing/on-demand

인스턴스	인스턴스 스토어 및 스토리지 유형
r6g.large	없음(EBS 전용)
r6gd.large	1×118 GB NVMe SSD

3.2.2 아마존 EBS 요금제

EBS 요금제는 간단합니다. 각 볼륨 유형은 GB-월당 요금과 프로비저닝된 IOPS(gp3, io1, io2) 및 프로비저닝된 처리량(gp3)에 대한 비용이 발생합니다. 구세대의 마그네틱 볼륨도 I/O 요청에 대한 비용이 발생합니다.

스냅샷과 EBS 최적화 비용처럼 고려해야 할 다른 관련 아키텍처와 운영 요소가 있습니다.

대체로 EBS 비용을 빠르게 최적화하는 것을 막을 수 있는 것은 아무 것도 없습니다. 이 모든 것이 어떻게 통합되는지 살펴봅시다.

EBS 볼륨 비용

프로비저닝된 사양(GB, IOPS와 처리량)에 따라 EBS 볼륨에 대한 요금이 부과됩니다. 요금은 볼륨에 실제로 저장된 데이터양이나 볼륨에서 수행된 IOPS 수에 관계없이 발생합니다. EC2 인스턴스에 연결(실행 또는 중지 여부에 관계없이)되거나 어떤 인스턴스에도 연결되어 있지 않거나에 관계없이 EBS 볼륨은 해당 볼륨이 존재하는 한 요금이 부과됩니다.

각 볼륨 유형에 대한 요금제를 살펴보겠습니다.

표 3-13 EBS 요금제[17]

볼륨	GB당 월 비용	기타 비용
범용 SSD(gp3)	$0.080	프로비저닝된 IOPS당 월 $0.005(3,000IOPS 초과 시) 프로비저닝된 MB/초당 월 $0.04(125MB/초 초과 시)
범용 SSD(gp2)	$0.100	
프로비저닝된 IOPS SSD(io2)	$0.125	프로비저닝된 IOPS당 월 $0.065(32,000IOPS 초과 시) 프로비저닝된 IOPS당 월 $0.046(32,001~64,000IOPS 사이) 프로비저닝된 IOPS당 월 $0.032(64,000IOPS 초과 시)

---

17 https://aws.amazon.com/ebs/pricing, https://aws.amazon.com/ebs/previous-generation

볼륨	GB당 월 비용	기타 비용
프로비저닝된 IOPS SSD(io1)	$0.125	프로비저닝된 IOPS당 월 $0.065
처리량에 최적화된 HDD(st1)	$0.045	없음(EBS 전용)
콜드 HDD(sc1)	$0.015	
마그네틱	$0.050	1백만 I/O 요청당 $0.05

이 표에서 다음 내용을 확인할 수 있습니다.

- EBS 가격은 볼륨 유형에 따라 크게 다릅니다. gp3 볼륨의 GB당 월 비용(0.08달러)은 gp2 볼륨의 GB당 월 비용(0.1달러)보다 20% 저렴하고 io2와 io1 볼륨(0.125달러)에 비해 36% 저렴하지만 st1(0.045달러)의 거의 두 배이며 sc1(0.015달러)보다 5배 이상 높습니다. 프로비저닝된 IOPS의 비용을 비교해보면 차이가 큰 것을 알 수 있습니다. io2와 io1 프로비저닝된 IOPS의 비용(0.065달러)은 gp3(0.005달러)의 13배입니다.

- 볼륨 유형별 최소 볼륨 크기 역시 다양하며, gp3와 gp2의 경우 1GB 이상, io2와 io1의 경우 4GB 이상, sc1과 st1은 125GB 이상입니다. 따라서 gp3 볼륨 유형은 24.43GB보다 작은 볼륨에서는 보다 저렴하게 IOPS 성능을 제공합니다.

스냅샷 비용

EBS 스냅샷은 스냅샷이 저장된 스토리지 계층(스탠더드 또는 아카이브)을 기준으로 비용이 청구됩니다. 아카이브된 스냅샷의 경우 객체를 복원할 때도 비용이 추가됩니다. 비용을 살펴보겠습니다.

표 3-14 EBS 스냅샷 가격 요금제[18]

스토리지 티어	GB당 저장 비용	GB당 복원 비용
스탠더드	$0.05	무료
아카이브	$0.0125	$0.03

EBS 스냅샷을 스탠더드 계층에 저장하는 비용은 아카이브 계층에 저장하는 비용보다 4배 높습니다. 그러나 아카이브된 스냅샷의 경우에는 복원 시 GB당 0.03달러의 비용이 발생합니다. 또한 EBS 스냅샷 비용과 관련된 다음 두 가지 사항을 알아두어야 합니다.

----

18 https://aws.amazon.com/ebs/pricing

- 스탠더드 계층의 EBS 스냅샷은 증분 저장되므로 변경된 블록 저장에 대해서만 요금이 부과됩니다. 아카이브된 스냅샷은 블록 데이터의 전체 복사본입니다. 그러므로 변경된 블록뿐만 아니라 저장된 모든 블록에 대해 요금이 청구됩니다.
- 아카이브 계층의 스냅샷 보존 기간은 최소 90일입니다. 아카이브된 스냅샷이 90일 전에 삭제되거나 스탠더드 계층으로 영구 복원된 경우에는 90일에서 나머지 날짜는 스토리지 요금과 동일한 비율의 요금이 발생합니다. 아카이브 계층에서 회수하려면 추가 요금이 발생합니다.

EBS 최적화 요금

구세대 **c3**, **m3**, **i2**, **r3** 인스턴스와 같이 기본적으로 EBS 최적화되지 않은 EC2 인스턴스에 대해 이 기능을 활성화한 경우에만 EBS 최적화 비용을 지불합니다. EBS 최적화 비용은 인스턴스 유형에 따라 다르며 시간당 0.025달러에서 0.100달러 사이입니다.

EC2 인스턴스 스토어

다음 표는 앞서 살펴본 EC2 인스턴스 유형에 대한 인스턴스 스토어의 GB당 시간 요금을 보여줍니다.

표 3-15 인스턴스 스토어 요금[19]

인스턴스	인스턴스 스토어 및 스토리지 유형	시간당 온디맨드 요금	인스턴스 스토어 요금	인스턴스 스토어의 GB당 시간 요금
m6g.large	없음(EBS 전용)	$0.0770	–	–
m6gd.large	1×118 GB NVMe SSD	$0.0904	$0.0134	$0.00011
c6g.large	없음(EBS 전용)	$0.0680	–	–
c6gd.large	1×118 GB NVMe SSD	$0.0768	$0.0088	$0.00007
r6g.large	없음(EBS 전용)	$0.1008	–	–
r6gd.large	1×118 GB NVMe SSD	$0.1152	$0.0144	$0.00012

월 단위(720시간) 기준으로 1GB 비용은 0.0504달러(**c6gd.large**)에서 0.0864달러(**r6gd.large**) 사이입니다. 이는 GB당 EBS 스토리지 비용(**gp3**의 경우 0.080달러, **io2**의 경우 0.125달러)보다 낮습니다.

----

19 https://aws.amazon.com/ec2/pricing/on-demand

3.2.3 EBS 비용 최적화를 위한 모범 사례

이 책에서 다루는 모든 AWS 서비스와 마찬가지로 비용 효율성을 보장하기 위해 **KAO™** 방법론을 적용할 것입니다. 이를 통해 서비스의 가격 구조와 고려해야 할 **아키텍처** 고려 사항과 관련하여 필요한 모든 **지식**을 얻게 되므로 비용 최적화된 EBS 볼륨을 설계하고 비용 효율성을 염두에 두고 **운영**할 수 있습니다. **KAO™** 모델을 EBS 비용 효율성에 적용해보겠습니다.

지식

EBS 볼륨을 비용 효율적인 방식으로 구현하기 위한 첫 번째 단계는 사용 가능한 EBS 볼륨 유형과 각각의 가격에 영향을 미치는 비용 요소에 익숙해지는 것입니다.

이 장을 읽으면서 우리는 선택할 수 있는 7가지 EBS 볼륨 유형, 유형별 요금제, 각각의 가장 적절한 용도에 대해 잘 알게 되었습니다. EBS 요금제는 매우 간단하며 볼륨 크기와 경우에 따라 프로비저닝된 IOPS(gp3, io1, io2)나 프로비저닝된 처리량(gp3)에 따라 달라집니다. 요금제와 각 볼륨 유형의 성능에 익숙해지면 EBS 비용 효율성을 위해 애플리케이션을 설계하고 전반적인 EBS 비용을 절감하는 데 도움이 되는 비용 효율적인 운영 기법을 적용할 수 있습니다. EBS 볼륨과 관련된 몇 가지 주요 차이점을 살펴보겠습니다.

- **프로비저닝한 항목 비용 지불:** EBS 볼륨에 저장된 데이터양, IOPS의 양, 실제로 소비하는 처리량에 관계없이 프로비저닝한 항목에 대한 비용이 청구됩니다. 이는 데이터 객체의 실제 크기에 대해 비용을 지불하는 S3 요금제와 다릅니다.

  따라서 처음에는 작업에 필요한 최소 볼륨 크기, IOPS 및 처리량을 프로비저닝한 후 나중에 볼륨 크기를 크게 또는 더 작게 조정해야 합니다. gp3, io2, io1 볼륨의 경우 필요한 경우 IOPS 용량을 변경할 수도 있습니다.

- **각 EBS 볼륨에 대한 비용 지불:** EBS 볼륨은 삭제될 때까지 비용을 지불합니다. 즉, 사용 중이 아니거나 EC2 인스턴스에 연결되지 않았거나 중지된 EC2 인스턴스에 연결되어 있더라도 EBS 볼륨에 대한 요금이 부과됩니다. 어떤 경우에는 이러한 '휴면 상태' EBS 볼륨이 쌓여 사용하지 않는 항목에 대한 비용이 발생합니다.

- **종료 시 삭제:** EC2 인스턴스 생성 중에 '종료 시 삭제(DeleteOnTermination)' 플래그가 설정된 경우 EC2 인스턴스가 종료되면 생성 시 인스턴스에 연결된 모든 EBS 볼륨이 자동으로 삭제됩니다.

단계 4: 스토리지 추가

인스턴스가 다음 스토리지 디바이스 설정으로 시작됩니다. 추가 EBS 볼륨 및 인스턴스 스토어 볼륨을 인스턴스에 연결하거나 루트 볼륨의 설정을 편집할 수 있습니다. 인스턴스를 시작한 후 추가 EBS 볼륨을 연결할 수도 있지만, 인스턴스 스토어 볼륨은 연결할 수 없습니다. Amazon EC2의 스토리지 옵션에 대해 자세히 알아보십시오.

볼륨 유형 ⓘ	디바이스 ⓘ	스냅샷 ⓘ	크기(GiB) ⓘ	볼륨 유형 ⓘ	IOPS ⓘ	처리량(MB/초)	종료 시 삭제 ⓘ
루트	/dev/xvda	snap-067fd7638316ec89d	8	범용 SSD(gp2) ⌄	100/3000	해당 사항 없음	☑
EBS ⌄	/dev/sdb ⌄	검색(대소문자 구분)	100	범용 SSD(gp2) ⌄	300/3000	해당 사항 없음	☐

새 볼륨 추가

그림 3-20 EC2 인스턴스 생성 프로세스: 종료 시 삭제(DeleteOnTermination) 플래그 표시

DeleteOnTermination은 인스턴스 생성 시 EC2 인스턴스에 연결된 EBS 볼륨에만 적용됩니다. EC2 인스턴스가 실행되는 동안 다른 EBS 볼륨을 연결하면 DeleteOnTermination 플래그가 새로 연결된 EBS 볼륨에 적용되도록 다시 활성화해야 합니다. 그렇지 않으면 EC2 인스턴스가 종료된 후에도 이러한 EBS 볼륨을 계속 사용될 것입니다.

- **스냅샷:** 최신 버전뿐만 아니라 보관하는 모든 스냅샷에 대해서도 비용이 청구됩니다. 매주 모든 EBS 볼륨을 스냅샷으로 생성하는 프로세스가 있는 경우 수천 개의 스냅샷이 생성될 수 있습니다. 대부분은 쓸모없지만 모두 여러분 계정에 청구됩니다. 스냅샷 스토리지 계층(스탠더드와 아카이브), 각 계층의 요금제, 각 스냅샷이 각 계층에 보관되는 방식에 유의하세요. 스탠더드 계층에 저장된 스냅샷은 증분이고, 아카이브 계층에 저장된 스냅샷은 전체 복사본입니다.

아키텍처

EBS 비용 구조에 대한 충분한 지식을 얻었다면 이제 그 지식을 사용하여 EBS 볼륨을 비용 효율적인 방식으로 설계해야 합니다. 몇 가지 아키텍처 결정 사항을 자세히 살펴보겠습니다.

- **요구 사항에 적합한 볼륨 선택:** EBS 비용 효율성을 위해 설계할 때는 데이터 크기, IOPS 및 대역폭 성능과 같은 애플리케이션의 요구 사항을 고려해야 합니다. AWS는 7가지 유형의 EBS 볼륨을 제공합니다. 특정 사용 사례에 가장 적합한 EBS 볼륨 유형을 사용하고 애플리케이션에 필요한 리소스양을 프로비저닝합니다. 볼륨 구성이 요구 사항에 적합하지 않는 경우 언제든지 변경할 수 있습니다.

  - **gp3와 gp2:** gp2 볼륨은 부팅 볼륨, 중소 규모 데이터베이스 등과 같은 광범위한 사용 사례에 적합하기 때문에 AWS 고객이 일반적으로 사용합니다. GB당 월 비용이 20% 저렴하지만 보다 높은 성능을 얻을 수 있는 gp3로 볼륨을 전환할 수도 있습니다.

23.43GB 미만의 볼륨을 처리할 경우 gp3 볼륨이 모든 볼륨 유형 중 가장 저렴하지만 GB당 비용은 sc1 볼륨의 5배 이상이고 st1 볼륨의 2배에 가깝습니다. 높은 IOPS가 필요하지 않은 경우 23.43GB보다 큰 볼륨은 sc1이나 st1 볼륨을 사용하는 것이 좋습니다. 프로비저닝된 IOPS당 비용을 보면 io2나 io1의 비용은 gp3의 13배입니다. io2나 io1 볼륨을 사용하기 전에 IOPS 집약적인 워크로드에 대해 이러한 성능 제한까지는 gp3를 사용하는 것을 고려하세요.

- **io2와 io1:** 16,000IOPS 이상의 지속적인 높은 IOPS 성능과 1,000MiB/초 이상의 처리량이 필요한 경우에만 io2나 io1 볼륨을 사용하세요. 이러한 볼륨은 미션 크리티컬 애플리케이션과 대규모 데이터베이스 작업에는 가장 적합할 수 있지만 다른 경우에는 과할 수 있습니다. io2나 io1 볼륨을 선택하기 전에 먼저 gp3 볼륨(또는 이러한 볼륨 중 몇 개)이 여러분 요구를 충족할 수 있는지 확인하세요. 그렇다면 프로비저닝된 IOPS 비용을 90% 이상 절감하고 GB당 월 비용을 50% 가까이 줄일 수 있습니다.

- **st1:** 빈번한 데이터 액세스와 높은 처리량(250IOPS 및 250MiB/초 이상)을 요구하는 집약적인 워크로드에 st1 볼륨을 사용합니다. st1 볼륨은 빅데이터, 데이터 웨어하우징 그리고 로그 프로세싱과 같은 대규모 순차적 워크로드에 적합합니다.

- **sc1:** 대용량 순차 데이터셋에 자주 액세스하지 않고 250MiB/초의 처리량으로 충분하며 높은 IOPS 성능이 필요하지 않은 경우에는 sc1 볼륨의 GB당 월 가격이 가장 좋습니다.

- **마그네틱(구세대):** 마그네틱 볼륨은 제한된 IOPS만 필요한(자주 액세스하지 않는) 매우 작은 스토리지 요구 사항에만 적합합니다. 다른 모든 시나리오에서는 gp3 볼륨 유형을 사용할 때 성능이 향상되고 비용이 절감됩니다.

• **일래스틱 볼륨 활용:** EBS 볼륨을 구동할 때 다음과 같은 다양한 사용 사례에 대해 일래스틱 볼륨 기능을 활용할 수 있습니다.

- 저장 용량이 80% ~ 90%에 도달하면 볼륨 크기를 늘립니다. 항상 필요한 최소 스토리지 크기로 시작하여 활용률 수준이 80% ~ 90%에 도달하면 확장하세요.

- 워크로드에 따라 IOPS 용량을 확대 또는 축소합니다. 예를 들어 판촉 캠페인을 시작하기 전에 데이터베이스 IOPS를 확장하고 트래픽이 정상으로 돌아오면 축소합니다.

- 한 볼륨 유형을 다른 볼륨 유형으로 변환합니다. 예를 들어 저렴한 가격과 성능 향상의 이점을 얻기 위해 gp2 볼륨을 gp3로 변환합니다.

- **버스트 가능한 볼륨:** gp2, sc1 또는 st1 볼륨을 프로비저닝할 때는 기준 성능을 완전히 사용하지 않을 때 해당 볼륨에 누적되는 성능 크레딧을 고려해야 합니다. 필요한 최대 성능별로 해당 볼륨을 프로비저닝하면 안 됩니다. 버스트 가능한 기능을 활용하고 더 작은 볼륨을 프로비저닝할 수 있는지 먼저 확인하세요. 필요한 경우 언제든지 용량을 늘리거나 볼륨 유형을 교체할 수 있습니다.

- **EBS와 인스턴스 스토어:** 인스턴스 스토어가 포함된 EC2 인스턴스를 선택하는 것은 짧은 지연 시간과 더 높은 IOPS가 필요한 경우와 같은 적절한 이유가 있을 때만 수행해야 합니다. 성능을 향상시키면 인스턴스 비용이 증가하고, 인스턴스 수명 주기에 대한 의존성이 증가합니다. 인스턴스 스토어를 사용할 때는 이러한 요소를 고려하여 EBS 볼륨 비용과 비교하여 가장 비용 효율적인 결정을 내리세요.

- **EBS 볼륨을 EC2 인스턴스에 일치시킴:** 연결할 EC2 인스턴스에 따라 EBS 볼륨을 선택합니다. EBS 볼륨에서 고성능에 대한 비용을 지불하지만 인스턴스의 네트워크 처리량이 충분하지 않은 시나리오는 피하고자 합니다.

  예를 들면 다음과 같습니다. **c4.large** 인스턴스는 EBS 볼륨에 대해 62.5MB/초의 전용 대역폭을 지원합니다. 이를 250MB/초를 지원할 수 있는 gp2 EBS 볼륨에 연결할 때 지불한 만큼의 EBS 네트워크 용량을 충분히 활용할 수 없습니다. 높은 IOPS와 높은 처리량이 필요한 경우 437.5MB/초를 지원하는 **c5.large**와 같은 적절한 EC2 인스턴스에 gp2 볼륨을 연결하는 것이 좋습니다.

- **병렬 처리 사용:** 각 볼륨이 특정 목적을 처리하는 단일 EC2 인스턴스에 여러 EBS 볼륨을 연결하는 것을 고려하세요. 병렬 연결을 사용하면 활용할 수 있는 IOPS와 처리량이 증가하는 동시에 각 특정 요구 사항에 맞는 가장 비용 효율적인 EBS 볼륨을 확보할 수 있습니다. 예를 들면 작은 gp3 인스턴스를 사용하여 볼륨을 부팅하고, 로그 파일 저장에는 st1을 사용하고, 데이터베이스에는 io2 볼륨을 사용합니다.

- **마그네틱 볼륨을 gp3로 마이그레이션:** gp3와 같은 최신 세대의 볼륨은 IOPS 집약적인 시나리오에서 구세대의 마그네틱 볼륨보다 비용 효율적입니다. 수백 개의 구세대 마그네틱 볼륨을 사용하는 대규모 환경에서는 각 볼륨의 성능을 평가하고 이를 gp3 볼륨으로 마이그레이션하면 비용을 절감할 수 있습니다.

가상 시나리오

가상 시나리오를 실행해보겠습니다. 7,000IOPS의 1,200GB EBS 볼륨이 필요한 경우 어떻게할 건가요? 어떤 EBS 볼륨이 여러분에게 가장 적합한(그리고 가장 비용 효율적인) 옵션일까요? 높은 IOPS를 지원해야 하므로 gp3, gp2, io2, io1 볼륨의 비용을 비교해야 할 것입니다.

io2나 io1 볼륨의 가격은 볼륨 크기(GB당 월 0.125달러)와 프로비저닝된 IOPS(프로비저닝된 IOPS당 월 0.065달러)에 따라 결정됩니다. 총 볼륨 비용은 1,200 × 0.125달러 + 7,000 × 0.065달러 = 월 605달러입니다.

7,000IOPS를 지원하도록 gp2 볼륨의 가격을 책정할 때 gp2 기준 성능은 볼륨 크기 GB당3IOPS로 선형 확장되므로 2,333GB를 프로비저닝해야 합니다. gp2 볼륨의 가격은 볼륨 크기(GB당 월 0.10달러)에 따라 결정되므로 볼륨 가격은 월 233달러(2,333 × 0.10달러)입니다.

gp3 볼륨의 경우 IOPS 성능은 볼륨 크기에 따라 달라지지 않습니다. 1,200GB(GB당월 0.08달러), 7,000IOPS(3,000IOPS 초과 시 프로비저닝된 IOPS당 월 0.005달러), 1,000MB/초(125MB 초과 시 프로비저닝된 MB/초당 월 0.04달러)를 프로비저닝할 수 있습니다. 총 비용은 12,00 × 0.08달러 + 4,000 × 0.005달러 + 875 × 0.04달러 = 96 + 20 + 35 = 151달러입니다.

151달러와 233달러, 605달러는 큰 가격 차이가 있으며, 이 사용 사례에서 io2나 io1 볼륨이아닌 gp3를 선택할 경우 75% 이상의 비용을 절감할 수 있습니다.

운영

EBS 볼륨을 효율적으로 활용하기 위한 마지막 단계는 운영 부분입니다. 여기엔 마법이 없습니다. 운영은 프로비저닝된 사양에 대해 EBS 볼륨 사용량을 모니터링하고, 비용을 모니터링하며, 추가 최적화 기회를 식별하는 지속적인 일상 작업입니다. 이렇게 하면 애플리케이션에 가장 적합한 EBS 볼륨 유형을 사용하는 데 도움이 됩니다.

몇 가지 운영 모범 사례를 살펴보겠습니다.

- **EBS 볼륨 사용량과 성능 모니터링:** 아마존 클라우드와치를 사용하여 각 볼륨에 대한 다양한 성능 메트릭을 수집하고 클라우드와치 콘솔을 통해 이를 제공합니다. 이를 통해 성능 병

목 현상을 확인하고 과잉 프로비저닝 사례를 발견할 수 있습니다. 다음은 사용 가능한 메트릭의 몇 가지 예입니다.

- **IO 작업:** 여기에는 지정된 기간 동안의 총 IO 작업 수를 나타내는 VolumeReadOps와 VolumeWriteOps 같은 메트릭이 포함됩니다. 프로비저닝된 IOPS 볼륨에서만 사용할 수 있는 VolumeConsumedReadWriteOps 메트릭은 지정된 기간 동안의 총 읽기/쓰기 작업 수를 나타냅니다.

  이러한 메트릭을 추적하여 실제 IOPS와 프로비저닝된 양을 비교할 수 있습니다. 실제 IOPS가 프로비저닝된 양보다 낮으면 볼륨 크기(gp2 볼륨)나 프로비저닝된 IOPS(io1 볼륨)의 수정을 고려하는 것이 좋습니다.

- **버스트 밸런스**^{BurstBalance}**:** gp2, sc1, st1 볼륨에 대한 버스트 버킷 밸런스를 나머지 밸런스의 백분율로 표시합니다. EBSIOBalance 메트릭은 gp2 볼륨에 대한 IOPS 크레딧에 대한 정보를 제공합니다. EBSByteBalance 메트릭은 sc1, st1 볼륨의 처리량 크레딧에 대한 정보를 제공합니다. 버스트 밸런스가 0%면 성능이 볼륨의 기준 성능으로 설정됩니다.

  높은 버스트 밸런스를 지속적으로 누적하는 경우 볼륨 크기나 처리량 면에서 과도하게 프로비저닝된 것일 수 있으므로 볼륨 크기를 줄이는 것을 고려해야 합니다.

- **볼륨 대기열 길이**^{VolumeQueueLength}**:** 평균 대기열 길이는 볼륨당 보류 중인 I/O 요청 수입니다. 이는 볼륨으로 I/O 읽기나 쓰기 요청을 보내고 요청이 완료되었음을 확인하는 메시지를 수신하는 데 걸리는 시간을 나타냅니다. 대기열 길이가 짧으면 볼륨 크기, IOPS, 대역폭 면에서 과도하게 프로비저닝된 것일 수 있으므로 볼륨 크기를 줄이는 것을 고려해야 합니다.

- **AWS 컴퓨트 옵티마이저:** AWS 컴퓨트 옵티마이저는 EC2 인스턴스와 관련된 권장 사항 외에도 EBS 볼륨 권장 사항을 제공합니다. AWS 컴퓨트 옵티마이저는 EC2 인스턴스에 연결된 EBS 볼륨의 기본 클라우드와치 메트릭(IOPS와 처리량)을 30시간 이상 분석합니다. 제공되는 권장 사항에는 gp2 및 gp3 볼륨에 대한 IOPS 및 처리량 권장 사항과 io1 및 io2 볼륨에 대한 IOPS 권장 사항이 포함됩니다. 이러한 권장 사항을 사용하여 실제 요구 사항에 맞게 EBS 프로비저닝된 IOPS 및 볼륨 크기를 최적화할 수 있습니다.

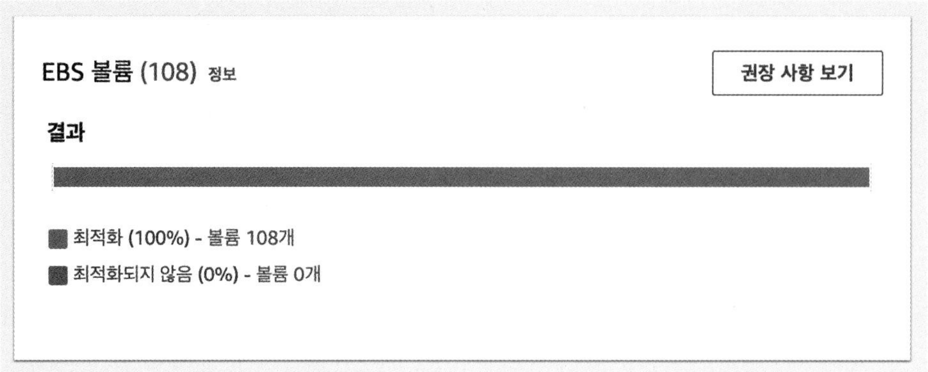

EBS 볼륨 (108) 정보

권장 사항 보기

결과

■ 최적화 (100%) - 볼륨 108개
■ 최적화되지 않음 (0%) - 볼륨 0개

그림 3-21 컴퓨트 옵티마이저 – EBS 권장 사항

- **실제 스토리지 활용도:** 모니터링 도구를 사용하여 각 볼륨에 저장된 실제 데이터양을 추적합니다. 활용도가 낮은 볼륨은 크기를 줄이는 방안을 고려하세요.

- **미사용 볼륨 식별 및 삭제:** 사용 중이지 않은(즉, 연결되지 않았거나 중지된) EC2 인스턴스에 연결된 EBS 볼륨을 식별합니다. 연결되지 않은 볼륨은 쉽게 찾을 수 있으며 AWS 콘솔에서 '사용 가능'으로 표시됩니다. 연결된 볼륨은 '연결됨'으로 표시됩니다. 네트워크 처리량과 IOPS를 확인하여 특정 기간 동안 볼륨 활동이 있었는지 확인합니다. 그렇지 않은 경우 안전하게 삭제할 수 있습니다.

- **스냅샷 정리:** 스냅샷 수명 주기 정책을 구현하여 각 스냅샷에 대한 보존 정책을 정의합니다. 스냅샷은 증분 저장됩니다. 최신 스냅샷 버전을 유지하는 한 이전 스냅샷 버전을 삭제할 때 걱정할 필요가 없습니다. 최신 스냅샷에서 참조하는 모든 데이터 블록이 유지되므로 EBS 볼륨을 복원할 수 있습니다.

- **스냅샷 보관:** 전환 EBS 스냅샷은 규정과 규제 준수상의 이유로 아카이브 스토리지 계층에 90일 이상 보관됩니다. 스냅샷 비용을 75% 절감할 수 있으면서 필요하면 24~72시간 내에 스냅샷을 복원할 수 있습니다.

- **인스턴스 스토어:** 인스턴스 스토어의 활용률을 추적합니다. 이러한 추적이 더 이상 필요하지 않다면 인스턴스 스토어를 제공하지 않는 다른 인스턴스로 교체하는 것이 좋습니다.

3.2.4 요약

EBS 볼륨 유형을 선택하는 것은 주로 필요한 데이터셋 크기, IOPS 및 처리량을 기반으로 하는 아키텍처적인 결정이지만 EBS 서비스의 비용 측면 또한 고려해야 합니다. 이 장에서 살펴본 바와 같이 각 볼륨 유형의 성능과 가격 특성에는 상당한 차이가 있습니다.

애플리케이션을 지원하기 위한 최상의 EBS 볼륨 유형을 결정했으면 필요에 따라 볼륨 크기, IOPS와 처리량을 프로비저닝하고 필요한 모니터를 배치합니다. 이를 통해 각 볼륨이 효율적으로 활용되고(추가 GB, IOPS 또는 처리량으로 과도하게 프로비저닝되지 않음), 낭비(휴면 볼륨)가 발생하지 않도록 할 수 있습니다. 최소 볼륨 크기를 프로비저닝하는 것으로 시작하고 IOPS와 처리량 사용률을 지속적으로 모니터링하고 필요할 경우 볼륨을 확장 또는 축소하는 것이 좋습니다.

3.3 아마존 일래스틱 파일 시스템(EFS)

EFS^{Elastic File System}는 리눅스 기반의 애플리케이션을 위한 고가용성, 내구성 및 확장성이 뛰어난 탄력적인 공유 파일 시스템을 제공하는 관리 서비스입니다. EFS는 파일과 디렉터리의 중앙 데이터 원본 역할을 합니다. EFS에 연결하는 것은 네트워크 인터페이스를 통해 네트워크 드라이브에 연결하는 것과 유사합니다. EFS가 하나 이상의 EC2 인스턴스에 연결되면 해당 모든 인스턴스가 공유하는 로컬 파일 시스템 역할을 합니다.

따라서 EFS는 콘텐츠 관리 시스템, 워크플로 관리, 홈 디렉터리와 같은 여러 EC2 인스턴스에서 파일에 액세스해야 하는 경우를 위한 것입니다. 또한 AWS를 사용하면 온프레미스 서버에서 AWS 다이렉트 커넥트를 통해 EFS에 액세스할 수 있습니다.

EFS는 제한되지 않는 수의 스토리지 서버에 배포되며 파일은 리전 내의 단일 가용 영역이나 가용 영역 전반에 걸쳐 저장됩니다. 이를 통해 병목 현상을 제거하고 높은 수준의 IOPS를 제공하며 파일 시스템의 이중화와 내구성을 보장합니다. EFS에는 GB당 50KB/초(20GB당 1MB/초)의 기본 기준 처리량이 제공됩니다. 필요한 경우 추가 비용으로 EFS 프로비저닝된 처리량^{EFS Provisioned Throughput} 모드를 사용하여 처리량을 초과 프로비저닝할 수 있습니다. 또한 버스트 가능 처리량^{Burstable Throughout} 모드를 사용하여 기준 처리량 이상으로 버스팅할 수 있습니다.

EFS 비용 최적화를 위한 모범 사례를 살펴보기 전에 먼저 EFS 서비스 기능과 EFS 요금제에 대한 높은 수준의 이해도가 필요합니다. 마지막으로 **KAO**™ 모델을 적용하여 EFS 비용을 최적화하는 데 필요한 지식, 아키텍처 지침, 운영 활동을 요약할 것입니다. 그럼 시작하겠습니다.

3.3.1 EFS 스토리지 클래스

아마존 EFS는 자주 액세스하는 파일과 자주 액세스하지 않는 파일 모두에 대해 다양한 스토리지 클래스를 제공합니다. 각각은 특정 애플리케이션이나 기술, 비즈니스 요구 사항을 지원하기 위해 제공됩니다. 다음은 각 스토리지 클래스에 대한 간단한 설명입니다.

표 3-16 아마존 EFS 스토리지 클래스[20]

스토리지 클래스	설명
아마존 EFS 스탠더드	EFS 스탠더드 스토리지 클래스는 활성 파일 시스템 워크로드를 위해 설계되었으며 매달 사용하는 파일 시스템 스토리지양에 대해서만 요금이 발생합니다. 데이터는 여러 가용 영역 내에 또는 여러 가용 영역 간에 리전별로 저장됩니다.
아마존 EFS 스탠더드-IA	EFS 스탠더드-IA는 자주 액세스하지 않는 파일에 대해 비용 최적화되어 있습니다. EFS 스탠더드-IA 스토리지 클래스에 저장된 데이터는 EFS 스탠더드 스토리지 클래스보다 비용이 저렴하며, 파일을 읽거나 쓸 때마다 요금이 발생합니다. 데이터는 여러 가용 영역 내에 또는 여러 가용 영역 간에 리전별로 저장됩니다.
아마존 EFS 단일 영역	EFS 단일 영역 스토리지 클래스는 활성 파일 시스템 워크로드를 위해 설계되었으며, 매월 사용하는 파일 시스템 스토리지양에 대해서만 비용을 지불합니다. 데이터가 여러 가용 영역에 걸쳐 저장되는 EFS 스탠더드 클래스와 달리 EFS 단일 영역 스토리지 클래스는 단일 가용 영역 내에 파일을 저장합니다.
아마존 EFS 단일 영역-IA	EFS 단일 영역-IA는 자주 액세스하지 않는 파일에 대해 비용 최적화되어 있습니다. EFS 단일 영역 스토리지 클래스와 마찬가지로 단일 가용 영역 내에 파일을 저장합니다. EFS 단일 영역-IA 스토리지 클래스는 단일 영역 스토리지 클래스보다 비용이 저렴하며, 파일을 읽거나 쓸 때마다 요금을 지불해야 합니다. 데이터는 단일 가용 영역 내에 저장됩니다.
아마존 EFS 지능형 티어	아마존 EFS 지능형 티어는 데이터 액세스 패턴이 변경될 때 운영 오버헤드 없이 공유 파일 스토리지에 대한 비용을 자동으로 최적화하는 수명 주기 관리 기능입니다. EFS 지능형 티어의 수명 주기 관리 기능은 파일 시스템의 액세스 패턴을 모니터링하고 파일 시스템이 EFS 스탠더드나 EFS 단일 영역 스토리지를 사용하는지에 따라 수명 주기 정책 기간 동안 액세스하지 않은 파일을 EFS 스탠더드나 EFS 단일 영역에서 EFS 스탠더드-IA, EFS 단일영역-IA로 이동시킵니다. 파일에 다시 액세스하면 EFS 스탠더드 또는 EFS 단일 영역 스토리지 클래스로 다시 이동합니다.

....

20 `https://aws.amazon.com/efs/pricing`

3.3.2 EFS 서비스 기능

EFS 성능 모드

다양한 클라우드 스토리지 워크로드를 지원하기 위해 EFS 파일 시스템을 생성할 때 두 가지 성능 모드 중 하나를 선택할 수 있습니다. 이후에는 성능 모드를 변경할 수 없습니다.

범용 목적 성능 모드 General Purpose Performance Mode 는 기본 EFS 성능 모드입니다. 지연 시간에 민감한 사용 사례에 적합하며 대부분의 EFS 파일 시스템에 권장됩니다. 일반적인 사용 사례로는 웹 서비스 환경, 콘텐츠 관리 시스템, 홈 디렉터리와 일반 파일 서비스가 있습니다.

최대 I/O 성능 모드 Max I/O Performance Mode 는 일반적으로 빅데이터 분석, 미디어 처리와 게놈 분석 같은 고도로 병렬화된 워크로드에 더 적합합니다. 최대 I/O 모드를 사용하면 성능을 더 높은 수준의 총합 처리량과 초당 운영으로 확장할 수 있으며, 파일 시스템 운영의 경우 지연 시간이 약간 더 길어질 수 있습니다.

EFS 처리량 모드

EFS는 EFS 파일 시스템에 대해 두 가지 모드(버스팅 처리량 Bursting Throughput 모드와 프로비저닝된 처리량 Provisioned Throughput 모드)를 제공합니다. EFS 파일 시스템을 생성할 때 처리량 모드를 설정하고 이후 언제든지 변경할 수 있습니다(단, 주어진 24시간 동안 한 번만).

버스팅 처리량 모드

이 모드에서 EFS 처리량은 파일 시스템의 성장에 따라 확장되며, 파일 시스템과의 급격한 상호작용을 지원하기 위해 기준 처리량 비율에 따라 버스팅할 수도 있습니다. EBS의 gp2, st1, sc1 볼륨과 마찬가지로 EFS도 실제 사용량이 기준 처리량보다 낮을 때 크레딧을 누적합니다. 각 파일 시스템은 파일 시스템의 크기에 따라 결정되는 기준 속도에서 시간의 흐름에 따라 크레딧을 누적하고 데이터를 읽거나 쓸 때마다 크레딧을 사용합니다. 기준 속도는 스토리지의 TiB당 50MiB/초입니다.

누적된 성능 크레딧은 파일 시스템에 기준 속도보다 높은 처리량을 제공할 수 있는 기능을 제공합니다. 파일 시스템은 처리량을 기준 속도로 연속적으로 처리할 수 있으며, 비활성 상태이거나 기준 속도 미만으로 처리량을 구동할 때마다 버스트 크레딧을 누적합니다.

예를 들어 보겠습니다.

- 100GB 파일 시스템은 나머지 95% 동안 비활성 상태인 경우 5%의 시간 동안 버스딩 (100MiB/초에)할 수 있습니다.
- 1TiB보다 큰 파일 시스템은 나머지 50% 동안 비활성 상태이면 최대 50%의 시간 동안 버스팅할 수 있습니다.

https://docs.aws.amazon.com/efs/latest/ug/performance.html에서 더 많은 예를 확인할 수 있습니다.

프로비저닝된 처리량 모드

프로비저닝된 처리량 모드가 도입되기 전에는 애플리케이션이 얻을 수 있는 최대 EFS 처리량은 파일 시스템에 저장된 데이터양을 기반으로 했습니다. 프로비저닝된 처리량을 사용하면 파일 시스템에 저장된 데이터양에 관계없이 더 높은 처리량을 필요로 하는 애플리케이션이 필요한 처리량 수준을 프로비저닝할 수 있습니다.

프로비저닝된 처리량 모드를 사용하면 저장된 데이터양에 관계없이 파일 시스템의 처리량을 MiB/초 단위로 즉시 프로비저닝할 수 있습니다. 이 모드는 높은 처리량 대 스토리지 비율 (TiB당 MiB/초)을 요구하는 애플리케이션에 적합합니다. 여기에는 파일 시스템의 데이터양은 적지만 처리량이 버스트 처리량 모드에서 제공하는 것보다 많은 사용 사례가 포함됩니다.

필요한 처리량을 설정하면 파일 시스템의 프로비저닝된 처리량을 원하는 만큼 늘릴 수 있습니다. 이후 언제든지 처리량을 줄일 수 있습니다(단, 주어진 24시간 동안 한 번만).

AWS 데이터싱크

AWS 데이터싱크^{DataSync}는 온프레미스와 같은 소스에서 아마존 S3(모든 클래스)나 아마존 EFS로 파일을 복사하는 데 사용되는 안전한 고속 데이터 전송 서비스입니다. 데이터싱크는 데이터 전송과 관련된 다양한 작업을 자동으로 처리하며 일회성 데이터 마이그레이션과 반복 복제를 모두 지원합니다. 데이터싱크는 또한 다른 리전의 파일 시스템과 다른 AWS 계정이 소유한 파일 시스템을 포함하여 한 EFS에서 다른 EFS로 파일을 복사할 수 있도록 지원합니다. 데이터싱크를 설정하려면 에이전트를 실행하고 필요한 파일 시스템, 폴더와 파일을 EFS로 복사하도록 구성합니다.

EFS 수명 주기 관리

S3에 저장된 객체와 마찬가지로 AWS는 애플리케이션의 사용 패턴을 기반으로 EFS 데이터를 비용 효율적으로 관리하기 위한 수명 주기 정책을 설정할 수 있는 옵션을 제공합니다. 활성화하면 EFS 수명 주기 관리는 설정된 기간 동안 액세스하지 않은 파일을 여러분 파일 시스템에 따라 EFS 스탠더드-IA나 단일 영역-IA로 자동으로 마이그레이션합니다. 수명 주기 정책을 설정하여 아마존 EFS가 파일을 IA 스토리지 클래스로 전환하는 시기(7, 14, 30, 60, 90일 후)를 정의할 수 있습니다. 파일 시스템에는 전체 파일 시스템에 적용되는 하나의 수명 주기 정책이 있습니다. 선택한 수명 주기 정책에 정의된 기간 동안 파일을 액세스하지 않으면 아마존 EFS는 해당 파일을 파일 시스템에 적용할 수 있는 IA 스토리지 클래스로 전환합니다. 수명 주기 관리가 파일을 IA 스토리지 클래스 중 하나로 이동시키면 해당 파일은 무기한으로 유지됩니다(EFS 지능형 티어가 활성화되지 않은 경우). 파일이 스탠더드, 단일 영역, IA 스토리지 클래스에 저장되면 EFS는 해당 스토리지 클래스의 파일을 투명하게 처리합니다.

EFS 지능형 티어는 파일 시스템 액세스 빈도를 추적하고 그에 따라 조치를 취하는 EFS 수명 주기 관리의 기능입니다. EFS 지능형 티어를 사용하면 파일 시스템의 액세스 패턴을 모니터링하고 파일 시스템이 EFS 스탠더드나 EFS 단일 영역 스토리지 클래스를 사용하는지에 따라 수명 주기 정책 기간 동안 액세스하지 않은 파일을 EFS 스탠더드나 EFS 단일 영역에서 EFS 스탠더드-IA나 EFS 단일 영역-IA로 이동시킵니다. 파일에 다시 액세스하면 EFS 스탠더드나 EFS 단일 영역 스토리지 클래스로 다시 이동됩니다.

EFS와 EBS

EFS 파일 시스템과 EBS 데이터 스토리지의 차이점을 이해해야 합니다. 다음 표는 몇 가지 주요 차이점을 보여줍니다.

표 3-17 EFS와 EBS 비교[21]

특징	EFS(스탠더드)	EBS
지연 시간	짧음. 일정 지연 시간	가장 짧음. 일정 지연 시간
처리량	10GB/초 이상	최대 4GB/초
가용성과 내구성	데이터는 여러 가용 영역에 걸쳐 중복 저장됨	데이터는 단일 가용 영역에 중복 저장됨
동시 접속	여러 가용 영역에서 최대 수천 개의 아마존 EC2 인스턴스가 파일 시스템에 동시 연결 가능	단일 가용 영역에서 단일 또는 여러 아마존 EC2 인스턴스가 파일 시스템에 연결 가능 (io1, io2)
크기	무제한. 데이터양이 변함에 따라 스토리지 크기 확장 및 축소 가능	최대 64TB. 볼륨 크기는 프로비저닝 시점에 설정되며, 이후에 확장 가능
사용 사례	빅데이터 및 분석, 미디어 처리, 콘텐츠 관리, 웹 서비스, 홈 디렉터리	부팅 볼륨, 트랜잭션 및 NoSQL 데이터베이스, 데이터 웨어하우스, ETL

3.3.3 아마존 EFS 요금제

EFS 요금제는 간단합니다. 선택할 수 있는 선결제 약정이나 최소 스토리지 계층이 없습니다. 각 파일 시스템은 GB별 월 데이터 요금과 특정 작업에 대한 추가 요금이 부과됩니다. 파일 시스템에 파일을 배치하는 것과 관련된 비용, IA 클래스에서 파일을 검색하는 데 필요한 요청별 비용, 추가 처리량을 프로비저닝하는 데 필요한 추가 비용이 있습니다.

전반적으로 EFS 비용을 신속하게 최적화하는 데 방해가 되는 것은 없습니다. 이 모든 것이 어떻게 합쳐지는지 살펴보겠습니다.

스토리지 관련 가격

아마존은 EFS를 사용한 첫 12개월 동안 프리 티어의 일부로 계정당 매월 5GB까지 저장된 데이터를 제공합니다. 프리 티어 구간을 초과하면 각 월에 사용되는 평균 스토리지양에 대한 요금이 부과됩니다.

다음 표는 다양한 리전의 EFS 월별 스토리지 가격을 보여줍니다. 표에서는 EFS 스토리지 클래스 간의 가격 차이를 보여줍니다.

---

21 https://docs.aws.amazon.com/efs/latest/ug/performance.html

표 3-18 EFS 요금[22]

리전	GB당 월별 스토리지 요금				
	스탠더드 클래스	스탠더드-IA 클래스	단일 영역 클래스	단일 영역-IA 클래스	IA 접속 요청 (전송량 GB 기준)
미국 동부(버지니아 북부)	$0.300	$0.0250	$0.160	$0.0133	$0.010
유럽(아일랜드)	$0.330	$0.0250	$0.176	$0.0133	$0.011
유럽(프랑크푸르트)	$0.360	$0.0266	$0.192	$0.0142	$0.012
아시아 태평양(서울)	$0.330	$0.0272	$0.176	$0.0145	$0.011
아시아 태평양(도쿄)	$0.360	$0.0272	$0.192	$0.0145	$0.012

위 표는 EFS 스토리지 클래스 간의 가격 차이를 보여줍니다.

- EFS 스탠더드 스토리지 클래스가 가장 비쌉니다.

- EFS 스탠더드-IA 클래스는 EFS 스탠더드 클래스보다 91% 정도 저렴합니다.

- EFS 단일 영역 클래스는 EFS 스탠더드 클래스보다 46% 정도 저렴합니다.

- EFS 단일 영역-IA 클래스는 가장 저렴한 스토리지 클래스입니다. EFS 단일 영역 클래스보다 91%, EFS 스탠더드-IA 클래스보다 46%, EFS 스탠더드 클래스보다 95% 저렴합니다.

EFS 단일 영역 클래스와 IA 스토리지 클래스는 자주 액세스하거나 자주 액세스하지 않는 파일을 저장하기 위해 도입된 비용 효율적인 스토리지 클래스입니다. EFS 스탠더드 클래스와 비교하여 최대 95% 저렴합니다.

EFS IA 클래스를 사용하는 경우 GB당 월 가격 외에 액세스 요청(전송된 GB당)에 대한 요금이 부과됩니다.

GB당 월 EFS 비용(0.300달러)을 이전 장에서 다룬 스토리지 서비스와 비교하면 0.023달러(아마존 S3 스탠더드 티어)와 최대 0.125달러(EBS io2 볼륨)입니다. EFS는 공유 파일 시스템 서비스이기 때문에 가격이 높습니다.

데이터싱크 가격

스토리지 비용 외에도 파일을 EFS로 복사하기 위해 데이터싱크를 사용할 수 있습니다. 데이터

---

22 https://aws.amazon.com/efs/pricing

싱크를 사용하면 EFS 또는 S3로 복사하거나 EFS 또는 S3에서 복사하는 데이터양에 대한 비용을 지불해야 합니다. 이 비용은 네트워크 가속 기술, 데이터 검증, 자동화와 같은 기타 데이터 싱크 기능을 사용할 경우 GB당 0.0125달러의 정액제 요금을 기준으로 합니다. AWS 스토리지 서비스에서 온프레미스 스토리지 시스템으로 데이터를 복사할 때도 데이터 전송 비용이 청구됩니다.

프로비저닝된 처리량 모드 가격

스토리지 비용 외에도 서비스와 함께 제공되는 기준(스토리지 20GB당 1MB/초)을 초과하여 추가 처리량을 프로비저닝할 수 있습니다. 데이터가 저장된 리전에 따라 기준치를 초과한 각 MB/초당 6달러에서 11.40달러(상파울루)의 비용이 발생합니다.

파일 시스템 크기가 프로비저닝한 처리량보다 더 높은 기준 처리량을 제공하는 경우 파일 시스템은 기본 아마존 EFS 버스팅 처리량 모드와 앞서 제시한 GB당 가격을 따릅니다. 버스트 처리량 모드에서 파일 시스템의 사용 권한보다 낮은 프로비저닝된 처리량에 대해서는 요금이 부과되지 않습니다.

성능 모드 가격

EFS 성능 모드(범용 또는 최대 I/O)를 선택해도 EFS 비용에 영향을 미치지 않습니다.

가격 예

미국 동부(버지니아 북부) 리전에 위치한 EFS 파일 시스템을 살펴보겠습니다. 해당 월의 처음 10일 동안 50GB의 스탠더드 클래스 스토리지를 사용하고 나머지 21일 동안 100GB를 사용했습니다. 우선 사용된 시간당 GB를 계산해보겠습니다.

- 10일 × 24시간 × 50GB = 시간당 12,000GB
- 21일 × 24시간 × 100GB = 시간당 50,400GB
- 총 = 시간당 62,400GB

이제 시간당 GB를 월별 GB로 변환합니다.

- 62,400 / 744시간 = 월별 83.87GB

데이터싱크 비용은 EFS에 복사된 GB당 0.0125달러입니다. 150GB의 스토리지를 복사할 경우 데이터싱크에 대해 1.875달러의 비용이 청구됩니다.

마지막으로 총 비용을 계산합니다.

- 월별 83.87GB × 0.300달러 + 1.875달러 = 27.036달러

`https://aws.amazon.com/efs/pricing`에서 더 많은 예를 확인할 수 있습니다.

3.3.4 EFS 비용 최적화 모범 사례

이 책에서 다루는 모든 AWS 서비스와 마찬가지로 비용 효율성을 보장하기 위해 **KAO™** 방법론을 적용할 것입니다. 이를 통해 서비스의 가격 구조와 고려해야 할 **아키텍처** 고려 사항과 관련하여 필요한 모든 **지식**을 얻게 되므로 비용 최적화 EFS를 설계하고 비용 효율성을 고려하여 **운영**할 수 있습니다. **KAO™** 모델을 EFS 비용 효율성에 적용해보겠습니다.

지식

EFS 가격 책정 부분은 간단합니다. 스탠더드, 스탠더드-IA, 단일 영역, 단일 영역-IA(각각 0.300달러, 0.025달러, 0.160달러, 0.0133달러)의 모든 스토리지 클래스에 대해 GB당 요금이 부과됩니다. 이러한 가격은 데이터 스토리지 클래스를 현명하게 관리할 경우 최대 95%를 절감할 수 있습니다(EFS 단일 영역-IA 가격과 비교한 EFS 스탠더드 가격). 또한 IA 스토리지 클래스에 저장된 파일은 전송된 GB당 0.01달러의 요금이 부과됩니다. 데이터싱크^{DataSync}를 사용하는 경우에는 복사된 GB당 0.0125달러가 청구되고, 프로비저닝된 처리량^{Provisioned} ^{Throughput} 모드를 사용하는 경우에는 기준 및 버스트 크레딧 처리량에 대해 MB/초당 6.00달러가 추가 청구됩니다.

다른 AWS 스토리지 서비스(S3 및 EBS)와 비교해서 EFS 데이터 스토리지에 대해 지불하는 프리미엄 요금에 유의하세요. 다른 서비스와 달리 EFS는 공유 파일 시스템 서비스이므로 추가 기능에 대한 비용을 지불해야 합니다.

아키텍처

EFS의 아키텍처 구성 요소는 간단합니다. 리눅스 기반 애플리케이션을 지원하기 위해 공유 파일 시스템이 필요한 경우 EFS를 사용하고 필요에 가장 적합한 성능 모드와 처리량 모드를 선택해야 합니다.

프로비저닝된 처리량 모드에서는 추가 비용이 발생하므로 추가 처리량이 정말 필요한지 확인해야 합니다. 기본 권장 사항은 애플리케이션을 버스팅 처리량 모드로 실행하는 것입니다. 성능 문제가 발생하면 클라우드워치에서 BurstCreditBalance 메트릭을 확인해야 합니다. 값이 0이거나 시간이 지남에 따라 감소하는 경우 기준 용량의 대부분 또는 전부를 사용하고 있는 것이며 이 경우 프로비저닝된 처리량 모드를 사용해야 합니다.

또한 EFS는 가용 영역(스탠더드와 스탠더드-IA 스토리지 클래스)에 걸쳐 파일을 복제하는 공유 파일 시스템입니다. EFS는 EBS나 S3 스토리지보다 비용이 많이 들고, 한 AZ(가용 영역)에 저장된 파일이 다른 AZ의 리소스에 의해 액세스될 때 AZ 간 데이터 전송 비용이 발생할 수 있습니다. 공유 스토리지가 필요한 파일에 대해서만 EFS를 사용해야 합니다. 일부 파일 시스템을 단일 AZ에 저장하기로 결정할 경우 단일 영역 스토리지 클래스를 사용해야 합니다. 또한 일부 파일이 자주 액세스하지 않는다고 판단되는 경우 EFS 수명 주기 관리를 통해 자주 액세스하지 않는 파일을 자주 액세스하지 않는 클래스(스탠더드-IA 또는 단일 영역-IA)로 전송하거나 심지어 S3로 전송해야 합니다(파일을 더 이상 공유 파일 시스템에 보관할 필요가 없는 경우).

운영

EFS 파일 시스템을 효율적으로 활용하기 위한 마지막 단계는 운영 부분입니다. 여기엔 마법이 없습니다! 운영은 EFS 스토리지를 모니터링하고 애플리케이션에 필요한 파일만 저장하도록 보장하는 반복되는 일상 작업입니다.

매월 사용되는 GB에 대해 요금이 청구되므로 불필요한 스토리지 비용을 지불하지 않도록 필요 없는 파일은 삭제해야 합니다.

몇 가지 운영 모범 사례를 살펴보겠습니다.

- **EFS 수명 주기 관리:** EFS 파일 시스템을 비용 효율적으로 운영하기 위해서는 파일 시스템 당 적절한 수명 주기 구현을 포함해야 합니다. EFS 수명 주기를 활성화하면 설정된 기간(7,

14, 30, 60, 90일 이후) 동안 액세스하지 않은 파일을 EFS 스탠더드에서 EFS 스탠더드-IA 로 또는 EFS 단일 영역에서 EFS 단일 영역-IA로 자동 전환하도록 정책을 설정할 수 있습니다. 20%의 데이터가 활발히 사용되고 80%가 자주 액세스되지 않는다는 업계 공인 추정치를 사용하면 아마존 EFS에 저장된 파일을 73% 절약할 수 있습니다. 예를 들어 파일의 20%가 EFS 스탠더드에 저장되고 80%가 EFS 스탠더드-IA에 저장된다고 할 때 유효 가격은 GB당 0.08달러입니다(아마존 EFS 스탠더드에 저장된 20%의 파일에 대해 GB당 월 0.30 달러 + EFS 스탠더드-IA 스토리지 클래스에 저장된 80%의 파일에 대해 GB당 월 0.025달 러). 파일 시스템이 단일 가용 영역에서 실행되고 파일을 단일 영역-IA 스토리지 클래스로 전환하도록 수명 주기를 설정한 경우에도 동일한 저장 기회가 적용됩니다.

- **실제 스토리지 추적:** EFS에 저장된 실제 데이터양을 추적하고 사용하지 않는 파일을 삭제합니다.

- **프로비저닝된 처리량 모니터링:** 프로비저닝된 처리량 모드로 운영되는 경우 처리량 활용도를 모니터링하여 처리량이 초과 프로비저닝되지 않도록 합니다.

- **데이터싱크 추적:** EFS에 업로드된 파일에 대해 요금이 청구되므로 데이터싱크를 EFS에 저장해야 하는 파일만 복사하도록 제한해야 합니다. 파일을 특정 폴더에 복사하고 이미 있는 파일은 건너뜁니다. FilesTransferred 클라우드와치 메트릭을 모니터링하여 EFS로 전송된 총 파일 수를 확인하고 PhysicalBytesTransferred 메트릭을 모니터링하여 전송된 바이트 수를 확인합니다. 이러한 메트릭이 사용자의 예상과 일치하는지 그리고 필요 없는 파일이 EFS에 복사되지 않았는지 확인합니다.

3.3.5 요약

아마존 EFS는 리눅스 기반 애플리케이션을 지원하는 공유 파일 시스템입니다. 스토리지의 GB당 가격은 S3나 EBS보다 비싸지만 액세스 빈도가 낮은 파일이나 단일 가용 영역에 저장된 파일 시스템에 대해 저렴한 스토리지 클래스를 제공합니다. EFS는 공유 파일 시스템이 필요한 사용 사례에만 사용해야 합니다. 파일 시스템별로 수명 주기 정책을 설정하고 파일 시스템을 여러 가용 영역에 저장할지 단일 가용 영역에 저장할지 신중하게 결정해야 합니다. 요금제는 스토리지 클래스당 월별 각 GB의 비용, EFS에 복사된 각 GB의 비용, 기준선에 대한 프로비저닝 처리량 비용 등 다양한 매개변수를 기반으로 합니다. EFS IA 스토리지 클래스(스탠더드-IA와 단일 영역-IA)를 사용하면 스토리지 클래스에 저장된 월별 GB당 요금은 저렴하지만 전송된 GB당 회수 요청 비용이 청구됩니다.

EFS에 저장된 파일을 지속적으로 모니터링하고, 더 이상 필요하지 않은 파일을 삭제하고, 필요한 파일만 EFS로 전송하고, 파일 시스템별 수명 주기 정책을 설정하고(또는 EFS 지능형 티어 사용), 필요한 경우에만 추가 처리량을 프로비저닝하는 것이 중요합니다.

3.4 요약: 스토리지 서비스

앞서 설명한 다른 컴퓨팅 서비스와 마찬가지로 AWS는 사용자의 요구에 맞는 스토리지 아키텍처를 제공하기 위해 다양한 스토리지 서비스를 제공합니다. S3는 객체 스토리지, 글래시어와 글래시어 딥 아카이브는 데이터 아카이빙, EBS는 블록 스토리지 그리고 EFS는 관리형 공유 파일 시스템을 제공하기 위한 것입니다. 각 서비스는 특정 사용 사례를 지원하기 위한 것입니다. 또한 각 서비스에는 스토리지 아키텍처 설정을 특정 요구 사항에 맞게 미세 조정하는 데 사용할 수 있는 다양한 옵션과 매개변수가 있습니다.

AWS 퍼블릭 클라우드 인프라의 환상적인 측면 중 하나는 모든 서비스가 구성 가능하고 유연하며 통합 환경에서 운영된다는 것입니다. 컴퓨팅 인프라뿐만 아니라 데이터 스토리지에서도 유용합니다. AWS는 온프레미스 스토리지 장치보다 더 높은 유연성을 제공합니다. 예를 들어 단지 몇 번의 클릭만으로 선택적 복제나 S3 객체 수명 주기 설정이 가능하고, 스냅샷 프로세스와 스냅샷 수명 주기를 자동화하고, EBS 볼륨 크기를 동적으로 늘리고, 다중 가용 영역의 공유 EFS 파일 시스템 설정 등을 할 수 있습니다.

비용 측면에서 각 AWS 스토리지 서비스는 고유한 약관과 가격 구조를 가지고 있습니다. 다음 표는 각 서비스별 비용 구조를 보여줍니다.

표 3-19 AWS 스토리지 서비스 요금

| | S3 | | | | | | |
	스탠더드	지능형 티어	간헐적 접속 (IA)	단일 영역 -IA	글래시어 즉시 회수	글래시어 유연 회수	글래시어 딥 아카이브
GB당 월 비용	$0.021 - $0.023	$0.00099 - $0.023	$0.0125	$0.010	$0.004	$0.0036	$0.00099
최소 스토리지 기간			30	30	90	90	180
최소 객체 크기			128K	128K	128K		
GB당 회수 비용			있음	있음	있음	있음	있음
객체별 모니터링 비용		있음 (>128K)					
데이터 저장 오버헤드 (32K)						있음	있음
스탠더드 클래스 데이터 저장 오버헤드(8K)						있음	있음

| | EBS | | | | | |
	Io2	io1	gp3	gp2	sc1	st1
GB당 월 요금	$0.125	$0.125	$0.080	$0.100	$0.015	$0.045
프로비저닝된 IOPS당 월 요금	$0.032 – $0.065	$0.065	$0.005			
프로비저닝된 처리량당 요금			$0.040			

| | EFS 공유 파일 시스템 | | | |
	스탠더드	스탠더드-IA	단일 영역	단일 영역-IA
GB당 월 요금	$0.3000	$0.0250	$0.1600	$0.0133
추가 Mbps 처리량당 월 요금	$6		$6	
전송량 GB당 요금		$0.0100		$0.0100

이러한 가격 차이는 각 스토리지 서비스 내에서뿐만 아니라 스토리지 서비스 간에 데이터를 전환하여 비용 효율성을 높일 수 있는 인센티브를 제공합니다. 예를 들어 모든 파일을 저장할 중앙 집중식 공간이 필요한 경우 S3에 데이터를 저장할 수 있습니다. 필요에 따라 EBS 또는 EFS로 전환할 수 있으며, 데이터 사용을 마치면 다시 S3로 전환하면 됩니다.

이 장에서 습득한 지식을 바탕으로 워크로드의 기술적 요구 사항을 충족할 뿐만 아니라 스토리지 비용이 항상 최적화되도록 보장하는 데 도움이 되도록 스토리지에 대한 아키텍처와 운영 관련 의사 결정을 내릴 수 있습니다.

CHAPTER 4

네트워킹 서비스

네트워크 관리는 결코 쉬운 일이 아닙니다. 스위칭, 라우팅, 방화벽 및 기타 다른 기술 주제에 대한 지식과 전문성이 필요합니다. AWS는 구성 가능하고 빠르고 경제적인 방식으로 가상 클라우드 네트워크 구축을 지원하는 일련의 네트워킹 서비스와 구성 요소를 제공하여 네트워크 관리를 단순화합니다. 이러한 서비스와 구성 요소를 사용하면 몇 분 내에 보안 네트워크를 설정할 수 있으며, 이 네트워크를 통해 트래픽을 전송하기 전에 1달러도 지출할 필요가 없습니다.

당연히 사용자 대부분은 네트워크와 관련된 복잡성을 자세히 살펴보지 않고 '그냥 작동'하기를 원합니다. 그럼에도 불구하고 비용 절감을 달성하기 위한 모범 사례를 권장하기 전에 주요 AWS 네트워크 용어, 서비스, 구성 요소와 요금제에 대한 높은 수준의 이해가 필요합니다. 따라서 배경 지식부터 시작할 것입니다. 다음으로 각 서비스의 가격 구조를 살펴보고, 마지막으로 **KAO™** 모델을 적용하여 비용 최적화된 네트워크를 달성하는 데 필요한 지식, 아키텍처 지침, 운영 활동을 요약할 것입니다.

4.1 AWS 네트워킹 개념(서비스와 구성 요소)

이 절에서는 AWS 네트워킹과 관련된 '필수' 개념을 설명합니다. **이 설명은 기술 가이드를 제공하기 위한 것이 아니며 보안 네트워크를 구축하는 데 필요한 모든 정보가 포함되어 있지도 않습니다.** 네트워킹 관련 비용을 이해하고 최적화하는 데 필요한 지식을 제공하기 위한 것입니다.

글로벌 인프라

AWS 글로벌 인프라는 전 세계에 지리적으로 분산된 물리 데이터 센터의 네트워크를 통해 지원됩니다. 각 위치에서 AWS는 리던던트 전원$^{redundant\ power\ source}$(이중화 전원), 네트워킹 및 외부와의 연결이 가능한 데이터 센터를 운영하고 있습니다. 각 데이터 센터는 별도의 시설에서 호스팅되며 하나 이상의 데이터 센터가 가용 영역을 형성합니다. 특정 위치에 있는 가용 영역 집합(2개 이상)은 AWS 리전을 형성합니다. 각 리전에 여러 가용 영역이 있으면 내결함성을 제공할 뿐만 아니라 하나의 가용 영역을 사용할 수 없게 되는 경우에도 가용 영역 간에 자동으로 장애 조치할 수 있는 애플리케이션을 설계하고 배포할 수 있습니다.

AWS는 리전과 가용 영역 외에도 로컬 영역과 웨이브렝스를 운영하고 있습니다. 로컬 영역은 AWS 컴퓨팅, 스토리지, 데이터베이스와 기타 서비스를 현재 AWS 리전이 없는 대규모 인구, 산업 및 IT 센터에 더 가깝게 제공합니다. 로컬 영역은 지연에 민감한 애플리케이션을 특정 지역의 최종 사용자와 리소스에 가깝게 실행할 수 있습니다. 미디어와 엔터테인먼트 콘텐츠 제작, 실시간 게임, 전자 설계 자동화, 머신러닝과 같은 사용 사례에 대해 한 자릿수 밀리초 지연 시간을 제공하는 것을 목표로 합니다.

2022년 3월 현재 AWS는 전 세계 26개 리전 내 84개 가용 영역과 17개 로컬 영역에서 운영되고 있습니다. 다음 지도와 같이 8개의 리전, 33개의 가용 영역 및 32개의 로컬 영역을 추가로 출시할 계획입니다.

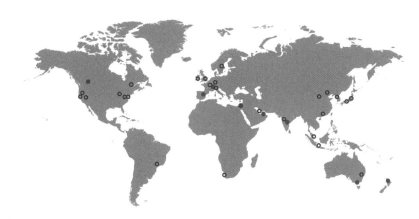

○ Regions
● Coming Soon

그림 4-1 2022년 3월 현재 AWS 리전과 가용 영역[1]

---

1 https://aws.amazon.com/ko/about-aws/global-infrastructure

다음 표에는 AWS 리전과 해당 가용 영역 수가 나열되어 있습니다. 리전은 지리적 영역별로 그룹화됩니다.

AWS 리전과 가용 영역 수(2022년 3월)

캐나다
- 센트럴(3)

미국 동부
- 북부 버지니아(6)
- 오하이오(3)

미국 서부
- 북부 캘리포니아(3)
- 오리건(4)

AWS 정부 클라우드
- 미국 서부(3)
- 미국 동부(3)

남아메리카
- 상파울루(3)

중동
- 바레인(3)

유럽
- 런던(3)
- 아일랜드(3)
- 파리(3)
- 프랑크푸르트(3)
- 스톡홀름(3)
- 밀라노(3)

남아프리카
- 케이프타운(3)

아시아 태평양
- 뭄바이(3)
- 싱가포르(3)
- 서울(4)
- 도쿄(4)
- 오사카(3)
- 홍콩(3)
- 시드니(3)
- 자카르타(3)

중국
- 베이징(3)
- 닝샤(3)

호주, 캐나다, 인도, 이스라엘, 뉴질랜드, 스페인, 스위스, 아랍에미리트(UAE)에 새로운 AWS 리전이 계획되어 있습니다.

AWS 리전과 해당 리전 코드 목록은 부록 B 'AWS 리전 코드'에서 확인할 수 있습니다.

엣지 로케이션

AWS에는 가용 영역, 리전, 로컬 영역으로 구성된 AWS 데이터 센터 외에도 300개 이상의 POP $^{Point\ of\ Presence}$(상호 접속 위치)가 있으며, 이 POP는 AWS 네트워크 및 서비스에 대한 게이트웨이 역할을 하며, 아마존 클라우드프런트 ^{CloudFront} 서비스에서 콘텐츠 배포를 위해 사용됩니다. 이러한 POP(엣지 로케이션)를 전 세계에 배포하면 최종 사용자에게 콘텐츠를 빠르게 배포하고 AWS 네트워크에 빠르게 액세스할 수 있습니다. 이 책에서는 아마존 클라우드프런트를 자세히 설명하지 않습니다.

AWS 웨이브렝스

AWS에는 가용 영역, 리전, 로컬 영역 및 엣지 로케이션으로 구성된 데이터 센터 외에도 24개의 웨이브렝스 $^{Wavelength\ Zone}$가 있습니다. 웨이브렝스는 5G 네트워크의 엣지에 있는 통신 서비스 공급자 $^{communications\ service\ providers}$(CSP)의 데이터 센터 내에 AWS 컴퓨팅 및 스토리지 서비스를 내장하는 AWS 인프라 배포 환경입니다. 5G 디바이스로부터 애플리케이션 트래픽이 통신 네트워크를 떠나지 않고 웨이브렝스에서 동작하는 애플리케이션 서버에 도달할 수 있습니다. 이를 통해 애플리케이션 트래픽이 목적지에 도달하기 위해 인터넷을 통해 여러 홉을 통과하면서 발생되는 지연 시간을 줄일 수 있기 때문에 고객은 최신 5G 네트워크가 제공하는 지연 시간과 대역폭의 이점을 최대한 활용할 수 있습니다. 이 책에서는 AWS 웨이브렝스에 대해 자세히 설명하지 않습니다.

아마존 VPC

EC2 인스턴스를 구동하기 전에 안전하고 분리된 네트워크에서 실행할 수 있는지 확인해야 합니다. 아마존 VPC $^{Virtual\ Private\ Cloud}$(가상 사설 클라우드)는 다른 네트워크와 완전히 격리된 상태에서 리소스를 가동할 수 있는 가상 사설 네트워크입니다.

AWS 리전, 가용 영역 및 로컬 영역 내에서 EC2 인스턴스, 데이터베이스, 컨테이너, 기타 리소스를 시작하게 됩니다. 이들을 서로 연결하기 위해서는 네트워크가 필요합니다. 아마존 VPC는 인스턴스를 연결하기 위한 가상 사설 네트워크입니다. VPC는 단일 리전 내의 가용 영역에 걸쳐 있을 수 있으며 서로 분리되어 있습니다. VPC는 계정별로 다르며 각 리전에 여러 VPC를 가질 수 있습니다. VPC는 유연하며 특정 요구 사항에 맞게 구성할 수 있습니다. 네트워크를 구성하는 방법을 결정하고, VPC에 포함할 가용 영역을 선택하고, VPC에서 사용할 IP 주소 범위를 설정하고, 어떤 트래픽을 허용하고 제한해야 하는지, 어떤 리소스를 인터넷 또는 VPC 외부의 서비스와 통신하도록 허가해야 하는지 등을 정의합니다. 이러한 유연성은 서브넷, 라우팅 테이블, 보안 그룹, 네트워크 액세스 제어 목록, 네트워크 게이트웨이 및 이 장에서 설명하는 기타 구성 요소와 같은 구성 가능한 추가 구성 요소 집합을 통해 활용할 수 있습니다.

다음 다이어그램은 전용 IPv4 블록이 할당된 3개의 가용 영역에 걸쳐 구성된 VPC의 설정을 보여줍니다.

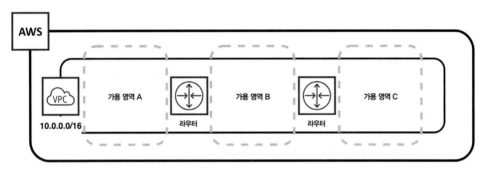

그림 4-2 아마존 VPC[2]

서브넷

네트워크 내에서 모든 리소스가 동일한 것은 아닙니다. 예를 들어 일부 리소스는 인터넷에 액세스할 수 있어야 하고 다른 리소스는 액세스할 수 없어야 합니다. 각 리소스 그룹(웹 서버, 데이터베이스 등)에 대해 서로 다른 네트워크 사양을 유연하게 설정할 수 있습니다. AWS는 VPC를 서브넷으로 분할할 수 있는 옵션을 제공합니다.

서브넷과 관련된 일반적인 사용 사례는 네트워크를 퍼블릭 서브넷과 프라이빗 서브넷으로 나누는 것입니다. 인터넷과 통신해야 하는 웹 서버와 같은 리소스는 퍼블릭 서브넷의 일부가 됩니다. 트래픽을 인터넷으로 보내거나 VPC 외부의 어느 곳에서나 액세스할 수 없는 백엔드 리소스는 프라이빗 서브넷의 일부가 됩니다.

2 https://docs.aws.amazon.com/AmazonVPC/latest/UserGuide/VPC_Subnets.html

IP 주소

IP 범위

IP 범위는 VPC 내의 EC2 인스턴스와 같은 리소스에 할당된 IP 주소(일반적으로 IP라고 함)의 범위입니다. 이러한 IP는 다른 리소스와 통신할 때 리소스 주소로 사용됩니다. AWS는 IPv4(기본값)와 IPv6 주소 지정 프로토콜을 지원합니다. VPC를 설정할 때는 VPC에 IPv4 주소 블록을 할당해야 합니다. IPv4 IP는 VPC 내에서 비공개이며 외부 리소스(예를 들면 인터넷 또는 다른 네트워크)로는 연결할 수 없습니다. VPC에서 시작된 각 인스턴스는 할당된 프라이빗 블록에서 사설 IP에 할당됩니다.

VPC와 연결된 사설 IP 범위 외에도 인터넷에 액세스해야 하는 리소스에 공인 IP를 할당할 수 있습니다. 공인 IP는 AWS 공인 IP 풀에서 할당된 전역적으로 고유한 주소입니다. 공인 IP 할당은 서브넷 내의 모든 인스턴스에 또는 인스턴스별로 자동으로 수행될 수 있습니다. VPC에 IPv6 IP 블록을 할당할 수도 있습니다. 이러한 IP는 전역적으로 고유하며 내부 및 외부 통신 모두에 유효합니다.

공인 IP와 일래스틱 IP(EIP) 주소

외부 네트워크(예: 인터넷 또는 사무실)와 통신해야 하는 리소스는 공인 IP를 할당받아야 합니다. AWS는 공인 IP나 EIP 형식으로 할당할 수 있는 공인 IP 풀을 유지합니다.

공인 IP 주소(IP) 는 리소스 수준에서 할당되지만 VPC 또는 계정에는 할당되지 않습니다. 공인 IP를 해제(릴리스release)하면 해당 IP가 다시 AWS 공인 IP 주소 풀로 해제되므로 나중에 다른 리소스에 할당하기 위해 더 이상 이 IP를 선택할 수 없습니다. 특정 IP에 할당된 인스턴스를 중지 또는 종료하거나 이 리소스를 EIP에 할당하면 공개 IP도 해제됩니다.

일래스틱 IP 주소(EIP) 는 AWS 공인 IP 주소 풀에서 가져와 계정 수준에서 할당되는 공인 IP를 말합니다. EIP가 리소스에서 해제되면 계정에 할당된 상태로 유지됩니다. 따라서 나중에 VPC 또는 동일한 리전 내의 다른 VPC에 있는 다른 리소스에 할당하는 데 사용할 수 있습니다. 공인 IP를 장기간 사용할 수 있도록 유지하려는 경우 EIP를 사용해야 합니다.

BYOIP: AWS에서 유지 관리하는 IP 외에도 공개적으로 라우팅 가능한 고유한 IP 주소 접두사를 AWS로 가져와 공인 IP로 사용할 수 있습니다. BYOIP Bring Your Own IP (사용자 IP 사용) 주소 접두사에서 EIP를 생성하고 이를 EC2 인스턴스, 네트워크 로드 밸런서^{Network Load} ^{Balancer}(NLB)와 NAT 게이트웨이와 같은 AWS 리소스와 함께 사용할 수 있습니다. BYOIP 주소 접두사에서 생성하는 일래스틱 IP 주소는 AWS에서 받는 EIP 주소와 동일한 방식으로 작동합니다.

라우팅 테이블, 보안 그룹, 네트워크 액세스 제어 목록

라우팅 테이블은 서브넷 수준에서 구성 가능한 경로 규칙 집합입니다. 리소스 간 통신 방법과 네트워크에서 트래픽을 처리하는 방법을 지정하는 데 사용됩니다.

경로는 간단하게 정의할 수 있습니다. 트래픽이 라우팅될 대상 IP(로컬, NAT 게이트웨이, 인터넷 게이트웨이 등)와 이러한 유형의 트래픽이 허용되는지 여부를 입력해야 합니다.

AWS는 경로 테이블 외에도 보안 그룹과 네트워크 액세스 제어 목록^{Network Access Control List} (NACL)을 설정하여 인증된 트래픽만 리소스에 액세스할 수 있도록 하고 인증된 리소스만 인터넷이나 다른 네트워크로 트래픽을 전송할 수 있도록 하는 옵션을 제공합니다.

보안 그룹^{Security Group}은 리소스 그룹에 적용되는 보안 규칙 집합입니다. 리소스별 수준에서 보안 규칙을 설정하는 대신 리소스 그룹을 보안 그룹에 할당하고 할당된 모든 리소스에 보안 그룹 정의를 적용할 수 있습니다. 그러면 리소스가 이 그룹의 모든 보안 규칙을 상속합니다. 일반적인 시나리오에는 인터넷 트래픽의 출입을 허용하는 보안 그룹을 연결하는 방법과 웹 서버 그룹을 연결하고 내부 트래픽만 허용하는 보안 그룹을 백엔드 계층 리소스와 연결하는 방법이 포함될 수 있습니다. 보안 그룹은 '허용^{Allow}' 유형의 규칙만 지원합니다.

NACL은 서브넷 수준에서 적용되는 보안 규칙 집합입니다. 이러한 규칙은 허용할 네트워크 트래픽과 거부할 네트워크 트래픽을 정의합니다. 서브넷 내의 모든 리소스는 NACL 수준에서 설정된 보안 규칙을 상속합니다. NACL은 '허용^{Allow}'과 '거부^{Deny}' 유형의 규칙을 모두 지원합니다.

인터넷 게이트웨이(IGW)

인터넷 게이트웨이^{Internet gateway}(IGW)는 사용자가 생성하여 VPC에 연결하는 VPC 구성 요소입니다. VPC 리소스와 인터넷 간의 트래픽 흐름을 허용합니다. 앞서 언급했듯이 VPC 내의 각 리소스는 VPC 내의 다른 리소스와 통신하는 데 사용하는 사설 IP에 할당됩니다. VPC 외부의 리소스(인터넷, 사무실 등)와 통신할 때는 리소스에도 공인 IP나 EIP가 할당되어야 합니다. 이 리소스가 외부 네트워크와 통신하려면 사설 IP를 아웃바운드 트래픽용 공인 IP로 매핑하고 공인 IP에서 사설 IP(인바운드 트래픽용)로 매핑하기 위해 IGW가 필요합니다.

IGW를 생성한 후에는 라우팅 테이블 내에 IGW로 라우팅된 후 인터넷에 라우팅되어야 하는 트래픽을 지정하는 규칙을 생성해야 합니다. 통신하는 외부 대상의 IP 범위를 정의하고 IGW 를 이 트래픽의 대상으로 설정합니다.

다음 그림에서 서브넷 1은 모든 인터넷 바인딩 트래픽(대상 0.0.0.0/0)을 IGW로 라우팅하는 사용자 지정 라우팅 테이블과 연결되어 있습니다. EC2 인스턴스는 로컬 통신을 위한 사설 IP 및 IGW를 통해 인터넷과 통신할 수 있는 EIP 모두와 연결됩니다.

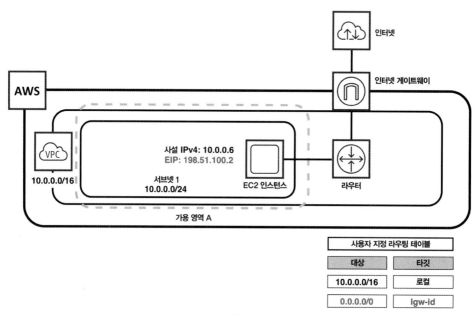

그림 4-3 인터넷 게이트웨이를 통한 인터넷 액세스 활성화[3]

일래스틱 네트워크 인터페이스(ENI)

일래스틱(탄력적) 네트워크 인터페이스(ENI)는 리소스에 할당하는 가상 네트워크 계층입니다. ENI에는 사설 IP, 공인 IP, EIP 및 보안 그룹과 같은 네트워크 설정이 포함됩니다. ENI를

---

3 https://docs.aws.amazon.com/AmazonVPC/latest/UserGuide/VPC_Internet_Gateway.html

EC2 인스턴스에 연결하고 분리했다가 다른 인스턴스에 다시 연결할 수 있습니다. 이렇게 하면 인스턴스별 네트워크 특성(공인 또는 사설 IP)에 대한 의존성이 제거되고 구성된 네트워크 설정을 다른 리소스에 할당할 수 있습니다(예를 들면 ENI에 연결된 원래 인스턴스가 응답하지 않는 경우).

NAT 인스턴스와 NAT 게이트웨이

NAT$^{\text{Network Address Translation}}$(네트워크 주소 변환) 인스턴스와 NAT 게이트웨이를 통해 프라이빗 서브넷의 리소스가 인터넷에 액세스할 수 있습니다.

NAT 인스턴스는 NAT 소프트웨어가 설치된 EC2 인스턴스입니다. 프라이빗 서브넷에 위치한 리소스의 트래픽을 수신하고 인터넷 연결 서브넷의 IGW를 통해 인터넷으로 라우팅하도록 설계되었습니다.

NAT 게이트웨이는 AWS에서 제공하는 관리형 NAT 서비스입니다. 관리형 서비스로서 NAT 게이트웨이는 고가용성 및 높은 처리량으로 설정되며, 자체적으로 NAT 인스턴스를 유지하는 것보다 관리 작업이 덜 요구됩니다.

NAT 인스턴스와 NAT 게이트웨이는 모두 가용 영역에 종속됩니다.

일반적인 시나리오를 고려해보겠습니다. 프라이빗 서브넷에서 실행 중인 데이터베이스는 소프트웨어 업데이트(또는 기타 이유)를 위해 인터넷에 액세스해야 합니다. 이 리소스는 프라이빗 서브넷 내에 있으므로 공인 IP가 할당되지 않으며 인터넷을 통해 외부 리소스와 통신할 수 없습니다.

NAT 인스턴스와 NAT 게이트웨이 모두 이러한 시나리오를 지원할 수 있습니다. 사설 IP와 연결된 내부 서브넷 리소스(예: 데이터베이스)만 인터넷과 통신할 수 있습니다. 이러한 리소스로 시작된 인터넷에 연결된 모든 트래픽은 인터넷 연결 서브넷에 위치한 NAT 인스턴스나 게이트웨이로 전송됩니다. 이 NAT 인스턴스나 게이트웨이는 공인 IP와 연결되어 있으며 인터넷 액세스를 위해 IGW와 통신합니다. 응답 트래픽이 수신되면 NAT 인스턴스나 게이트웨이는 사설 IP를 통해 내부 서브넷에 있는 리소스로 트래픽을 전송합니다.

다음 그림은 프라이빗 서브넷에 배치된 EC2 인스턴스에서 시작된 인터넷(대상 0.0.0.0/0)을 타깃으로 하는 트래픽을 NAT 게이트웨이로 라우팅하도록 기본 라우팅 테이블을 구성하는 방법을 보여줍니다. 퍼블릭 서브넷에 위치한 NAT 게이트웨이는 NAT 게이트웨이의 EIP를 사용하여 트래픽을 IGW로 라우팅합니다. 트래픽은 NAT 게이트웨이의 EIP를 소스 IP로 사용하여 IGW를 통해 인터넷으로 라우팅됩니다.

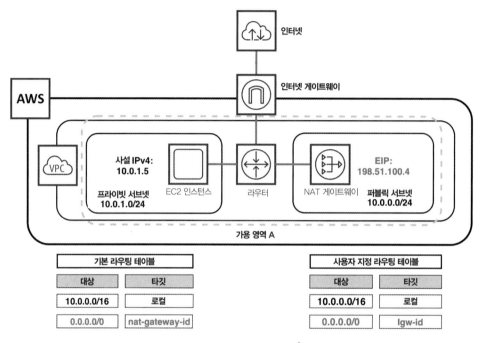

그림 4-4 NAT 게이트웨이를 통해 인터넷에 프라이빗 서브넷 리소스 연결[4]

VPC 피어링

VPC 피어링은 한 VPC의 리소스를 다른 VPC의 리소스와 연결하는 기능을 제공합니다. 대부분의 경우 조직에서는 클라우드 아키텍처를 여러 개의 VPC(프로덕션, 개발, 테스트, 비용 센터 등과 같은 환경당 하나의 VPC) 또는 각 계정에 특정 목적을 위해 여러 개의 VPC가 포함된 여러 계정으로 분리합니다. VPC 피어링은 VPC 간 프라이빗 연결을 제공하여 트래픽이 퍼블릭 네트워크를 거치지 않고도 사설 IP를 통해 통신을 가능하게 합니다. 사용자 계정의 VPC, 다른 AWS 계정의 VPC(여러분이 소유한 계정이 아니어도 됨), 다른 리전의 VPC(리전 간 VPC 피어링)를 연결하기 위해 VPC 피어링을 설정할 수 있습니다.

---

4 https://docs.aws.amazon.com/AmazonVPC/latest/UserGuide/vpc-nat-gateway.html

다음 그림은 두 VPC가 퍼블릭 네트워크 대신 VPC 피어링을 통해 통신하는 방법을 보여줍니다.

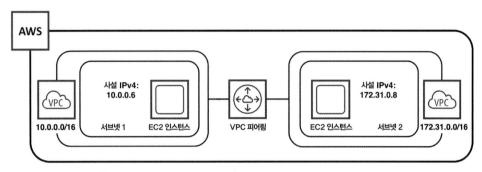

그림 4-5 VPC 피어링[5]

리전 간 VPC 피어링을 사용하면 퍼블릭 네트워크를 통해 트래픽을 라우팅하지 않고도 AWS 글로벌 백본 네트워크를 통해 서로 다른 리전에 위치한 두 개의 VPC를 연결할 수 있습니다. 이를 통해 한 VPC에서 실행 중인 리소스(예: EC2, RDS, 람다 함수)가 다른 리전에 위치한 다른 VPC의 리소스와 통신할 수 있습니다. 리소스 간 통신에는 게이트웨이, VPN 연결 또는 별도의 네트워크 장치가 필요하지 않습니다.

VPC 엔드포인트

VPC 엔드포인트를 사용하면 VPC 내의 리소스와 VPC 외부에 상주하는 다른 AWS 서비스 간에 연결을 할 수 있습니다. 이들은 다른 AWS 계정에서 호스팅하는 엔드포인트 서비스이거나 지원되는 AWS 파트너 서비스일 수 있습니다. 인터넷에 데이터를 노출하지 않으며 공인 IP, IGW, NAT 인스턴스 또는 NAT 게이트웨이를 사용하지 않는 안전한 전용 연결을 제공하는 AWS 프라이빗 링크[PrivateLink]를 통해 연결됩니다.

인터페이스 VPC 엔드포인트는 사설 IP가 있는 네트워크 인터페이스입니다. 다음과 같은 서비스를 수신하는 트래픽의 진입점 역할을 합니다.

- 아마존 클라우드와치 로그
- 아마존 EC2 API
- 아마존 키네시스 데이터 스트림

---

5 https://docs.aws.amazon.com/ko_kr/vpc/latest/peering/what-is-vpc-peering.html

- 아마존 SNS

- AWS KMS

- AWS 서비스 카탈로그

- AWS 시스템 매니저

- 일래스틱 로드 밸런서^{Elastic Load Balancing} (탄력적 부하 분산) API

- 다른 AWS 계정에서 호스팅하는 엔드포인트 서비스

- AWS 마켓플레이스 파트너 지원 서비스

`https://docs.aws.amazon.com/vpc/latest/privatelink/integrated-services-vpce-list.html`에서 전체 목록을 확인할 수 있습니다.

게이트웨이 VPC 엔드포인트는 아마존 S3와 다이나모DB와 같은 AWS 서비스를 대상으로 하는 트래픽에 사용되는 라우팅 테이블의 지정된 경로에 대한 타깃입니다.

다음 그림은 EC2 인스턴스가 VPC 엔드포인트를 사용하여 VPC 외부(대상 아마존 S3, 대상 게이트웨이 VPC 엔드포인트)에 있는 아마존 S3 버킷에 액세스하는 방법을 보여줍니다.

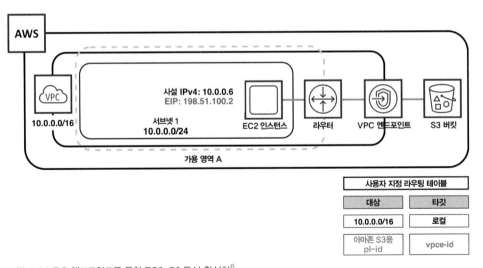

그림 4-6 VPC 엔드포인트를 통한 EC2-S3 통신 활성화[6]

....

6 `https://docs.aws.amazon.com/AmazonVPC/latest/UserGuide/vpce-gateway.html`

VPC 플로 로그

VPC 플로 로그^{VPC Flow Logs}는 VPC의 네트워크 인터페이스로 들어오고 나가는 IP 트래픽에 대한 정보를 캡처합니다. 이 정보는 인스턴스에 도달하는 트래픽을 모니터링하고, 네트워크 인터페이스를 오가는 트래픽의 방향을 결정하고, 지나치게 제한적인 보안 그룹 규칙을 진단하는 데 도움이 될 수 있습니다. 플로 로그를 생성할 때 로그를 적용할 리소스, 캡처할 트래픽 유형, 로그 데이터를 게시할 대상(클라우드와치 로그 또는 아마존 S3)을 지정합니다.

AWS 트랜짓 게이트웨이

AWS 트랜짓 게이트웨이^{Transit Gateway}(중계 게이트웨이)는 단일 리전 내의 VPC와 온프레미스 네트워크를 단일 게이트웨이로 연결하는 서비스입니다. 한 VPC에서 다른 VPC로의 연결을 허용하는 VPC 피어링과 달리 트랜짓 게이트웨이는 계정 및 온프레미스 네트워크를 통해 수천 대의 VPC 연결을 지원합니다.

트랜짓 게이트웨이는 이러한 모든 네트워크를 통해 연결 및 라우팅 정책을 중앙에서 관리하기 위해 허브 앤 스포크^{hub-and-spoke} 모델로 작동합니다. 우리는 각 VPC 또는 온프레미스 데이터센터에서 중앙 게이트웨이(허브)로의 단일 연결을 생성하고 관리하기만 하면 됩니다. 전송 게이트웨이는 스포크처럼 작동하는 연결된 모든 네트워크 간에 트래픽을 라우팅합니다.

트랜짓 게이트웨이는 리전별로 다릅니다. 리전 간 연결을 활성화하기 위해 서로 다른 AWS 리전의 트랜짓 게이트웨이 간에 피어링 연결을 설정하고 트랜짓 게이트웨이를 통해 여러 리전에 걸쳐 VPC를 연결할 수 있습니다.

각 네트워크는 다른 모든 네트워크가 아니라 트랜짓 게이트웨이에만 연결하면 되므로 허브 앤 스포크 모델은 관리를 상당히 단순화하고 운영 노력을 줄입니다. 모든 새로운 VPC는 단순히 트랜짓 게이트웨이에 연결되기만 하면 트랜짓 게이트웨이에 연결되어 있는 다른 모든 네트워크에서 자동으로 사용할 수 있습니다. 또한 트랜짓 게이트웨이의 효과적인 라우팅 정책을 통해 아마존 VPC와 온프레미스 네트워크가 서로 연결되는 방식을 중앙 집중식으로 제어할 수 있습니다.

AWS VPN

앞에서 설명한 것처럼 엔드포인트를 사용하면 내부 네트워크를 통해 다른 AWS 서비스와 연결할 수 있습니다. 또한 회사 데이터 센터나 사무실 네트워크와 같은 다른 네트워크와의 보안 연결을 지원해야 하는 시나리오가 발생할 수 있습니다. 이러한 목적을 위해 VPC 리소스가 인터넷을 통해 원격 네트워크와 안전하게 통신할 수 있는 VPN^{Virtual Private Network} (가상 사설망) 연결을 사용할 수 있습니다.

AWS 전용 연결

회사 데이터 센터나 사무실과 같은 원격 네트워크와 안전한 전용 연결이 필요하면서 동시에 많은 양의 데이터를 전송해야 하는 시나리오의 경우 AWS 전용 연결^{Direct Connect} 서비스를 사용할 수 있습니다. 전용 연결은 AWS 리전 내의 VPC(여러 AWS 계정의)와 여러분이 통신하고자 하는 외부 네트워크 간에 전용 회선(퍼블릭 인터넷이 아닌)을 사용하여 직접 네트워크 연결을 제공합니다. 통신은 AWS 파트너(예: AT&T, BT, 컴캐스트^{Comcast} 또는 기타 네트워크 공급자)의 네트워크를 통해 이루어집니다.

아마존 라우트 53

아마존 라우트 53^{Route 53}은 도메인 이름 등록, 웹사이트나 애플리케이션으로 인터넷 트래픽 라우팅, 웹 서버나 기타 리소스가 연결 가능하고 사용 가능하며 작동하는지 확인하여 상태를 점검하는 기능을 지원하는 DNS 서비스입니다. 리소스를 사용할 수 없게 되면 라우트 53은 들어오는 트래픽을 다른 리소스로 라우팅할 수 있습니다.

라우트 53 지오로케이션^{Geolocation} (지리 위치) 라우팅을 사용하면 트래픽의 원래 위치(예: 사이트에 액세스하는 최종 사용자의 위치)를 기준으로 사이트를 대상으로 하는 트래픽을 처리할 리소스를 정의할 수 있습니다. 예를 들어 유럽에서 발생하는 모든 트래픽은 아일랜드나 프랑크푸르트 리전에 설정된 인프라로 라우팅되고 다른 모든 트래픽은 미국 동부(버지니아 북부) 리전에 있는 여러분 인프라로 라우팅되도록 지정할 수 있습니다. 원래 대륙, 국가 또는 주(미국에만 해당)별로 규칙을 설정할 수 있습니다.

AWS 글로벌 액셀러레이터

AWS 글로벌 액셀러레이터^{Global Accelerator}는 전역으로 분산된 애플리케이션의 가용성 및 성능을 향상시키기 위해 인터넷 애플리케이션 앞에 배포하는 네트워크 계층 서비스입니다.

이는 다양한 AWS 리전에서 호스팅되는 애플리케이션에 대한 프런트엔드 인터페이스 역할을 하는 두 개의 글로벌 고유 정적 IP 주소를 제공합니다. 이러한 IP 주소는 AWS 엣지 로케이션에서 애니캐스트^{anycast}됩니다. 즉, 여러 AWS 엣지에서 동시에 알림되므로 트래픽이 최대한 사용자와 가까운 AWS 글로벌 네트워크에 진입할 수 있습니다.

이러한 주소를 네트워크 로드 밸런서(NLB), 애플리케이션 로드 밸런서(ALB), EIP와 같은 리전의 AWS 리소스나 엔드포인트와 연결할 수 있습니다. 또한 사용자가 구성한 지리적 위치, 애플리케이션 상태, 라우팅 정책을 기반으로 사용자가 애플리케이션으로 연결되는 방식을 구성할 수도 있습니다. 스테이트풀 애플리케이션의 경우 사용자의 모든 요청을 동일한 엔드포인트로 보내도록 선택할 수 있습니다. 애플리케이션이 실패한 경우 글로벌 액셀러레이터는 트래픽을 차선책으로 리디렉션합니다.

글로벌 액셀러레이터를 사용하면 애플리케이션의 프런트엔드 인터페이스가 AWS 엣지 로케이션에서 제공한 정적 IP 주소가 됩니다. 따라서 인바운드 트래픽은 아마존 네트워크에 빠르게 입력되어 혼잡한 퍼블릭 인터넷 경로에 대한 의존성을 제거합니다. 또한 최종 사용자가 글로벌 액셀러레이터에서 제공하는 IP와 상호 작용할 때 IP와 애플리케이션 위치에 대해 수행하는 모든 변경 사항을 추상화합니다.

AWS 앱 메시

AWS 앱 메시^{App Mesh}를 사용하면 로드 밸런서나 다른 네트워크별 애플리케이션 코딩이 아닌 중앙 프록시를 통해 마이크로서비스가 서로 직접 연결될 수 있습니다. 프록시는 마이크로서비스 간의 통신을 제어하고 모니터링하기 위한 로직을 통합하고 표준화합니다.

각 마이크로서비스가 시작되면 해당 프록시가 앱 메시에 연결되고 애플리케이션의 다른 마이크로서비스 위치에 대한 구성 데이터를 수신합니다. 앱 메시의 제어는 마이크로서비스 버전, 요청 속성, 가용 영역을 기반으로 애플리케이션 간에 트래픽을 라우팅합니다. 다른 제어를 사용하면 서비스 오류가 발생하거나 코드 변경 사항을 배포해야 할 때 네트워크 트래픽을 재라우팅할 수 있습니다.

AWS 클라우드 맵

AWS 클라우드 맵^{Cloud Map}은 클라우드 리소스 검색 서비스입니다. 데이터베이스, 대기열, 마이크로서비스, 컨테이너, 기타 클라우드 리소스와 같은 모든 애플리케이션 리소스를 AWS 클라우드 맵에 등록하고 이름, 배포 단계 및 버전과 같은 사용자 지정 속성을 사용하여 각 리소스를 설명할 수 있습니다. AWS 클라우드 맵이 등록되면 모든 리소스, 위치, 속성 및 상태를 추적합니다. 이를 통해 애플리케이션 구성 요소는 AWS 클라우드 맵을 쿼리하여 종속성의 위치를 검색하고 해당 서비스에 직접 연결할 수 있습니다. 클라우드 맵을 사용하면 동적으로 확장 및 축소되는 모든 서비스를 추적하기 위해 서비스 리포지토리를 관리할 필요가 없습니다.

4.2 네트워킹 서비스 요금제

AWS 네트워킹 서비스와 구성 요소를 살펴본 다음 각각에 대한 요금제를 알아보겠습니다. 이를 통해 AWS 네트워킹 비용을 모니터링하고 최적화하는 데 필요한 지식을 습득할 수 있습니다.

VPC 연결 옵션

각 서비스와 구성 요소의 비용과 차이점을 살펴보기 전에 VPC 내부 또는 외부에 존재하는 리소스와 통신할 수 있는 방법을 검토하는 것이 도움이 될 것입니다.

- **인터넷 통신**
    - 인터넷 연결 서브넷에 상주하고 공인 IP 또는 EIP와 연결된 리소스는 **인터넷 게이트웨이(IGW)**를 통해 인터넷에 액세스할 수 있습니다. 리소스를 공인 IP 또는 EIP와 직접 연결하거나 ENI를 통해 연결할 수 있습니다.
    - 애플리케이션의 프런트엔드 인터페이스 역할을 하는 **글로벌 액셀러레이터**^{Global Accelerator}를 통해 인터넷에 액세스할 수 있습니다.
    - 프라이빗 서브넷에 상주하는 리소스는 **NAT 인스턴스**나 **NAT 게이트웨이**를 통해 인터넷에 액세스할 수 있습니다.
    - **VPN 연결**은 인터넷을 통해 외부 네트워크(회사 데이터 센터, 사무실 등)에 안전하게 연결하는 방법입니다.

- **전용 연결**은 전용 회선을 통해 외부 네트워크에 안전하게 연결하는 방법입니다.
  - Datapath.io 및 Cato Networks와 같은 **서드파티 솔루션**은 특정 연결 사용 사례를 지원합니다.

- **내부 통신**(VPC 내, VPC 간 또는 다른 AWS 서비스와 통신)
  - 가능하다면 항상 **사설 IP**를 사용해야 합니다. 공인 IP를 통한 내부 통신이 가능하지만 데이터 전송 비용이 더 많이 들기 때문에 권장되는 모범 사례는 아닙니다(자세한 내용은 이 장 뒷부분에 나와 있습니다).
  - **VPC 엔드포인트(인터페이스 및 게이트웨이)**는 VPC 리소스를 S3, 다이나모DB, ELB, 키네시스, EC2 시스템 매니저(SSM), AWS 서비스 카달로그 서비스와 같은 다른 AWS 서비스와 연결하는 것을 지원합니다. 엔드포인트를 사용하면 AWS 파트너가 제공하는 리소스와 통신할 수도 있습니다.
  - **VPC 피어링**은 한 VPC의 리소스와 다른 VPC의 리소스(동일한 리전 또는 여러 리전 간 VPC 피어링)를 연결할 수 있도록 지원합니다.
  - **트랜짓 게이트웨이**는 모든 네트워크가 연결되는 중앙 집중식 통신 허브를 통해 VPC 및 온프레미스 네트워크에서 리소스 통신을 지원합니다.

데이터 전송 비용

데이터 전송 비용은 AWS 리소스, 네트워크, 계정, 인터넷을 통한 데이터 전송과 관련이 있습니다.

이 장의 소개를 통해 데이터 트래픽의 흐름에 따라 다양한 유형의 비용이 발생한다고 추론(정확히)할 수 있습니다. 예를 들어 다음 항목에 대한 요금이 부과될 수 있습니다.

- 인터넷으로 데이터 전송(아웃바운드)
- 리전과 로컬 영역 간 데이터 전송
- 동일한 리전의 가용 영역 간 데이터 전송
- 가용 영역 내 데이터 전송

또한 요금은 다른 기준에 따라 달라질 수 있습니다.

- 예를 들어 트래픽을 인터넷으로 전송할 때 아웃바운드 트래픽에 대해서만 요금이 부과되는 경우가 있습니다.
- 인바운드 및 아웃바운드 트래픽 모두에 대해 요금이 부과되는 경우가 있습니다. 예를 들어 공인 IP 또는 EIP를 통해 VPC 내의 EC2 인스턴스 간에 데이터를 전송하거나 가용 영역을 통해 EC2 인스턴스 간에 데이터를 전송합니다.
- 글로벌 액셀러레이터를 사용하는 경우 등 데이터 전송 프리미엄 요금(IN 또는 OUT)이 부과되는 경우가 있습니다.
- 데이터 전송 비용은 청구되지 않지만 데이터 처리 비용은 청구되는 경우가 있습니다. 예를 들면 아마존 키네시스^{Amazon Kinesis}와 일래스틱 로드 밸런싱^{Elastic Load Balancing}이 있습니다.

AWS 데이터 전송 비용을 이해하기 쉽게 설명하기 위해 데이터 전송 비용 목록을 원자 단위로 세분화할 것입니다. 그런 다음 전체 주제를 그림으로 설명하겠습니다.

인터넷에서 AWS로 데이터 전송(인바운드)

AWS로의 데이터 전송은 무료입니다. 트래픽을 수신하는 AWS 서비스에 따라 수신 트래픽이 일래스틱 로드 밸런서(ELB)나 키네시스 스트림^{Kinesis Stream}을 통해 들어오는 경우에는 데이터 처리 비용이 발생할 수 있습니다(ELB나 키네시스 스트림은 이 책에서 다루지 않습니다).

AWS에서 인터넷으로 데이터 전송(아웃바운드)

AWS 데이터 센터에서 인터넷으로 데이터를 전송하면 GB당 데이터 전송 비용이 가장 많이 청구됩니다. 비용은 출발 리전에 따라 크게 다릅니다. 가장 비싼 리전인 남아메리카(상파울루)는 가장 저렴한 리전인 미국 동부(버지니아 북부)보다 1.5배 이상 비용이 듭니다. 아웃바운드 데이터 전송 비용의 몇 가지 예를 살펴보겠습니다.

다음 표는 100GB 프리 티어 이후 매월 처음 10TB에 대한 GB당 아웃바운드 데이터 전송 비용을 보여줍니다. 월별 처음 10TB 이후에는 GB당 비용이 감소합니다.

표 4-1 아웃바운드 데이터 전송 비용[7]

리전	GB당 비용(처음 10TB)
미국 동부(버지니아 북부)	$0.090
유럽(아일랜드)	$0.090
아시아 태평양(서울)	$0.080
아시아 태평양(싱가포르)	$0.120
아시아 태평양(도쿄)	$0.114
남아메리카(상파울루)	$0.150

AWS 리전(리전 간)과 로컬 영역 간 데이터 전송

리전 내에서 데이터를 전송하는 경우에는 데이터 전송 비용이 발생하지 않지만 다른 리전이나 로컬 영역으로 데이터를 전송하면 요금이 부과됩니다. 아웃바운드 데이터 전송 비용은 출발 리전에 따라 크게 다릅니다. 가장 비싼 리전인 남아메리카(상파울루)는 가장 저렴한 리전인 미국 동부(버지니아 북부)보다 5배 또는 10배까지 비용이 듭니다. 리전 간 아웃바운드 데이터 전송 비용의 몇 가지 예를 살펴보겠습니다.

표 4-2 리전 간 아웃바운드 데이터 전송 비용[8]

리전	GB당 비용
미국 동부(버지니아 북부)	$0.020(오하이오 리전까지 $0.010)
유럽(아일랜드)	$0.020
아시아 태평양(서울)	$0.080
아시아 태평양(싱가포르)	$0.090
아시아 태평양(도쿄)	$0.090
남아메리카(상파울루)	$0.138

가용 영역(리전 내) 간 데이터 전송

리전 내 가용 영역 간 데이터 전송 비용을 살펴보겠습니다.

---

7 https://aws.amazon.com/ec2/pricing/on-demand
8 상동

- 동일 리전의 가용 영역 간에 아마존 EC2, 아마존 RDS, 아마존 레드시프트Redshift, 아마존 다이나모DB 엑셀러레이터(DAX), 아마존 일래스티캐시ElastiCache 인스턴스, ENI, VPC 피어링에서 'IN' 및 'OUT'으로 전송된 데이터는 GB당 0.01의 요금이 부과됩니다.
- 동일한 AWS 리전에서 아마존 S3, 아마존 EBS 다이렉트 API, 아마존 글래이서, 아마존 다이나모DB, 아마존 SES, 아마존 SQS, 아마존 키네시스, 아마존 ECR, 아마존 SNS, 아마존 심플DB와 아마존 EC2 인스턴스 간에 엔드포인트를 통해 직접 전송되는 데이터는 무료입니다. 다른 AWS 서비스가 데이터 전송 경로에 있는 경우 관련 데이터 처리 비용이 청구됩니다. 이러한 서비스에는 엔드포인트, NAT 게이트웨이, 트랜짓 게이트웨이가 포함되지만 이에 국한되지는 않습니다.

리전 내 가용 영역 간 또는 VPC 간 데이터 전송의 경우 인바운드, 아웃바운드 트래픽 모두에서 데이터 전송 비용이 부과됩니다. 예를 들어 가용 영역을 통해 EC2 인스턴스 간에 1GB의 데이터를 전송하는 경우 데이터를 전송하는(인바운드) 인스턴스에 0.01달러, 데이터를 받는(아웃바운드) 인스턴스에 0.01달러, 합쳐서 0.02달러가 부과됩니다.

가용 영역 내의 데이터 전송

동일 가용 영역에서 아마존 EC2, 아마존 RDS, 아마존 레드시프트, 아마존 일래스티캐시 인스턴스와 ENI 간에 전송된 데이터는 무료입니다.

일래스틱 IP(EIP) 비용

EIP는 계정별로 할당됩니다. 실행 중인 인스턴스에 할당된 첫 번째 EIP에는 요금이 부과되지 않습니다. 그러나 EIP는 다음과 같은 경우 요금을 부과할 수 있습니다.

- 실행 중인 인스턴스에 추가 EIP 할당
- EIP가 실행 중이 아니거나(중지됨) 연결되지 않은 네트워크 인터페이스의 일부 인스턴스와 연결된 경우
- EIP 재매핑

EIP와 관련된 비용은 다음과 같습니다.

표 4-3 일래스틱 IP와 관련된 비용[9]

항목	시간당 비용	재매핑 비용
실행 중인 인스턴스와 연결	$0.000	
실행 중인 인스턴스에 연결된 추가 EIP	$0.005	
실행 중인 인스턴스에 연결되지 않은 EIP	$0.005	
EIP 재매핑(월별 처음 100개)		무료
EIP 재매핑(월별 100개 이상)		재매핑당 $0.100

NAT 게이트웨이 비용

NAT 게이트웨이는 가용성과 확장성이 뛰어난 관리형 NAT 서비스를 제공하며 자체 NAT 인스턴스를 관리하는 것과 비교해 간소화된 운영을 제공합니다. NAT 인스턴스 비용은 인스턴스 유형, 아키텍처 설정 및 선택할 NAT 유형에 따라 다르므로 여기서는 NAT 게이트웨이 가격 모델에 초점을 맞추겠습니다.

NAT 게이트웨이를 사용하는 경우 트래픽의 소스나 대상에 관계없이 각 게이트웨이 및 처리된 각 GB의 데이터에 대해 시간당 요금이 부과됩니다. 각 부분 시간은 1시간 전제로 개별적으로 청구됩니다.

NAT 게이트웨이 시간당 요금과 GB당 처리 비용 외에도 표준 데이터 전송 요금이 적용됩니다.

다음은 NAT 게이트웨이와 관련된 비용의 몇 가지 예입니다.

표 4-4 NAT 게이트웨이 비용[10]

리전	NAT 게이트웨이 시간당 비용	GB당 데이터 처리 비용
미국 동부(버지니아 북부)	$0.045	$0.045
유럽(아일랜드)	$0.048	$0.048
아시아 태평양(서울)	$0.059	$0.059
아시아 태평양(싱가포르)	$0.059	$0.059
아시아 태평양(도쿄)	$0.062	$0.062
남아메리카(상파울루)	$0.093	$0.093

---

9 https://aws.amazon.com/ec2/pricing/on-demand

10 https://aws.amazon.com/vpc/pricing

내부 서브넷에 위치한 EC2 인스턴스에서 동일 가용 영역에 위치한 NAT 게이트웨이를 통해 인터넷으로 데이터를 전송하려 한다고 가정합시다. 다음과 같은 비용이 부과됩니다.

- 데이터 전송
  - 인터넷으로 보내는 데이터 전송: GB당 0.09달러
  - EC2 인스턴스와 NAT 게이트웨이 간의 데이터 전송: 이 시나리오에서는 EC2 인스턴스와 NAT 게이트웨이가 모두 동일 가용 영역에 있으므로 요금이 부과되지 않습니다.
  - NAT 게이트웨이 요금: 시간당 0.045달러
  - NAT 게이트웨이 데이터 처리 비용: GB당 0.045달러

따라서 1GB의 데이터를 전송하는 데 드는 비용은 $0.18(0.09+0.045+0.045)$달러입니다.

EC2 인스턴스와 NAT 게이트웨이가 서로 다른 가용 영역에 있는 경우 교차 가용 영역 데이터 전송에 대해서도 비용이 부과됩니다.

VPC 피어링 비용

VPC 피어링은 한 VPC의 리소스를 동일 리전에 있는 다른 VPC의 리소스와 연결하는 데 사용됩니다. VPC 피어링 사용 시 피어링 기능 사용에 대한 추가 요금이 부과되지 않습니다. 가용 영역 내에서 VPC 피어링을 통한 데이터 전송은 무료입니다. 리전별 또는 가용 영역 간 VPC 피어링을 통한 데이터 전송은 앞서 설명한 GB당 데이터 전송 비용에 따라 과금됩니다.

VPC 엔드포인트 비용

VPC 엔드포인트를 사용하면 공인 IP, 인터넷 게이트웨이(IGW) 또는 NAT 게이트웨이를 사용하지 않고도 VPC의 리소스를 VPC 외부의 다른 AWS 서비스에 연결할 수 있습니다.

인터페이스 VPC 엔드포인트: 인터페이스 VPC 엔드포인트를 사용하는 경우 각 VPC 엔드포인트의 시간당 사용 비용과 GB당 처리된 데이터에 대한 비용이 부과됩니다.

다음은 처음 1PB에 대한 인터페이스 VPC 엔드포인트와 관련된 비용의 몇 가지 예입니다.

표 4-5 인터페이스 VPC 엔드포인트 비용[11]

리전	VPC 엔드포인트 시간당 사용 비용	GB당 데이터 처리 비용
미국 동부(버지니아 북부)	$0.010	$0.01
유럽(아일랜드)	$0.011	$0.01
아시아 태평양(서울)	$0.013	$0.01
아시아 태평양(싱가포르)	$0.013	$0.01
아시아 태평양(도쿄)	$0.014	$0.01
남아메리카(상파울루)	$0.021	$0.01

게이트웨이 VPC 엔드포인트: VPC 리소스를 아마존 S3나 다이나모DB 서비스와 연결하는 데 사용되는 게이트웨이 VPC 엔드포인트 사용 시 데이터 처리 비용이나 시간당 요금이 부과되지 않습니다.

VPC 플로 로그 비용

VPC 플로 로그를 생성할 때 클라우드와치 로그$^{CloudWatch Logs}$로 전송하든 S3로 전송하든 클라우드와치 로그에 대한 요금이 부과됩니다. 클라우드와치 로그 비용은 수집된 데이터(식별)의 경우 GB당 0.50달러, 저장된 데이터의 경우 GB당 0.03달러, 로그 인사이트 쿼리 수행 시 스캔한 GB당 0.005달러입니다.

트랜짓 게이트웨이 비용

트랜짓 게이트웨이는 VPC와 온프레미스 네트워크를 포함한 모든 네트워크를 연결하기 위한 중앙 집중식 허브 역할을 합니다.

트랜짓 게이트웨이에 대한 각 연결과 VPC 또는 VPN에서 중계 게이트웨이로 전송되는 각 GB에 대해 시간당 요금이 부과됩니다. 각 부분 시간은 1시간 단위로 개별적으로 청구됩니다.

트랜짓 게이트웨이는 여러 개의 VPC와 VPN에 접속할 수 있으므로 시간당 데이터 처리 요금이 VPC나 VPN 계정 소유자에게 청구됩니다. 데이터 처리 요금은 트래픽을 트랜짓 게이트웨이로 보내는 계정에만 청구됩니다.

---

11 https://aws.amazon.com/privatelink/pricing

다음은 트랜짓 게이트웨이와 관련된 비용의 몇 가지 예입니다.

표 4-6 트랜짓 게이트웨이 비용[12]

리전	연결된 네트워크 시간당 사용 비용	처리한 데이터 GB당 비용
미국 동부(버지니아 북부)	$0.050	$0.020
유럽(아일랜드)	$0.050	$0.020
아시아 태평양(서울)	$0.070	$0.020
아시아 태평양(싱가포르)	$0.070	$0.020
아시아 태평양(도쿄)	$0.070	$0.020
남아메리카(상파울루)	$0.090	$0.020

0.02달러의 데이터 처리 비용은 리소스가 VPC 피어링을 통해 통신할 때 청구되는 데이터 전송 비용과 유사합니다. OUT 및 IN 트래픽 모두에 대해 GB당 0.01달러의 요금이 부과되는 대신 데이터를 전송하는 VPC 리소스에 대해 GB당 0.02달러의 요금이 부과됩니다.

VPN 연결 비용

VPN 비용은 시간당 0.05달러입니다. 1시간 미만의 연결 사용 시간은 1시간으로 청구됩니다. VPN 시간당 연결 비용 외에 표준 데이터 전송 요금이 적용됩니다.

전용 연결 비용

AWS 전용 연결Direct Connect 서비스는 포트 속도를 기준으로 시간당 가격이 책정됩니다. 인바운드 데이터 전송은 무료이지만 아웃바운드 데이터 전송에는 요금이 부과됩니다. 데이터 전송 비용은 데이터가 시작된 리전과 대상 리전에 따라 달라집니다.

포트 시간은 AWS나 AWS 전용 연결 제공 파트너Direct Connect Delivery Partner와 함께 사용할 수 있도록 포트를 프로비저닝한 시간을 측정합니다. 포트를 통과하는 데이터가 없는 경우에도 포트 사용 시간이 청구됩니다. 포트 시간 가격은 연결 유형(전용 또는 호스트)에 따라 결정됩니다.

- **전용 연결:** 네트워크 포트와 AWS 전용 연결 위치 내의 AWS 네트워크 포트 간의 물리 연결
- **호스트 연결:** AWS 전용 연결 제공 파트너가 사용자를 대신하여 프로비저닝하는 논리적 연

---

12 https://aws.amazon.com/transit-gateway/pricing

결. 호스트 연결을 사용할 때는 파트너의 포트 중 하나를 사용하여 AWS 네트워크에 연결합니다.

전용 연결에 대한 시간당 비용을 살펴보겠습니다.

표 4-7 전용 연결 시간당 비용[13]

포트 속도	포트 시간당 비용(일본)	포트 시간당 비용(일본 외 다른 리전)
1Gbps	$0.285	$0.30
10Gbps	$2.142	$2.25
100Gbps	$22.500	$22.50

다음 표는 다양한 AWS 리전에서 AWS 전용 연결 포인트로의 아웃바운드 데이터 전송 비용의 예를 보여줍니다.

표 4-8 전용 연결 아웃바운드 데이터 전송 비용[14]

데이터 수신 리전(TO)	데이터 전송 리전(FROM)						
	미국	유럽	도쿄	서울	뭄바이	시드니	상파울루
미국	$0.0200	$0.0282	$0.0900	$0.0900	$0.0850	$0.1300	$0.1500
캐나다	$0.0200	$0.0300	$0.0900	$0.0900	$0.0850	$0.1300	$0.1500
유럽	$0.0200	$0.0200	$0.0600	$0.0900	$0.0850	$0.1300	$0.1107
일본	$0.0491	$0.0600	$0.0410	$0.0420	$0.1132	$0.1132	$0.1700
서울	$0.0491	$0.0600	$0.0410	$0.0410	$0.1000	$0.1107	$0.1700
인도	$0.0600	$0.0625	$0.1132	$0.1107	$0.0450	$0.1400	$0.1800
호주	$0.0600	$0.0600	$0.1132	$0.1107	$0.1100	$0.0420	$0.1800
남아메리카	$0.1107	$0.1107	$0.1700	$0.1107	$0.1600	$0.1900	$0.1100

전용 연결의 경우 AWS 리전과 원격 네트워크 간에 물리 연결을 제공하는 서드파티 공급자의 추가 비용이 발생합니다.

글로벌 액셀러레이터 비용

글로벌 액셀러레이터Global Accelerator는 다중 리전 애플리케이션 배포에 대한 프런트엔드 인터페

---

13 https://aws.amazon.com/directconnect/pricing
14 상동

이스 역할을 합니다. 글로벌 액셀러레이터에 연결된 각 애플리케이션은 AWS 엣지 로케이션에서 제공하는 고정 IP 주소와 연결됩니다. 이렇게 하면 애플리케이션에 주소를 지정하는 트래픽이 엣지 로케이션을 통해 AWS 네트워크에 진입할 수 있으며 여러분이 정의한 라우팅 규칙에 따라 애플리케이션에 빠르게 라우팅될 수 있습니다.

글로벌 액셀러레이터를 사용할 경우 각 액셀러레이터에 대해 시간당 요금이 부과됩니다. 그러므로 1분만 사용해도 1시간으로 청구됩니다.

또한 액셀러레이터를 통과하는 트래픽양에 대해 데이터 전송 프리미엄 요금(DT-프리미엄)이 부과됩니다. DT-프리미엄 요금은 요청의 원래 AWS 리전과 응답이 전달되는 AWS 엣지 로케이션(대상)에 따라 달라집니다. IN 또는 OUT 중 트래픽이 더 큰 방향에 대해서만 요금이 부과됩니다. 전송된 데이터양이 인바운드 트래픽양보다 크면 아웃바운드 트래픽에 대해 GB당 요금이 부과되며 반대의 경우도 마찬가지입니다.

글로벌 액셀러레이터당 시간당 요금은 0.025입니다. 다음 표는 DT-프리미엄 비용의 몇 가지 예를 보여줍니다. 이러한 비용 외에도 표준 데이터 전송 요금이 적용된다는 점에 유의하세요.

표 4-9 글로벌 액셀러레이터 비용[15]

출발지(AWS 리전)	대상(AWS 엣지 로케이션)에 따른 GB당 DT-프리미엄 요금		
	북아메리카	유럽	아시아 태평양
북아메리카	$0.015	$0.015	$0.035
유럽	$0.015	$0.015	$0.043
아시아 태평양	$0.012	$0.043	$0.010

버지니아 북부 리전에 배포된 애플리케이션에 대해 하나의 액셀러레이터가 있다고 가정해보겠습니다. 액셀러레이터는 한 달 내내 연중무휴로 실행되며 액셀러레이터를 통해 10TB의 데이터가 전송됩니다. 이 트래픽 중 60%는 아웃바운드(애플리케이션에서 사용자로)이고 40%는 인바운드(사용자에서 애플리케이션으로)입니다. 아웃바운드 트래픽 중 5TB는 유럽의 엣지 로케이션으로 전송되고 1TB는 아시아 태평양의 엣지 로케이션으로 전송됩니다.

이 시나리오에서는 다음 항목에 대한 요금이 부과됩니다.

- 시간당 요금(월별 합계): 18달러($0.025 \times 24 \times 30$)

---

15 https://aws.amazon.com/global-accelerator/pricing

- 데이터 전송
  - DT-프리미엄 비용: 아웃바운드 트래픽이 데이터 전송의 주된 방향이기 때문에 아웃바운드 트래픽에 대해서만 요금이 부과됩니다.
    - EU 엣지 로케이션으로 데이터 전송: 75달러(5,000GB × GB당 0.015달러)
    - APAC 엣지 로케이션으로 데이터 전송: 35달러(1,000GB × GB당 0.035달러)

따라서 DT-프리미엄 요금은 110달러이고, 고정 시간당 요금을 포함한 총액은 128달러입니다. GB당 0.09달러의 데이터 전송 OUT 요금이 이 비용에 추가됩니다.

앱 메시 비용

AWS 앱 메시[App Mesh]는 애플리케이션 내의 마이크로서비스가 서로 직접 통신할 수 있도록 하는 데 사용됩니다. AWS 앱 메시 사용에 대한 추가 요금은 없습니다. 컨테이너와 함께 배포되는 앱 메시 프록시에서 사용하는 AWS 리소스(EC2 인스턴스 또는 파게이트)와 통신 리소스 간의 데이터 전송에 대해서만 비용을 지불합니다.

클라우드 맵 비용

클라우드 맵[Cloud Map]은 애플리케이션 리소스를 등록하는 클라우드 리소스 검색 서비스 역할을 합니다. 클라우드 맵 애플리케이션 구성 요소를 사용하여 다른 서비스의 위치를 검색할 수 있습니다.

클라우드 맵을 사용할 경우 클라우드 맵 서비스 레지스트리에 등록한 리소스 및 등록된 서비스를 검색하기 위해 애플리케이션이 수행하는 요청(API 호출을 통해)에 따라 요금이 부과됩니다.

서비스 레지스트리의 경우 등록된 각 리소스당 매월 0.10달러가 부과됩니다. ECS 서비스 디스커버리를 통해 리소스를 등록하는 경우는 예외입니다. 서비스 레지스트리에 대한 비용은 부과되지 않습니다.

검색 요청의 경우 검색 API 호출 백만 개당 1.00달러가 청구됩니다.

DNS 기반 검색 및 상태 점검(아마존 라우트 53 상태 점검을 통해)과 같은 선택적 서비스 기능은 아마존 라우트 53 DNS 및 상태 점검 사용과 관련된 추가 요금이 발생합니다.

4.3 네트워킹 서비스 비용 최적화를 위한 모범 사례

이 책에서 다루는 모든 AWS 서비스와 마찬가지로 비용 효율성을 보장하기 위해 **KAO**™ 방법론을 적용할 것입니다. 이를 통해 서비스의 가격 구조와 관련된 필요한 모든 **지식**과 고려해야 할 **아키텍처** 고려 사항을 확보하게 되므로 비용 최적화된 네트워크를 설계하고 비용 효율성을 염두에 두고 **운영**할 수 있습니다. **KAO**™ 모델을 네트워킹 비용 효율성에 적용해보겠습니다.

지식

비용 최적화된 네트워크를 달성하기 위한 첫 번째 단계는 네트워크에서 발생하는 데이터 전송 요금을 숙지하는 것입니다. 이러한 요금은 네트워크 설정 방법, 리소스 간에 전송되는 데이터 양과 외부 리소스로 전송되는 데이터양에 따라 달라집니다. 이 장을 통해 리소스를 서로 연결하는 다양한 방법과 각각을 사용할 때 발생하는 요금에 대해 잘 알게 되었습니다. 이러한 비용을 줄일 수 없는 '블랙홀' 요금으로 간주하기보다는 비용을 분석하고 최적화하기 위해 이러한 비용을 숙지하는 것이 필요합니다.

네트워킹 관련 가격에 대한 이전 절의 내용은 데이터 전송 비용을 원자 데이터 전송 유형으로 분해하는 데 도움이 됩니다. 이를 통해 인터넷, 여러 리전, 가용 영역, VPC, VPC 내의 여러 리소스에 대한 데이터 전송 비용을 파악할 수 있습니다. 이는 또한 NAT 게이트웨이, 엔드포인트, IP, 트랜짓 게이트웨이, 글로벌 액셀러레이터 및 기타 구성 요소와 같은 다른 네트워크 구성 요소를 사용하여 발생하는 관련 비용을 이해하는 데 도움이 됩니다.

가격에 대한 논의에서 얻을 수 있는 한 가지 흥미로운 통찰력은 네트워크를 여러 가지 방식이 아닌 단일 방식으로 구성하는 것으로도 네트워크 관련 비용을 줄일 수 있다는 것입니다. 예를 들면 내부 통신에 전용 IPv4나 IPv6 IP 주소를 사용할 수 있습니다.

지금쯤 익숙해져 있어야 할 몇 가지 주요 비용 요소를 살펴보겠습니다.

- 아웃바운드 데이터 전송
  - 인터넷으로 나가는 데이터
  - 다른 AWS 리전이나 로컬 영역으로 보내는 데이터
  - 리전 내 가용 영역 간 통신
  - VPC 간 가용 영역 내 통신

- 가용 영역 및 VPC 내 통신
- 인바운드 데이터 전송
  - 인터넷에서 오는 데이터
  - 다른 AWS 리전이나 로컬 영역에서 오는 데이터
  - VPC 전반에 걸쳐 동일 리전의 다른 가용 영역 간 통신
  - 동일 리전, 동일 VPC의 다른 가용 영역 간 통신

비용은 트래픽을 시작 및 수신하는 서비스, 통신 방법, 네트워크 아키텍처를 구성하는 네트워크 구성 요소의 영향을 받습니다. 예를 들면 다음과 같습니다.

- 인프라의 기반이 되는 AWS 리전
- IP 선택
- NAT 게이트웨이
- VPC 피어링
- VPC 엔드포인트
- 트랜짓 게이트웨이
- 글로벌 액셀러레이터

아키텍처 결정을 위한 경험 법칙은 다음과 같습니다.

- 가장 저렴한 데이터 전송 비용은 전용 IPv4 주소 또는 IPv6 주소를 통해 가용 영역 내에서 데이터를 전송하는 경우에 적용됩니다.
- 데이터가 동일 리전 내의 VPC 또는 가용 영역 간에 전송되면 데이터 전송 비용이 GB당 0.01달러(송신측과 수신측을 합치면 GB당 총 0.02달러)로 증가합니다. 트랜짓 게이트웨이를 통해 통신할 때도 GB당 0.02달러를 지불해야 합니다.
- 데이터가 리전 간에 전송되면 데이터 전송 비용이 증가합니다. 데이터가 전송된 리전에 따라 GB당 0.01달러에서 0.16달러 사이입니다.
- 가장 비싼 데이터 전송 비용은 인터넷으로 전송되는 데이터에 적용됩니다. 비용은 GB당 0.09달러에서 0.25달러 사이입니다.

- 글로벌 액셀러레이터 사용 시 데이터 전송 비용에 데이터 전송 프리미엄 요금이 추가됩니다. 트래픽의 출발지와 목적지에 따라 가속기 비용이 GB당 0.010달러에서 0.043달러 사이까지 추가 발생할 수 있습니다.

다음 그림은 이 장에서 설명하는 다양한 데이터 전송 비용을 보여줍니다. 여기에는 일래스틱 로드 밸런싱(ELB)과 아마존 클라우드프런트 CDN 서비스의 입출력 데이터 전송 비용과 같이 논의되지 않은 일부 비용도 포함됩니다.

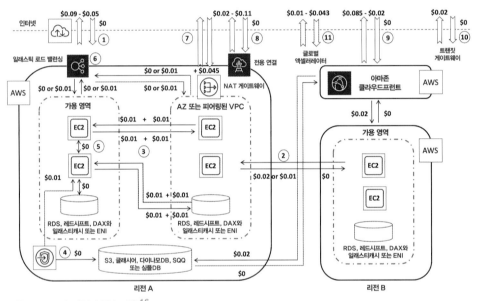

그림 4-7 AWS 데이터 전송 비용[16]

다음 요약에서 문단 번호는 그림의 해당 동그라미 숫자와 동일합니다.

1 AWS와 인터넷 간의 데이터 전송

- 데이터 전송 OUT의 처음 100GB에는 AWS 프리 티어가 적용됩니다. 그다음 10TB에 대해서는 GB당 0.09달러의 요금이 부과됩니다. 많이 사용할수록 가격이 낮아지는 계층화된 가격 구조이며 GB당 최소 0.05달러(월 150TB 이상 전송 시)까지 낮아집니다.
- 외부 인터넷에서 AWS로 데이터 전송 IN은 무료입니다.

....

16 https://aws.amazon.com/ec2/pricing/on-demand, https://aws.amazon.com/directconnect/ pricing, https://aws.amazon.com/cloudfront/pricing

2 리전 간 데이터 전송

- 리전 간 데이터 전송 OUT 비용은 GB당 0.02달러입니다(단, us-east1과 us-east2 리전 간에는 GB당 0.01달러).

- 리전 간 데이터 전송 IN은 무료입니다.

3 가용 영역 간 데이터 전송 비용은 양방향(IN 및 OUT)에서 GB당 0.01달러입니다.

4 동일한 AWS 리전 내 아마존 S3, 아마존 EBS 전용 API, 아마존 글래시어, 아마존 다이나모DB, 아마존 SES, 아마존 SQS, 아마존 키네시스, 아마존 ECR, 아마존 SNS, 아마존 심플DB 및 아마존 EC2 인스턴스 간에 데이터 직접(엔드포인트 간) 전송은 무료입니다. 이러한 서비스에는 엔드포인트, NAT 게이트웨이 및 트랜짓 게이트웨이가 포함되지만 이에 국한되지는 않습니다.

5 동일 가용 영역 내에서 아마존 EC2, 아마존 RDS, 아마존 레드시프트, 아마존 일래스티캐시 인스턴스, 일래스틱 네트워크 인터페이스(ENI) 간의 데이터 전송은 무료입니다.

6 클래식 로드 밸런서와 애플리케이션 로드 밸런서 간의 데이터 전송

- 동일한 VPC에서 사설 IP를 사용하는 EC2와 로드 밸런서 간의 통신(IN 및 OUT)은 무료입니다.

- 공인 IP, EIP 또는 IPv6 주소를 통한 통신(IN 및 OUT)은 동일한 가용 영역에 있든 가용 영역과 VPC에 걸쳐 있든 양방향(IN 및 OUT)에서 GB당 0.01달러입니다.

- 이러한 요금은 로드 밸런서 비용(클래식, 애플리케이션 또는 네트워크)에 추가됩니다.

7 NAT 게이트웨이

- NAT 게이트웨이를 통한 통신(IN 및 OUT)은 처리된 GB당 0.045달러에 시간당 0.045달러의 요금이 추가되어 부과됩니다.

- 이러한 요금은 다음 비용에 추가됩니다.

  – 데이터 전송(IN 및 OUT) 비용

  – 다른 가용 영역에서 NAT 게이트웨이와 통신하는 리소스에 대한 교차 가용 영역 데이터 전송 비용

8 AWS 전용 연결

- 데이터 전송 OUT 비용은 소스 리전 및 전용 연결 위치에 따라 다릅니다. 미국 내 전용 연결의 경우 전송된 GB당 0.02달러의 요금이 부과됩니다.

- 데이터 전송 IN은 무료입니다.

9 클라우드프런트

- 인터넷에서 데이터 전송 IN은 무료입니다.

- 클라우드프런트에서 AWS 리전으로 데이터를 전송하는 비용은 GB당 0.02달러입니다.

- 모든 AWS 리전에서 클라우드프런트로의 데이터 전송은 무료입니다.

- 처음 1TB의 데이터 전송 OUT은 AWS 프리 티어의 적용을 받습니다. 그 후 처음 10TB 에 대해 GB당 0.085달러의 요금이 부과됩니다. 사용량이 많아질수록 낮아지는 계층적 이고 점진적인 요금제는 가격을 GB당 최소 0.02달러(월 5PB 이상 전송 시)까지 낮춥 니다.

10 트랜짓 게이트웨이

- 트랜짓 게이트웨이를 통한 데이터 전송 비용은 GB당 0.02달러이며 데이터를 OUT으로 전송하는 VPC 리소스에 대해 요금이 부과됩니다.

11 글로벌 액셀러레이터

- 주된 방향에 따라 데이터 전송 IN 또는 OUT에 대해 요금이 부과됩니다. 요금은 출발지 및 도착지 리전에 따라 GB당 0.010달러에서 0.043달러 사이입니다.

- 이 요금에는 데이터 전송(IN 및 OUT) 비용이 포함되지 않습니다.

이러한 점을 염두에 두고 사용 가능한 가장 저렴한 데이터 전송 옵션을 활용할 수 있도록 인프 라를 설계해야 합니다. 이는 인프라를 배포하는 리전, 사용하는 서비스 유형, 네트워크 설정 방 법 등에 영향을 미칠 수 있습니다. 이러한 모든 결정은 데이터 전송 비용에 직접적인 영향을 미 칩니다.

아키텍처

AWS 네트워킹 구성 요소, 요금제, 데이터 전송 비용에 대한 충분한 지식을 얻었으면 이 지식 을 네트워크 아키텍처 최적화에 적용해야 합니다. 이러한 전제 조건은 비용 효율적인 네트워크 를 설정하는 데 중요합니다. 이제 데이터 전송 비용을 줄이는 데 도움이 되는 몇 가지 아키텍처 모범 사례를 살펴보겠습니다.

리전 선택

아웃바운드 데이터 전송 비용은 리전마다 다릅니다. 한 달에 나가는 트래픽의 처음 10TB에 대해 GB당 0.09달러(미국 동부 버지니아 북부)에서 GB당 0.25달러(남아메리카 상파울루)까지 다양합니다. 이러한 비용 차이는 리전 간 EC2 및 기타 다른 리소스의 비용을 비교할 때도 적용됩니다. 운영 리전을 결정하기 전에 이러한 비용 차이를 고려하는 것이 중요합니다. 데이터 전송(및 기타 리소스) 비용을 낮추기 위해 여러 리전 대신 한 리전에 인프라를 배포하기로 결정할 수 있으며, 리전 간 요금을 줄이기 위해 운영할 리전 수를 줄이는 것도 결정할 수 있습니다.

IP 선택

사설 IP와 공인 IP

공인 IP나 EIP를 통해 통신하는 것보다 사설 IP(해당하는 경우)를 통해 통신하는 것이 더 저렴합니다. 이는 동일 가용 영역의 리소스 간에 데이터를 전송하는 경우에도 마찬가지입니다. 가용 영역 내 사설 IP를 통한 데이터 전송에는 요금이 부과되지 않습니다. 데이터를 공인 IP나 EIP를 통해 전송하는 경우 GB당 0.02달러(전송 측과 수신 측 각각 0.01달러)를 지불하게 됩니다. 가능하면 공인 IP 대신 사설 IP를 사용하세요. 다음 그래프는 내부 통신을 사설 IP로 전환하여 공인 IP 요금을 절감하는 방법을 보여줍니다.

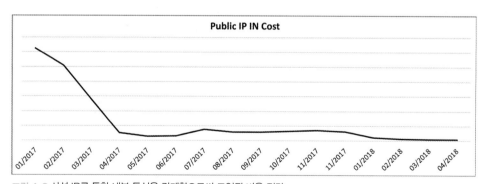

그림 4-8 사설 IP를 통한 내부 통신을 강제함으로써 도입된 비용 절감

IPv4 주소와 IPv6 주소

AWS는 VPC와의 연결을 위해 IPv4와 IPv6 주소를 모두 지원합니다. 이들은 네트워크를 통해 통신하는 동안 리소스에 고유한 주소를 제공하는 데 사용됩니다. IPv4 주소로 작업할 때는 리소스를 사설 IPv4 주소 또는 필요한 경우 공인 IPv4 주소에 연결합니다. IPv6 주소는 전 세계적으로 고유하며 각 IP는 '사설' 및 '공인' 통신 모두에 사용됩니다. 공인 IPv4 주소 대신 IPv6 주소를 사용하면 동일한 가용 영역 내의 리소스와 통신할 때 데이터 전송 비용을 피할 수 있습니다. 물론 이러한 유형의 통신에서는 리소스의 사설 IPv4 주소를 사용하여 내부 통신에 대한 요금도 피할 수 있습니다. 그러나 이러한 요금을 피하기 위한 또 다른 방법으로 IPv6 주소를 사용하는 것도 고려할 수 있습니다.

교차 가용 영역 데이터 전송 최소화

리소스를 가용 영역 간이 아닌 가용 영역 내에서 통신하도록 구성하면 데이터 전송 비용을 줄일 수 있습니다. 가용 영역 내에서 사설 IPv4 주소나 IPv6 주소를 통해 통신하는 경우 가용 영역 간에 데이터를 전송할 때 GB당 0.02달러(전송 측 및 수신 측 모두 0.01)가 소요되는 것과 비교하여 비용이 들지 않습니다.

프로덕션, 개발, 테스트, 기타 환경에 대한 다양한 아키텍처 설정을 고려하세요. 예를 들어 애플리케이션 복원력을 높이기 위해 여러 가용 영역에 프로덕션 환경을 배포하고자 할 수 있습니다. 반면 가용 영역 간 데이터 전송 비용을 절약하기 위해 단일 가용 영역에 개발 환경을 배포하는 것이 합리적일 수도 있습니다.

이 책에서는 AWS 데이터베이스 서비스는 다루지 않습니다. 이러한 서비스를 사용하면 분산된 교차 가용 영역 데이터베이스 아키텍처로 인해 교차 가용 영역 간 데이터 전송 비용이 발생한다는 점은 알아두어야 합니다. 이 아키텍처는 데이터베이스 가용성, 내구성 및 성능을 높이기 위해 가용 영역에 걸쳐 데이터베이스 데이터를 복제합니다. 예를 들어 데이터베이스 데이터를 두 가용 영역에 걸쳐 복제하는 아마존 RDS 다중 가용 영역 배포 옵션과 데이터베이스 데이터를 세 가용 영역에 걸쳐 복제하는 아마존 오로라Aurora가 있습니다. 필요하지 않은 경우 교차 가용 영역 데이터 복제를 방지하기 위해 각 환경 유형에 대해 서로 다른 아키텍처 설정을 고려할 수 있습니다. 예를 들면 생산 RDS 데이터베이스를 다중 가용 영역으로 배포하지만 개발이나 테스트 환경에는 단일 가용 영역 배포 옵션을 사용합니다.

클라우드 맵은 가용 영역 간 데이터 전송 및 기타 비용을 절감하는 데 매우 중요합니다. 클라우드 맵은 사용자 환경에서 실행 중인 서비스의 위치를 쿼리할 수 있는 기능을 제공합니다. 작업 A의 컨테이너가 작업 B의 컨테이너와 통신해야 하며 둘 다 가용 영역에 걸쳐 배포되는 시나리오를 고려해보세요. 먼저 클라우드 맵을 사용하여 작업 A의 호출 컨테이너와 동일 가용 영역에서 실행 중인 작업 B 컨테이너를 찾습니다. 이 쿼리 후 두 컨테이너가 동일한 가용 영역(해당하는 경우 사설 IP를 통해) 내에서 직접 통신하도록 할 수 있습니다. 이런 통신 방식은 교차 가용 영역 간 데이터 전송 비용이 제거되고 리소스 간 통신 활성화에 사용되는 서비스와 관련된 기타 비용(예: 로드 밸런서 데이터 처리 비용 및 데이터 전송 요금)이 절감됩니다.

VPC 피어링

VPC 피어링은 VPC 간에 데이터를 전송하는 비용 효율적인 방법입니다. 이는 VPC가 조직, 고객 또는 트래픽을 보내는 서드파티 소유인지 여부에 관계없이 마찬가지입니다. VPC 간에 데이터를 전송할 때 VPC 피어링을 사용하지 않으면 공인 IP를 통해 트래픽이 라우팅되어 비용이 증가합니다.

가용 영역 내에서 VPC 피어링을 사용할 경우 데이터 전송 비용이 발생하지 않습니다. VPC 피어링을 사용하여 동일한 AWS 리전 내의 가용 영역 간에 데이터를 전송하는 경우 인바운드와 아웃바운드 트래픽 모두에 대해 GB당 0.01달러의 요금이 부과됩니다. 이는 인터넷을 통해 VPC 간에 데이터를 전송하는 비용인 GB당 0.09달러보다 훨씬 낮은 금액입니다.

리전 간 VPC 피어링을 사용하면 인터넷을 통한 데이터 전송에 비해 데이터 전송 비용도 절감할 수 있습니다. 리전 간 데이터 전송의 경우 GB당 0.09달러 대신 0.02달러가 부과됩니다. 또한 리전 간 VPC 피어링을 사용하면 리전 간 인프라를 연결하기 위해 서드파티 솔루션을 사용할 필요도 없습니다.

엔드포인트

VPC 리소스를 S3 버킷, 다이나모DB 테이블 및 기타 서비스와 연결할 때는 게이트웨이 또는 인터페이스 VPC 엔드포인트를 통해 연결하는 것이 중요합니다. VPC 엔드포인트를 사용하면 VPC 내의 리소스와 VPC 외부에 상주하는 다른 AWS 서비스 간의 프라이빗 링크^{Private Link}가 가능합니다. 프라이빗 링크는 공인 IP, IGW, NAT 게이트웨이를 사용하지 않으므로 인터페이스 엔드포인트나 게이트웨이 엔드포인트를 제거하여 데이터 전송 비용을 절감할 수 있습니다.

트랜짓 게이트웨이

VPC 피어링과 마찬가지로 VPC 및 여러 계정 간에 데이터를 전송할 때 트랜짓 게이트웨이를 통해 모든 네트워크를 연결하는 것이 좋습니다. VPC를 통해 데이터 전송할 때 트랜짓 게이트나 VPC 피어링을 사용하지 않으면 공인 IP를 통해 트래픽을 라우팅하게 되어 비용이 증가합니다.

트랜짓 게이트웨이를 사용하여 VPC 간 통신을 하는 경우에는 아웃바운드 트래픽에 대해서만 GB당 0.02달러가 부과됩니다. 이는 인터넷과 VPC를 통해 데이터 전송할 때 지불하는 GB당 0.09달러보다 훨씬 낮은 금액입니다.

NAT 게이트웨이

네트워크를 설계할 때 모든 트래픽이 NAT 게이트웨이를 통해 라우팅되는 경우가 종종 있습니다. 이는 기존 데이터 센터로부터 이어진 네트워크 설계 습관과 데이터 전송 비용 외에도 발생하는 GB당 0.045달러의 NAT 게이트웨이 사용 비용에 대한 인식 부족 때문일 수 있습니다. 이는 기존 데이터 센터에서 물려받은 네트워크 아키텍처 습관과 함께 NAT 게이트웨이 사용에 따른 비용(데이터 전송 비용 외에 GB당 0.045달러)에 대한 인식이 부족하기 때문일 수 있습니다.

NAT 게이트웨이는 예를 들어 내부 서브넷에서 운영 중인 리소스에 대한 소프트웨어 업데이트를 해야 하는 경우 등 반드시 필요한 경우에만 사용해야 합니다. 반대로 내부 리소스 간에 통신하는 경우와 같이 실제로 필요하지 않은 경우에는 사용하지 마세요. NAT 게이트웨이가 필요한 경우 리소스를 동일 가용 영역에 있는 NAT 게이트웨이에 연결하여 가용 영역 간 데이터 전송 비용을 방지합니다.

교차 리전 복제

3장에서 설명한 것처럼 둘 이상의 리전에서 필요한 S3 객체를 복제하려면 교차 리전 복제(CRR)를 사용하는 것이 좋습니다. CRR을 사용하면 객체가 다른 리전에서 필요할 때마다 리전 간 검색을 수행하는 대신 여러 리전에 걸쳐 객체를 복제할 때마다 데이터 전송 비용이 부과됩니다. 복수의 검색 호출이 아닌 단일 복제에 대해 비용을 지불합니다. 선택적 CRR 옵션을 사용하여 특정 버킷에 업로드된 모든 새로운 객체가 아니라 필수 객체(태그 값으로 식별된)만 복제하도록 하는 것이 좋습니다.

데이터 압축

데이터 전송 비용은 GB당 가격이 책정되므로 해당되는 경우 데이터를 압축하는 것이 좋습니다. 데이터 압축은 객체 유형과 압축 방법에 따라 객체 크기를 최대 90%까지 줄일 수 있습니다. 데이터를 압축하면 데이터 전송 및 스토리지 비용이 절감되지만 애플리케이션 개발에 뿐만 아니라 압축과 압축 해제 시에 CPU에도 오버헤드가 발생할 수 있습니다. 데이터 압축을 평가할 때는 이러한 요인을 고려해야 합니다.

클라우드프런트

CDN Content Delivery Networks (콘텐츠 전송 네트워크)의 세부 사항, 용도 또는 가치에 대해서는 다루지 않겠지만 아마존 CDN 서비스인 클라우드프런트 CloudFront 의 일부 비용 관련 측면에는 주목할 필요가 있습니다.

- 클라우드프런트를 사용하면 송신 데이터 전송 비용이 표준 인터넷 OUT 비용보다 저렴합니다.

- 클라우드프런트에서 AWS 리전으로 데이터를 전송하는 경우 GB당 0.02달러의 비용이 듭니다. 반면 클라우드프런트를 거치지 않고 데이터를 전송하는 경우에는 비용이 들지 않습니다. 클라우드프런트는 DDoS 보호 및 엣지 서비스와 같은 기능뿐만 아니라 아마존 네트워크에 빠르게 액세스할 수 있기 때문에 이러한 추가 비용은 합리적입니다. 네트워크를 설계할 때는 클라우드프런트를 통해 액세스해야 하는 수신 트래픽과 일래스틱 로드 밸런서나 기타 네트워크 인터페이스에 직접 라우팅해야 하는 트래픽을 나누어 고려하는 것이 좋습니다.

- 모든 AWS 리전에서 클라우드프런트로의 데이터 전송은 무료입니다. 비 AWS CDN 서비스로 작업할 때는 이점을 고려하세요. 이 경우 AWS 원본에서 서드파티 CDN 공급자로의 표준 데이터 전송 OUT 비용이 청구됩니다.

지리 위치 라우팅

애플리케이션이 전 세계 AWS 리전에 분산되어 있고, 인프라는 미국 동부 버지니아 북부 리전과 아시아 태평양 싱가포르 리전에 설정되어 있다고 가정해보겠습니다. 유럽에서 오는 트래픽은 어디로 라우팅하는 것이 좋을까요? 미국 동부 지역으로 라우팅하는 것이 좋을까요 아니면 아시아 태평양 지역으로 라우팅해야 할까요? 미국 동부 지역이 리소스와 데이터 전송 비용이 저렴하기 때문에 유럽 트래픽을 미국 동부 지역으로 라우팅하는 것이 합리적일 겁니다.

수신 트래픽의 대상 리전을 결정하는 것은 지리 위치 라우팅을 통해 실행됩니다. 라우팅 정책 기능을 갖춘 라우트 53이나 글로벌 액셀러레이터를 사용하여 이를 달성할 수 있습니다.

스마트 라우팅은 트래픽을 짧은 지연 시간으로 처리하고 올바른 대상으로 라우팅하는 동시에 비용 절감과 관련된 의사 결정을 가능하게 하는 핵심 요소입니다. 데이터 라우팅 규칙을 작성할 때는 비용 차이를 고려하여 라우팅을 결정하고, 가능하면 트래픽을 비용이 저렴한 리전으로 라우팅하는 것이 좋습니다.

전용 연결

AWS 리전과 특정 위치(예: 회사 데이터 센터나 사무실) 간에 대량의 데이터를 전송해야 하는 경우 퍼블릭 인터넷을 통해 데이터를 전송하는 대신 AWS 전용 연결(또는 기타 서드파티 솔루션)을 사용하는 것이 경제적인지 살펴보는 것이 좋습니다.

다음은 1GB의 데이터를 퍼블릭 인터넷을 통해 전송하는 비용과 전용 연결을 사용하는 비용의 몇 가지 예입니다.

표 4-10 전용 연결 비용과 인터넷 트래픽 비용[17]

리전	외부로 데이터 전송	
	전용 연결	인터넷
미국 동부(버지니아 북부)	$0.0200 – $0.1300	$0.090
유럽(아일랜드)	$0.0200 – $0.1700	$0.090
아시아 태평양(서울)	$0.0410 – $0.1700	$0.126
아시아 태평양(싱가포르)	$0.0410 – $0.1700	$0.120
아시아태평양(도쿄)	$0.0410 – $0.1700	$0.114
남아메리카(상파울루)	$0.1100 – $0.1900	$0.150

가격 측면에서 볼 때 지속적으로 많은 양의 데이터를 특정 위치로 전송할 때 전용 연결을 활용하는 것이 비용 효율적입니다. 그러나 전용 연결 사용을 결정하기 전에 전용 회선 공급자의 서드파티 비용도 고려해야 합니다.

---

17 https://aws.amazon.com/directconnect/pricing, https://aws.amazon.com/ec2/pricing/on-demand

전용 연결 사용을 고려할 때 AWS 네트워크 파트너 솔루션뿐만 아니라 사용자의 요구 사항을 지원할 수 있는 다른 솔루션도 살펴보는 것이 좋습니다.

운영

네트워크가 데이터 전송 비용 효율성에 최적화되도록 보장하는 마지막 단계는 운영 부분입니다. 여기엔 마법이 없습니다! 운영은 데이터 전송 사용량과 비용을 모니터링하고 보다 최적화하기 위한 기회를 찾아내는 지속적이고 일상적인 작업입니다.

몇 가지 운영 모범 사례를 살펴보겠습니다.

데이터 전송 사용량과 비용 모니터링

인터넷, 리전 간, 가용 영역, VPC 등으로 전송되는 데이터양을 보여주는 보고서를 설정하는 것이 좋습니다. 이러한 보고서를 애플리케이션, 환경 또는 기타 장치에 따라 분류하여 어떤 애플리케이션이 어떤 목적으로 이 트래픽을 생성하는지 파악할 수 있습니다. 이러한 보고서를 검사할 때는 앞서 권장한 각 모범 사례를 통해 절감할 수 있는 비용뿐만 아니라 사용량 급증, 높은 데이터 전송 비용을 일으키는 애플리케이션, 기타 비정상적인 것 등을 파악해 비용을 줄일 수 있는지 확인해야 합니다.

다음은 실행 중인 애플리케이션의 데이터 전송 비용을 보여주는 AWS 비용 탐색기 보고서 예입니다.

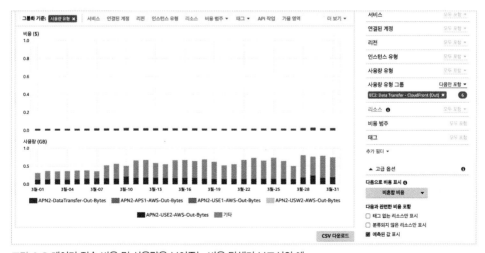

그림 4-9 데이터 전송 비용 및 사용량을 보여주는 비용 탐색기 보고서의 예

더 이상 필요하지 않은 릴리스 리소스

사용량과 비용을 모니터링하는 것 외에도 AWS 네트워킹 구성 요소 중 일부는 단위당 비용이 발생한다는 점을 기억하세요. 예를 들어 IP, VPN 연결, 인터페이스 VPC 엔드포인트, 기타 리소스에 대해 시간당 비용이 발생할 수 있습니다. 정기적인 작업의 일부로 사용 중이 아님에도 요금이 부과되는 리소스를 검색합니다.

이러한 리소스는 IP, EIP 등이 해제되거나 엔드포인트, VPN, NAT 인스턴스, NAT 게이트웨이 등이 종료되어야 합니다.

예를 들어 보겠습니다.

- EIP를 해제하면 매월 3.60달러를 절약할 수 있습니다.
- VPN 연결을 종료하면 매월 36달러를 절약할 수 있습니다.
- NAT 게이트웨이를 종료하면 매월 32.40달러를 절약할 수 있습니다.
- 트랜짓 게이트웨이에 대한 VPC와 VPN 연결이 더 이상 필요하지 않을 경우 연결을 해제하면 매월 36달러를 절약할 수 있습니다.

4.4 요약: 네트워킹 서비스

이 장을 읽고 나면 AWS 네트워킹 서비스 및 구성 요소의 일부 기반, 요금제, 비용 효율성을 위한 인프라 설계 및 운영을 개선하기 위한 지식을 습득할 수 있습니다.

매월 요금이 늘어나는 데이터 전송 시나리오를 나열했으며, 사설 IP나 IPv6 주소를 사용하여 일부 데이터 전송 비용을 절감할 수 있는 방법을 살펴보았습니다. NAT 게이트웨이와 글로벌 액셀러레이터 사용과 관련된 비용 증가와 S3 같은 다른 서비스나 다른 서드파티에서 제공하는 서비스에 연결하기 위해 VPC 엔드포인트를 사용하는 것이 얼마나 중요한지 수치화했습니다.

네트워크를 설계할 때는 이 장을 읽고 얻은 지식을 고려하여 안전하고 비용 최적화된 네트워크를 구현하세요. 각 리소스에 할당하는 IP 유형, 리전 및 VPC 간 통신 방법, 리소스 간 직접 통신 방법, 가용 영역 간 데이터 전송 최소화 등을 고려하세요. 이러한 모범 사례를 고려하는 것은 비용 최적화된 네트워크 아키텍처를 달성하기 위한 훌륭한 단계입니다.

운영 측면에서는 네트워크가 가동되면 AWS 비용 탐색기$^{Cost\ Explorer}$를 사용하여 데이터 전송 비용을 모니터링하는 것이 중요하다는 것을 보여주었습니다. 이는 데이터 전송 비용을 이해하고 비용 급증과 절감 기회를 파악하는 데 도움이 됩니다.

이 장에서 네트워크 비용을 최적화하는 방법에 대한 아이디어를 얻는 데 도움이 되었기를 바랍니다.

CHAPTER 5

애플리케이션 계층

앞 장에서는 인프라 수준에서의 컴퓨팅, 스토리지, 네트워킹 비용 최적화를 위한 모범 사례에 중점을 두었습니다. 이 장에서는 애플리케이션 계층을 중점적으로 다룰 것입니다. 인프라 계층에서 최적화해야 할 것이 많지만 인프라 비용을 낮추기 위해서는 애플리케이션 계층에서도 해야할 일이 많습니다. 이 장에서는 인프라 비용을 줄이기 위해 권장하는 몇 가지 애플리케이션 계층에서의 개선 사항을 설명합니다.

AWS 클라우드 인프라를 채택하면 애플리케이션의 현대화와 함께 혁신을 위한 좋은 기회가 생길 것입니다. 젊은 '클라우드 태생' 기업은 처음부터 제품과 애플리케이션을 AWS 클라우드에서 실행할 수 있도록 합니다. 이러한 기업은 AWS 플랫폼이 제공하는 모든 장점을 최대한 활용하기 위해 클라우드 네이티브 확장 가능한 애플리케이션을 구축합니다. 그들은 컨테이너, 스팟 인스턴스, 서버리스 람다 함수 실행, 오픈 소스 관리형 데이터베이스 등을 위한 애플리케이션을 설계합니다. AWS에서 제공하는 고급 관리형 인프라의 이점을 활용하면 혁신에 더울 집중하고, 시장 선도적인 제품을 신속하게 개발할 수 있고, 빠른 비즈니스 성장의 이점을 누릴 수 있습니다.

반면 워크로드를 클라우드로 마이그레이션하려는 기업은 AWS 퍼블릭 클라우드가 도입되기 훨씬 전에 구축된 기존 모놀리식 애플리케이션을 마이그레이션해야 하는 과제를 안고 있습니다.

대부분의 경우 이러한 레거시 애플리케이션은 연중무휴로 실행되며, 최대 로드를 지원하기 위해 프로비저닝되는 모놀리식 애플리케이션 계층(프런트엔드, 데이터베이스, 스토리지 등)을 갖춘 거대한 기술 스택으로 구축되어 있습니다. 이러한 애플리케이션은 또한 데이터베이스, 리포팅 엔진, ETL(추출^{extract}, 변환^{transform}, 적재^{load}) 도구, 기타 기능을 지원하기 위해 주로 서드파티 라이선스에 의존합니다. 이러한 애플리케이션 중 상당수는 고사양의 컴퓨팅 성능을 필요로 하지만 지난 몇 년간 출시된 새로운 클라우드 기반 애플리케이션에 비해 성능과 기능 면에서 부족합니다. 그 결과 하드웨어는 물론 필수 소프트웨어에 대한 라이선스에 많은 비용을 지출하게 되지만 최고의 성능과 제품 기능의 이점은 누리지 못하고 있습니다.

AWS 퍼블릭 클라우드가 제공하는 가치를 활용하면서 발전하기 위해 기업은 이제 더 많은 워크로드를 AWS로 전환하는 클라우드 전환 프로젝트를 빠르게 시작하고 있습니다. 많은 경우 애플리케이션을 그대로 클라우드 인프라에 이식하는 '리프트 앤 시프트$^{Lift\ and\ Shift}$' 방식으로 마이그레이션을 먼저 수행하기로 선택합니다.

이를 통해 온프레미스 데이터 센터 설치 공간을 최소화하고, 데이터 센터 통합 프로젝트를 지원하며, 비즈니스 확장 시 발생하는 새로운 물리 인프라를 구매하고 운영할 필요가 없습니다. 그러나 수요에 따라 자동으로 확장할 수 없는 모놀리식 아키텍처를 고려할 때 이러한 애플리케이션을 '리프트 앤 시프트'하여 퍼블릭 클라우드를 사용하는 방식은 클라우드의 모든 잠재력을 활용할 가능성이 낮습니다.

클라우드로 마이그레이션하는 동안 또는 그 이후에 최신 기술을 활용하여 조직에 더 높은 비즈니스 가치를 제공할 수 있도록 애플리케이션을 혁신할 수 있는 방법을 살펴보는 것이 좋습니다. 수많은 유형의 애플리케이션이 있으므로 AWS 클라우드에서 실행되도록 애플리케이션을 더 잘 설계할 수 있는 방법이나 비즈니스 관점에서 애플리케이션을 혁신해야 하는 방법을 추천하기는 어렵습니다. 따라서 워크로드를 클라우드로 마이그레이션할 때 고려해야 할 몇 가지 애플리케이션 현대화 모범 사례를 공유하겠습니다.

이러한 작업 방식에는 일반적으로 초기 투자(분석, 개발, 평가, 테스트)가 더 많이 필요하지만 이를 통해 클라우드 마이그레이션으로 인한 비즈니스 이점을 더 크게 실현할 수 있습니다. 주요 이점은 일반적으로 혁신적인 기능을 빠르게 도입할 수 있다는 것인데, 이를 통해 고객의 채택률이 높아지고, 새로운 수익원의 창출로 이어집니다. 다른 비즈니스 이점은 자동화, 오토 스케일링 및 AWS 관리 서비스를 활용하여 운영 효율성과 비용을 절감할 수 있다는 것입니다. 이를 통해 팀은 조직에 진정한 가치를 제공하는 것에 더 집중할 수 있습니다.

다음 절에서는 레거시 애플리케이션의 마이그레이션을 계획할 때 고려해야 할 몇 가지 애플리케이션 현대화 방법을 알아보겠습니다. 이어서 실제 애플리케이션 현대화 사용 사례와 결과도 공유하겠습니다.

5.1 애플리케이션 현대화 방법

애플리케이션을 현대화하기 위한 마이그레이션 프로젝트 계획 단계에서 고려해야 할 사항들을 살펴보겠습니다.

- **마이크로서비스:** 마이크로서비스 아키텍처는 애플리케이션을 작은 서비스로 나누는 것입니다. 각 서비스는 특정 프로세스를 담당하거나 전체 비즈니스 로직에서 특정 부분을 수행합니다. 마이크로서비스 아키텍처를 채택하면 레거시 애플리케이션의 모놀리식 특성을 없애고 애플리케이션 내의 종속성을 해제하는 데 도움이 됩니다. 마이크로서비스에 맞게 아키텍처를 조정하려면 각 마이크로서비스를 실행하는 데 가장 적합한 AWS 서비스를 평가할 수 있는 좋은 기회도 얻을 수 있습니다. 스스로에게 다음과 같은 질문을 해보세요. 서버리스로 실행해야할 서비스는 어떤 것인가요? EC2 스팟 인스턴스에 적합한 서비스는 어떤 것인가요? 각 서비스를 실행하는 데 가장 적합한 EC2 인스턴스는 어떤 것인가요?

- **확장성:** 필요에 따라 용량을 확장하는 것은 퍼블릭 클라우드 인프라의 주요 이점 중 하나입니다. 애플리케이션을 마이크로서비스로 나누는 동안 오토 스케일링의 이점을 얻을 수 있는 서비스를 식별하고 그에 따라 배포하는 것이 좋습니다.

- **배포 및 실행 방법:** 오토 스케일링과 마찬가지로 각 서비스에 가장 적합한 배포 및 실행 방법을 식별해야 합니다. 여기서 고려해야 할 몇 가지 질문이 있습니다. 이 워크로드를 실행하는 데 EC2 인스턴스가 필요합니까 아니면 람다가 더 적합합니까? 스팟 인스턴스에서 실행하기에 적합한 워크로드는 무엇입니까? 컨테이너에서 실행해야 할 애플리케이션은 어떤 것인가요?

- **서드파티 라이선스 폐기:** 레거시 애플리케이션은 운영 체제, 가상화 엔진, 데이터베이스, 리포팅 엔진, ETL 도구 등 비용이 많이 드는 서드파티 소프트웨어의 라이선스에 크게 의존합니다. AWS는 서드파티 라이선스 비용의 상당 부분을 폐기할 수 있는 강력한 서비스 오퍼링을 제공합니다.

예를 들어 AWS가 PostgreSQL과 같은 오픈 소스 데이터베이스 엔진을 기반으로 하는 관리형 대안을 제공할 때 데이터베이스 라이선스 비용을 지불해야 하는 이유를 생각해봅시다. 이러한 라이선스 비용을 줄이는 것 외에도 관리형 데이터베이스 서비스로 마이그레이션하면 성능 향상, 운영 간소화, 백업, 복제, 패치 처리의 번거로움 감소 등 다른 이점을 얻을 수 있습니다.

- **데이터베이스 현대화:** 대부분의 레거시 애플리케이션은 관계형 데이터베이스를 데이터 계층의 엔진으로 활용합니다. 모든 데이터셋은 모든 데이터 스토리지 요구 사항을 충족하는 중앙 집중식 단일 관계형 데이터베이스에 저장됩니다. AWS는 각각 특정 사용 사례를 지원하기 위한 대규모 관계형과 비관계형 데이터베이스 집합을 제공합니다.

  예를 들어 키-값 스토어를 위한 다이나모DB, 메모리 내 캐싱을 위한 일래스티캐시, 데이터 웨어하우징을 위한 레드시프트, 그래프 데이터베이스를 위한 넵튠, 관계형 데이터베이스를 위한 오로라 및 RDS, 시계열 데이터베이스를 위한 타임스트림, 관리형 원장 데이터베이스를 위한 퀀텀 레저 데이터베이스^{Quantum Ledger Database}(QLDB, 완전관리형 원장 데이터베이스)가 있습니다.

  애플리케이션 마이그레이션을 계획할 때는 애플리케이션이 저장하는 데이터와 저장을 위한 최상의 방법을 분석해야 합니다. 관계형, 비관계형 및 캐싱 데이터베이스의 조합이 비즈니스에 가장 도움이 된다는 것을 알게 될 것입니다.

  또한 규정 준수와 규제 목적으로 보관된 오래된 데이터가 값비싼 데이터베이스에 저장되어 있는 경우에는 글래시어에 보관하는 것이 좋습니다.

- **데이터 분석:** 레거시 애플리케이션에는 데이터에서 의미 있는 통찰력을 생성하기 위한 강력한 데이터 분석 계층이 항상 포함되어 있는 것은 아닙니다. 사용자가 개인화된 경험을 추구하고, 데이터가 운영 효율성이나 수익 창출을 위한 도구가 되는 오늘날의 환경에서 데이터 분석은 모든 애플리케이션의 핵심 기반이 됩니다. 애플리케이션을 클라우드로 마이그레이션할 때 고려해야 할 사항은 다음과 같습니다.

  - 수집하고 저장할 데이터 선택
  - 모든 데이터를 모든 애플리케이션이 액세스할 수 있는 중앙 집중식 데이터 레이크로 결합하는 방법
  - 이 데이터를 머신러닝 기술로 활용함으로써 도출할 수 있는 통찰력

- 이러한 통찰력이 새로운 수익원을 창출하고 고객 경험을 개선하며 운영 효율성을 개선하는 방법

- **혁신**: AWS는 혁신적인 서비스를 통해 애플리케이션에 부가 가치를 제공할 수 있습니다. 애플리케이션 마이그레이션을 계획할 때는 애플리케이션을 현대화하기 위해 이러한 서비스를 활용하는 것을 고려하세요. 예를 들어 CRM 애플리케이션을 클라우드로 마이그레이션하는 경우 렉스^{Lex} 서비스를 활용하여 정교한 자연어 챗봇을 쉽게 구축할 수 있습니다. 비디오 콘텐츠를 다루는 경우 아마존 레코그니션^{Recognition}의 기능을 활용하여 비디오 스트림 내의 객체를 인식하고 적절한 조치를 취할 수 있습니다.

5.2 현실 세계의 애플리케이션 현대화

이전 논의에서는 마이그레이션된 애플리케이션을 현대화하는 동시에 더 나은 비즈니스 가치를 얻고 비용을 절감할 수 있는 몇 가지 예를 제시했습니다.

최근에 몇 가지 애플리케이션 관련 개선 작업을 통해 성능 향상과 상당한 비용 절감 효과를 얻게 되었습니다. 향상된 기능에는 운영 체제 이식, 프로그래밍 언어 변경, 서버리스 컴퓨팅 활용, AWS 엣지 로케이션에 애플리케이션 코드 배포, 코드 최적화 등이 있습니다. 이 프로젝트 중 몇 가지에 대해 세부 사항을 살펴보겠습니다.

운영 체제

EC2 인스턴스 비용을 간략히 살펴보면 명확한 메시지를 확인할 수 있습니다. 윈도우 운영 체제로 구동되는 인스턴스는 리눅스나 RHEL$^{Red\ Hat\ Enterprise\ Linux}$로 구동되는 동일한 유형의 인스턴스보다 비용이 많이 듭니다. 운영 체제 라이선스 비용이 인스턴스 비용에 추가되기 때문입니다. 다음 표는 운영 체제가 서로 다른 선택된 인스턴스의 시간당 가격을 보여줍니다.

표 5-1 운영 체제에 따른 EC2 시간당 요금[1]

인스턴스	운영 체제			가격 차이		
	리눅스	RHEL	윈도우	RHEL 대 리눅스	윈도우 대 RHEL	윈도우 대 리눅스
a1.large	$0.0510	$0.1110	N/A	117.0%	N/A	N/A
t3.large	$0.0832	$0.1432	$0.1108	72.1%	-22.6%	33.1%
m5.large	$0.0960	$0.1560	$0.1880	62.5%	20.5%	95.8%
c5.large	$0.0850	$0.1450	$0.1770	70.5%	22.1%	108.2%
r5.large	$0.1260	$0.1860	$0.2180	47.6%	17.2%	73.0%
z1d.large	$0.1860	$0.2460	$0.2780	32.2%	13.0%	49.4%
i3.large	$0.1560	$0.2160	$0.2480	38.4%	14.8%	58.9%

윈도우 기반 인스턴스의 비용은 리눅스 기반 인스턴스보다 33.1%에서 많게는 108.2% 더 비싸기 때문에 가격 차이가 상당히 큽니다. **c5.large** 인스턴스 크기의 경우가 가장 극단적인데, 윈도우 인스턴스 비용은 리눅스 인스턴스 비용의 두 배가 넘습니다. **m5.large**(95.8%)나 **r5.large**(73.0%)와 같이 일반적으로 사용하는 인스턴스에서도 가격 차이가 많이 나기 때문에 운영 체제를 선택할 때 주의를 기울여야 합니다.

우리의 경우 운영 체제 간에 애플리케이션을 이식하는 것은 생각보다 간단했습니다. 비호환 종속성, API 변경, 애플리케이션 재테스트를 처리해야 했지만 모두 합쳐 몇 주 만에 윈도우에서 리눅스로의 이식을 완료했습니다. 윈도우를 리눅스로 대체함으로써 EC2 인스턴스에서 50% 이상 비용을 절감했습니다. 또한 리눅스의 오버헤드가 윈도우보다 작기 때문에 애플리케이션을 더 작은 크기의 리눅스 인스턴스에서 실행할 수 있습니다.

우리가 수행한 포팅을 지원하는 흥미로운 시장 개발은 마이크로소프트의 닷넷 코어 출시였습니다. 이는 윈도우, RHEL, 리눅스를 지원하는 운영 체제 전반에서 닷넷 애플리케이션을 실행할 수 있는 오픈 소스 크로스 플랫폼 프레임워크입니다. 닷넷 코어는 컨테이너 내부에서 또는 람다 함수로 실행할 수 있으며 애플리케이션을 마이크로서비스로 재구성하는 데 적합합니다.

다음 그래프는 시간이 지남에 따라 리눅스 인스턴스의 사용량이 증가하고 이러한 변경이 평균 인스턴스 가격에 미치는 영향을 보여줍니다.

---

1 https://aws.amazon.com/ec2/pricing/on-demand

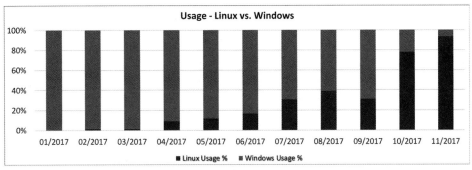

그림 5-1 EC2 윈도우 인스턴스를 리눅스 인스턴스로 교체

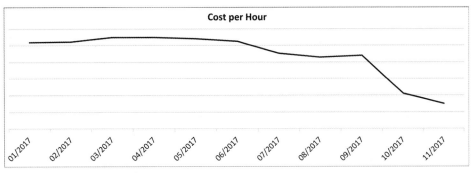

그림 5-2 평균 EC2 인스턴스 비용 절감

프로그래밍 언어

운영 체제와 마찬가지로 개발의 기반이 되는 프로그래밍 언어는 인프라 비용에 큰 영향을 미칩
니다. 각 프로그래밍 언어는 인스턴스 처리 및 메모리 리소스에 자체 오버헤드를 부과하여 애
플리케이션 실행에 사용되는 리소스양에 영향을 미치며, 그에 따라 비용에도 영향을 미칩니다.

운영 체제 마이그레이션과 마찬가지로 프로그래밍 언어 간에 애플리케이션을 마이그레이션하
는 것은 쉬운 작업이 아니지만 가능합니다. 물론 코드를 다시 작성하고 애플리케이션을 다시
테스트해야 합니다. 따라서 애플리케이션을 컨테이너화하거나 마이크로서비스로 다시 설계하
려는 노력의 일환으로 애플리케이션을 현대화하기 위해 선택한 프로그래밍 언어를 재평가하는
것이 적절할 수 있습니다.

우리는 최근에 일부 애플리케이션을 PHP에서 자바로 마이그레이션하는 프로젝트를 완료했습
니다. 여기에는 애플리케이션의 재설계, 개발 및 재테스트가 포함되었습니다. 이 작업은 성과

를 거두었고, 애플리케이션을 지원하는 데 필요한 인프라를 줄임으로써 상당한 비용 절감 효과를 거두었습니다.

우리가 수행한 프로그래밍 언어 마이그레이션의 이론적 근거를 더 자세히 알아보겠습니다.

- **PHP**^{Hypertext Preprocessor}는 웹 개발자가 서버 사이드 코드를 위해 일반적으로 사용하는 스크립팅 언어입니다. PHP는 웹용으로 설계되었으며 워드프레스^{WordPress}, 드루팔^{Drupal}, 줌라^{Joomla} 및 기타 웹사이트와 같은 콘텐츠 관리 플랫폼을 작성하기 위한 사실상의 언어가 되었습니다. PHP는 처음 출시된 지 20년이 지났음에도 전 세계적으로 웹 애플리케이션을 지원하는 데 중요한 역할을 하고 있습니다. PHP는 각 요청(사용자 클릭)에 대해 새로운 프로세스가 생성되고 I/O 호출을 차단하는 형태로 HTTP 요청을 지원합니다. 각 요청에 대해 별도의 프로세스를 실행하면 많은 컴퓨팅 리소스(프로세스당 개별 메모리 할당 포함)를 소비하는 경향이 있으며 이는 인프라 사양 및 비용의 핵심 요소입니다.

- 반면 **자바**는 내장된 멀티스레드 기능을 활용하여 컴파일된 코드를 실행하기 위한 각 요청에 대해 새 프로세스 대신 새 스레드를 시작합니다. 모든 스레드가 동일한 메모리 할당을 공유하기 때문에 자바로 작성된 애플리케이션은 PHP로 작성된 애플리케이션보다 처리량 및 메모리 리소스를 덜 소비하는 경향이 있습니다.

  또한 자바는 컴파일된 언어로, 애플리케이션 코드가 실행을 위해 배포되기 전에 컴파일됩니다. 그러나 PHP 코드는 런타임에 요청에 따라 컴파일됩니다. 결국 인프라에 더 많은 부하가 발생하고 애플리케이션 실행을 지원하기 위해 더 높은 처리량과 메모리가 필요합니다.

우리 경우에는 애플리케이션을 PHP에서 자바로 마이그레이션함으로써 애플리케이션을 지원하는 데 필요한 처리량과 메모리 리소스가 감소했습니다. 이를 통해 애플리케이션 관련 인프라 비용을 50% 이상 절감할 수 있었습니다.

데이터 압축

스토리지 및 네트워킹 장에서 살펴본 것처럼 객체 크기는 데이터 스토리지와 데이터 전송의 GB당 비용에 영향을 미치는 요소입니다. 또한 객체 크기는 이 책에서 다루지 않는 일래스틱 로드 밸런서를 사용한 데이터 처리의 GB당 비용에도 영향을 미칩니다.

데이터 객체를 압축하는 것은 구현에 많은 작업이 필요하지 않은 표준 방식입니다. 각 사용 사례에 적합한 압축 기술을 적용하고 객체를 사용한 후에는 압축을 해제하기만 하면 됩니다. 우리는 S3에 저장된 모든 객체의 크기를 줄이기 위해 압축을 사용했으며, 웹 서버에서 최종 사용자의 브라우저로 전송하는 응답을 압축하기 위해 gzip을 사용했습니다.

gzip은 응답으로 보내기 전에 HTML과 CSS를 압축하는 NGINX와 아파치를 포함한 많은 선도적인 웹 서버에서 지원하고 있습니다. 수신측에서는 모든 최신 브라우저(예: 인터넷 익스플로러, 파이어폭스, 크롬 및 사파리)가 gzip 인코딩을 지원하며 수신된 데이터를 적절하게 처리할 수 있습니다. gzip을 사용하면 응답으로 전송되는 파일 크기가 최대 70%까지 줄어듭니다. 그 결과 더 작은 파일이 로드 밸런서에서 처리되고 인터넷을 통해 전송되기 때문에 애플리케이션 성능이 향상되고 데이터 전송 비용이 절감되며 데이터 처리 비용이 절감됩니다.

일반적으로 사용하지 않는 객체를 압축하거나 네트워크를 통해 데이터를 전송하기 위해 실행 가능한 압축 기술을 적용하는 것이 좋습니다. 압축된 파일 유형에 따라 파일 크기가 50%에서 90%까지 줄어들 수 있습니다.

압축을 사용할 때는 압축 및 압축 해제 프로세스의 오버헤드와 이러한 프로세스를 추가하기 위해 코드를 개선하는 노력이 중요합니다. 우리는 필요할 때마다 람다 함수를 사용하여 압축 및 압축 해제를 트리거했습니다.

기타 애플리케이션 관련 변경 사항

앞서 살펴본 애플리케이션 관련 비용 절감 사용 사례 외에도 구현했거나 구현 중인 다른 개선 사항이 있습니다. 여기에는 다음이 포함됩니다.

- **서버리스로 전환**: 2.2절에서 설명한 것처럼 AWS는 사전 정의된 이벤트가 발생할 때 애플리케이션 코드 실행을 트리거(구동)하는 기능을 제공합니다. 우리가 현재 진행하고 있는 프로젝트는 이벤트에 의해 구동되는 운영 작업, 애플리케이션 구성 요소, 각 이벤트 기반으로 코드 실행을 완료하는 데 걸리는 시간, 각 실행을 완료하는 데 필요한 리소스양(vCPU와 메모리)을 식별하는 것입니다. 10GB 이상의 메모리가 필요하지 않고 15분 이내에 처리되는 간혹 발생하는 이벤트의 경우에는 운영 및 재무적 관점에서 람다로의 전환이 이점을 얻을 수 있는지 여부를 결정하기 위해 심층 분석을 수행했습니다. 람다로 마이그레이션한 몇 가지 사용 사례는 다음과 같습니다.

- 웹사이트 비즈니스 로직: 람다로 마이그레이션하면 동적 웹페이지를 생성하기 위해 웹 서버를 유지할 필요가 없습니다.

- 특정 S3 이벤트(PUT 요청) 처리: 이미지 크기 조정, 이미지 썸네일 생성, 객체 압축 및 기타 작업

- CI/CD 프로세스의 다양한 단계: 예를 들면 코드 배포 작업

- 주기적인 인프라 운영 작업: 백업, 로그 집계, 데이터베이스 덤프 생성, 정리 프로세스 (연결되지 않은 EBS 볼륨 및 중지된 EC2 인스턴스 제거 등)

흥미로운 사용 사례는 AWS 람다@엣지 서비스 사용과 관련된 것입니다. 엣지 로케이션에서 비즈니스 로직을 실행할 수 있는 기능을 통해 수신된 요청을 분석하고 백엔드 시스템에서 처리하기 전에 각 요청을 처리하는 가장 좋은 방법을 결정할 수 있습니다. 우리는 '더미'와 악성 요청을 식별하기 위한 방법론을 구현하고 있으므로 무시할 수 있습니다. 이렇게 하면 엣지 로케이션과 원본 간에 전송되는 데이터 트래픽과 최종 사용자에게 반환되는 데이터가 줄어들 것으로 예상됩니다. 또한 실제로 처리되는 요청 수를 줄이면 원본 위치에 필요한 컴퓨팅 성능을 낮출 수 있습니다.

- **상용 데이터베이스 폐기:** 우리는 최근 상용 데이터베이스에 대한 유료 라이선스 수를 줄이는 프로젝트를 시작했습니다. 현재 상당수의 제품을 운영하고 있으며 각 제품마다 비싼 라이선스 비용을 지불하고 있습니다. 프로젝트의 첫 번째 단계는 이러한 모든 라이선스를 나열하고 전체 비용을 파악하는 것이었습니다. 두 번째 단계는 상용 데이터베이스를 PostgreSQL로 자동 마이그레이션하는 데 도움이 되는 무료 AWS 스키마 변환 도구Schema Conversion Tool(SCT)를 사용하는 것입니다. 이 도구는 원본 데이터베이스와 대상 PostgreSQL 데이터베이스 간의 호환성 비율과 마이그레이션을 완료하는 데 필요한 작업을 나타내는 보고서를 제공합니다. 우리는 상용 데이터베이스를 PostgreSQL로 마이그레이션하고 라이선스 비용을 절감할 수 있습니다.

- **자바 가비지 컬렉터(GC) 최적화:** 자바 가비지 컬렉션 프로세스는 컴퓨팅 및 메모리 집약적인 것으로 알려져 있습니다. 현재 자바 애플리케이션에 필요한 리소스의 양을 줄이기 위해 자바 가비지 컬렉터의 성능을 효과적으로 관리하기 위해 코드 수준에서의 개선을 수행하고 있습니다. 이 작업을 완료하면 더 작은 인스턴스를 사용하여 자바 애플리케이션을 실행할 수 있으므로 컴퓨팅 인프라 비용을 더욱 절감할 수 있을 것으로 기대됩니다.

- **코드 최적화:** 코드를 실행하는 데 필요한 컴퓨팅 리소스의 양에 영향을 미치는 또 다른 애플리케이션 계층은 코드 자체입니다. 인프라 관점에서 개발자의 코드를 최적화하는 것은 인프라 비용을 낮출 수 있는 또 다른 작업입니다. 아마존 코드구루^{CodeGuru}는 애플리케이션 성능에 영향을 미치고 컴퓨팅 인프라에 더 많은 부하를 주는 '고가의' 코드 라인을 찾도록 학습된 자동화된 코드 검토 서비스입니다. 여기에는 리소스 누출, 스레드 경합, 잠재적인 동시성 경쟁 조건, 낭비된 CPU 주기가 포함됩니다. 우리는 현재 지원되는 유일한 언어인 자바 코드를 최적화하기 위해 코드구루 사용을 시작할 것입니다. 추가 언어에 대한 지원은 코드구루 로드맵에 있습니다.

5.3 요약: 애플리케이션 계층

앞서 살펴본 바와 같이 워크로드를 클라우드로 마이그레이션할 때 애플리케이션 현대화를 고려하고 수행할 수 있는 많은 기회가 있습니다. 각 애플리케이션이 서로 다르기 때문에 앞서 설명한 다양한 기술뿐만 아니라 다른 기술도 고려하고 마이그레이션을 수행하기 전에 사용 사례와 관련된 기술을 미리 살펴보는 것이 좋습니다.

우리의 경험을 통해 애플리케이션을 가능하면 클라우드 아키텍처와 AWS 서비스를 활용하고 각 요구 사항에 가장 적합한 서비스를 사용하도록 하는 '클라우드 네이티브'로 만드는 것이 얼마나 중요한지 볼 수 있었습니다. 새로운 기능을 더 빨리 도입하고 혁신을 가속화할 수 있는 능력 덕분에 애플리케이션 재구성에 대한 노력은 직접적인 운영 비용 절감은 물론 더 높은 비즈니스 가치로 보상받을 수 있습니다.

CHAPTER 6

운영

지금까지는 컴퓨팅, 스토리지, 네트워킹 사용을 최적화하는 모범 사례에 초점을 맞췄습니다. 또한 애플리케이션 구성이 비용에 미치는 영향도 살펴보았습니다. 이 장에서는 운영, 즉 비용 최적화를 염두에 두고 클라우드 환경을 운영하는 방법에 대해 중점적으로 다룰 것입니다. 이 책 전반에 걸쳐 여러 차례 언급했듯이 운영 작업은 한 번에 끝나는 마법이 없는 지속적인 작업입니다. 이를 위해서는 조직 내부의 변화, 새로운 유형의 협업 인터페이스, 새로운 사고방식, 새로운 기술, 모범 사례, 도구 등이 필요합니다.

이 장에서는 인프라 비용 절감에 도움이 되는 운영 활동에 초점을 맞춥니다. 퍼블릭 클라우드 환경에 지출하는 각 비용 대비 최대의 가치를 창출할 수 있는 것이 운영 활동입니다. 이러한 활동을 통해 효과적인 거버넌스 정책을 구현하고, 비용을 보다 정확하게 파악할 수 있으며, 간결한 프로세스를 구현하여 클라우드 환경의 성장을 적절하게 관리하고, 비용 효율적인 방법으로 처리할 수 있습니다.

보안, 사용자 관리, 액세스 관리, 환경 회복력, 애플리케이션 모니터링과 관련된 활동과 같은 클라우드 환경 내에서 처리해야 하는 많은 운영 작업이 있습니다. 하지만 이 책은 클라우드 운영의 비용 최적화 측면에만 초점을 맞추고 있기 때문에 이러한 내용은 다루지 않습니다.

우리 경험을 바탕으로 클라우드 환경의 비용을 최상의 방법으로 제어하고 최적화하는 작업을 자신 있게 수행할 수 있도록 단계별 프로세스를 고안했습니다. 이제 비용 최적화를 염두에 두고 클라우드 환경을 운영하기 위한 단계를 살펴보겠습니다.

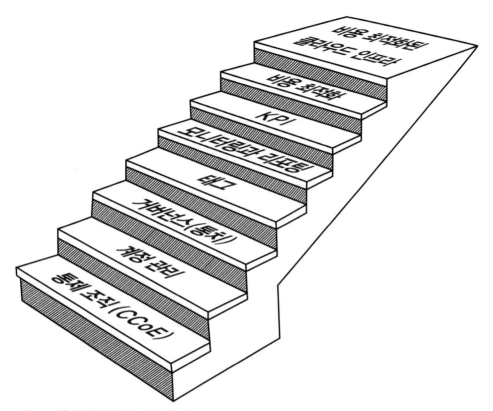

그림 6-1 비용 최적화된 클라우드 환경 운영을 위한 과정

비용 최적화 운영 프로세스는 여러 단계로 구성되어 있으며, 각 단계는 다음 단계의 기반이 됩니다. 놀랍게도 우리는 실제 최적화를 프로세스의 마지막 단계에 두었습니다. 이는 모든 클라우드 환경 운영을 위한 **필수** 기반으로서 이전 단계 구현의 중요성을 강조하기 위한 것입니다. 이러한 기반을 구축하는 액세스 방식이 조직의 분위기에 포함되면 클라우드 환경은 당연히 비용 최적화 상태가 될 것입니다. 클라우드 환경 구성은 당연히 비용 최적화가 이뤄질 것입니다. 이 책의 주제이기도 한 비용 최적화는 7장에서 설명하겠습니다.

사용되지 않는 EBS 볼륨이나 S3 객체의 이전 버전을 삭제하거나 지속적인 워크로드에 대한 할인 혜택을 누릴 수 있도록 세이빙 플랜을 구매하는 등 일회성 비용 최적화 작업을 여러 번 수행하면 몇 가지 이점을 얻을 수 있습니다. 다만 우리는 적절한 운영 계획과 보다 광범위한 조직 간 비용 최적화 프로그램의 일환으로 진행할 것입니다. 적당한 EBS 또는 객체 수명 주기 전략 없이 사용하지 않는 EBS나 S3 리소스를 정리하면 정리 프로세스가 종료된 후 곧바로 사용되지 않은 리소스가 정리됩니다. 먼저 인스턴스 크기나 유형을 미세 조정하지 않고 세이빙 플랜을 구매하면 미세 조정 후 더 이상 사용하지 않을 수 있는 인스턴스에 대한 비용을 지불하는 약정을 맺을 수도 있으므로 비효율적인 계약으로 이어질 수 있습니다.

지금까지 한 번에 가능한 마법이 없다고 했지만 이제 비용 최적화된 클라우드 환경의 성공적인 운영을 위해 진정한 마법이 어떻게 만들어질 수 있는지 알아보겠습니다.

6.1 거버넌스 유닛: 클라우드 혁신 센터(CCoE)

퍼블릭 클라우드로의 전환은 소비형 인프라 서비스의 새로운 모델을 도입합니다. 이 모델은 온프레미스나 코로케이션 데이터 센터에서 컴퓨팅 인프라를 운영하는 기존 방식과는 여러 면에서 다릅니다. 퍼블릭 클라우드 인프라를 사용하려면 새로운 보안 구성, 거버넌스 정책, 클라우드 환경과 지출에 대한 지속적인 모니터링, 새로운 구매 옵션 도입, 개발자의 권한 변경 등이 필요합니다. 이러한 변경은 버튼 클릭 단 한 번으로 무제한 리소스에 액세스할 수 있게 되어 종량제로 비용을 지불하게 된 것과 관련이 있습니다.

즉, 각 클라우드 사용자는 매달 수천 달러 상당의 인스턴스를 구동하여 사용하지 않을 때도 계속 실행할 수 있습니다. 당연히 리소스의 가용성, 유연성, 민첩성, 획기적인 서비스의 이점을 누리고자 합니다. 동시에 프로비저닝된 모든 인프라가 타당한 목적을 가지고 잘 활용할 수 있도록 함으로써 낭비를 제거해야 합니다. 이러한 상반된 요구 간의 적절한 균형을 확립하고 유지하기 위해 조직 내에 거버넌스 유닛을 만들 것을 강력히 권장합니다. 많은 조직에서 이 유닛을 CCoE^{Cloud Center of Excellence} (클라우드 혁신 센터)라고 부릅니다. CCoE는 조직이 클라우드를 성공적으로 사용하는 데 필요한 기반을 갖추도록 보장하기 위한 몇 가지 구체적인 목표를 가지고 있습니다. 비용 모니터링, 제어, 최적화는 CCoE의 중요한 책임이지만 유일한 책임은 아닙니다. 이제 CCoE 운영에 대한 몇 가지 모범 사례를 살펴보겠습니다.

- **클라우드 팀 간의 연결:** CCoE는 클라우드 전환과 관리 프로세스에 관련된 모든 팀을 연결하는 가교 역할을 합니다. 여기에는 조달, 재무, 보안, 컴플라이언스, 데브옵스, IT, 아키텍처(클라우드 및 애플리케이션), 개발 및 테스트, 제품 관리 등 기존 데이터 센터 운영 모델에서는 항상 연결되어 않던 팀들도 포함됩니다.

조직 간의 새로운 형태의 협업이 발현되고 그로 인해 새로운 유형의 질문이 등장합니다. 예를 들면 새로운 애플리케이션 아키텍처에 대한 검토의 일환으로 재무 관리자는 비용 절감에 대한 명목으로 EC2 인스턴스에 대한 람다 함수 사용을 장려할 수 있습니다. CCoE 담당자는 애플리케이션 스토리지 계층을 최적화하고 오래된 데이터를 삭제하기 위해 애플리케이션별로 S3 수명 주기 정책이나 정리 작업을 구현할 것을 요구할 수 있습니다. 마찬가지로 조달 책임자는 개발자와 협력하여 세이빙 플랜 구매를 계획할 수 있습니다. 이는 기존 데이터 센터 운영에서는 볼 수 없었던 협업의 예입니다.

- **조력자:** CCoE가 혁신 지원 유닛이 되어 방해 요소를 제거하고 클라우드 관련 프로세스를 단순화하는 것이 중요합니다. CCoE는 사용자가 안전하고 자동화된 비용 제어 방식으로 새로운 클라우드 환경을 시작할 수 있도록 지원하는 데 필요한 프로세스, 도구, 거버넌스 및 자동화를 구현해야 합니다. 데이터 분석 플랫폼을 클라우드로 마이그레이션하기 위해 노력하는 개발자 팀을 상상해보세요. 그들은 연결, 데이터 마이그레이션, 데이터 보호, 규정 준수, AWS 계정 권한, 인프라 프로비저닝 및 자동화와 관련된 모든 요구 사항을 논의하기 위해 CCoE 내에 연락해야 합니다.

- **지식 센터:** 퍼블릭 클라우드 인프라로 전환하면 모든 조직 단위에서 광범위한 지식 격차가 드러날 것입니다. 금융은 새로운 종량 요금제를 마주하게 될 것입니다. 조달은 새로운 구매 옵션을 다루고 어떤 것을 구매해야 하는지 정확히 파악해야 합니다. 아키텍트와 제품 소유자는 새로운 AWS 서비스에 대해 장점과 사용법을 익혀야 합니다. IT 팀은 인프라 프로비저닝과 운영 방법을 새로 배워야 합니다.

  이러한 지식의 격차를 극복하는 것은 각 조직이 클라우드로 전환하기 위한 필수 단계입니다. 이를 위해 모든 팀원이 각자의 역할과 필요에 따라 교육을 받을 수 있도록 잘 정의된 교육 과정이 필요합니다. CCoE는 교육 프로그램 및 교육 참고 자료를 준비하고 클라우드 프로젝트에 참여하는 모든 팀 구성원이 액세스할 수 있도록 보장할 책임이 있습니다.

- **접근성:** CCoE는 조직의 클라우드 관련 요구 사항을 해결하는 역할을 해야 합니다. CCoE에 대한 인지도를 높이고, CCoE를 해당 역할에 포지셔닝하기 위해 내부 캠페인을 운영하는 것을 고려해야 합니다. 많은 조직에서 CCoE는 사용자가 새로운 클라우드 계정에 대한 요청을 제출하고, 조직의 클라우드 지식 센터에 접속하고, 클라우드에서 실행 중인 다른 프로젝트에 대해 확인할 수 있는 자체 내부 포탈을 가지고 있습니다.

- **팀 역량 강화:** 퍼블릭 클라우드로 전환하는 각 조직은 지식 격차의 어려움을 극복해야 합니다. 성공의 열쇠는 주변 팀에 있습니다. 그들은 아직 퍼블릭 클라우드 전문가는 아니지만 IT 운영, 제품, 애플리케이션 및 비즈니스에 대해서는 전문가입니다.

  또한 프로세스를 개선하고 자동화하거나 새로운 혁신적인 클라우드 서비스를 활용하여 애플리케이션을 개선하는 방법에 대해서도 가장 잘 알고 있습니다. **클라우드 전환 성공을 보장하려면 팀의 역량을 강화하는 것이 필수적입니다.** 팀에 새로운 지식, 도구 및 프로세스를 제공하면 IT 운영 간소화, 새로운 비즈니스 주도, 애플리케이션의 현대화 및 기타 혁신적인 솔루션 등에 대한 아이디어가 창출됩니다. 일단 역량을 강화하면 팀원들의 참여도와 의욕 그리고 성공적인 클라우드 전환을 위해 함께 노력하는 방식에 놀랄 수 있습니다.

- **호기심과 실험:** 팀이 퍼블릭 클라우드 환경에서 사용하게 될 서비스의 대부분은 기존 데이터 센터의 인프라와 달리 새롭고 혁신적일 것입니다. 워크로드 지원을 위한 새로운 서비스 및 리소스 유형을 궁금해 하고 실험해볼 수 있어야 합니다.

  다음은 시도해볼 만한 몇 가지의 실험 예입니다.

  - 최신 세대의 인스턴스에서 실행할 애플리케이션을 테스트해봅니다.
  - 스팟 인스턴스를 사용해보고, 그것이 애플리케이션 가용성과 비용에 어떤 영향을 미치는지 확인해봅니다.
  - EC2 인스턴스에서 코드를 실행하는 대신 람다 함수를 생성, 트리거 및 모니터링합니다.
  - 닷넷 애플리케이션을 닷넷 코어로 마이그레이션하고 리눅스 서버에서 구동해봅니다.
  - S3 지능형 티어를 사용하여 머신러닝 모델을 기반으로 사용자의 개입 없이 스토리지 계층 간에 객체가 전환되는 방법을 살펴봅니다.

  더 많은 실험을 수행할수록 경험과 지식이 풍부해집니다. 그러면 더 많은 클라우드 네이티브 서비스를 활용하게 되고, 애플리케이션의 혁신성과 비용 절감을 할 수 있게 됩니다.

- **팀에 클라우드 네이티브 도구 제공:** 클라우드 환경은 기존 데이터 센터 환경과 본질적으로 다르기 때문에 퍼블릭 클라우드 인프라 운영을 위한 새로운 도구와 서비스셋을 채택해야 합니다. 온프레미스 관리 도구를 그대로 사용하면 클라우드 환경의 특성을 지원하도록 설계되지 않았기 때문에 실패할 가능성이 높습니다. 코드 관리, 인프라 자동화, 인프라와 애플리케이션 모니터링, 비용 분석과 최적화, 보안 등을 지원하는 클라우드 네이티브 도구를 팀에 갖추는 것이 좋습니다.

- **클라우드 스튜어드:** 대규모 조직의 일부인 경우 각 사이트나 부서 내에서 클라우드 리더 역할을 할 클라우드 스튜어드를 임명하는 것을 고려하세요. 클라우드 스튜어드의 역할은 클라우드 사용의 모든 측면(비용 효율성 포함)에 대한 모범 사례 및 프로세스를 클라우드 사용자에게 안내하는 것입니다.

- **핀옵스(FinOps):** 클라우드 인프라를 사용하기 위한 새로운 프로세스, 도구 및 방법에 적응하다보면 새로운 역할이 생겨나기도 합니다. 기술적인 측면에서는 애플리케이션의 인프라 사용 자동화를 담당하는 데브옵스 엔지니어가 담당하게 됩니다. FinOps^{Financial and Operational Principal}(재무와 운영 주체)는 클라우드를 사용하는 조직에서 발생하는 새로운 역할입니다. 이 역할의 목표는 기술 팀에 비용 효율적인 모범 사례 안내, 클라우드 환경의 비용 효율성 모니터링, 비용 센터 손해 배상에 대한 보고서 실행 등 경제적으로 최적화된 방식으로 클라우드를 운영하는 것입니다.

조직 내에 이러한 모범 사례와 지침을 포함하면 퍼블릭 클라우드 환경 관리와 관련된 보다 구체적인 작업을 진행할 수 있습니다.

6.2 계정 관리

CCoE 유닛을 구성했으면 조직 내 여러 팀에서 사용하는 모든 클라우드 계정을 관리할 수 있습니다. 이는 각 계정의 사용을 이해하고 보안과 규정 준수 지침을 준수하는지 확인하고 전체 비용 지출을 추적하는 데 필수적입니다. 이 시기에는 계정 할당 및 거버넌스와 관련된 프로세스가 없다는 것을 알게 될 수도 있습니다. 일부 계정은 조직 내 다른 팀에서 개별 생성되었고 (섀도 IT), 일부 계정은 AWS MSP^{Managed Service Provider}(관리 서비스 제공자)가 소유하고 있으며, 일부는 관리 계정으로 통합되어 있고, 일부는 개별 개정입니다.

따라서 먼저 사용 가능한 계정 유형을 이해하는 것이 중요합니다. 그런 다음 계정 할당 프로세스의 모범 사례와 계정이 다른 팀에 할당될 경우 적용되는 거버넌스에 대해 알아보겠습니다.

AWS 계정 용어

- **AWS 조직:** 계정을 중앙 관리 조직으로 논리적으로 통합할 수 있는 계정 관리 서비스입니다. AWS 조직^{Organizations}에는 비즈니스의 예산, 보안 및 규정 준수 요구 사항을 보다 효과적으로 충족할 수 있는 통합 과금 및 계정 관리 기능이 포함되어 있습니다. 조직의 관리자는 조직에 계정을 만들고 기존 계정을 조직에 가입하도록 초대할 수 있습니다.

- **AWS 관리 계정:** 각 조직은 연결된 모든 계정의 요금을 지불하는 관리 계정^{Management Account}과 연결됩니다. 관리 계정을 사용하면 단일 통합 청구서뿐만 아니라 연결된 각 계정에 대한 송장도 받을 수 있습니다.

- **개별 회원 계정:** 단일 계정(또는 몇 개)을 가지고 있으며 운영, 송장 발행 및 기타 모든 계정 관리 측면과 관련하여 다른 모든 계정에서 계정을 분리하려는 경우에 사용됩니다.

- **AWS MSP 연결 계정:** AWS 파트너 네트워크^{Partner Network}(APN)의 MSP^{Managed Service Provider} 파트너와 협업하는 경우 여러분 계정은 파트너의 관리 계정에 통합됩니다. 이 경우 클라우드 비용을 AWS에서 직접 청구하지 않고 AWS 파트너에서 청구하게 됩니다.

다중 계정 작업

클라우드 인프라를 여러 클라우드 계정으로 분리하면 최상위 수준의 리소스와 과금 분리가 가능하므로 대부분의 조직에서 매우 중요합니다. 이를 통해 여러 워크로드에 걸쳐 관리, 회계 및 예산 과금 분리를 유지하거나 각 워크로드에 특정 서비스 제한 또는 보안 관행을 독립적으로 적용할 수 있습니다. 사용자가 AWS 서비스에 대해 서로 다른 수준의 관리 제어를 요구하는 경우, 다른 사업부 또는 업무 팀에서 계정을 사용하는 경우, 예약 인스턴스(RI)를 보다 효과적으로 제어하고 싶은 경우, 데이터 전송과 같은 태그 지정이 불가능한 비용에 대한 가시성을 높이기 위한 경우 등과 같은 사례에서는 새로운 계정을 만드는 것을 검토해보세요.

계정 연결의 가치

워크로드를 서로 다른 계정에 할당하는 것이 합리적일 수도 있지만 워크로드를 하나의 관리 계정으로 통합하는 것도 중요합니다. 그러면 단일 트랜잭션의 모든 링크된 계정 송장에 대해 단일 결제 방법을 사용할 수 있으며, 사용량이 증가함에 따라 비용을 절감되는 AWS 볼륨 할인 가격도 적용할 수 있습니다.

AWS는 통합 과금을 통해 모든 계정의 사용량을 결합하여 적용할 볼륨 가격 계층을 결정합니다. 예를 들어 통합 데이터 전송이 월 10TB를 초과하는 경우 이를 통해 데이터 전송 비용을 절감할 수 있습니다. 또한 통합은 연결된 모든 계정의 사용에 따라 세이빙 플랜 구매를 모델링하는 데 도움을 줍니다. 이렇게 되면 계정 전반에 걸쳐 할인 혜택을 누릴 수 있습니다. 할인이 변동되는 경우 구매 계정의 활용률이 100% 미만이면 다른 연결된 계정의 리소스에 할인이 적용됩니다.

통합 과금의 경우 AWS는 조직의 모든 계정에서 총사용량에 대해 프리 티어(EC2, 람다 및 기타 서비스의 경우)를 한 번만 적용합니다. AWS는 각 개별 계정에 프리 티어를 별도로 적용하지 않습니다.

계정 구조

각 클라우드 환경에 적용할 수 있는 만능 클라우드 계정 전략은 없으므로 조직의 요구 사항에 가장 적합한 클라우드 계정 구조를 정의하는 것이 좋습니다.

AWS 계정은 기술적으로는 계층 구조가 아니지만 AWS 조직과 함께 조직 단위를 사용하여 계층적 및 논리적 그룹을 만들어 계정을 보다 효과적으로 관리할 수 있습니다. 조직 단위(영업, R&D, 재무), 제품 수명 주기 단계(개발, 테스트, 샌드박스, 프로덕션) 프로젝트 또는 모든 구조의 조합을 반영하는 계정 구조를 고려해야 합니다. 조직 구조와 요구 사항에 가장 적합한 작업을 수행합니다.

다음 그림은 결합된 접근 방식 계정 구조의 예를 보여줍니다.

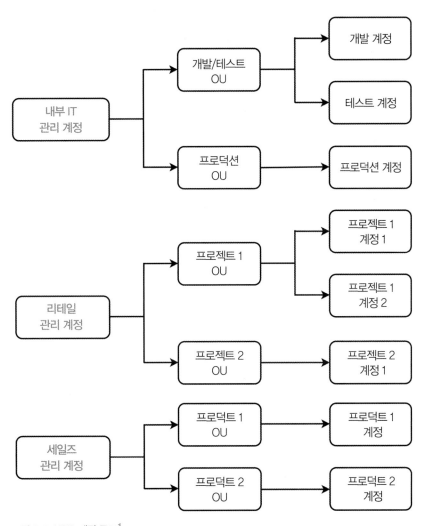

그림 6-2 AWS 계정 구조[1]

이 접근 방식에는 내부 IT용, 리테일 비즈니스용, 세일즈용 등 세 가지 관리 계정이 있으며, 각 관리 계정은 각각의 요구 조건(환경 수명 주기, 프로젝트 및 제품별)에 맞는 계정 구조를 가진 두 개의 조직 단위Organizational Unit(OU)의 비용을 담당합니다.

----

1 https://aws.amazon.com/answers/account-management/aws-multi-account-billing-strategy

이외 모범 사례

- **계정 할당:** 클라우드 계정 생성에 대한 책임을 최종 사용자에게 떠넘기면 혼란을 초래하게 됩니다. 이를 방지하려면 잘 정의된 클라우드 계정 할당 프로세스를 실행해야 합니다. 클라우드 계정 할당은 요청하는 팀에서 제출한 요청과 함께 프로젝트 설명, 이 계정을 통합해야 하는 조직, 이 계정의 비용을 지불할 비용 센터, 데이터 보호 및 규정 준수 요구 사항 및 기타 설명 정보로 시작해야 합니다. 요청이 제출되면 CcoE는 요청을 평가를 하고 프로젝트의 요구 사항이 계정 할당에 적합한지 확인해야 합니다. 또한 평가 프로세스는 이 계정에서 유지되는 데이터, 이 계정이 수행할 규정 준수 및 규정 등에 따라 모든 관리 정책이 적절하게 배치되는지 확인해야 합니다. 여기에는 계정에 대해 허용되는 서비스와 허용되지 않는 서비스를 정의하는 특정 권한 역할, 계정의 보안 설정 세부 정보(VPC, 라우팅 테이블, 암호화 키 등), 최종 사용자와 AWS 환경 간의 통신 방법 정의(VPN, 전용 연결 등을 통해)를 비롯하여 해당 서비스의 유효성을 검증하는 특정 권한 역할이 포함될 수 있습니다. 요청이 승인되고 모든 거버넌스 모범 사례가 적용되면 새 계정이 할당됩니다.

- **명명 규칙:** 계정 사용을 식별하는 데 도움이 되도록 계정 명명 규칙을 구현하는 것이 좋습니다. 조직에 연결된 클라우드 계정이 수십 또는 수백 개일 경우 엄격한 명명 규칙을 준수하면 환경을 관리하고 운영하는 데 큰 도움이 됩니다.

- **계정 소유권:** 각 계정은 소유자가 있습니다. 계정 소유자는 조직 내에서 계정을 책임지고 다양한 계정 관련 통지를 수신합니다. 개인은 자신의 역할과 책임을 변경하거나 조직을 떠날 수 있으므로 계정 관련 알림을 수신하려면 개별 전자 메일 주소가 아닌 그룹 별칭을 사용하는 것이 좋습니다. 또한 이슈 관리 시스템이나 슬랙과 같은 협업 도구와 통합되어 알림을 티켓이나 협업 도구의 스레드로 수신하는 이메일 주소도 고려해볼 수 있습니다.

- **자동화:** 계정 설정과 환경 구성은 자동화를 통해 수행하는 것이 좋습니다. 이렇게 하면 수동 작업 없이도 계정 구성이 조직의 보안 및 규정 준수 모범 사례에 맞게 조정될 수 있습니다. 이 작업은 AWS 랜딩 존^{Landing Zone}이나 AWS 컨트롤 타워^{Control Tower}를 통해 수행할 수 있습니다(자세한 내용은 6.3절을 참조하세요).

- **보안:** 비록 이 책은 비용 통제와 최적화에 초점을 맞추고 있지만, 보안을 언급하는 것은 여전히 중요합니다. 클라우드 계정 운영 시 계정, 데이터 및 기타 자산을 가장 잘 보호할 수 있는 방법에 주의를 기울여야 합니다. AWS는 VPC, 서브넷, NACL^{Network Access Control lists}, 라우팅 테이블, 키 관리 서비스^{key management service}(KMS), 전용 연결(DX), VPN 등 계정을 안전

하게 관리하는 데 필요한 모든 도구를 제공합니다. 계정 전략을 정의할 때 유지 관리하는 각 계정에 대한 엄격한 보안 지침도 설정해야 합니다.

6.3 거버넌스

거버넌스 작업은 클라우드 환경을 운영하는 모든 사람의 주요한 역할입니다. 클라우드 환경이 성장함에 따라 리소스 및 지출을 모니터링하고 관리하는 일이 더욱 복잡해집니다. 이러한 복잡성은 클라우드 인프라의 동적 특징, 각 환경의 많은 리소스, 지속적으로 발생하는 많은 변경 사항과 클라우드 사용자에게 부여된 권한에서 비롯됩니다.

리소스 활용률을 매일 수동으로 추적하거나 예상치 못한 청구 급증 여부를 확인하는 대신 환경을 관리하는 자동 방법을 구현해야 합니다. 자동화된 정책은 AWS 서비스나 다양한 클라우드 서비스 관리 도구를 사용하거나 또는 특정 시나리오(예: 일일 비용의 대폭 증가, 비용이 많이 드는 X, G, P 또는 U 인스턴스 증가)를 식별하거나 방지하기 위한 자체 스크립트를 작성하여 구현할 수 있습니다.

AWS는 환경을 보다 효율적으로 관리하고 제어할 수 있는 몇 가지 도구를 제공합니다.

- **식별 및 액세스 관리**^{Identity and Access Management} **(IAM)** 는 AWS 서비스와 API에 대한 액세스 권한을 부여하는 메커니즘입니다. IAM을 사용하면 사용자가 AWS에서 수행할 수 있는 작업을 제한하는 역할을 정의할 수 있습니다. 역할은 클라우드 사용자, 프로세스 또는 서비스와 연결될 수 있으며, 계정이나 조직 수준에서도 적용할 수 있습니다. 예를 들어 특정 사용자가 특정 AWS 서비스를 사용하지 못하게 제한하거나, 사용자가 GPU 컴퓨팅 성능이 필요하지 않은 경우에는 P 및 G 인스턴스 사용을 제한하거나, 특정 AWS 리전에서만 리소스를 구동하도록 제한할 수 있습니다. 이 제한을 실행 중인 프로세스나 계정 수준에도 적용할 수 있습니다.
- **AWS 서비스 카탈로그**^{Service Catalog}를 사용하면 클라우드 사용자가 사용할 수 있는 IT 서비스의 카탈로그를 중앙에서 관리할 수 있습니다. 이러한 IT 서비스는 제품 및 포트폴리오 형태로 구성됩니다. 제품에는 단일 컴퓨팅 인스턴스, 완전히 구성된 다중 계층 웹 애플리케이션 또는 이들 사이의 어떤 것이 포함될 수 있습니다. 포트폴리오는 제품의 구성 정보와 제품의 모음입니다.

서비스 카탈로그를 각 클라우드 사용자가 주문할 수 있는 서비스(환경 포함)의 메뉴로 상상해보세요. 이때 메뉴에서 제외된 서비스는 주문할 수 없습니다. 서비스 카탈로그 내에서 서비스를 요청하면 요청한 동일 유형의 다른 환경과 거버넌스 정책에 일치하도록 미리 정의된 클라우드포메이션^{CloudFormation} 스크립트를 기반으로 자동으로 구동됩니다. 서비스 카탈로그를 통해 시작된 서비스는 포트폴리오 및 제품과 관련된 예산과 비교하여 추적할 수 있습니다.

IAM 역할과 함께 서비스 카탈로그 제품과 포트폴리오에 대한 세부적인 액세스 제어를 정의할 수 있습니다. 즉, IAM 역할별로 각 클라우드 사용자에 대해 노출되는 서비스를 정의할 수 있습니다. 예를 들어 개발자 역할과 관련된 클라우드 사용자는 개발 환경만 구동할 수 있으며, QA 엔지니어는 테스트 환경만 구동할 수 있습니다.

AWS 서비스 카탈로그를 사용하면 사용자에게 할당된 계정의 각 포트폴리오에 대해 월 5달러의 고정 요금을 지불하게 됩니다. 이 고정 요금은 포트폴리오에 할당된 제품이나 사용자 수에 따라 달라지지 않습니다. 사용자가 포트폴리오에 대해 수행할 수 있는 제품 출시 작업 수에는 제한이 없습니다. AWS 서비스 카탈로그를 사용하여 생성한 AWS 리소스(예: EC2 인스턴스나 RDS 데이터베이스)는 수동으로 생성한 것과 동일하게 별도 비용이 청구됩니다.

- **AWS 랜딩 존**^{Landing Zone}은 AWS 모범 사례를 준수하는 방식으로 안전한 자동 다중 계정 환경 설정을 지원합니다. 클라우드 채택이 확장되고 조직 내 계정 수가 증가하기 시작하면 각 계정이 보안 및 거버넌스 지침을 준수하는 다중 계정 환경을 설정해야 하는 문제에 직면하게 됩니다.

  AWS 랜딩 존을 사용하면 AWS 계정 자판기(AVM)를 사용하여 새 계정을 프로비저닝하고 자동으로 구성하여 조직 아래에 새 계정을 만들 수 있습니다. AVM은 미리 구성된 계정 보안 지침과 미리 정의된 네트워크를 사용하여 조직 단위에서 계정을 생성하는 데 AWS 서비스 카탈로그를 사용합니다.

  AWS 랜딩 존에는 공유 서비스, 로깅 및 보안 서비스 전용 계정이 있는 다중 계정 구조가 제공됩니다. 이러한 기능은 나중에 개발, 테스트, 프로덕션 요구 사항에 맞는 계정을 추가할 수 있는 기준이 됩니다.

- **AWS 컨트롤 타워**^{Control Tower}는 자동으로 랜딩 존을 설정할 수 있습니다. 컨트롤 타워는 다중 계정 환경을 설정하고 미리 정의된 블루프린트를 기반으로 환경을 제어하도록 보안 및 관리 서비스를 구성하는 단계별 프로세스를 제공합니다. 여기에는 사용자 관리, 중앙 집중식 로깅, 네트워크 설계, 보안 감사 및 계정 공급(프로비저닝) 워크플로가 포함됩니다. 또한

AWS 컨트롤 타워에는 환경을 모니터링하고 위반을 탐지하는 필수 구성 정책 및 선택적 구성 정책이 함께 제공됩니다.

컨트롤 타워, 랜딩 존, 서비스 카탈로그를 함께 사용하면 조직 내에서 클라우드 계정을 공급하고 할당하는 것은 물론이거니와 계정 전체의 환경을 관리하고 각 사용자에게 인증된 환경의 카탈로그를 보여주는 것을 자동화할 수 있습니다. 이렇게 하면 각 클라우드 환경의 거버넌스가 강화되어 각 사용자가 인증된 작업으로 제한됩니다.

- **AWS 시작 템플릿**^{Launch Templates}은 EC2 인스턴스, 오토 스케일링 그룹, EC2 플릿의 시작 요청을 템플릿화할 수 있는 기능을 제공합니다. 따라서 시작 프로세스가 표준화되고 일관되며 반복 가능해지므로 사용되는 각 리소스가 조직 전체의 모범 사례를 준수하고 배포 오류의 위험을 최소화할 수 있습니다.

실행 템플릿에는 인스턴스 유형, 네트워크 설정, 보안 그룹, 스토리지, 태그 지정 및 새 리소스를 실행할 때 사용할 기타 구성 매개변수가 포함됩니다.

- **AWS 컨피그**^{Config}를 사용하면 구성 규칙 집합에 대해 AWS 리소스 구성을 평가 및 감사할 수 있습니다. 이를 통해 컨피그는 계정, 리전, 데이터 센터 전반에서 중앙 집중식 감사와 거버넌스를 지원하고 구성 규칙 준수 상태를 전사적으로 파악할 수 있습니다.

컨피그는 리소스 구성을 지속적으로 모니터링하고 기록하여 원하는 상태에 따라 리소스 구성을 자동으로 평가합니다. 또한 EC2 인스턴스와 온프레미스 서버에 배포된 리소스의 구성을 평가하기 위한 사전 빌드 규칙을 제공합니다. 컨피그를 사용하면 운영 체제 구성, 시스템 수준 업데이트, 설치된 애플리케이션, 네트워크 구성 등에 대한 가시성을 확보할 수 있습니다. AWS 리소스 구성 및 구성 변경 사항을 평가하기 위해 100개 이상의 사전 구축된 관리 규칙 중에서 선택하거나 사용자 지정 규칙을 생성할 수 있습니다.

AWS 컨피그는 규칙을 따르지 않는 리소스를 빠르게 찾아 적절한 조치를 취할 수 있도록 시각적 대시보드를 제공합니다. AWS 컨피그의 집계된 대시보드에는 조직 전체에 대한 비준수 규칙의 총 개수, 비준수 규칙 상위 5개, 비준수 규칙의 수가 가장 많은 상위 5개의 AWS 계정이 표시됩니다. 그런 다음 더 자세히 검색하여 규칙을 위반하는 리소스에 대한 상세 내역과 계정에 의해 위반되는 규칙 목록을 확인할 수 있습니다.

다음은 AWS에서 제공하는 사전 구축된 규칙과 각 규칙이 비용 관리 작업을 지원하는 방법에 대한 예입니다.

표 6-1 AWS 컨피그 관리형 규칙 목록[2]

컨피그 규칙	규칙 설명	비용 거버넌스에 미치는 영향
approved-amis-by-id	실행 중인 인스턴스가 지정 승인된 AMI를 사용하고 있는지 확인합니다. 이 목록에 없는 AMI를 사용하는 인스턴스는 NON_COMPLIANT입니다.	모든 EC2 인스턴스가 사전 승인된 AMI에서 시작되도록 하려면 이 규칙을 사용합니다.
approved-amis-by-tag	실행 중인 인스턴스가 지정된 AMI를 사용하고 있는지 확인합니다. AMI를 식별하는 태그를 지정하세요. 실행 중인 인스턴스 중 하나 이상의 지정 태그가 없는 AMI를 사용하는 인스턴스는 NON_COMPLIANT입니다.	모든 EC2 인스턴스가 특정 태그에 따라 사전 승인된 AMI에서 시작되도록 하려면 이 규칙을 사용합니다.
desired-instance-tenancy	인스턴스에서 지정된 테넌시를 확인합니다. 유효한 값은 DEDICATED(전용), HOST(호스트), DEFAULT(기본값)입니다.	이 규칙을 사용하여 EC2 인스턴스의 테넌시를 추적할 수 있습니다. 이렇게 하면 사용자가 인식하지 못한 전용 호스트를 식별하는 데 도움이 될 수 있습니다.
desired-instance-type	EC2 인스턴스가 지정된 인스턴스 유형인지 확인합니다. 예를 들면 t2.small, m4.large, i2.xlarge 등이 있습니다.	이 규칙을 사용하여 모든 EC2 인스턴스가 특정 유형인지 확인합니다. 이렇게 하면 팀에서 사용할 권한이 없는 G, P 또는 X와 같은 값비싼 인스턴스 유형을 식별하는 데 도움이 될 수 있습니다.
required-tags	리소스에 지정한 태그가 있는지 확인합니다.	이 규칙을 사용하여 구동된 모든 리소스에 조직 간 태그 지정 전략에 따라 태그가 지정되도록 합니다.
s3-bucket-public-read-prohibited	아마존 S3 버킷이 퍼블릭 읽기 액세스를 허용하지 않는지 확인합니다. 규칙은 퍼블릭 액세스 차단 설정, 버킷 정책 및 ACL(버킷 액세스 제어 목록)을 확인합니다.	이 규칙을 사용하여 특정 S3 버킷이 퍼블릭 읽기 액세스를 허용하지 않도록 합니다. S3 버킷에 대한 퍼블릭 읽기 액세스를 차단하거나 모니터링해야 하는 특정 사용 사례에 대해서만 퍼블릭 액세스를 허용해야 합니다.
s3-bucket-public-write-prohibited	아마존 S3 버킷이 퍼블릭 쓰기 액세스를 허용하지 않는지 확인합니다. 규칙은 퍼블릭 액세스 차단 설정, 버킷 정책 및 ACL(버킷 액세스 제어 목록)을 확인합니다.	이 규칙을 사용하여 특정 S3 버킷이 퍼블릭 쓰기 액세스를 허용하지 않도록 합니다. S3 버킷에 대한 퍼블릭 쓰기 액세스를 차단하거나 모니터링해야 하는 특정 사용 사례에 대해서만 퍼블릭 액세스를 허용해야 합니다.
lambda-function-public-access-prohibited	람다 리소스에 연결된 AWS 람다 함수 정책이 퍼블릭 액세스를 금지하는지 확인합니다. 람다 함수 정책이 퍼블릭 액세스를 허용하는 경우 NON_COMPLITY입니다.	이 규칙을 사용하여 퍼블릭 액세스가 허용된 람다 함수를 식별합니다. 람다 기능에 대한 퍼블릭 액세스를 차단하거나 모니터링해야 하는 특정 사용 사례에 대해서만 퍼블릭 액세스를 허용해야 합니다.

....

2 https://docs.aws.amazon.com/config/latest/developerguide/managed-rules-by-aws-config.html

컨피그 규칙	규칙 설명	비용 거버넌스에 미치는 영향
cloudtrail-enabled	AWS 클라우드트레일이 AWS 계정에서 사용 가능한지 확인합니다.	이 규칙을 사용하여 클라우드트레일이 사용 가능한지 여부를 확인합니다. 클라우드트레일은 비용을 발생시키므로 사용 여부를 알고 있어야 하며, 더 이상 필요하지 않을 때는 사용을 중단해야 합니다.
cloud-trail-cloud-watch-logs-enabled	AWS 클라우드트레일 추적에 로그를 아마존 클라우드와치 로그로 전송하도록 구성되었는지 확인합니다.	이 규칙을 사용하여 활성화된 클라우드트레일 로그를 식별합니다. 클라우드트레일 로그는 비용을 발생시키므로 사용 여부를 알고 있어야 하며, 더 이상 필요하지 않을 때는 사용을 중단해야 합니다.
vpc-flow-logs-enabled	아마존 VPC에 대해 흐름 로그를 찾고 사용하도록 설정했는지 확인합니다.	이 규칙을 사용하여 활성화된 흐름 로그를 식별합니다. 흐름 로그는 비용을 발생시키므로 사용 여부를 알고 있어야 하며, 더 이상 필요하지 않을 때는 사용을 중단해야 합니다.

- **AWS 버짓**[Budgets]은 사용자의 예산을 지정하면 모니터링을 통해 사용 비용이 예산을 초과하거나 초과할 것으로 예상될 경우 알림을 해주는 기능을 제공합니다. 버짓은 예상 성장률 또는 계절별 사용 패턴을 감안해서 동작하게 되어 있어 충분히 유연합니다. 예를 들어 온라인 판매자는 2월부터 시작되는 AWS 비용에 대해 월 3,000달러의 예산을 책정할 수 있지만, 11월과 12월에는 휴가 기간의 쇼핑 비용을 감안하여 7,500달러로 증액했다가 1월에 다시 3,000달러로 되돌릴 수 있습니다. 또한 '테스트 환경' 태그에 대한 비용을 추적하고 향후 1년 동안 예상 성장률에 맞춰 분기마다 예산 금액을 10%씩 자동 인상하는 10,000달러의 분기별 예산도 작성할 수 있습니다.

버짓은 월별, 분기별 또는 연도별로 추적할 수 있으며, 예산에 대해 시작일과 종료일을 사용자 정의할 수 있습니다. 특정 AWS 서비스(예: EC2 또는 S3)의 비용, 사용량, 특정 태그가 있는 모든 리소스, 특정 계정의 총 비용, AWS 서비스 카탈로그에 정의된 포트폴리오와 제품, 프로젝트에 대한 예상 비용도 마찬가지입니다. 버짓은 세이빙 플랜, 예약 범위와 활용률에 대해서도 설정할 수 있습니다. 이러한 버짓으로 세이빙 플랜이나 예약에 포함된 사용량을 추적하고, 추가로 더 절감할 수 있는 기회를 찾거나, 약정을 충분히 활용하지 못하는 시나리오를 파악할 수 있습니다. 버짓 알림은 이메일, 아마존 SNS 토픽, 슬랙[Salck] 채널로 보낼 수 있습니다.

다음은 S3 사용량 버짓[Usage Budget] 화면의 예로 S3 실제 요청 건수와 예산 금액을 보여줍니다.

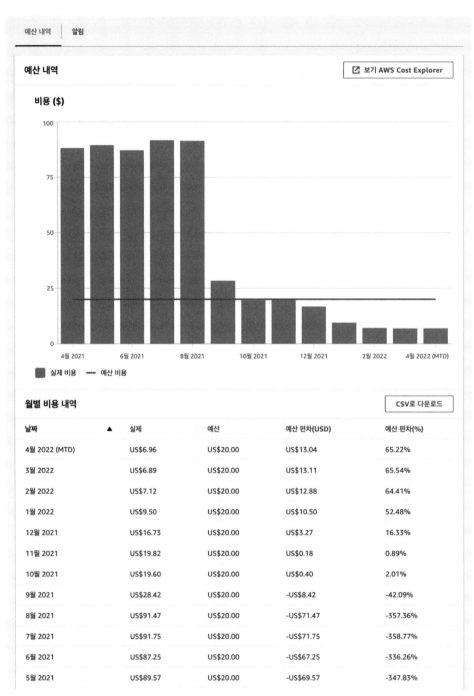

예산 내역　　　　　　　　　　　　　　　　　　　　　　　　▢ 보기 **AWS Cost Explorer**

비용 ($)

| 실제 비용　　—— 예산 비용 |

월별 비용 내역　　　　　　　　　　　　　　　　　　　　　　**CSV로 다운로드**

날짜　　　　▲	실제	예산	예산 편차(USD)	예산 편차(%)
4월 2022 (MTD)	US$6.96	US$20.00	US$13.04	65.22%
3월 2022	US$6.89	US$20.00	US$13.11	65.54%
2월 2022	US$7.12	US$20.00	US$12.88	64.41%
1월 2022	US$9.50	US$20.00	US$10.50	52.48%
12월 2021	US$16.73	US$20.00	US$3.27	16.33%
11월 2021	US$19.82	US$20.00	US$0.18	0.89%
10월 2021	US$19.60	US$20.00	US$0.40	2.01%
9월 2021	US$28.42	US$20.00	-US$8.42	-42.09%
8월 2021	US$91.47	US$20.00	-US$71.47	-357.36%
7월 2021	US$91.75	US$20.00	-US$71.75	-358.77%
6월 2021	US$87.25	US$20.00	-US$67.25	-336.26%
5월 2021	US$89.57	US$20.00	-US$69.57	-347.83%

그림 6-3 버짓 화면의 예

각 버짓에 하나 이상의 알림을 추가하는 것이 좋습니다. 예를 들어 매일, 매주 또는 매월 보고서를 전송하여 예산 대비 사용량을 모니터링하고, 실제 예산 비용의 80%, 90%, 100%에 도달하게 되면 알림을 설정하고, 예산을 초과할 것으로 예상되는 경우에도 알림을 보낼 수 있습니다.

다음은 실제 사용량이 예산 금액의 80%에 도달하면 경보를 하도록 설정하는 알림 구성 페이지의 예입니다.

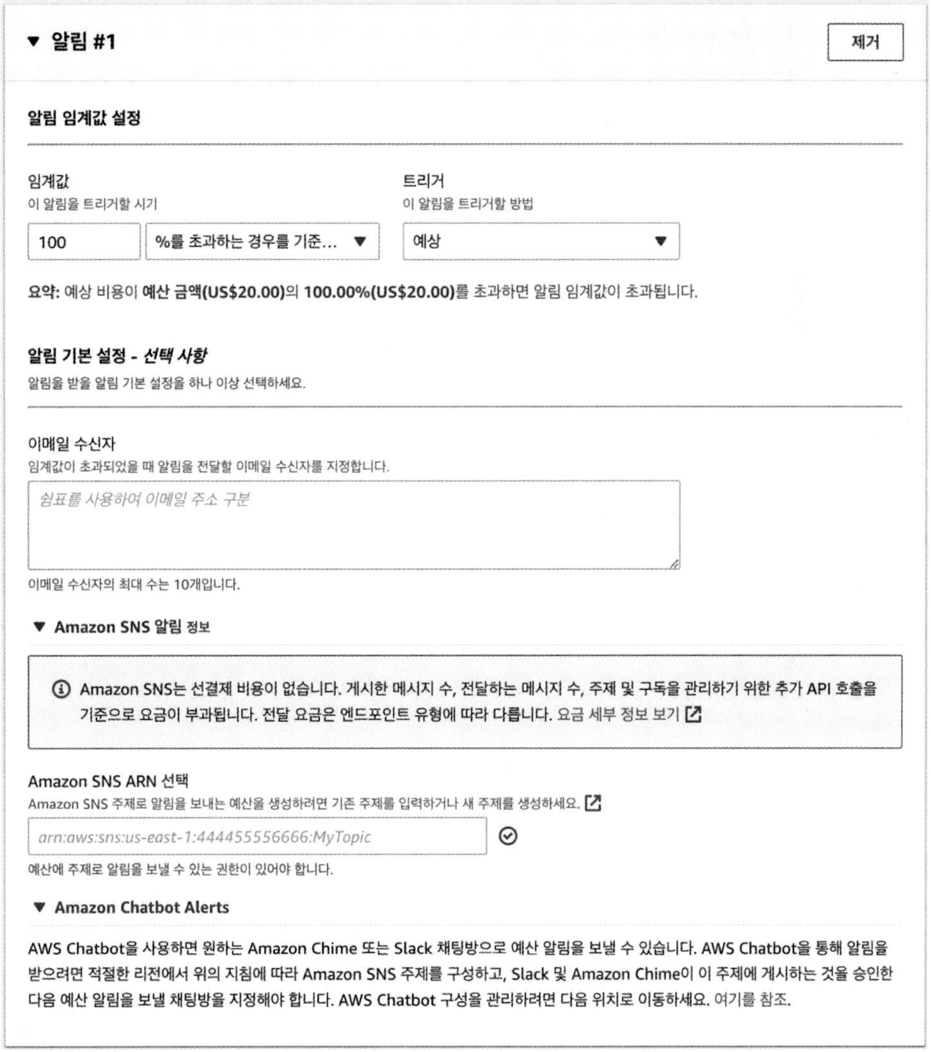

▼ 알림 #1　　　　　　　　　　　　　　　　　　　　　　　　　　　　　　　　　　　　 제거

알림 임계값 설정

임계값
이 알림을 트리거할 시기

| 100 | %를 초과하는 경우를 기준... ▼ |

트리거
이 알림을 트리거할 방법

| 예상 ▼ |

요약: 예상 비용이 **예산 금액(US$20.00)**의 100.00%(US$20.00)를 초과하면 알림 임계값이 초과됩니다.

알림 기본 설정 - 선택 사항
알림을 받을 알림 기본 설정을 하나 이상 선택하세요.

이메일 수신자
임계값이 초과되었을 때 알림을 전달할 이메일 수신자를 지정합니다.

쉼표를 사용하여 이메일 주소 구분

이메일 수신자의 최대 수는 10개입니다.

▼ Amazon SNS 알림 정보

ⓘ **Amazon SNS**는 선결제 비용이 없습니다. 게시한 메시지 수, 전달하는 메시지 수, 주제 및 구독을 관리하기 위한 추가 **API 호출**을 기준으로 요금이 부과됩니다. 전달 요금은 엔드포인트 유형에 따라 다릅니다. 요금 세부 정보 보기 ↗

Amazon SNS ARN 선택
Amazon SNS 주제로 알림을 보내는 예산을 생성하려면 기존 주제를 입력하거나 새 주제를 생성하세요. ↗

| *arn:aws:sns:us-east-1:444455556666:MyTopic* | ⊘ |

예산에 주제로 알림을 보낼 수 있는 권한이 있어야 합니다.

▼ Amazon Chatbot Alerts

AWS Chatbot을 사용하면 원하는 Amazon Chime 또는 Slack 채팅방으로 예산 알림을 보낼 수 있습니다. AWS Chatbot을 통해 알림을 받으려면 적절한 리전에서 위의 지침에 따라 Amazon SNS 주제를 구성하고, Slack 및 Amazon Chime이 이 주제에 게시하는 것을 승인한 다음 예산 알림을 보낼 채팅방을 지정해야 합니다. AWS Chatbot 구성을 관리하려면 다음 위치로 이동하세요. 여기를 참조.

그림 6-4 버짓 알림 설정 화면

각 예산에 대해 최대 5개의 알림을 설정할 수 있습니다. 각 알림은 10명의 이메일 가입자에게 전송되거나 아마존 SNS 토픽에 게시될 수 있습니다.

또한 AWS 버짓을 사용하여 세이빙 플랜이나 예약 인스턴스(RI) 활용률 및 적용 범위에 대한 사용자 지정 목표를 설정할 수 있습니다. 적용 범위 또는 활용률이 정의된 임계치 미만으로 떨어질 경우 알림을 받도록 설정할 수 있습니다. 세이빙 플랜 및 RI 활용률과 적용 범위 알림은 아마존 EC2, 아마존 RDS, 아마존 레드시프트, 아마존 일래스티캐시 예약을 지원합니다.

여러 프로젝트에 예산을 할당할 때는 승인된 예산 범위 내에 있더라도 팀에서 지출을 통제하도록 장려하는 메커니즘 구현이 필요합니다. 특정 프로젝트를 수행하는데 5,000달러의 클라우드 비용이 필요하다고 가정해봅시다. 그들이 예산 내에서 프로젝트를 완성할 수 있도록 무엇으로 장려할까요?

향후 클라우드 프로젝트를 위해 지출되지 않은 비용을 팀에 할당하고, 비용 절감 기술을 도입한 팀을 식별하고, 가장 비용 최적화한 팀을 보상하는 인센티브를 고려해보세요.

요약

AWS IAM, 서비스 카탈로그, 컨트롤 타워, 랜딩 존, 시작 템플릿, 컨피그 및 버짓을 사용하면 광범위한 조직에 거버넌스 프로그램을 위한 다양한 도구를 사용할 수 있습니다. 이 프로그램에는 각 사용자와 프로세스의 권한 수준, 계정 및 리소스 제공 자동화, 각 리소스에 사전 정의된 구성 적용 등이 포함될 수 있습니다. 이렇게 하면 각 사용자가 권한을 부여받은 작업만 수행할 수 있으며, 리소스 구동과 관련된 수동 작업이 없으며, 모든 리소스가 사용자가 정의한 관리 정책을 준수하게 됩니다.

6.4 태깅

AWS는 인프라 리소스에 태그를 지정하는 옵션, 즉 사용자나 AWS가 정의하는 키/값 태그와 리소스를 연결하는 옵션을 제공합니다. 이러한 태그는 인스턴스, 자동화, 스케줄 설정, 사용량 보고서 필터링, 예산 설정, 비용 분석, 보안 및 액세스 제어를 식별하고 관리하는 데 도움이 됩니다.

잘 정의된 전략에 따라 리소스에 태그를 지정하는 것은 인프라 설정을 관리하고 이해하는 데 중요한 요소입니다. 클라우드 환경은 동적으로 실행되고 정지되기 때문에 리소스에 태그가 제대로 지정되지 않으면 리소스가 어떤 목적으로 누가 사용하는지, 얼마나 비용이 드는지 파악하는 운영 작업이 불가능하게 됩니다.

특정 프로세스에 제공되는 수천 개의 리소스가 있고, 해당 리소스가 더 이상 활성화되지 않은 상태에서 리소스 비용에 대해 보고해야 한다고 가정해보세요. 프로젝트별로 리소스를 식별하여 그룹화하고 그룹별로 사용량과 비용 보고서를 필터링하는 방법은 쉽지 않고 시간이 오래 걸리며 심지어 불가능할 수도 있습니다.

비용 최적화를 위해 리소스에 태그를 지정하는 것은 매우 중요합니다. 모든 리소스를 더 이상 이름으로 알 수 없는 시점은 대개 비용이 증가하기 시작하는 시점입니다. 이 시점에서는 재무 부서에서 클라우드 인프라 비용과 관련된 문제를 제기하고, 비용 내역 보고서를 요청하며, 클라우드 지출이 제어되고 최적화되도록 보장할 것을 요청합니다.

리소스 태깅은 간단하지만 조직 내 모든 클라우드 사용자에 대해 태깅 전략을 구현하고 적용하는 조직은 거의 없습니다. 태깅 전략을 효과적으로 수행하기 위해서는 모든 팀과 프로세스에 일관되게 적용하고 시행되어야 합니다. 이러한 전략이 없으면 비용을 추적하거나 구조화된 방식으로 자동화 작업을 정의할 수 있는 능력이 부족해질 수 있습니다.

태깅 전략을 가장 잘 구축하는 방법을 알아보기 전에 먼저 AWS 태그의 세부 사항을 자세히 알아보겠습니다.

- 리소스 태깅은 리소스에 키/값 라벨을 할당하여 수행할 수 있습니다. 예를 들면 *owner: David S; environment: development; project: faceRecognition*(소유자: David S; 환경: 개발; 프로젝트: 얼굴 인식)과 같이 할당합니다.
- 리소스에 태그를 최대 50개까지 지정할 수 있습니다.
- 태그와 태그 값은 대소문자를 구분합니다. *Environment* 태그는 *environment* 태그와 동일하지 않으며, *Development* 키도 *Development* 키와 동일하지 않습니다.
- AWS는 AWS 태그 편집기를 사용하여 수동으로 태그를 적용하거나, AWS 클라우드포메이션(또는 기타 인프라 자동화 도구)을 사용하여 자동으로 태그를 적용하거나, EC2와 EBS 리소스의 경우 생성 시(사용자 지정 태그 지정 스크립트를 실행하거나 리소스를 수동으로 태그 지정할 필요가 없음) 태그를 적용하는 등 다양한 방법을 제공합니다.

- **AWS 태그 편집기**^{Tag Editor}를 사용하여 리소스를 검색한 다음 해당 리소스에 태그를 추가, 제거, 편집할 수 있습니다.

- **AWS 클라우드포메이션**^{CloudFormation}은 인프라 관리를 간소화하기 위해 사용됩니다. IaC 를 통해 AWS 리소스를 자동으로 프로비저닝하고 구성할 수 있습니다. 일단 호출되면 클라우드포메이션 스크립트가 모든 프로비저닝 및 구성을 자동으로 처리하므로 이 작업을 수동으로 실행할 필요가 줄어듭니다. 리소스 구성 프로세스의 일부로 클라우드포메이션을 사용하면 태깅 전략에 따라 리소스에 태그를 적용하기 위한 '리소스 태그^{Resource Tag}' 속성을 지정할 수 있습니다.

- 태그는 리소스가 시작된 후 추가, 수정, 제거가 가능하지만 소급 적용되지는 않습니다.

- 다음과 같은 대부분의 AWS 서비스는 태그 지정이 가능합니다.

  - EC2, VPC 리소스, 배치, 람다, EBS, 스냅샷, S3, 글레이셔, EFS, ELB, RDS, 키네시스 스트림, 레드시프트, EMR 클러스터, 다이나모DB, 일래스티캐시, SQS, 라우트 53, 라이트세일, 일래스틱 빈스톡, 오로라, 아테나, 글루 외

  - 반면 VPC 엔드포인트, 네트워크 대역폭과 같은 서비스, 클라우드와치 요금, 선결제 세이빙 플랜, 예약 인스턴스(RI) 요금, 서포트 요금, 세금 등과 같은 기타 간접 요금에는 태그를 지정할 수 없습니다.

- 태그는 사용자 생성이나 AWS 생성일 수 있습니다. AWS에서 생성한 태그 중 하나는 리소스를 생성한 사용자(또는 프로세스)를 식별하는 데 도움이 되는 *createdBy* 태그입니다. 사용자 생성 태그에 대한 자세한 내용은 잠시 후 설명합니다.

- 분석, 그룹화 또는 필터링을 위해 비용 및 사용량 보고서에 포함하려는 각 태그는 비용 할당을 위해 활성화해야 합니다(6.5절 '모니터링과 리포팅' 참조).

태깅 전략

조직 간 태깅 전략을 설정하는 것은 CCoE의 책임 중 하나이며, 클라우드 전환 프로세스와 관련된 모든 팀의 참여가 필요합니다. 이는 각 팀이 태그를 적용하여 운영에 의미 있는 분석을 하기 위한 것입니다(재무 팀은 예산 대비 지출을 추적할 수 있고, 프로덕션 팀은 애플리케이션의 실행 비용을 추적할 수 있으며, 영업 팀은 특정 고객을 지원하는 환경 비용을 추적할 수 있습니다). 또 다른 중요한 작업은 태그 적용이 가능한 모든 리소스에 일관되게 적용되도록 하는 것입니다.

태깅 전략을 정의하기 위해 태그가 필요한 질문을 나열하고 답을 작성하는 것이 좋습니다. 예를 들어 비용과 사용량을 프로젝트 단위로 보고하려면 어떻게 해야 하는가? 비용과 사용량을 코스트 센터 단위로 보고하려면 어떻게 해야 하는가? 어떻게 하면 리소스 소유자를 빠르게 식별할 수 있을까? 프로젝트당 생산 비용 대 프로젝트당 개발 환경 비용을 어떻게 측정할 수 있을까? 이러한 질문들을 사전에 제시하면 답변을 얻기 위해 리소스 관련 보고서를 필터링하기 위해 필요한 태그를 정의할 때 많은 도움이 됩니다.

권장 태그

조직 태깅 전략에는 보안, 자동화(오토 스케일링, 스케줄링), 비용 제어, 분석 및 기타 범주에 대한 조직의 요구 사항을 해결하기 위한 다양한 태깅 범주가 포함됩니다. 각 조직과 비즈니스가 다르기 때문에 모든 태깅 전략이 동일한 것은 아닙니다.

이 책의 주제와 일관되게 우리는 비용 최적화와 관련된 태그에 대한 권장 사항을 제공합니다. 보안, 자동화 또는 기타 작업에 필요한 태그는 다루지 않습니다. 몇 가지 권장 태그를 살펴보겠습니다.

기술 태그

- *Owner*: 클라우드 사용자가 사용하는 리소스에 대한 책임을 지게 하고, 사용자 환경의 각 리소스에 대한 책임자를 신속하게 식별하는 데 사용됩니다. 10개의 새로운 **X1.16xlarge** 인스턴스가 실행되고 있으며 각 인스턴스의 비용은 월 4,801달러라고 가정합시다. 이러한 인스턴스의 사용 목적을 빠르게 확인하려면 누구에게 연락해야 할까요?

- *Project*: 프로젝트별로 리소스를 분류하는 데 사용됩니다. 프로젝트에는 신제품 출시 또는 새로운 AWS 서비스의 기능을 테스트하기 위한 R&D 계획이 포함될 수 있습니다.

- *Application*: 지원되는 애플리케이션에 따라 리소스를 분류하는 데 사용됩니다. 애플리케이션에는 웹사이트 또는 새로운 비용 보고서 시스템이 포함될 수 있습니다.

- *Environment*: 개발, 테스트, 스테이징, 프로덕션, 샌드박스와 같은 환경 유형별로 리소스를 분류하는 데 사용됩니다.

- *Function / Role / Business Process / Cluster*: 리소스를 용도에 따라 분류하는 데 사용됩니다. 이는 리소스가 지원하는 실제 기능이나 역할 또는 리소스가 속한 비즈니스 프로세스일

수 있습니다. 각 리소스가 특정한 책임을 지는 마이크로서비스와 컨테이너의 세계에서 기능 태그는 매우 중요할 수 있습니다. 기능은 웹, DB, 빅데이터 분석, 스트리밍 등과 같은 애플리케이션 계층과 관련될 수 있습니다. 또한 결제 처리, 광고 요청 처리, 로깅 또는 체크아웃과 같은 비즈니스 목적과 관련될 수 있습니다.

비즈니스 태그

- *Customer*: 고객별로 리소스를 분류하는 데 사용됩니다. 이를 통해 각 고객에게 서비스를 제공하고 가격 구조를 미세 조정할 수 있는 수익성을 결정할 수 있습니다.
- *Division*: 조직 단위별로 리소스를 분류하는 데 사용됩니다. 이를 통해 각 단위에 속하는 비용을 파악하고 한 번에 한 단위에 비용 분석 작업을 집중시킬 수 있습니다.
- *Budget Code*: 비용 상계 처리나 예산 책정 목적으로 비용 센터별로 리소스를 분류하는 데 사용됩니다. 대부분의 경우 조직의 ERP나 기타 재무 시스템이 예산을 관리하고 비용을 추적하지만 이러한 시스템은 AWS 청구서나 보고서와 통합되지 않습니다. 따라서 이 태그는 예산 코드별로 클라우드 지출을 그룹화하는 데 도움이 될 수 있으므로 항목별 인프라 지출을 ERP 시스템에 다시 보고할 수 있습니다.

운영 태그

- *Schedule*: AWS 인스턴스 스케줄러로 설정된 시작/중지 스케줄을 적용하는 데 사용됩니다. 리소스에 대한 스케줄 태그 값이 하나 이상의 스케줄과 일치하면 AWS는 스케줄 기간을 이러한 리소스에 적용합니다.

태깅 거버넌스

태깅 전략의 성공 여부는 주로 사용자가 배치한 태깅 거버넌스에 따라 결정됩니다. 개발자가 태그 가능한 모든 리소스에 이러한 태그를 일관되고 프로그래밍 방식으로 적용하지 않으면 환경에 가장 적합한 태그 집합을 정의해도 아무런 가치가 없을 수 있습니다.

태깅 거버넌스 프로그램은 다음 사항을 보장해야 합니다.

- **인식:** 태깅 가능한 모든 리소스에 태깅하는 것이 프로세스에 의해 적절하고 꾸준히 중요하다는 것을 리소스를 사용하는 모든 개발자에게 이해시켜야 합니다. 이제는 이러한 수준의 이해도를 팀에 전달하여 리소스 태그에 대한 책임을 지도록 해야 합니다.

- **태그 지정 가능한 모든 AWS 리소스 태깅:** 모든 AWS 비용 요소에 태그 지정이 가능한 것은 아니지만 태그 지정 가능한 모든 리소스에 태그를 지정하도록 노력해야 합니다. 불완전한 태그 지정 전략은 결국 많은 양의 '분류되지 않은' 지출로 귀결되고 비용 및 사용량 보고서가 불완전해지며 유용성이 떨어지게 됩니다.

- **태그 정책 설정:** 우리 경험에 따르면 대부분의 클라우드 팀은 태그를 사용하지만 그럼에도 불구하고 많은 리소스가 태그가 없거나 일부만 지정되어 있고, 태그 지정에 일관성이 없습니다. 예를 들어 Environment 태그가 Development, development, DEV, Dev처럼 여러 형태로 지정되어 있는 것을 볼 수 있습니다. 이런 경우 비용을 제대로 보고하고 항목별로 분류하기 어렵습니다. AWS는 특정 태그 사용을 강제하거나 태그 지정 전략을 지키지 않는 리소스를 확인하는 여러 가지 방법을 제공합니다. 여러분은 특정 태그 사용을 강제하고 다른 태그 삭제를 방지하는 IAM 정책을 사용할 수 있습니다. 기존 리소스에 대해 새 태그 생성을 허용하지 않도록 'Deny' 정책을 작성하고 필수 태그 컨피그 규칙을 사용하여 태그가 지정되지 않은 리소스나 태그 지정 전략을 따르지 않는 태그를 식별할 수 있습니다.

이러한 태그가 식별되면 이러한 리소스를 프로비저닝하는 데 사용되는 클라우드포메이션CloudFormation 스크립트를 업데이트하여 향후 배포가 태그 지정 전략을 준수하는지 확인하세요. 태그 지정 일관성을 적용하는 또 다른 방법은 **태그 정책**Tag Policies을 사용하는 것입니다. 태그 정책은 조직 전체에서 태그가 지정된 모든 리소스의 태그 지정 일관성을 표준화하는 데 도움이 되는 메커니즘입니다. 태그 정책을 사용하여 태그 키를 허용된 값에 연결하는 태그 규칙을 정의합니다. 태그 정책은 리소스를 생성하거나 기존 리소스의 태그에 영향을 미치는 작업을 수행할 때 검사됩니다. 태그 규칙을 준수하여 태그가 지정되지 않은 새 리소스가 생성되지 않도록 태그 정책을 구성할 수 있으며 조직의 규칙을 조직 단위 및 계정 수준에 위임하는 기본 제공 규칙 상속 메커니즘을 사용할 수도 있습니다. 태그 정책을 설정한 후에는 태그 정책 페이지를 확인하여 조직 및 계정 수준에서 각 정책에 대한 준수 보고서를 볼 수 있습니다. 이 보고서는 비준수 태그가 지정된 리소스를 쉽게 검색하는 데 도움이 됩니다. 다음은 부서Department 태그 키에 대한 준수 태그 값을 보여주는 태그 정책 생성 화면입니다.

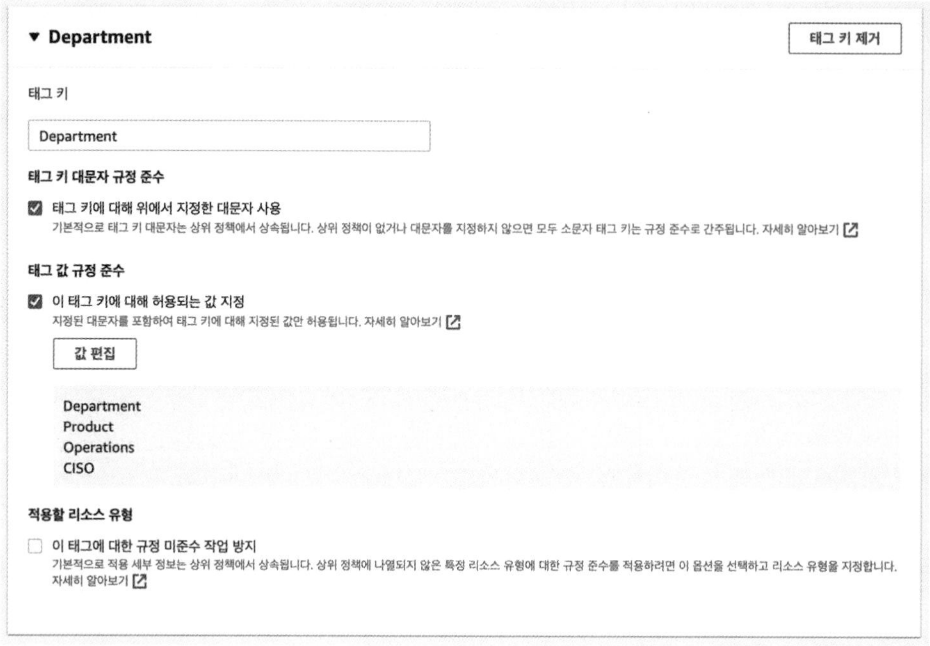

▼ Department

태그 키 제거

태그 키

Department

태그 키 대문자 규정 준수

☑ 태그 키에 대해 위에서 지정한 대문자 사용

기본적으로 태그 키 대문자는 상위 정책에서 상속됩니다. 상위 정책이 없거나 대문자를 지정하지 않으면 모두 소문자 태그 키는 규정 준수로 간주됩니다. 자세히 알아보기 🔗

태그 값 규정 준수

☑ 이 태그 키에 대해 허용되는 값 지정

지정된 대문자를 포함하여 태그 키에 대해 지정된 값만 허용됩니다. 자세히 알아보기 🔗

값 편집

Department
Product
Operations
CISO

적용할 리소스 유형

☐ 이 태그에 대한 규정 미준수 작업 방지

기본적으로 적용 세부 정보는 상위 정책에서 상속됩니다. 상위 정책에 나열되지 않은 특정 리소스 유형에 대한 규정 준수를 적용하려면 이 옵션을 선택하고 리소스 유형을 지정합니다. 자세히 알아보기 🔗

그림 6-5 태그 정책 생성 화면

6.5 모니터링과 리포팅

계정 구조, 거버넌스 정책 및 태그 지정 전략을 구현한 후에는 리소스를 모니터링하고 리소스 관련 메트릭에 액세스하여 비용 및 사용량에 대한 자세한 정보를 얻을 수 있는지 확인해야 합니다. 이를 통해 리소스 활용률을 이해히고 최적화하며, 사용량 추이를 파악하고, 상계 처리로 지출되는 비용을 추적하고, 데이터 중심으로 비용 절감 의사 결정을 할 수 있습니다.

AWS와 AWS 파트너 모두 이러한 요구 사항을 해결하기 위한 도구를 제공합니다. 몇 가지 도구를 살펴보겠습니다.

모니터링

아마존 클라우드와치

아마존 클라우드와치는 AWS, 온프레미스, 하이브리드 환경을 모니터링할 수 있는 중앙 집중식 모니터링 및 운영 관리 서비스입니다. 클라우드와치는 데이터를 수집하고 인프라 리소스 활용에 대한 실용 가능한 통찰력을 제공합니다. 클라우드와치를 사용하면 애플리케이션, 인프라, 서비스 등 전체 스택을 모니터링하고 자동화된 교차 계정 교차 리전 대시보드, 알람, 로그, 이벤트를 활용하여 자동화된 작업을 수행합니다. 클라우드와치는 EC2, S3, ECS, 람다, API 게이트웨이와 같은 많은 AWS 서비스와 기본적으로 통합되어 있으며, 이러한 서비스의 로그와 메트릭 형태로 성능 및 운영 데이터를 수집합니다.

이런 메트릭과 통찰력은 클라우드와치 자동 대시보드^{CloudWatch Automatic Dashboard}에 집계되어 모든 AWS 리소스의 상태와 성능에 대한 통합 보기를 제공합니다. 이를 통해 모니터링을 신속하게 시작하고 계정 및 리소스 기반 메트릭과 알람을 살펴볼 수 있습니다. 클라우드와치 자동 대시보드는 성능 문제의 근본적인 원인을 파악하고, 데이터 기반의 작업을 수행하여 애플리케이션 성능을 최적화하고, 리소스 활용률을 관리하며, 시스템 전반의 운영 상태를 확인하는 데 도움이 되는 정보를 보여줍니다.

아마존 클라우드와치 알람^{Amazon CloudWatch Alarms}을 사용하면 일정 기간 동안 단일 메트릭을 모니터링하고 지정한 임계치를 기준으로 하나 이상의 작업을 수행할 수 있습니다. 예를 들어 클라우드와치 알람을 사용하여 CPU 사용률이 70%에 도달하면 EC2 오토 스케일링을 통해 더 많은 인스턴스를 구동하도록 지원합니다. 클라우드와치 알람은 AWS 계정의 예상 요금을 모니터링하도록 설정할 수도 있습니다.

아마존 클라우드와치 이벤트^{Amazon CloudWatch Events}는 AWS 리소스의 변화를 설명하는 거의 실시간 시스템 이벤트 스트림을 제공합니다. 간단한 규칙을 사용하여 이벤트를 일치시키고 하나 이상의 대상 함수 또는 스트림에 라우팅할 수 있습니다. 클라우드와치 이벤트는 운영상의 변경 사항이 발생할 경우 이에 대응하거나 필요에 따라 수정 조치(기능 트리거, 경보 전송, 상태 정보 캡처, 자동화된 작업 스케줄링)를 수행합니다.

아마존 클라우드와치 로그 인사이트^{Amazon CloudWatch Logs Insights}는 환경 로그(EC2 인스턴스 로그, 람다 로그, ECS 로그, API 게이트웨이 로그, S3 서버 액세스 로그 등)를 탐색하고 애플리케이션과 AWS 리소스의 작동 방식을 이해하고 개선할 수 있는 부분을 확인하며, 운영 문제를 해결하기 위해 사용할 수 있는 데이터 포인트, 패턴, 추세 및 통찰력을 검색할 수 있습니다. 클라우드와치 로그 인사이트에는 고급 애드혹 쿼리 언어가 포함되어 있으며, 원하는 이벤트 필드 검색, 조건 필터링, 백분위수 및 시계열 집계 등 집계 통계 계산, 원하는 파일 정렬, 쿼리에서

반환되는 이벤트 수 제한 등의 명령을 제공합니다. 차트를 사용하여 쿼리 결과를 시각화하고
이를 클라우드와치 대시보드에 추가할 수 있습니다.

다음 표는 이 책에서 서술한 AWS 서비스와 관련된 몇 가지 리소스 최적화 클라우드와치 메트
릭을 설명합니다.

표 6-2 아마존 클라우드와치 메트릭[3]

리소스	메트릭	메트릭 설명
아마존 EC2	CPUUtilization	인스턴스에서 현재 사용 중인 할당된 EC2 계산 단위의 백분율
	CPUCreditUsage	T2 인스턴스의 경우 인스턴스가 CPU 활용률을 위해 사용한 CPU 크레딧 수
	CPUCreditBalance	T2 인스턴스의 경우 인스턴스가 시작되거나 시작된 이후 누적된 획득 CPU 크레딧 수
	CPUSurplusCreditsCharged	T2 무제한 인스턴스의 경우 적립된 CPU 크레딧으로 지불되지 않아 추가 요금이 발생하는 사용된 잉여 크레딧 수
AWS 람다	Invocations	이벤트 또는 API 호출에 대한 응답으로 함수를 호출하는 횟수
	Errors	오류로 인해 실패한 호출 수
	Duration	함수 실행의 시작과 종료 사이의 경과된 실행 시간
아마존 ECS	CPUUtilization	클러스터나 서비스의 CPU 활용률
	MemoryUtilization	클러스터나 서비스의 메모리 활용률
아마존 S3	AllRequests	유형에 관계없이 아마존 S3 버킷에 수행된 총 HTTP 요청 수
	GetRequests	아마존 S3 버킷의 객체에 대해 수행된 HTTP GET 요청 수
	PutRequests	아마존 S3 버킷의 객체에 대해 수행된 HTTP PUT 요청 수
	SelectRequests	아마존 S3 버킷의 객체에 대해 수행된 아마존 SELECT 요청 수
	SelectScannedBytes	아마존 S3 버킷의 아마존 SELECT 요청으로 검색된 데이터의 바이트 수
	SelectReturnedBytes	아마존 S3 버킷의 아마존 SELECT 요청에 의해 반환된 데이터의 바이트 수
아마존 EBS	VolumeReadOps VolumeWriteOps	지정한 기간 동안의 총 I/O 작업 수
	VolumeQueueLength	지정한 기간 동안 완료되기를 기다리는 읽기 및 쓰기 작업 요청 수
	BurstBalance	범용 SSD(gp2), 처리량 최적화 HDD(st1), 콜드 HDD(sc1) 볼륨에만 사용됨. 버스트 버킷에 남아 있는 I/O 크레딧(gp2용) 또는 처리량 크레딧(st1 및 sc1)의 백분율에 대한 정보를 제공
아마존 EFS	BurstCreditBalance	파일 시스템에 있는 버스트 크레딧 수

3 https://docs.aws.amazon.com/AmazonCloudWatch/latest/monitoring/CW_Support_For_AWS.html

리소스	메트릭	메트릭 설명
아마존 EFS	PermittedThroughput	파일 시스템에 허용되는 최대 처리량. 프로비저닝된 처리량 모드의 파일 시스템의 경우 이 값은 프로비저닝된 처리량과 동일. 버스트 처리량 모드의 파일 시스템의 경우 이 값은 파일 시스템 크기 및 BurstCreditBalance 값
AWS 데이터싱크	FilesTransferred	네트워크를 통해 전송된 실제 파일 또는 메타데이터 수
	BytesTransferred	네트워크를 통해 전송된 총 바이트 수
NAT 게이트웨이	BytesInFromSource	NAT 게이트웨이가 VPC의 클라이언트로부터 받은 바이트 수
	BytesOutToSource	NAT 게이트웨이를 통해 VPC의 클라이언트로 전송된 바이트 수
	BytesInFromDestination	NAT 게이트웨이가 Destination(클라이언트)으로부터 받은 바이트 수
	BytesOutToDestination	NAT 게이트웨이를 통해 Destination(클라이언트)로 전송된 바이트 수
VPN	TunnelDataIn	VPN 터널을 통해 수신된 바이트 수
	TunnelDataOut	VPN 터널을 통해 보낸 바이트 수

리포팅

- **AWS 비용과 사용량 보고서**AWS Cost and Usage Report : AWS 비용과 사용량 데이터를 모두 수집 하여 S3 객체에 CSV 형식으로 저장합니다. 이 보고서를 자체 또는 이 데이터를 표시하는 데 사용하는 다른 도구에 의해 생성된 비용 및 사용량 보고서의 기준으로 사용할 수 있습니다.

- **AWS 결제 대시보드**AWS Billing Dashboard : 월별로 AWS 지출 현황을 보여주고, 전체 지출에서 대부분을 차지하고 있는 서비스를 정확히 확인 가능하며, 비용이 어떻게 사용되고 있는지 추적이 가능합니다. 결제 대시보드에서 AWS 비용 탐색기Cost Explorer와 같은 기타 여러 비용 관리 도구를 이용하여 AWS 비용과 사용량을 자세히 살펴볼 수 있습니다.

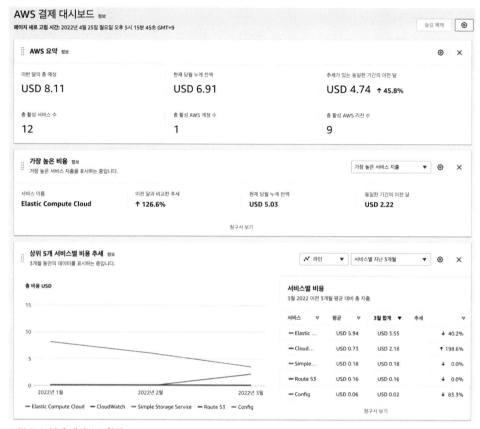

그림 6-6 결제 대시보드 화면

- **AWS 비용 탐색기**^{AWS Cost Explorer}: 시간 경과에 따른 AWS 비용 및 사용량을 시각화하고 파악 및 관리할 수 있습니다. 다양한 기본 보고서를 제공하며 사용자 정의 보고서도 쉽게 생성할 수 있습니다. 각 보고서의 시간 간격 및 세분화(예: 시간, 일 또는 월), 필터와 그룹 데이터, 이전 사용 추세별 비용과 사용량 예측, 사용자가 정의한 보고서 형식 저장 등을 설정할 수 있습니다. 또한 이전 사용 추세를 학습하고 해당 정보를 사용하여 향후 사용량과 비용 패턴에 대한 통찰력을 얻을 수 있는 사용자 지정 사용 예측을 만들 수 있습니다. 다음은 AWS 비용 탐색기^{Cost Explorer} 보고서의 몇 가지 예입니다.

  - **일 비용:** 지난 6개월 동안 일 단위로 지출한 금액을 표시합니다.

  - **AWS 서비스별 월 비용:** 지난 6개월 동안 비용이 가장 많이 든 상위 5개 AWS 서비스와 관련된 비용과 사용량을 시각화하고, 모든 서비스에 대한 내역을 표로 자세히 보여줍니다.

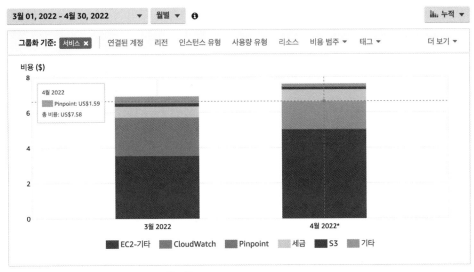

그림 6-7 비용 탐색기 보고서: 서비스별 월 비용

- **연결된 계정별 월 비용:** 지난 6개월 동안 연결된 계정별로 조직 전체 비용 분포를 보여줍니다.

- **AWS 마켓플레이스:** AWS 마켓플레이스를 통해 소비되는 서비스 비용을 표시합니다.

- **월 운영 비용:** 지난 3개월 동안의 운영 비용을 표시하고 다음 달 예상 수치를 제공합니다.

- **예약 인스턴스(RI) 보고서:** 예약 데이터를 시각적으로 보여줍니다. 여기에는 다음 보고서가 포함됩니다.

  ◦ **RI 적용 범위:** 전체 인스턴스에서 예약 인스턴스가 적용되는 사용량을 표시하여 최대 적용 범위를 확보할 수 있도록 예약 인스턴스를 구매하거나 수정할 시기를 정보에 입각하여 결정할 수 있게 합니다.

  ◦ **RI 활용률:** 예약된 인스턴스 사용 효율성을 높일 수 있는 기회(예: 예약된 인스턴스 유형을 수정하거나 활성 예약된 인스턴스의 제약 조건에 맞게 워크로드를 이동함)를 식별하고 이에 대응하기 위해 지정된 기간 동안 인스턴스가 구매한 예약된 인스턴스 시간의 백분율을 이해할 수 있도록 도움을 줍니다.

  ◦ **RI 구매 권장 사항:** 과거 사용량을 기준으로 예약 인스턴스 구매에 대한 권장 사항을 제공하며, 온디맨드 인스턴스를 사용하는 대신 예약 인스턴스 구매를 수행하여 비용을 절감할 수 있는 잠재적인 기회를 제공합니다.

- **세이빙 플랜 보고서**Savings Plans Reports: 세이빙 플랜 데이터를 시각적으로 제시합니다. 예약 인스턴스와 마찬가지로 세이빙 플랜 적용 범위, 세이빙 플랜 활용률과 구매 권장 사항이 포함됩니다.

- **AWS 트러스트 어드바이저**AWS Trusted Advisor: 이 도구는 AWS 환경을 분석하고 비용 최적화, 성능, 보안, 내결함성, 서비스 할당량 등 5가지 범주로 구성된 권장 사항을 제공합니다. 비용 최적화를 위해 트러스트 어드바이저는 다음 권장 사항을 제공합니다.

  - **예약 인스턴스:** 사용 기록을 기반으로 하여 부분 선결제 예약에 대한 권장 사항과 지난 30일 내에 만료되었거나 이후 30일 내에 만료되는 EC2 예약 인스턴스에 대한 알림을 제공합니다.

  - **활용도가 낮은 리소스 식별:** 트러스트 어드바이저는 활용도가 낮은 리소스에 대해 다음과 같은 경보를 제공합니다.

    ◦ EC2 인스턴스가 지난 14일 동안 일일 CPU 활용률이 10% 이하이고, 지난 4일 동안 네트워크 I/O가 5MB 이하인 상태 실행되고 있습니다.

    ◦ 연결되지 않은 EBS 볼륨이거나 쓰기 작업이 적은 볼륨(단, 부트 볼륨 제외)입니다.

    ◦ EIP 주소가 실행 중인 EC2 인스턴스와 연결되지 않았습니다.

    ◦ 연결된 백엔드 인스턴스가 없거나 네트워크 트래픽이 심각하게 제한된 일래스틱 로드 밸런싱(ELB)입니다.

    ◦ 유휴 상태로 실행되고 있는 것으로 보이는 다른 서비스(예: 아마존 RDS 및 아마존 레드시프트 클러스터)의 인스턴스 또는 클러스터입니다(장시간 동안 연결이 없거나 CPU 활용률이 낮음).

- **비용 범주**Cost Categories: 집계된 비용을 범주 규칙을 통해 표시할 수 있습니다. 비용은 태그와 계정으로 집계할 수 있습니다. 예를 들어 팀, 프로젝트, 애플리케이션, 비용 센터 등을 기준으로 하여 비용을 확인할 수 있습니다. 각 집계는 서로 독립적이므로 다양한 관점에서 비용을 확인할 수 있습니다.

- **AWS 비용 이상 탐지**AWS Cost Anomaly Detection: 계정에서 탐지된 지출별 경보를 설정할 수 있습니다. AWS 비용 이상 탐지는 고급 ML 모델을 사용하여 비정상적인 지출과 지출의 근본 원인을 식별합니다. 평가할 지출 세그먼트(개별 AWS 서비스, 구성원 계정, 비용 할당 태그, 비용 범주)를 정의할 수 있으며, 경보 기본 설정을 정의합니다. 이상 징후가 감지되면 AWS에서 매일 또는 매주 경보를 표시합니다.

- **AWS 컴퓨트 옵티마이저**AWS Compute Optimizer: 과거의 활용율 메트릭을 분석하여 비용을 절감하고 성능을 향상하기 위한 최적의 AWS 리소스를 권장합니다. 컴퓨트 옵티마이저는 아마존 EC2 인스턴스, 아마존 EBS 볼륨, 아마존 람다 함수 등 3가지 유형의 AWS 리소스에 대한 최적의 구성을 할 수 있도록 지원합니다. 리소스 구성, 활용률 및 통신 패턴을 분석하여 사용할 EC2 인스턴스, 사용할 EBS 볼륨 또는 특정 기능에 가장 적합한 람다 메모리 할당을 추천합니다.

- **서드파티 도구:** AWS에서 제공하는 도구보다 더 나은 비용과 사용량 분석을 위해 서드파티 도구를 사용할 수 있습니다. 이러한 도구는 오픈 소스나 AWS 파트너가 제공하는 것일 수 있습니다. 이러한 도구를 사용하면 조직 구조에 맞게 사용자 정의 보고서를 작성할 수 있고, AWS 서비스의 비용과 사용량을 자세히 파악할 수 있으며, 사용자 정의 대시보드를 설정하고, 사용자 정의 관리 정책을 구성하고, AWS 사용자가 아닌 재무, 조달, 핀옵스 조직이라 하더라도 비용과 사용량 데이터를 확인할 수 있습니다.

모니터링과 보고서를 설정한 후에는 여기서 얻은 통찰력을 전달하기 위한 채널도 정의해야 합니다. 알림을 작동할 시나리오를 고려하세요. 각 시나리오에서 누구에게 어떤 채널을 통해 알려야 할까요?

이 단계는 환경을 관리하고 모니터링하는 데 드는 노력을 통해 로그나 보고서에 정리하지 않고 조치를 할 수 있어야 하기 때문에 아주 중요합니다. 알림을 효과적으로 하기 위해서는 다음 모범 사례를 따르도록 합니다.

- 알림을 작동하도록 메트릭 임계치를 설정합니다. 예를 들어 CPU나 메모리 활용률이 1주일 이상 40% 미만이거나 EBS 볼륨이 중지된 인스턴스에 연결되거나 지출 이상이 탐지된 경우에는 알림을 작동하도록 합니다.

- 임계치를 설정했으면 메트릭을 공유하기 위한 통지 방법을 정의합니다. 대부분의 경우 이메일 메시지, 슬랙 채널로 전송된 메시지 또는 ITSM(IT 서비스 관리자) 시스템에서 열린 티켓일 수 있습니다.

- 이 작업이 완료되었으면 적절한 수신자를 결정합니다. 리소스 소유자(Owner 태그별), 프로젝트 관리자 또는 계정 관리자가 중 어느 쪽입니까?

우리는 모든 알림을 리소스 소유자를 태깅하여 슬랙 채널에 전송하도록 결정했습니다. 이는 모든 알림을 중앙 집중식으로 볼 수 있으며, 모든 관계자가 알림을 처리할 때 소통할 수 있는 장소를 얻을 수 있습니다.

요약

모니터, 보고서, 알림을 설정하면 클라우드 사용과 지출의 모든 수준을 파악할 수 있고 비효율이나 이상 징후가 감지될 때 알림을 받을 수 있습니다. 개발자, 프로젝트, 계정, 비용 센터 관점에서의 하향식 보고서뿐만 아니라 리소스 수준의 모니터링도 포함해야 합니다. 모니터링 시스템은 사용 추세를 시각화하고, 비용 원인을 정확히 파악하며, 비용 절감 기회를 파악하고, 이상 탐지를 할 수 있는 기능을 제공해야 합니다.

6.6 KPI

클라우드 관련 지출을 최적화하다보면 '더 많은 워크로드를 클라우드로 전환하고 전체 비용이 계속 증가한다면 클라우드 최적화에 대한 결과를 어떻게 측정할 수 있을까요?'라는 질문을 할 수 있습니다.

많은 비용 최적화 프로세스에서 클라우드 지출이 전체 증가하는 경우 절감액은 '소멸'되며 비용 최적화를 측정하는 것은 결코 쉬운 일이 아닙니다. 따라서 전체 비용을 절감하여 비용 최적화 프로그램의 성공을 측정하는 대신 전체 클라우드 지출이 계속 증가하더라도 프로그램 가치를 측정하는 데 도움이 되는 접근 방식을 사용하세요.

클라우드 비용 효율성은 가능하면 **IT 단위당 비용**과 **비즈니스 트랙잭션당 비용**이라는 두 가지 KPI로 측정하는 것이 좋습니다. 몇 가지의 예를 살펴보겠습니다.

IT 단위당 비용

이러한 형태의 비용 효율성 개선을 측정하려면 시간 경과에 따른 인프라 단위의 평균 비용을 추적해야 합니다. 이는 특정 EC2 인스턴스의 평균 비용, ECU당 비용, 메모리의 GiB, S3에 저장된 GB 및 기타 리소스일 수 있습니다.

c5.large 인스턴스의 평균 비용을 추적하고 있다고 가정합시다. 스팟 인스턴스 사용이 증가함에 따라 이 비용이 감소하는 것을 관찰해야 합니다. 또한 세이빙 플랜 구매를 통한 추가 비용 감소도 알아야 합니다. 이러한 KPI를 측정하면 절감액을 수치화할 수 있고 비용 최적화 조치의 가치를 입증하는 데 도움이 됩니다.

다음 그래프는 선택한 인스턴스의 시간당 평균 비용을 측정한 KPI의 예입니다. 최적화 노력에 따라 평균 비용은 시간이 지남에 따라 급격히 감소했습니다. 스팟 인스턴스 사용과 예약 인스턴스의 구매가 온디맨드 인스턴스 비용의 '평균을 낮추는' 효과를 가져왔습니다.

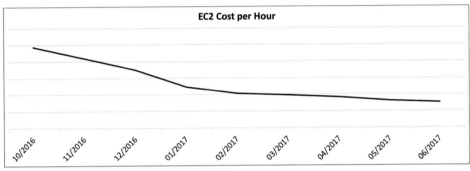

그림 6-8 실제 KPI: 비용 최적화 작업 후 선택한 EC2 인스턴스의 비용

다음 그래프는 EC2 인스턴스 운영과 관련된 두 가지 측정값, 즉 시간별 총 비용 대 사용량 변화를 보여줍니다.

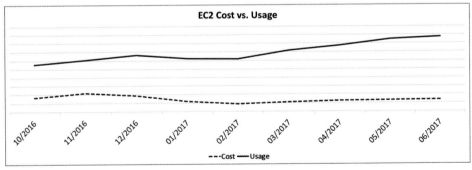

그림 6-9 실제 KPI : EC2 비용 대 사용량

2016년 10월과 11월 사이에는 비용이 33% 증가했는데, 이는 사용량이 6% 증가한 것과 비교하면 완전히 불균형한 수치입니다. 2016년 11월부터 2017년 2월 사이에 비용 최적화 프로그램을 진행했으며, EC2 비용이 급격하게 감소한 것을 확인할 수 있습니다. 이때부터 EC2 비용은 인스턴스 사용과 일치했습니다.

S3 스토리지와 관련된 KPI를 살펴보면 (모든 스토리지 클래스에 걸쳐) S3 스토리지의 GB당 평균 비용을 측정할 수 있습니다. 객체를 저비용 스토리지 클래스로 전환하기 위해 S3 수명 주기 정책을 구현하면 S3 최적화 작업의 가치를 정량화할 수 있습니다.

비즈니스 트랜잭션당 비용

또한 선택한 비즈니스 트랜잭션business transaction의 평균 비용을 모니터링하는 것을 권장합니다. 비즈니스에 따라 이러한 트랜잭션에는 전자 상거래e-commerce 구매, 광고 요청 서비스, IoT 장치 작업 또는 온라인 거래가 포함될 수 있습니다.

KPI 자체는 트랜잭션 실행을 담당하는 인프라의 총 비용을 수행된 비즈니스 트랜잭션 수로 나눈 값이어야 합니다. *Business Process* 태그를 사용하여 전체 비즈니스 프로세스의 비용을 그룹화하고 나중에 이 합계를 트랜잭션 수로 나눌 수 있습니다. 시간이 경과함에 따라 비즈니스 트랜잭션을 지원하는 비용이 감소할 것으로 예상해야 합니다.

요약

클라우드 비용 효율성을 측정하기 위한 KPI 구현은 퍼블릭 클라우드 인프라에서 워크로드를 실행하는 모든 조직에서 꾸준히 수행해야 합니다. 'IT 단위당 비용' 측정은 이해하기 쉬우며 조직 간에 유사할 수 있습니다. 여기에는 EC2 인스턴스당 또는 S3 스토리지의 GB당 평균 비용과 같은 KPI가 포함될 수 있습니다.

또한 비즈니스 트랜잭션당 KPI를 추적하는 것도 중요하다고 생각합니다. 이러한 종류의 KPI를 정의하고 측정하려면 IT 운영과 애플리케이션 및 비즈니스 팀 간의 긴밀한 협업이 필요합니다. 이러한 협업을 통해 비즈니스에 가장 중요한 측정값을 식별할 수 있습니다. 정의된 후에는 트랜잭션당 평균 비용 측정을 시작할 수 있으며, 비용 절감 모범 사례를 시행하여 시간이 지남에 따라 비용을 줄이는 것을 목표로 할 수 있습니다.

클라우드 채택 프로세스의 어느 위치에 있든 KPI를 도입하기 시작하는 것이 좋습니다.

CHAPTER 7

요약: AWS 비용 최적화

이 책의 주제는 AWS 비용 최적화입니다. 먼저 컴퓨팅, 스토리지, 네트워킹 비용 최적화에 중점을 둔 3개의 장으로 시작했습니다. 그다음엔 애플리케이션 비용 절감에 관한 장과 비용 거버넌스를 염두에 두고 클라우드 환경을 운영하는 방법에 대한 내용을 다루었습니다. 실제 최적화 단계를 책의 마지막 부분에 남겨둔 것이 놀랍게 보일 수도 있을 겁니다.

우리의 이론적 근거는 조직의 모든 팀에 걸쳐 강력한 기반을 포함하는 전체 클라우드 채택 프로그램의 일부로 비용 최적화를 지속적으로 수행해야 한다는 것입니다. 기반에는 지식(아키텍처, 자동화, 거버넌스, 비용 제어 및 최적화), 팀 간 협업, 자동화된 프로세스, KPI 설정 및 추적 등이 포함되어 있어야 합니다. 이러한 기반을 마련해야 비용 최적화 단계를 시작할 수 있습니다.

일부 사람은 비용 최적화와 클라우드 운영에만 초점을 맞춘 다양한 상용 혹은 오픈 소스 도구 중 하나를 사용하기 위한 모범 사례를 집중적으로 다루지 않았는지 이유를 물어볼 수도 있습니다. 주요 이유는 어떤 도구를 선택하더라도 클라우드 환경을 지속적으로 최적화하는 데 도움이 되는 완벽한 해결책을 제공하는 도구가 없기 때문입니다. 일부 도구는 과거 비용이나 리소스 인벤토리에 대한 뛰어난 가시성을 제공합니다. 다른 도구는 스팟 인스턴스 사용을 최적화하거나 예약 인스턴스 예약을 모델링하는 데 유용합니다. 그리고 일부 제품은 람다 함수 관리나 리소스 예약에 특화되어 있습니다. 앞서 말했듯이 완벽하거나 포괄적인 해결책은 없습니다.

또한 하나 이상의 도구를 선택하기 전에 AWS가 제공하는 비용 최적화 서비스와 기술을 숙지하는 것이 좋습니다. 이 책 전반에 걸쳐 읽었다시피 AWS 서비스를 사용하여 이점을 얻을 수 있는 다양한 모범 사례가 있습니다. 비용을 절감하고 지속적인 비용을 관리하는 데 도움이 될 뿐만 아니라 서드파티 소프트웨어 라이선스 비용을 절감하고 데이터 구조와 스토리지를 현대화하며 애플리케이션을 업데이트하여 최신 아키텍처 패러다임(예: 서버리스 컴퓨팅)을 활용할 수 있도록 지원합니다.

비용 최적화 클라우드 환경에서 성공의 열쇠는 이 책에서 소개한 **KAO**™ 방법론을 따르는 것입니다. 이 방법론을 사용하면 사용 중인 각 서비스에 대한 필수 지식을 습득할 수 있고, 비용 최적화를 염두에 두고 설계할 수 있으며, AWS 운영 서비스를 사용하여 지속적으로 비용을 추적하고 관리할 수 있습니다. 이 방법론을 따르면 사용자, 팀, 나아가 조직 전체가 클라우드 채택 프로세스의 주요 과제 중 하나를 빠르게 해결할 수 있습니다. 클라우드 사용자가 **KAO**™ 방법론을 자신의 DNA에 이식하면 실제 비용 최적화 단계를 훨씬 쉽고 빠르게 완료할 수 있습니다.

다음은 비용 최적화 단계의 일부로 수행해야 하는 작업의 몇 가지 예입니다.

- **정리:** 비용 최적화 프로세스를 시작하면 사용하지 않는 리소스에 대해서도 비용도 지불하고 있음을 알게 됩니다. 여기에는 연결되지 않은 EBS 볼륨, 이전 EBS 스냅샷, S3 객체, EC2 인스턴스, EIP 및 이 책에서 다루지 않은 서비스의 리소스(아마존 워크스페이스나 암호화 키 등)가 포함될 수 있습니다.

  이러한 시나리오는 클라우드 환경의 동적 특성과 인프라 확장 및 축소가 용이하기 때문에 일반적입니다. 적절한 정리 프로세스를 수행하지 않고 확장을 시작하면 리소스를 추적하지 못하게 되고 환경에 '좀비' 리소스가 나타나기 시작합니다. 이들은 사용 중인 리소스와 동일한 비용이 발생합니다! 좀비가 생성되지 않도록 자동화된 메커니즘을 구현하고, 좀비가 생성될 경우 이를 식별하고 종료하는 '안전망' 메커니즘을 구현합니다.

- **컴퓨팅 비용 최적화:** 2장에서 배운 것처럼 컴퓨팅 비용을 최적화하기 위해 해야 할 일이 많습니다. 여기에는 다음과 같은 작업이 포함됩니다.

  - 실행 중인 모든 EC2 인스턴스의 활용률을 모니터링하고 유휴 리소스가 없도록 보장하고 활용률이 낮은 모든 인스턴스를 더 작은 인스턴스 유형으로 축소하는 지속적인 작업

  - 인스턴스 유형, 프로세서, 크기 및 인스턴스 세대 전반에 걸친 인스턴스 선택 미세 조정

  - EC2 프로비저닝 용량이 언제든지 수요를 충족하도록 오토 스케일링 그룹 설정

- 일별, 주별, 월별 스케줄에 따라 특정 시간 동안 실행되어야 하는 EC2 인스턴스 프로비 저닝 및 종료 스케줄 설정
- 가능하다면 스팟 인스턴스 사용 확대
- 예측 가능하고 안정적인 워크로드 실행을 위한 세이빙 플랜 구매
- 어떤 워크로드가 EC2 인스턴스보다 람다 함수로 더 최적으로 실행되는지 평가
- 메모리 할당과 프로세서 아키텍처의 람다 함수 구성 미세 조정
- 컨테이너와 컨테이너의 기본 인프라 활용률을 모니터링하여 각 컨테이너, 호스트 및 파 게이트 실행이 적절한 양의 리소스로 프로비저닝되도록 보장
- EC2 인스턴스의 과잉 프로비저닝을 방지하기 위해 컨테이너 클러스터 통합

- **스토리지 비용 최적화:** 3장에서 배운 바와 같이 AWS는 스토리지 서비스를 비용 최적화 방 식으로 관리할 수 있는 수단을 제공합니다. AWS 스토리지 서비스를 사용하는 경우 특히 다 음과 같은 작업을 수행하는 것이 좋습니다.

  - 언제든지 필요에 가장 적합한 스토리지 유형을 사용합니다. 여기에는 S3 스토리지 클래 스, EBS 볼륨 유형(인스턴스 스토어 포함), EFS 구성이 포함됩니다.
  - 수명 주기 정책을 사용하여 S3 객체와 EBS 스냅샷을 관리합니다. 수명 주기 정책은 객 체를 모니터링하고 스토리지 관련 비용을 최적화하기 위한 적절한 조치를 취하는 자동화 된 프로세스를 제공합니다.
    - S3 객체를 스토리지 클래스 간에 전환하기 위한 타임라인과 삭제하기 전의 보존 기간 을 정의합니다. 이렇게 하면 불완전한 멀티파트 업로드나 이전 버전의 객체에서도 객 체를 관리하는 데 도움이 됩니다.
    - 특정 기간의 EBS 스냅샷을 삭제하기 위한 수명 주기 정책 정의
    - 규정 준수에 필요한 이전 스냅샷 보관
  - 더 이상 필요하지 않은 데이터는 삭제해야 된다는 것을 잊지 마세요.

- **네트워킹 비용 최적화:** 컴퓨팅이나 스토리지 비용 최적화보다 일반적이지 않습니다. 그러나 4장 '네트워킹 서비스'에서 설명한 것처럼 최적화를 위한 여지가 많이 남아 있습니다. 이러 한 비용 최적화는 주로 비용 최적화를 염두에 두고 환경 네트워크를 얼마나 잘 설계했느냐 와 관련 있습니다. 관련 요인은 다음과 같습니다.

- 서비스 간에 통신할 때 사용되는 IP 유형. 내부 통신에 사설 IP를 사용하면 IN 이나 OUT 데이터 전송 비용이 발생하지 않지만 공인 IP나 EIP를 사용하면 비용이 발생합니다.

- 가용 영역 간 데이터 전송량과 리전 간 데이터 전송량

- 인터넷으로 전송되는 데이터양

- 데이터 전송 시 사용되는 네트워크 구성 요소(예: NAT 게이트웨이, 일래스틱 로드 밸런서)는 무엇입니까?

컴퓨팅 및 스토리지 리소스와 마찬가지로 네트워킹 설정에 주의를 기울여야 하며 비용 최소화를 위해 제안된 모범 사례를 기반으로 설계되어야 합니다.

- **애플리케이션 현대화:** 5장에서는 애플리케이션 설정이 인프라 비용에 어떤 영향을 미칠 수 있는지에 대한 몇 가지 예를 보여주었습니다. 온프레미스 데이터 센터에서 실행 중인 애플리케이션을 '있는 그대로' 퍼블릭 클라우드 인프라로 마이그레이션하는 '리프트 앤 시프트' 방식으로 워크로드를 클라우드로 마이그레이션하는 조직의 수가 증가함에 따라 이 주제가 더욱 중요해지고 있습니다. 이러한 움직임은 온프레미스 데이터 센터를 폐기 및 통합하는 데 도움이 되고 비용 절감 효과를 제공하지만 애플리케이션을 '클라우드 네이티브'로 만들어 비용을 추가로 절감할 수 있습니다.

- **운영:** 6장에서는 클라우드 사용에 대한 기반을 설정하기 위해 수행해야 하는 여러 가지 작업을 나열했습니다.

- 조직의 AWS 계정 구조를 정의합니다. 여기에는 새 계정을 생성하고 할당하는 지침, 명명 규칙 및 거버넌스 정책이 포함됩니다.

- AWS 서비스 카탈로그, AWS 컨피그, AWS 버짓과 같이 사용 가능한 다양한 AWS 서비스를 활용하여 AWS 서비스 사용을 추적하는 관리 정책을 설정합니다.

- 조직 전체의 태그 지정 정책에 따라 태그 지정 가능한 모든 리소스에 태그를 지정합니다.

- 리소스 활용 방식과 실행하는 각 프로젝트의 비용을 더 잘 파악할 수 있도록 보고서를 설정합니다.

- 프로젝트별로 비용을 추적하도록 예산 및 경보를 설정합니다.

- 최적화 노력의 결과를 추적하려면 KPI를 정의하여 사용하는 AWS 서비스가 사용하는 평균 비용을 측정하세요. 최적화 작업을 더 많이 수행할수록 비용이 절감됩니다.

이러한 조치는 제품, 아키텍처, 개발 팀이 얻고 실천해야 하는 기술적 지식이나 전문 지식과는 별개입니다. 이는 주로 조직 내 모든 클라우드 사용자가 클라우드 서비스를 사용하는 방식에 영향을 미치는 조직 간 작업입니다. 또한 모든 클라우드 사용자가 비용 최적화의 중요성을 이해하고 지속적으로 비용 최적화 작업을 수행할 수 있도록 주의가 필요합니다.

이제 이 책을 마무리하고 조직의 환경 비용을 전문적으로 최적화하는 영광을 드리기 전에 한 가지 질문이 더 남아 있습니다. 책 표지에 물총새를 등장시킨 이유가 무엇인지 아나요?

물총새가 어디에서 먹이를 찾아야 하는지, 강물을 관찰하면서 가만히 서 있어야 하는지, 헤엄치는 물고기 중 먹이에 적합한 것은 어떤 것인지 그리고 그것을 잡기 위해 물 속으로 깊이 잠수하는 방법을 알고 있는 것처럼 여러분의 클라우드 환경을 비용 최적화하는 데 있어서도 물총새만큼 효율적이기를 바라기 때문입니다.

다음에 AWS 비용과 사용량 보고서를 볼 때 아키텍처가 비용으로 어떻게 전환되는지, 비용을 절감하기 위해 어떻게 아키텍처 변경을 할 수 있는지, 어떤 비용을 먼저 해결해야 하는지 등 제시된 데이터의 의미를 더 잘 이해할 수 있을 것입니다. 또한 향후 시나리오를 최소한 식별하고 자동으로 해결될 수 있도록 거버넌스와 최적화 정책이 구현되도록 해야 합니다.

결론적으로 비용 최적화된 환경을 구성하는 것은 달성 가능한 작업이지만, 마법처럼 한 번에 실현되지 않는다는 것을 알아야 합니다. 비용 최적화를 위한 모범 사례를 찾는 것은 모든 클라우드 사용자의 책임이며, 통제되고 비용 최적화된 클라우드 채택 여정을 위한 토대를 구축하는 것은 모든 조직의 책임입니다.

아마존 S3 사용 유형

다음 표에는 아마존 S3 사용 유형, 측정 단위 및 사용 유형에 대한 설명이 정리되어 있습니다. S3 사용 유형의 전체 목록은 https://docs.aws.amazon.com/AmazonS3/latest/userguide/ aws-usage-report-understand.html에서 확인할 수 있습니다.

표 A-1 아마존 S3 사용 유형[1]

사용 유형	단위	세부	설명
region1-region2-AWS-In-Bytes	바이트	시간당	AWS 리전 2에서 AWS 리전 1로 전송된 데이터양
region1-region2-AWS-Out-ABytes	바이트	시간당	AWS 리전 1에서 AWS 리전 2로 전송된 데이터양
region-BatchOperations-Jobs	개수	시간당	수행된 아마존 S3 배치 작업 수
region-BatchOperations-Objects	개수	시간당	아마존 S3 배치 작업에 의해 수행된 객체 작업 수
region-DataTransfer-In-Bytes	바이트	시간당	인터넷에서 아마존 S3로 전송된 데이터양
region-DataTransfer-Out-Bytes	바이트	시간당	아마존 S3에서 인터넷으로 전송된 데이터양
region-C3DataTransfer-Out-Bytes	바이트	시간당	동일한 AWS 리전 내에서 아마존 S3에서 아마존 EC2로 전송된 데이터양

---

1 http://docs.aws.amazon.com/AmazonS3/latest/dev/aws-usage-report-understand.html

사용 유형	단위	세부	설명
region-C3DataTransfer-In-Bytes	바이트	시간당	동일한 AWS 리전 내에서 아마존 EC2에서 아마존 S3로 전송된 데이터양
region-S3G-DataTransfer-Out-Bytes	바이트	시간당	아마존 S3에서 객체를 이전하기 위해 글래시어 스토리지로 전송된 데이터양
region-S3G-DataTransfer-In-Bytes	바이트	시간당	글래시어 스토리지에서 객체를 복원하기 위해 아마존 S3로 전송된 데이터양
region-DataTransfer-Regional-Bytes	바이트	시간당	동일한 AWS 영역 내에서 아마존 S3에서 AWS 리소스로 전송된 데이터양
StorageObjectCount	개수	일별	지정된 버킷 내에 저장된 객체 수
region-CloudFront-In-Bytes	바이트	시간당	클라우드프런트 배포에서 AWS 리전으로 전송된 데이터양
region-CloudFront-Out-Bytes	바이트	시간당	AWS 리전에서 클라우드프런트 배포로 전송된 데이터양
region-EarlyDelete-ByteHrs	바이트-시간	시간당	최소 90일 약정이 종료되기 전에 글래시어 스토리지에서 삭제된 객체의 스토리지 사용량 비율
region-EarlyDelete-GDA	바이트-시간	시간당	최소 180일 약정이 종료되기 전에 딥아카이브 스토리지에서 삭제된 객체의 스토리지 사용량 비율
region-EarlyDelete-SIA	바이트-시간	시간당	최소 30일 약정이 종료되기 전에 스탠더드_IA에서 삭제된 객체의 스토리지 사용량 비율
region-EarlyDelete-ZIA	바이트-시간	시간당	최소 30일 약정이 종료되기 전에 단일영역_IA에서 삭제된 객체의 스토리지 사용량 비율
region-EarlyDelete-SIA-SmObjects	바이트-시간	시간당	최소 30일 약정이 종료되기 전에 스탠더드_IA에서 삭제된 작은 객체(128KB 미만)의 스토리지 사용량 비율
region-EarlyDelete-ZIA-SmObjects	바이트-시간	시간당	최소 30일 약정이 종료되기 전에 단일영역_IA에서 삭제된 작은 객체(128KB 미만)의 스토리지 사용량 비율
region-Inventory-ObjectsListed	객체	시간당	인벤토리 목록에서 객체 그룹(객체가 버킷 또는 접두사별로 그룹화됨)에 나열된 객체 수
region-Requests-GLACIER-Tier1	개수	시간당	글래시어 객체에 대한 PUT, COPY, POST, InitiateMultipartUpload, UploadPart 또는 CompleteMultipartUpload 요청 수
region-Requests-GLACIER-Tier2	개수	시간당	글래시어 객체에 나열되지 않은 GET 및 기타 모든 요청 수
region-Requests-SIA-Tier1	개수	시간당	스탠더드_IA 객체에 대한 PUT, COPY, POST 또는 LIST 요청 수
region-Requests-ZIA-Tier1	개수	시간당	단일영역_IA 객체에 대한 PUT, COPY, POST 또는 LIST 요청 수
region-Requests-SIA-Tier2	개수	시간당	스탠더드_IA 객체에 대한 GET 및 기타 모든 비 SIA-Tier1 요청 수

사용 유형	단위	세부	설명
region-Requests-ZIA-Tier2	개수	시간당	단일영역_IA 객체에 대한 GET 및 기타 모든 비 ZIA-Tier1 요청 수
region-Requests-Tier1	개수	시간당	스탠더드, RRS 및 태그에 대한 PUT, COPY, POST 또는 LIST 요청 수
region-Requests-Tier2	개수	시간당	GET 및 기타 모든 비 Tier 1 요청 수
region-Requests-Tier3	개수	시간당	글래시어 또는 딥아카이브에 대한 수명 주기 요청 수 및 표준 글래시어 복원 요청 수
region-Requests-Tier4	개수	시간당	지능형 티어, 스탠더드_IA 또는 단일영역_IA 스토리지의 수명 주기 전환 수
region-Requests-Tier5	개수	시간당	대량 글래시어 복원 요청 수
region-Requests-Tier6	개수	시간당	긴급 글래시어 복원 요청 수
region-Requests-GDA-Tier1	개수	시간당	딥아카이브 객체에 대한 PUT, COPY, POST, InitiateMultipartUpload, UploadPart 또는 CompleteMultipartUpload 요청 수
region-Requests-GDA-Tier2	개수	시간당	GET, HEAD 및 LIST 요청 수
region-Requests-GDA-Tier3	개수	시간당	딥아카이브 표준 복원 요청 수
region-Requests-GDA-Tier5	개수	시간당	대량 딥아카이브 복원 요청 수
region-Requests-Tier6	개수	시간당	긴급 글래시어 복원 요청 수
region-Bulk-Retrieval-Bytes	바이트	시간당	대량 글래시어 또는 딥아카이브 요청으로 검색된 데이터 바이트 수
region-Requests-INT-Tier1	개수	시간당	지능형 티어 객체의 PUT, COPY, POST 또는 LIST 요청 수
region-Requests-INT-Tier2	개수	시간당	지능형 티어 객체에 대한 GET 및 기타 모든 비 Tier1 요청 수
region-Select-Returned-INT-Bytes	바이트	시간당	지능형 티어 스토리지에서 Select 요청으로 반환된 데이터의 바이트 수
region-Select-Scanned-INT-Bytes	바이트	시간당	지능형 티어 스토리지에서 Select 요청으로 검색된 데이터의 바이트 수
region-EarlyDelete-INT	바이트-시간	시간당	최소 30일 약정이 종료되기 전에 지능형 티어에서 삭제된 객체의 스토리지 사용량 비율
region-Monitoring-Automation-INT	객체	시간당	지능형 티어 스토리지 클래스에서 모니터링되고 자동으로 계층화된 고유한 객체 수
region-Expedited-Retrieval-Bytes	바이트	시간당	긴급 글래시어 요청으로 검색된 데이터 바이트 수

사용 유형	단위	세부	설명
region-Standard-Retrieval-Bytes	바이트	시간당	표준 글래시어 또는 딥아카이브 요청으로 검색된 데이터 바이트 수
region-Retrieval-SIA	바이트	시간당	스탠더드_IA 스토리지에서 검색된 데이터 바이트 수
region-Retrieval-ZIA	바이트	시간당	단일영역_IA 스토리지에서 검색된 데이터 바이트 수
region-StorageAnalytics-ObjCount	객체	시간당	스토리지 분석으로 추적한 각 객체 그룹(객체가 버킷 또는 접두사별로 그룹화된 위치)의 고유 객체 수
region-Select-Scanned-Bytes	바이트	시간당	스탠더드 스토리지에서 Select 요청으로 스캔한 데이터의 바이트 수
region-Select-Scanned-SIA-Bytes	바이트	시간당	스탠더드_IA 스토리지에서 Select 요청으로 스캔한 데이터의 바이트 수
region-Select-Scanned-ZIA-Bytes	바이트	시간당	단일영역_IA 스토리지에서 Select 요청으로 스캔한 데이터의 바이트 수
region-Select-Returned-Bytes	바이트	시간당	스탠더드 스토리지에서 Select 요청으로 반환된 데이터의 바이트 수
region-Select-Returned-SIA-Bytes	바이트	시간당	스탠더드_IA 스토리지에서 Select 요청으로 반환된 데이터의 바이트 수
region-Select-Returned-ZIA-Bytes	바이트	시간당	단일영역_IA 스토리지에서 Select 요청으로 반환된 데이터의 바이트 수
region-TagStorage-TagHrs	태그-시간	일별	버킷의 모든 객체에 대해 시간별로 보고된 총 태그 수
region-TimedStorage-ByteHrs	바이트-시간	일별	데이터가 스탠더드 스토리지에 저장된 바이트-시간 수
region-TimedStorage-GlacierByteHrs	바이트-시간	일별	데이터가 글래시어 스토리지에 저장된 바이트-시간 수
region-TimedStorage-GlacierStaging	바이트-시간	일별	데이터가 글래시어 스테이징 스토리지에 저장된 바이트-시간 수
region-TimedStorage-GDA-ByteHrs	바이트-시간	일별	데이터가 딥아카이브 스토리지에 저장된 바이트-시간 수
region-TimedStorage-GDA-Staging	바이트-시간	일별	데이터가 딥아카이브 스테이징 스토리지에 저장된 바이트-시간 수
region-TimedStorage-INT-FA-ByteHrs	바이트-시간	일별	데이터가 지능형 티어 스토리지의 빈번한 액세스 계층에 저장된 바이트-시간 수
region-TimedStorage-INT-IA-ByteHrs	바이트-시간	일별	데이터가 지능형 티어 스토리지의 간헐적 액세스 계층에 저장된 바이트-시간 수
region-TimedStorage-RRS-ByteHrs	바이트-시간	일별	데이터가 RRS(Reduced Redundancy Storage) 스토리지에 저장된 바이트-시간 수

사용 유형	단위	세부	설명
region-TimedStorage-SIA-ByteHrs	바이트-시간	일별	데이터가 스탠더드_IA 스토리지에 저장된 바이트-시간 수
region-TimedStorage-ZIA-ByteHrs	바이트-시간	일별	데이터가 단일영역_IA 스토리지에 저장된 바이트-시간 수
region-TimedStorage-SIA-SmObjects	바이트-시간	일별	작은 객체(128KB보다 작음)가 스탠더드_IA 스토리지에 저장된 바이트-시간 수
region-TimedStorage-ZIA-SmObjects	바이트-시간	일별	작은 객체(128KB보다 작음)가 단일영역_IA 스토리지에 저장된 바이트-시간 수

AWS 리전 코드

AWS 글로벌 인프라의 일부인 각 리전은 리전 코드와 연결되어 있습니다. 다음은 AWS 리전 과 리전 코드 목록입니다.

표 B-1 AWS 리전 코드와 빌링 보고 코드[1]

리전 이름	리전 코드	S3 빌링 보고 코드
미국 동부(버지니아 북부)	us-east-1	USE1
미구 동부(오하이오)	us-east-2	USE2
미국 서부(캘리포니아 북부)	us-west-1	USW1
미국 서부(오리건)	us-west-2	USW2
AWS GovCloud(미국 동부)	us-gov-east-1	UGE1
AWS GovCloud(미국 서부)	us-gov-west-1	UGW1
캐나다(중부)	ca-central-1	CAN1
유럽(아일랜드)	eu-west-1	EU
유럽(런던)	eu-west-2	EUW2
유럽(파리)	eu-west-3	EUW3
유럽(프랑크푸르트)	eu-central-1	EUC1
유럽(스톡홀름)	eu-north-1	EUN1
유럽(밀란)	eu-south-1	EUS1
아프리카(케이프타운)	af-south-1	AFS1
중동(바레인)	me-south-1	MES1

---

1 https://docs.aws.amazon.com/general/latest/gr/rande.html, http://docs.aws.amazon.com/AmazonS3/latest/dev/aws-usage-report-understand.html

리전 이름	리전 코드	S3 빌링 보고 코드
아시아 태평양(홍콩)	ap-east-1	APE1
아시아 태평양(도쿄)	ap-northeast-1	APN1
아시아 태평양(서울)	ap-northeast-2	APN2
아시아 태평양(오사카)	ap-northeast-3	
아시아 태평양(싱가포르)	ap-southeast-1	APS1
아시아 태평양(시드니)	ap-southeast-2	APS2
아시아 태평양(자카르타)	ap-southeast-3	
아시아 태평양(뭄바이)	ap-south-1	APS3
남아프리카(상파울루)	sa-east-1	ASE1
중국(베이징)	cn-north-1	
중국(닝샤)	cn-northwest-1	

INDEX

INDEX

INDEX

INDEX

INDEX

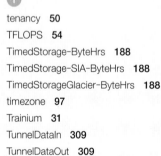